Thomas Rambauske

Nix wie los!

WANDER- & GIPFELERLEBNISSE IN NIEDERÖSTERREICH

Die 60 lohnendsten Touren
für Familien und Sportliche

KRAL VERLAG

IMPRESSUM:

Inh. Robert Ivancich
J. F. Kennedyplatz 2, A-2560 Berndorf
Umschlaggestaltung: www.enzo.at
1. Auflage 2024
Umschlagfotos: Thomas Rambauske, Oskar Pavelka,
Wojtek Mroczkowski (S. 212, 213)
Grafik-Design, Skizzen: Enzo Graphik
Lektorat: Susanne Winder
Kartendaten: © OpenStreetMap-Mitwirkende, SRTM
Kartendarstellung: © OpenTopoMap (CC-BY-SA)
ISBN: 978-3-99103-200-7

Gedruckt in Europa

INHALTSVERZEICHNIS

WIENER ALPEN

MÜRZSTEGER ALPEN UND TÜRNITZER ALPEN

MOSTVIERTEL

Niederösterreich ist ein traumhaftes Wanderland!

Ich war in vielen Regionen der Welt unterwegs und habe unzählige hohe Gipfel bestiegen, aber nirgendwo fühle ich mich so wohl wie in der Bergwelt des „Weiten Landes", wie Niederösterreich, das größte Bundesland Österreichs, auch genannt wird.

Denn ist es einfach schön hier!

Man fühlt sich zu Hause und doch weit weg vom Alltag. Man kennt Land und Leute – und sie kennen dich. Wer hierher kommt, ist nicht einer von vielen, sondern umsorgter Gast in einem familiären, freundlichen Ambiente. Wer zwischen den vier Vierteln wandert oder bergsteigt, erlebt Unvergessliches.

Denn das „Weite Land" weist einen bemerkenswerten Reichtum an einzigartigen Naturlandschaften auf. Von den Ebenen des Wein- und Waldviertels über die Donauregion der Wachau und die hügeligen Landstriche des Voralpengebiets bis zu den hohen Bergen des Mostviertels und der Wiener Alpen erlebt man alles, was das Wanderherz begehrt: liebliche Hügel und kletterbare Felsen, panoramareiche Hochebenen und geheimnisvolle Wälder, uralte Burgen und einladende Hütten, idyllische Almen und kostbare Biotope, dunkle Höhlen und helle Sonnenterrassen, ursprünglich gebliebene Orte und gepflegte Kulturlandschaften, gelebte Tradition und sympathische Bewohner.

Von den unzähligen Wandermöglichkeiten habe ich über mehrere Jahre hinweg die attraktivsten Touren, die schönsten Gipfel und die lohnendsten Wege quer durch alle Landstriche Niederösterreichs ausgekundschaftet und familienfreundliche, aber auch herausfordernde Tagestouren sowie Genießer-Routen zusammengestellt – für jeden Geschmack ist etwas dabei!
Dem Wienerwald sind weniger Kapitel zugedacht, da ich dieser Region bereits einen eigenen Band gewidmet habe: „45 Wienerwald-Abenteuer" (ISBN 978-3-99024-747-1, Kral-Verlag).

Die meisten Routen verlaufen abseits der ausgetretenen Pfade, zeichnen sich also durch Ruhe und unverfälschte Natur aus. Beschrieben werden auch echte Geheimtipps wie selten begangene oder gar neue Wege. Praktisch: Die meisten der vorgestellten Wanderlebnisse sind als Rundtouren angelegt. Die identischen Start- und Zielorte, von denen sich viele auch gemütlich und umweltbewusst mit öffentlichen Verkehrsmitteln erreichen lassen, gewährleisten ein entspanntes Wandern ohne Zeitdruck und umso mehr Rücksicht auf Klima und Umwelt.

Alle in diesem Führer vorgestellten Touren wurden von mir selbst begangen und auf ihre Qualität, Beschilderung und Machbarkeit geprüft, Gasthäuser und Hütten unvoreingenommen und anonym besucht. Öffnungszeiten werden hier bewusst nicht angegeben, da sie sich ständig ändern. Am sichersten ist es, sich vorab auf den entsprechenden Websites oder telefonisch zu erkundigen.

Sollten sich Änderungen in der Wegführung oder bei den Einkehrmöglichkeiten ergeben, bitte ich um Benachrichtigung: redaktion@bergnews.com.

Na dann – nix wie los! Auf zu neuen Abenteuern!

Thomas Rambauske

Features:

- 60 detaillierte und präzise Routenbeschreibungen
- Seitenblicke auf Natur- und Kulturbesonderheiten
- Eignung für Kinder (grober Richtwert)
- Erreichbarkeit mit öffentlichen Verkehrsmitteln
- Ausführliche Information zu jeder Tour: Gehzeit, Hm, Distanz, Schwierigkeit
- übersichtliche Karten mit eingezeichneter Route
- Kurzcharakteristik und Schwierigkeitsbewertung:
- blau (leicht, familienfreundl.), rot (mittel, sportl.), schwarz (schwer, anspruchsvoll)
- Infos über Attraktionen und Einkehrmöglichkeiten
- GPX-Tracks zum Download via www.bergnews.com

Glossar:

- Zeit: Reine Gehzeit in Stunden ohne Pausen
- Höhenunterschied: Die Summe aller im Laufe der Tour zu bewältigenden Höhenmeter im Aufstieg
- Distanz: Streckenlänge in Kilometern
- Bei der Bewertung der Tourenschwierigkeit und der Eignung für Kinder handelt es sich um grobe Richtwerte; die Bewältigung der Wanderung hängt letztlich von der eigenen Verfassung, Konstitution, Erfahrung, Kondition und den Witterungsverhältnissen ab.
- Zu den meisten Start- und Zielpunkten kann per Bus oder Bahn angereist werden (Vermerk: „(nicht) mit öffentlichen Verkehrsmitteln zu erreichen“).

Schwierigkeitsbewertung der Wandertouren

LEICHT:

★ ANSPRUCH LEICHT

Einfache Wanderung auf gut erhaltenen, ausreichend beschilderten und markierten Wegen, die sich auch wenig Trainierte zutrauen können. Die zu bewältigenden Höhenunterschiede liegen im Auf- und Abstieg bei max. 500 Höhenmetern. Die leichte Tour ist in zwei bis vier Stunden und bei guter Witterung auch von Kindern zu schaffen.

MITTEL (mäßig schwierig):

★★ ANSPRUCH MITTEL

Bei mäßig schwierigen Touren handelt es sich um anspruchsvollere und meist längere Wanderungen zwischen vier und sechs Stunden auf mehr oder weniger gut markierten Wanderwegen und -steigen, aber auch auf unwegsamerem Terrain. Bis zu 800 Höhenmeter kann jeweils der Auf- und Abstieg betragen. Vereinzelt muss steiles Gelände gemeistert werden. Erforderlich sind mittlere Kondition, alpine Erfahrung und manchmal Trittsicherheit.

SCHWER:

★★★ ANSPRUCH SCHWER

Eine als schwer bewertete Wanderung erfordert überdurchschnittliche Ausdauer, manchmal auch Trittsicherheit und Schwindelfreiheit, da ausgesetzte oder steile Stellen mit Sicherungen vorkommen können. Für die Begehung werden meist mehr als sechs Stunden benötigt, Auf- und Abstieg betragen mehr als 1.000 Höhenmeter. Für die Wegfindung kann auch guter Orientierungssinn erforderlich sein.

Jede Tour zum Mitnehmen für iPhone und Android

https://www.bergnews.com/buecher/wandern-gipfel-niederoesterreich/wandern-gipfel-niederoesterreich.php

★★★ ANSPRUCH	STRECKE	DAUER	AUFSTIEG	ABSTIEG	HÖHENLAGE	EINKEHR
SCHWER	12,9	5:25	1.097 m	1.097 m	1.654 m / 557 m	JA

Packliste für einen Wandertag

- Karte im Maßstab 1:25.000 oder 1:50.000
- Wegbeschreibung (Führer oder Kopie daraus)
- Rucksack (20–30 Liter)
- Rucksackhülle
- Wanderschuhe (knöchelhoch)
- Biwaksack
- kleine Notfallapotheke
- Handy (aufgeladen!)
- Kompass
- Wanderhose (ideal: Hosenbeine abzippbar)
- Regenjacke (Gore-Tex)
- Fleecejacke bzw. -pulli
- Hemd und/oder Sweatshirt
- Funktionsunterwäsche (Merino)
- Reservewäsche
- Trekkingsocken
- Multifunktionstuch (Buff)
- Marschverpflegung, Getränk (mind. 1 Liter)
- Taschenmesser (Multitool)
- Geld

Im Sommer: Sonnenbrille (100% UV-Schutz), Sonnenkappe, Sonnencreme (mind. Faktor 15), Lippenschutz
Im Winter: Handschuhe, Haube, warme Jacke

Optional:
Fernglas, Reservesocken, Teleskop-Stöcke, AV- oder Naturfreunde-Ausweis, GPS-Gerät + GPS-Track (Batterien okay?), Regenüberhose, WC-Papier, Müllsack (für den eigenen Müll).
Für Höhlen: Stirnlampe (Batterien okay?)

Telefonnummer für Notfälle:
Alpin-Notruf 140 oder Euro-Notrufnummer 112

1 G’schichten aus dem Wienerwald

WEITWANDERN FÜR FEINSCHMECKER

Der erst 2021 eröffnete Weitwanderweg „G’schichten aus dem Wienerwald“ zwischen Baden, Mayerling, Heiligenkreuz und Siegenfeld lässt uns alle Reize des Wienerwalds und eine besonders harmonische Symphonie aus Natur, Kultur und Geschichte erleben. Die 39 km lange Tour kann in zwei landschaftlich abwechslungsreiche Tagesetappen geteilt werden.

Ruine Rauheneck (1. Etappe)

Die erste Etappe beginnt beim **Thermalstrandbad** von **Baden** und führt durch die **Weilburgstraße** und Föhrenwald zuerst zur Ruine Rauheneck hinauf. Hier begegnen die ersten von 35 über den gesamten Weitwanderweg verteilten Bildstationen, die uns die Geschichte, Natur und Kultur der Region näherbringen.

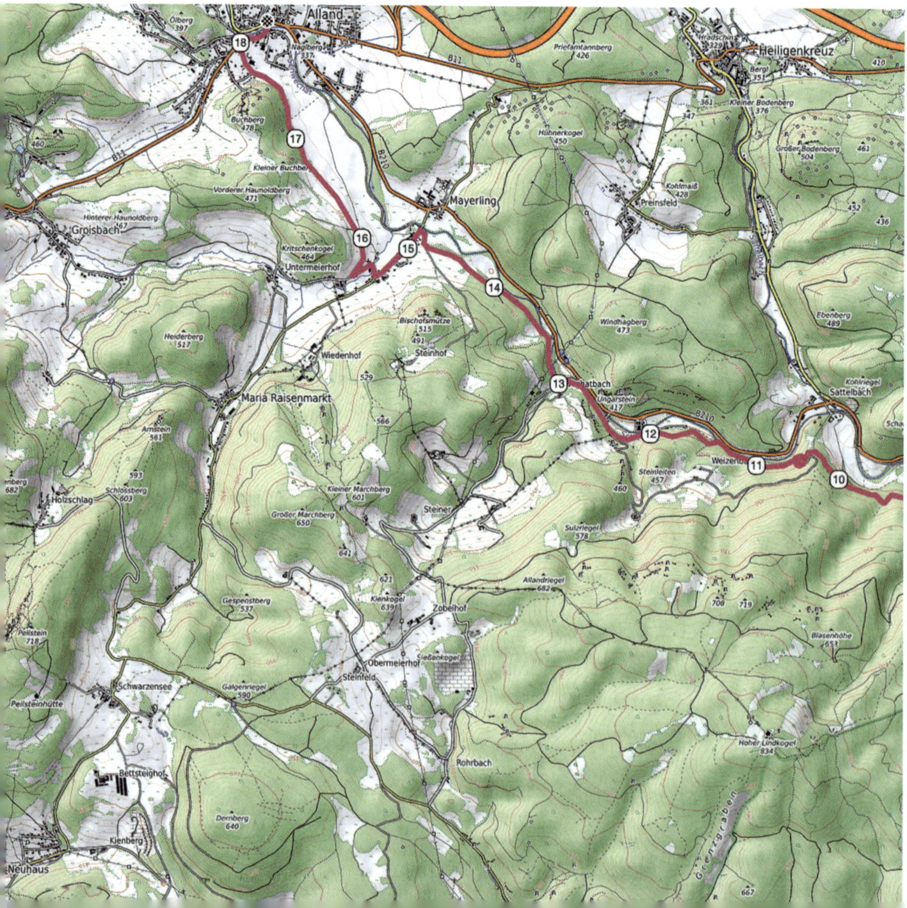

Mit ihren vielen Grotten, Nischen und geheimnisvollen Räumen stellt die **Burgruine Rauheneck** einen großartigen Spielplatz für kleine Ritter und Burgfräulein dar. Das Highlight ist der 20 m hohe, dreieckige Bergfried, zu dem man durch dunkles Gemäuer emporsteigen kann. Von einer Aussichtsplattform sieht man quer über das Helenental zur anderen Ruine – Rauhenstein – hinüber. Beachtung verdient auch die aus dem Anfang des 13. Jahrhunderts stammende Burgkapelle mit einem gut erhaltenen romanischen Portal und der sehenswerten Rundapsis (mit Halbkuppel überwölbter Raum, der das Kirchenschiff abschließt).

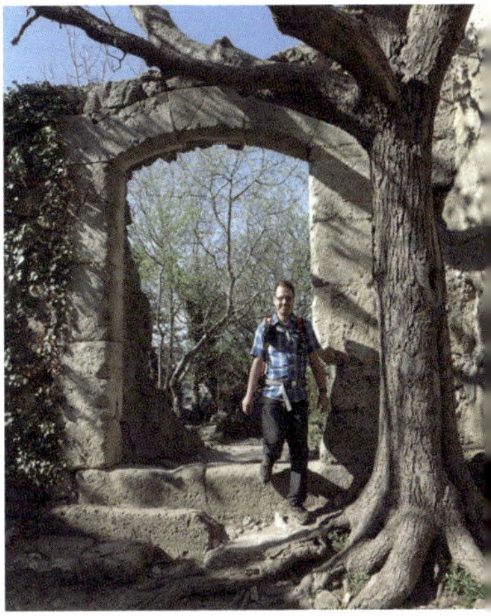

Erkundung der Burgruine Rauheneck

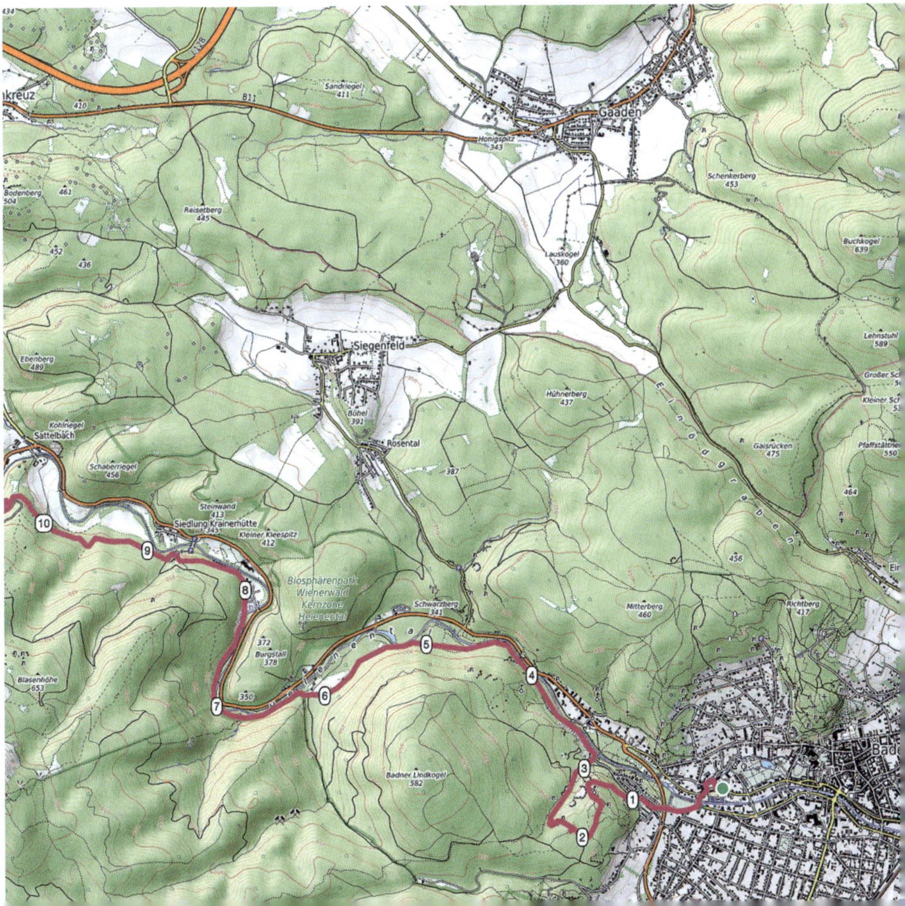

Das war aber längst nicht das letzte Abenteuer der Wanderung!

Die Königshöhle

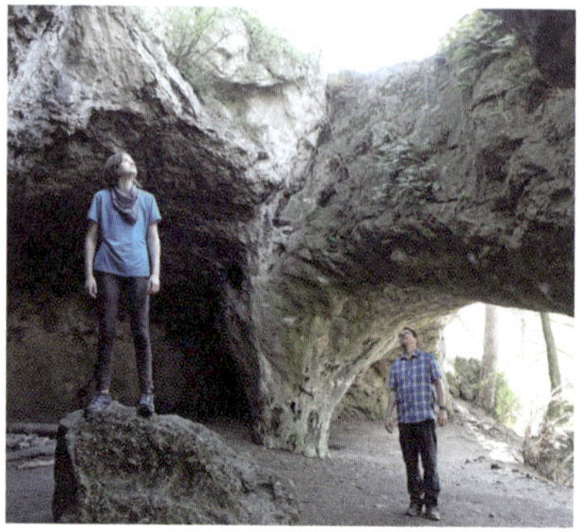
Vor 5.000 Jahren besiedelt: die Königshöhle

Weiter entlang des blau markierten Weges wird es langsam stiller, da wir nun auf die einsame Seite des Lindkogels überwechseln. Umgeben von nach Harz duftenden Föhren, erfreut im Frühling ein buntes Meer von Primeln, Leberblümchen, Buschwindröschen und Bärlauch.
Genau am Weg liegt die **Königshöhle**, eigentlich nicht mehr als eine große Grotte, deren erdgeschichtliche Bedeutung jedoch sehr interessant ist: Bei archäologischen Grabungen entdeckte man hier jungsteinzeitliche Relikte, die darauf schließen lassen, dass der Bereich rund um die Höhle vor 5.000 Jahren besiedelt wurde. Auch heute wird das Felsloch wieder fleißig „bevölkert", nämlich von Boulderern, die hier Herausforderungen bis zum 8. Schwierigkeitsgrad vorfinden.

Das Wegerl im Helenental

Auf dem blau markierten Pfad wandern wir weiter, bis wir auf den österreichischen Weitwanderweg 404 treffen. Diesem folgen wir nun ins Helenental

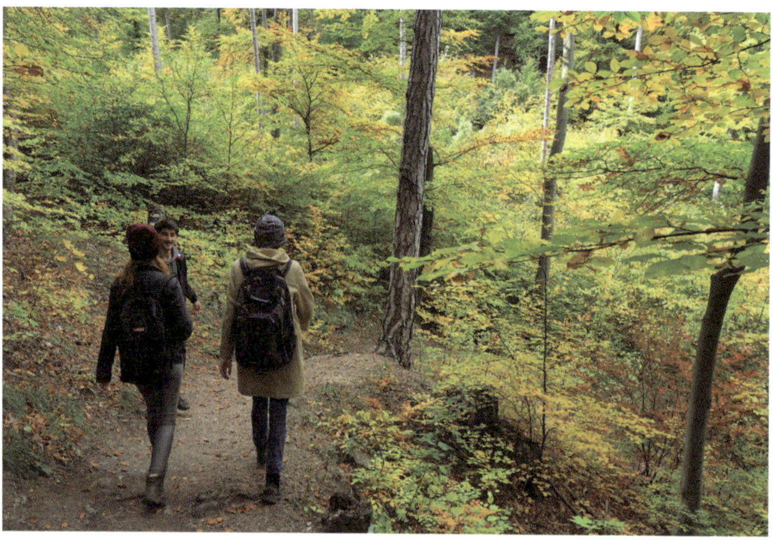

HÖHENPROFIL Etappe 1

QR Link Tour 1

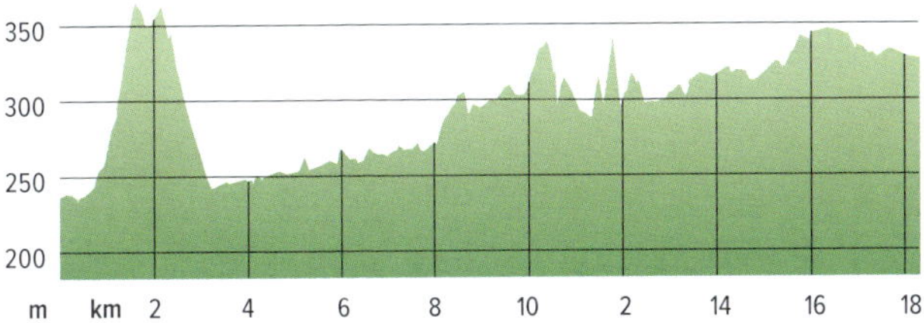

★★ ANSPRUCH	STRECKE	DAUER	AUFSTIEG	ABSTIEG	HÖHENLAGE	EINKEHR
MITTEL	18,0	5:00	300 m	220 m	365 m / 232 m	JA

hinunter, wo wir auf das vielfach besungene romantische **„Wegerl im Helenental"** treffen. Seine Anfänge liegen in der Zeit um 1796, als Kaiser Franz I. Baden zu seiner Sommerresidenz erkor, was zur Erschließung des Helenentals führte. Das schmale „Wegerl" wurde seit jeher besonders gern von Verliebten begangen, welche die idyllische Landschaft am Ufer der Schwechat für ihre romantischen Liebeleien entdeckten. Nah am Fluss entlang gelangen wir zur **Antonsgrotte**, einem steinernen Bauwerk aus dem Jahre 1829. Vis-à-vis der **Landgasthof Cholerakapelle** und die etwas erhöht liegende **Wallfahrtskapelle Mariahilf im Helenental** (Cholerakapelle).

Weiter am **Seminarhotel Krainerhütte** vorbei zur **Augustinerhütte**. Hier wechseln wir auf den **Kronprinz-Rudolf-Weg (Weg 40)** Richtung **Schwechatbach** und folgen der roten Markierung bis zur Abzweigung nach **Mayerling** und weiter bis **Alland** am Ausgang des Helenentals. Hier endet die 1. und beginnt die 2. Etappe des „G'schichten aus dem Wienerwald-Weitwanderwegs".

2. Etappe: Das spirituelle Herz des Wienerwald Weitwanderwegs

Am nächsten Tag wandern wir über Mayerling, den „Schicksalsort" von Kronprinz Rudolf und seiner Geliebten Mary Vetsera, ins „spirituelle Herz des Wienerwalds" nach **Heiligenkreuz**, wo auch übernachtet werden könnte. Ein längerer Aufenthalt für die Besichtigung der fast 900 Jahre alten Zisterzienserabtei lohnt sich auf jeden Fall. Sehr sehenswert sind die romanische Westfassade der Stiftskirche, die Dreifaltigkeitssäule, der alte Kreuzgang, die mittelalterliche Fraterie und der barocke Kreuzweg.

Schließlich kehren wir über **Siegenfeld** und die **Theresienwarte** am **Richtberg** durch stellenweise aussichtsreichen Föhrenwald nach Baden zurück.

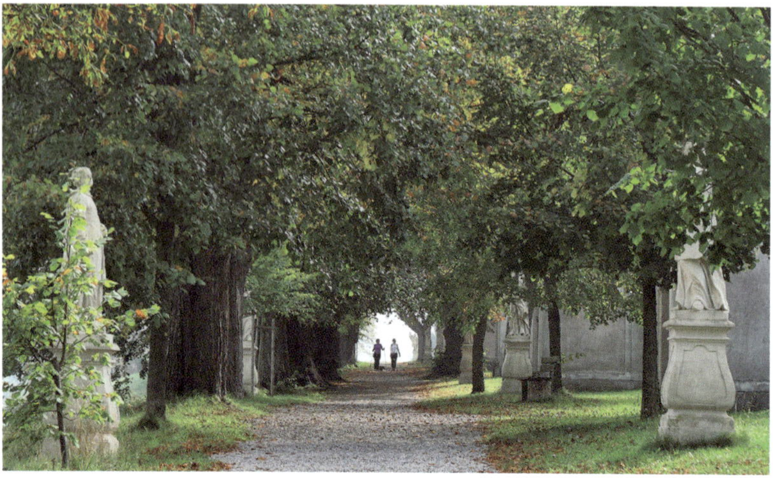

Die Tour endet in Heiligenkreuz, dem spirituellen Herzen des Wienerwalds.

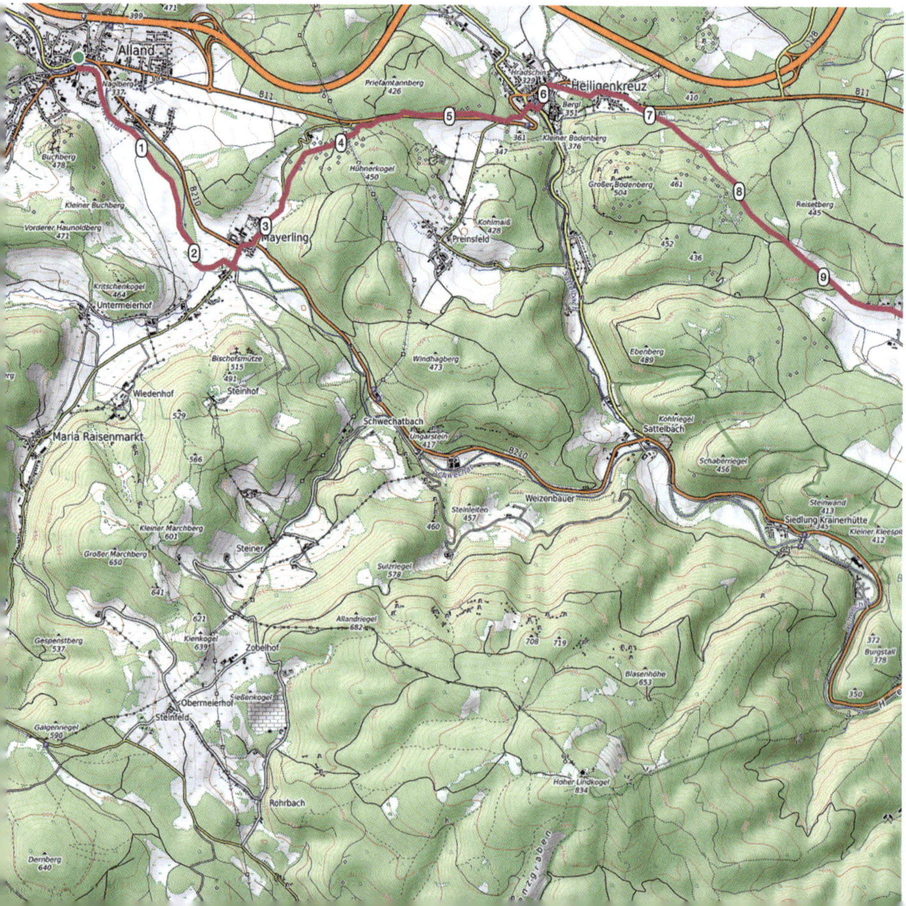

HÖHENPROFIL Etappe 2

QR Link Tour 1

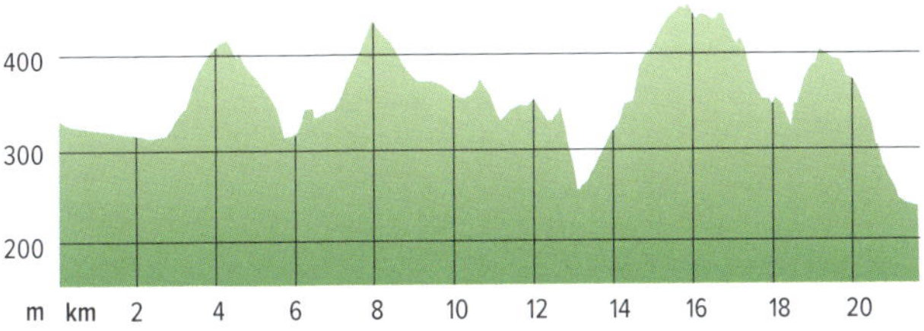

★★						
ANSPRUCH MITTEL	STRECKE 22,0	DAUER 6:00	AUFSTIEG 480 m	ABSTIEG 604 m	HÖHENLAGE 451 m / 237 m	EINKEHR JA

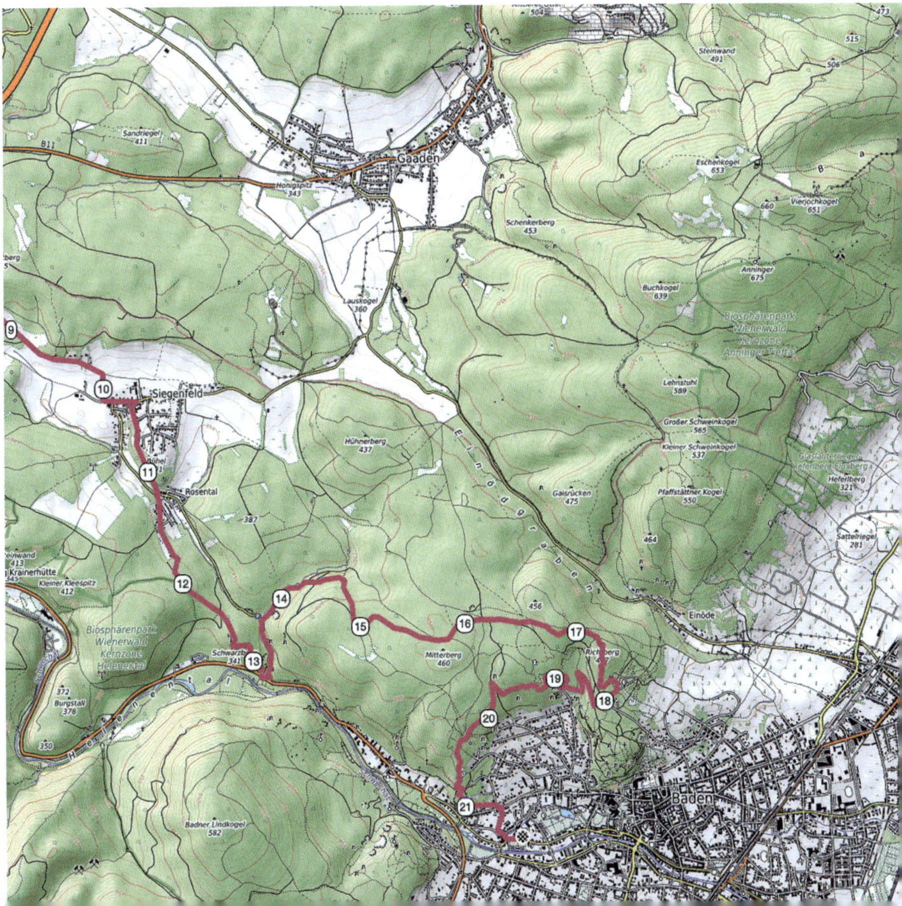

ETAPPE 1: 5 Stunden / 18 km / 300 Hm / mittel

Eignung für Kinder: ab 14

ETAPPE 2: 6 Stunden / 22 km / 480 Hm / mittel

Eignung für Kinder: ab 14

CHARAKTER DER GESAMTEN TOUR:
lange, aber technisch leichte Zweitageswanderung, Eignung für Kinder: ab 14

ETAPPE 1: *5 Std., 18 km, 300 Hm, mittel*
STARTPUNKT: *Thermalstrandbad Baden (mit öffentlichen Verkehrsmitteln zu erreichen)*
ERREICHBARKEIT MIT ÖFFIS: *mit Bus*
ZIELPUNKT UND ÜBERNACHTUNG: *Alland bzw. Heiligenkreuz*
ROUTE: *Baden (232 m) – Ruine Rauheneck (363 m) – Königshöhle – Wegerl im Helenental – Beethovenstein – Landgasthaus Cholerakapelle – Augustinerhütte – [Mayerling – Heiligenkreuz –] Alland (331 m)*
ATTRAKTIONEN: *Ruine Rauheneck, Königshöhle, Wegerl im Helenental, Cholerakapelle, schöne Föhrenwälder*
EINKEHRMÖGLICHKEITEN: *Gasthaus Hauswiese, Landgasthaus Cholerakapelle (www.satran.at/cholerakapelle/), Augustinerhütte (www.augustinerhuette.at/weg.php)*

ETAPPE 2: *6 Std., 22 km, 480 Hm, mittel*
STARTPUNKT: *Alland bzw. Heiligenkreuz (erreichbar mit Bus)*
ZIELPUNKT: *Baden (Thermalstrandbad)*
ROUTE: *Alland (331 m) – Mayerling (326 m) – Heiligenkreuz (312 m) – Siegenfeld (357 m) – Helenental – Jungendbrunnen – Theresienwarte (Richtberg, 416 m) – Rudolfshof – Baden (232 m, Kaiser-Franz-Josef-Museum, Rainer-Villa, Thermalstrandbad)*
ATTRAKTIONEN: *Stift Heiligenkreuz (www.stift-heiligenkreuz.org), Jungendbrunnen, Theresienwarte, Kaiser-Franz-Josef-Museum in Baden*
EINKEHRMÖGLICHKEITEN: *Klostergasthof (Heiligenkreuz, www.klostergasthof-heiligenkreuz.at/) Gasthof zum alten Jagdschloss (Mayerling, www.hotel-restaurant-mayerling.at/), Gasthof Skilitz (Siegenfeld, www.skilitz.at/), Rudolfshof (Baden, www.rudolfshof.at)*

2 Burgruine Arnstein – Peilstein

FAMILIENAUSFLUG MIT KLETTEREINLAGEN

Sehr lohnend ist die Rundtour von Maria Raisenmarkt über die Burgruine Arnstein, die Arnsteinhöhle zur Peilsteinhütte und über Holzschlag wieder retour. Ein Multiabenteuer nicht nur für Kinder.

Von Maria Raisenmarkt zur Burgruine Arnstein

Von der Wallfahrtskirche von Maria Raisenmarkt marschieren wir auf der Straße Richtung Groisbach, bis der Weg 406 nach links in Richtung Holzschlag abzweigt. Der Waldsteig zieht nun in angenehmer Steigung bergauf. Von der Abzweigung zur **Burgruine Arnstein** und der gleichnamigen Höhle steigen wir etwa zehn Minuten bergauf, bis wir vor einer bizarren Kulisse stehen: Von den vereinzelt aufragenden Felstürmen sind die Mauerreste der zwischen 1136 und 1156 errichteten Burg kaum zu unterscheiden. Experten erkennen in den Überbleibseln einstiger

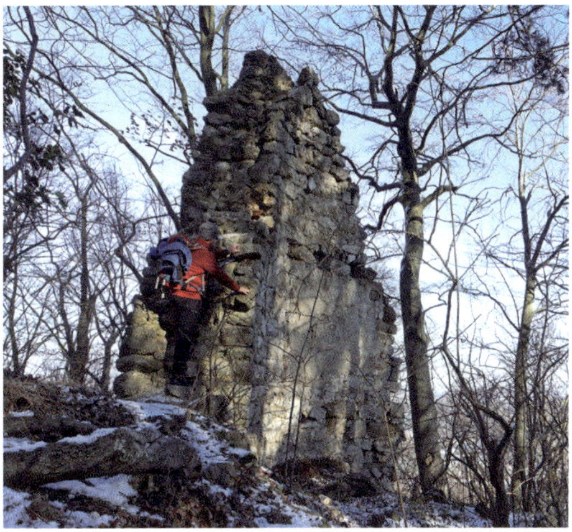

Von der Burg Arnstein sind nur noch Reste vorhanden.

HÖHENPROFIL

QR Link Tour 2

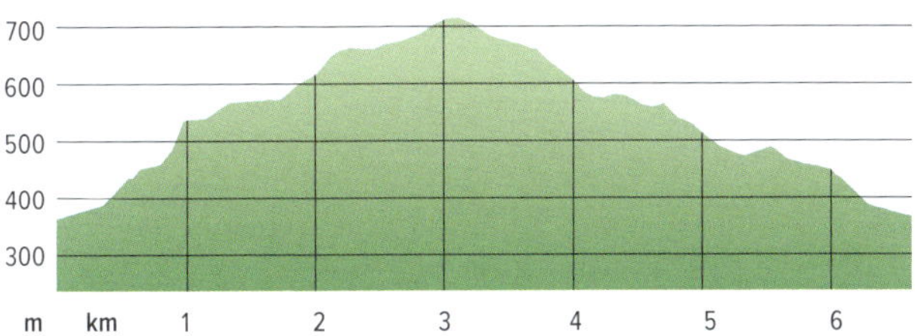

ANSPRUCH	STRECKE	DAUER	AUFSTIEG	ABSTIEG	HÖHENLAGE	EINKEHR
LEICHT	6,5	2:30	360 m	360 m	716 m / 364 m	JA

Pracht einen Rundturm, ein Burgtor und den Palas (Hauptgebäude der Burg). Erster Burgherr und Erbauer der Anlage war ein gewisser Wichard von Arnstein, der zu dieser Zeit auch der Lehensherr des Hohen Lindkogels und des Peilsteins war. Das auffälligste Bauwerk rund um die Ruine hat allerdings die Natur errichtet: die etwa 13 m hohe **Arnsteinnadel**. Die als Naturdenkmal klassifizierte Besonderheit soll im Jahre 1899 erstbestiegen worden sein. Weil sie jetzt allerdings als äußerst brüchig gilt, berühren oder beklettern wir sie auch nicht.

Ein wenig unterhalb der Ruinen liegt die breite und etwa 40 m tiefe **Arnsteinhöhle**, einst eine beliebte Übernachtungsmöglichkeit für Höhlenbären, Höhlenhyänen und Rentiere, wie Funde des ausgehenden 19. Jahrhunderts beweisen. Heute gilt sie als lohnende Trainingsarena für Boulderer und Kletterer. Zwischen den finsteren Winkeln und Nischen finden vor allem Kinder ein traumhaftes Abenteuerrevier.

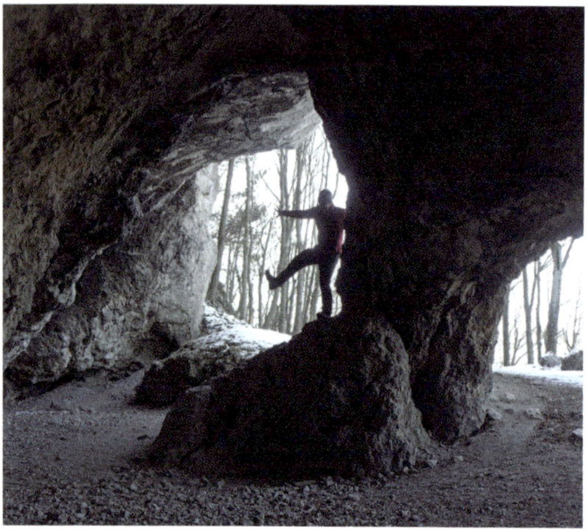

In der Arnsteinhöhle schliefen einst Höhlenbären.

Am Peilstein

Weiter auf unserem Weg zum Peilstein folgen wir dem Nordalpenweg 01, der mäßig ansteigend durch einen Wald zur Abzweigung nach Holzschlag führt, von wo es nicht mehr weit zum gastlichen **Peilsteinhaus** ist. Diese legendäre Bergunterkunft diente seit Mitte des letzten Jahrhunderts den besten Kletterern Ostösterreichs als Basislager, von wo sie in die Peilsteinwände einstiegen, um für schwere Kletterfahrten in den Ost- und Westalpen zu trainieren (mehr Infos siehe blauer Infoblock).

Vom 200 Meter weit entfernten Gipfelkreuz lässt es sich famos aufs Hocheck, das obere Triestingtal und den Wallfahrtsort Hafnerberg blicken. Der Rückweg führt uns nun ein Stück auf dem Aufstiegsweg zurück, wir folgen aber dann der Abzweigung nach **Holzschlag**. Dort geht es dem Wiener Mariazellerweg 06 nach Richtung Maria Raisenmarkt, wobei wir nach 1,5 Kilometern unter der Ruine Arnstein wieder auf unseren Aufstiegsweg stoßen, der uns nach einem knappen Kilometer zu unserem Ausgangspunkt zurückbringt.

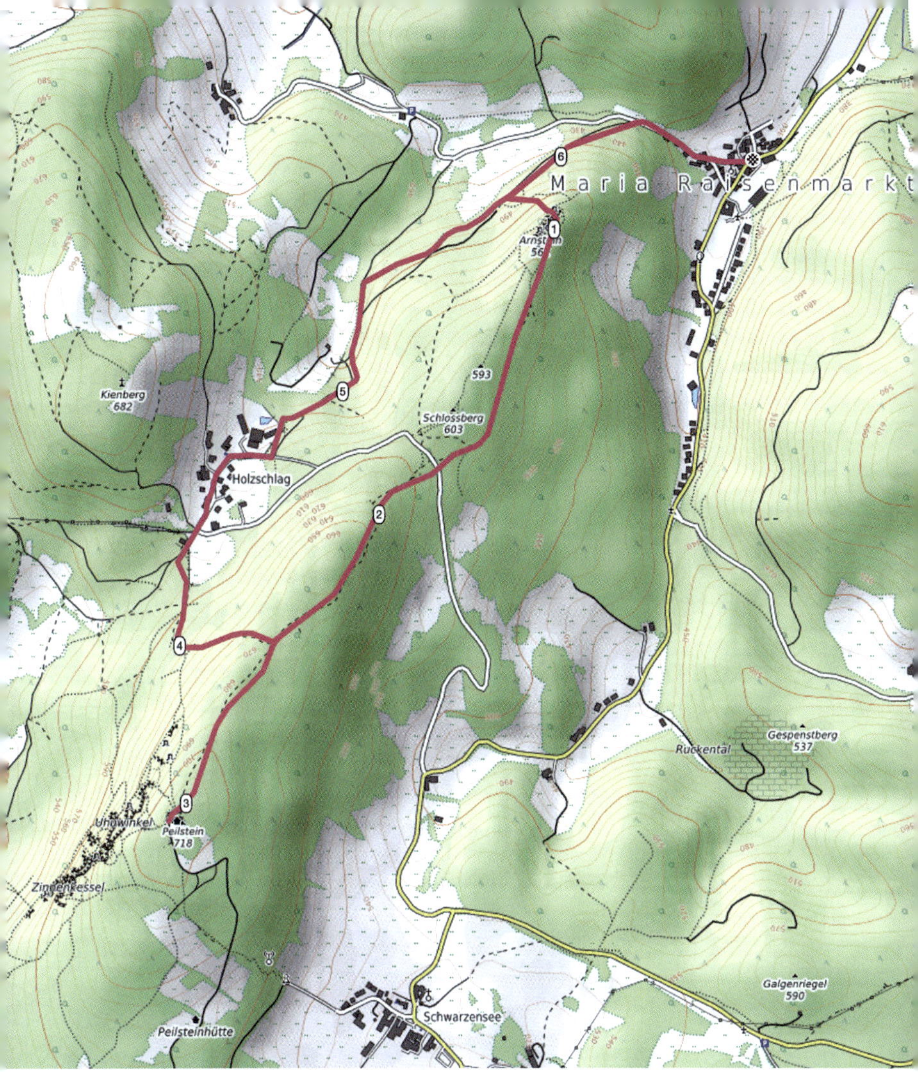

Peilstein

Seit dem Ende des 19. Jahrhunderts trainieren hier, in den „Dolomiten der Wiener“, wie das Peilstein-Massiv einst genannt wurde, die besten Kletterer Ostösterreichs, darunter Otto und Emil Zsigmondy, Hubert Peterka, Fritz Moravec, Fritz Kasparek und Hans Schwanda. Unzählige Kletter- und Klettersteig-Routen ziehen auch heute noch Felsartisten aller Alters- und Könnensstufen an.

Am Gipfel thront das Peilsteinhaus. Bevor dieses 1952 durch den Gebirgsverein errichtet wurde, stand unweit davon entfernt eine kleine Hütte, die seit 1923 vielen Kletterern Logis geboten hat. Heute ist das Peilsteinhaus ein

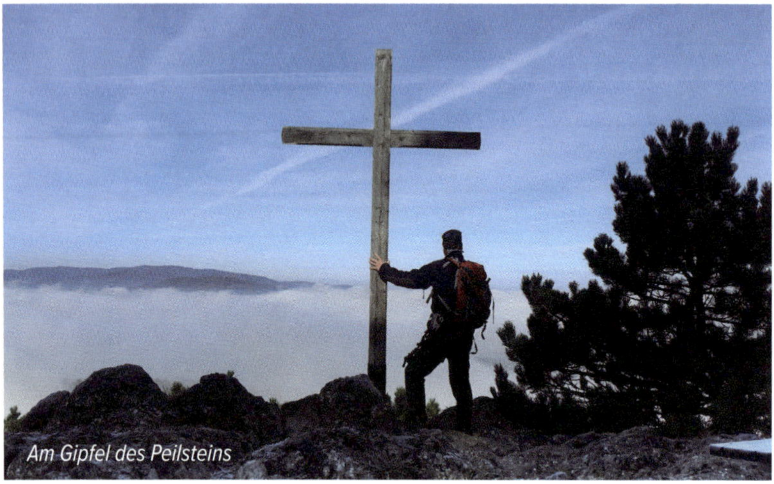

Am Gipfel des Peilsteins

Familienbetrieb, der sich Berghütten-Flair und Qualität auf seine Fahnen geschrieben hat: Pächterin Katja Kühmayer serviert Hausmannskost mit Herz und Können gefolgt von wunderbaren Nachtisch-Kreationen, für die eine gelernte Zuckerbäckerin sorgt. Eine Aussichtsplattform, schmucke Zimmer und wetterfeste Zelte vor dem Haus, in denen kleine und große Pfadfinder auch übernachten können, runden das vielfältige Angebot ab.
www.alpenverein.at/peilsteinhaus

2 ½ Std. / 6,5 km / 360 Hm / leicht

Eignung für Kinder: ab 8

CHARAKTER: *Ein leichter Familienausflug mit kleinen Klettereinlagen. Der markierte Wanderweg birgt keinerlei Gefahrenquellen. Rund um die Arnsteinhöhle, dem höchsten Punkt der Arnsteinwand, sowie den Peilsteinwänden sollten Kinder besonders gut im Auge behalten werden*
START- UND ZIELPUNKT: *Wallfahrtskirche Maria Raisenmarkt (mit öffentlichen Verkehrsmitteln zu erreichen)*
ROUTE: *Maria Raisenmarkt (371 m) – Ruine Arnstein (Arnsteinnadel, Arnsteinhöhle) – Peilstein (716 m, Peilsteinhaus) – Holzschlag – Maria Raisenmarkt*
ATTRAKTIONEN: *Burguine Arnstein, Arnsteinnadel, Arnsteinhöhle, Peilstein*
EINKEHRMÖGLICHKEITEN: *Peilsteinhaus (www.alpenverein.at/peilsteinhaus), Gasthof am Holzschlag (www.gasthofamholzschlag.com)*

3 Eichgrabner Höhenwanderweg

WEIT (IN DIE VERGANGENHEIT) SCHAUEN

Der Eichgrabner Höhenwanderweg führt über die landschaftlich schönsten Anhöhen, Wälder und Dörfer zwischen Eichgraben, Rekawinkel und Hochstraß. Es warten viele schöne Ausblicke, uralte Wälder und noch viel ältere Hügelgräber aus der Römerzeit.

Waldwandern

Vom Bahnhof Rekawinkel steuern wir den Ortseingang von Rekawinkel an, wo auch das Gasthaus Mayer liegt. Gegenüberliegend führt uns der grün-gelb markierte Höhenweg durch die Buchbergstraße zur Pfarrkirche von **Rekawinkel**. Da-

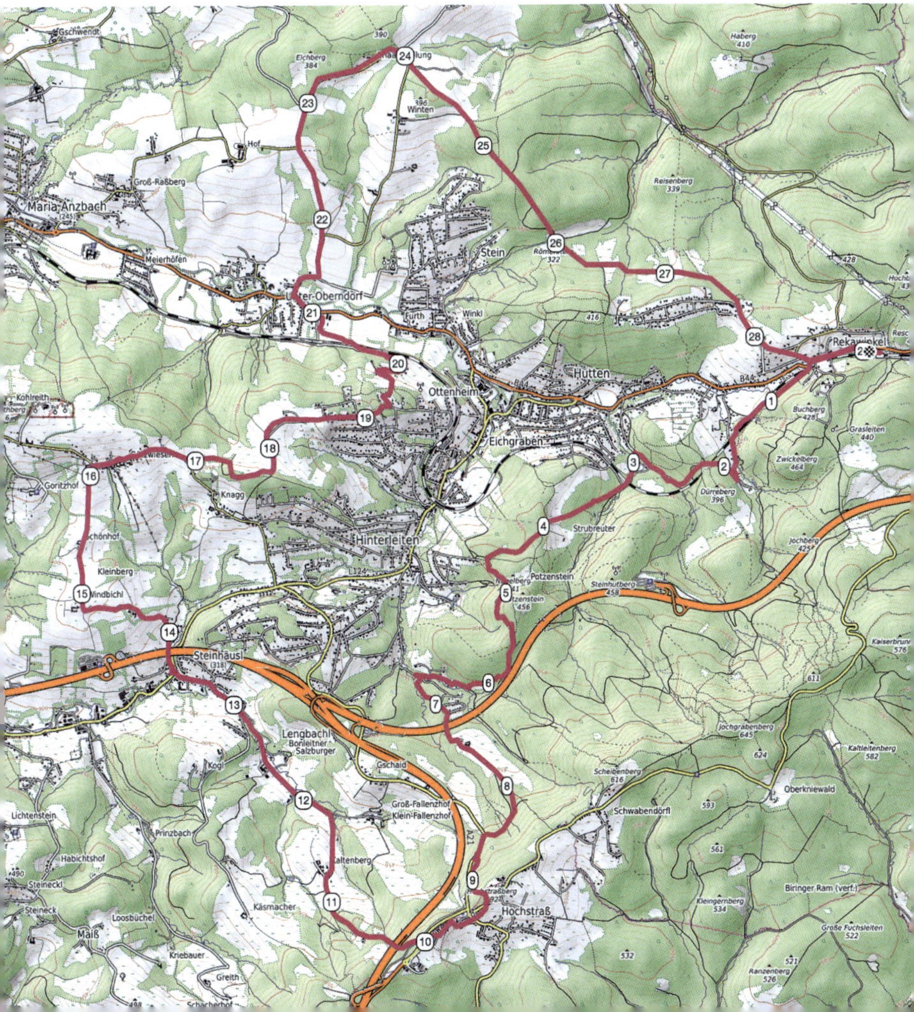

HÖHENPROFIL

QR Link Tour 3

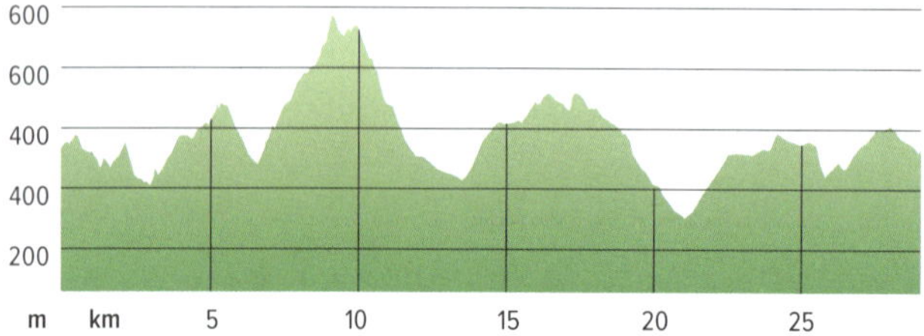

ANSPRUCH	STRECKE	DAUER	AUFSTIEG	ABSTIEG	HÖHENLAGE	EINKEHR
★★★ SCHWER	27,5	7:30	750 m	750 m	585 m / 254 m	JA

vor zweigt ein schmaler Weg nach rechts ab und schlängelt sich in den Talgrund hinab, wo wir uns von den Bahngeleisen Richtung Südwesten bis zur **Bierbachstraße** leiten lassen. Bald treffen wir auf die ersten von etlichen Infotafeln, die uns über die Bereiche Wald, Waldnutzung, Kultur und Geschichte im Wienerwald aufklären. Durch Wald schwingt sich unser Weg zur **Lechnerwiese** hinauf, umrundet das Obergeschoss des **Potzensteins**, überquert die Westautobahn und gelangt über ein Wiesenplateau nach **Gschaid** und wenig später nach **Hochstraß**. Nun geht's mit schönem Blick über den Wienerwald nach **Kaltenberg** hinunter. Gleich darauf erreichen wir **Altlengbach** und schließlich **Steinhäusl**.

Panoramawandern

Es folgt der sicherlich schönste Teil der Route: Auf der Kleinbergstraße marschieren wir genießerisch über eine sonnige, weitflächige Hochebene, wo unser Höhenwanderweg seinem Namen vollauf gerecht wird. Bis zum Schöpfl, Schneeberg und Ötscher reicht die Fernsicht, auf Marterln, kleine Gehöfte und Felder die Nahsicht. Nach **Götzwiesen** geht es weiter abwechselnd über Wiesen und durch kleine Waldstücke Richtung Burgweg, wo Neulengbach und

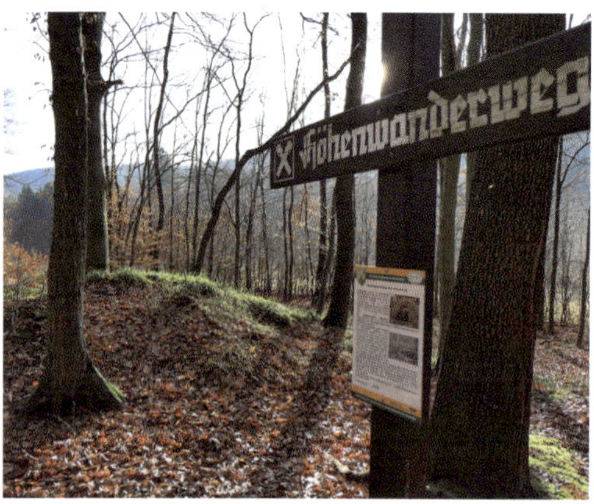

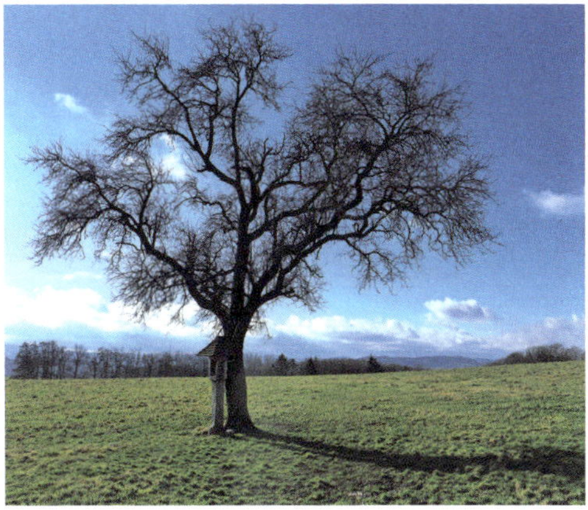

der Buchberg ins Blickfeld rücken. Eine Straße führt uns nach **Unter-Oberndorf** hinunter, wo wir die Bahn zurück nach Rekawinkel oder Wien besteigen könnten.

Römerwandern

Wer die Runde schließen möchte und noch Kraft für ca. zwei Stunden Gehzeit hat, setzt den Weg auf einer verkehrsarmen Landstraße fort, die von **Unter-Oberndorf** leicht bergauf in die **Erlaa-Siedlung** führt. Ein Schild lenkt uns nach links in den Wald, wo sich nach ca. 150 Metern eine der bedeutendsten und größten römerzeitlichen Nekropolen Niederösterreichs befindet. Rund 20 Hügelgräber reihen sich hier aneinander. Der geschichtliche Hintergrund: Im Altertum gehörte das Gebiet um Eichgraben zur römischen Provinz Noricum, durch die strategisch wichtige Verkehrswege vom Lager Vindobona bis ins westliche Niederösterreich führten. Im Bereich dieser Wege liegen viele römerzeitliche Hügelgräber, in denen Verstorbene der heimischen Bevölkerung mit Grabbeigaben in Form von Münzen oder Tongeschirr beigesetzt wurden.

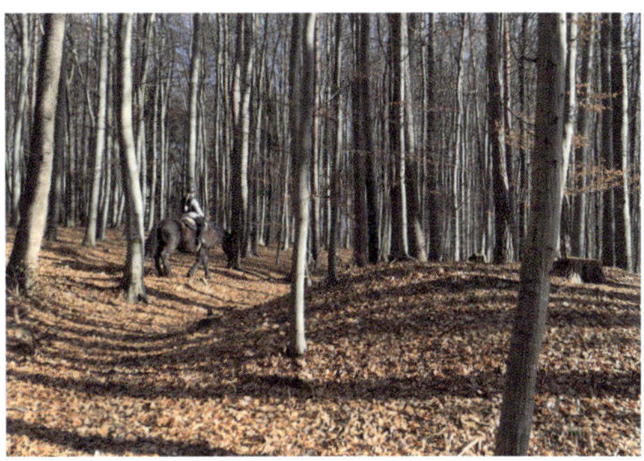

Zwischen den Hügelgräbern suchen sich Pferde ihren Weg.

Unser Weiterweg führt nach **Winten**, wo wir Wald betreten, durch den es zum „Römerstern" hinuntergeht. Auch hier befinden sich Hügelgräber, allerdings sind diese nicht so leicht erkennbar wie jene bei der Erlaa-Siedlung.

Nun geht es über **Kaiserspitz** teils durch Wald, teils über Wiesen und Straßen nach **Rekawinkel** zurück.

7 ½ Stunden / 27 ½ km / 750 Hm / schwer

Eignung für Jugendliche: ab 16

CHARAKTER: *sehr lange Tour auf guten Wegen, die Ausdauer verlangt*
Start und Zielpunkte: Bahnhöfe Rekawinkel, Eichgraben und Unter-Oberndorf (erreichbar mit S-Bahn)
ROUTE: *Rekawinkel (388 m) – Bierbachstraße – Lechnerwiese – Potzenstein – Gschaid – Hochstraß– Kaltenberg – Altlengbach (302 m) – Steinhäusl – Götzwiesen – Unter-Oberndorf (268 m) – Erlaa-Siedlung (374 m, Hügelgräber) – Winten – Römerstern (322 m, Hügelgräber) – Kaiserspitz (425 m) – Rekawinkel*
ATTRAKTIONEN: *römerzeitliche Hügelgräber, sehr schöne panoramareiche Passagen*
EINKEHRMÖGLICHKEIT: *Gasthaus Mayer (www.gasthausmayer.at)*
Weiterführende Infos: www.eichgraben.at

ANMERKUNG: *Mehr Wienerwald-Touren findest du in meinem Band „45 Wienerwald-Abenteuer“, ISBN 978-3-99024-747-1, Kral-Verlag*

4 Waschberg – Michelberg

INSELHÜPFEN IM WEINVIERTELTAKT

Mit einer Höhe von 409 m ist der Michelberg die höchste Erhebung des Rohrwalds und gehört zusammen mit dem nahe gelegenen Waschberg zu den „Weinviertler Klippen“. Deren pannonische Flora, die grandiose Aussicht, aber auch die geheimnisvollen Schwedenhöhlen sind die Zutaten einer Traumtour für Naturgenießer und Wanderfamilien.

Vom Goldenen Bründl auf den Waschberg

Es gibt wohl kein besseres und gediegeneres Basislager als das Gasthaus zum Goldenen Bründl, wo exquisite Küchenklassiker und Gemütlichkeit zum Programm gehören.

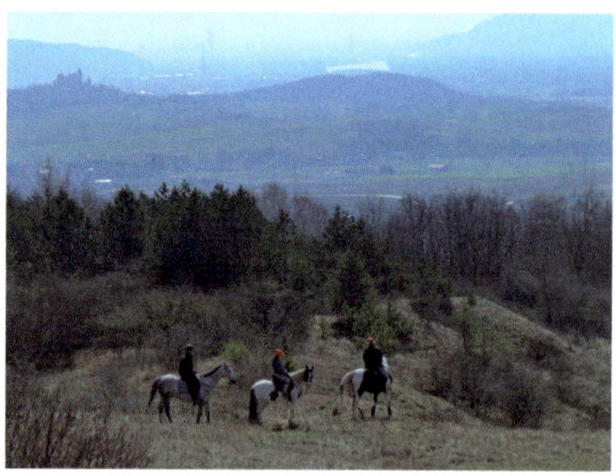

Über die „Weinviertler Klippe" des Waschbergs traben Pferde.

Vom Parkplatz lenkt uns das Schild „Michelberg“ nach Westen. Auf ebenem Weg und meist am Rand des zum Teil unter Schutz stehenden **Rohrwalds** marschieren wir durch den **Wiesenbachgraben** taleinwärts. Bei einem Rastplatz biegen wir nach links zur „Jausenstation Michelberg" ab. Von hier aus geht es durch Wald und Wiesen in den Sattel zwischen Wasch- und Michelberg, wo wir uns entscheiden müssen: rechts gleich auf den Michelberg oder links zum Waschberg und wieder zurück (+40 Min. Gehzeit). Letzterer ist ein Zusatz, den wir uns nicht entgehen lassen sollten, begegnen wir dort doch einer besonderen Vielfalt an seltenen Pflanzen – und vielleicht Tieren.

Naturjuwel Waschberg

In 20 Minuten setzen wir auf grün markiertem, leicht ansteigendem Forstweg zum Gipfelkreuz des **Waschbergs** über. Bemerkenswert ist das trockene, pannonische

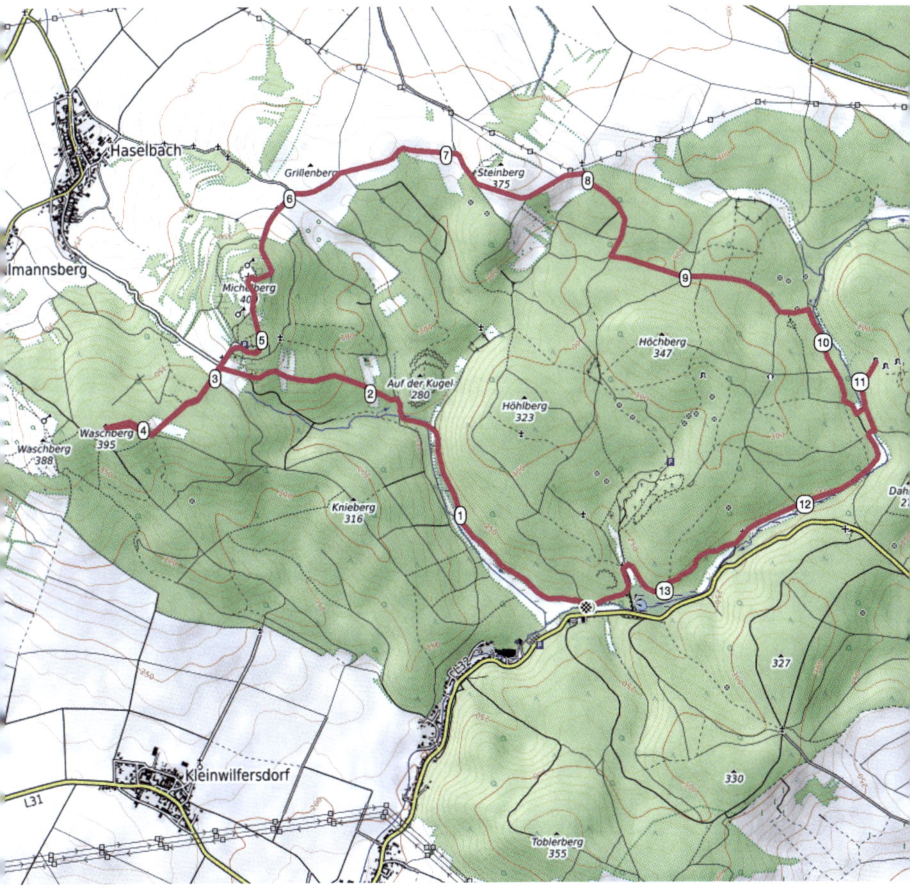

Klima dieser Weinviertler „Klippe“. Diese Bezeichnung erinnert daran, dass die hiesigen Kalkklippen vor rund 150 Millionen Jahren einst Koralleninseln im urzeitlichen Meer Thetys waren. Von ihnen blieben verwitterte Steine und eine ganz besondere Steppenvegetation. Der Waschberg etwa gewährt einer besonderen Vielfalt seltener Orchideen- und Insektenarten Lebensraum. Dem nicht genug, hat sich auf dem Halbtrockenrasen auch eine Kolonie des in Österreich stark gefährdeten Ziesels angesiedelt. Angesichts dieser Naturschätze wurde der Waschberg auch als Natura-2000-Gebiet unter Schutz gestellt. Zuletzt sei noch erwähnt, dass nicht nur der Nahblick, sondern auch der Fernblick imponiert, der über das Donautal mit der Wiener Pforte (Bisamberg, Kahlenberg) bis zur fernen Alpenkette mit Schneeberg und Ötscher reicht.

Wallanlage und Wallfahrtsort Michelberg

Zurück zur oben bezeichneten Kreuzung peilen wir nun die zweite Weinviertler Klippe, den Michelberg, an. Zuerst auf Asphalt zwischen Wiesen und Feldern bergauf geht es bis zu einer Straßengabelung, wo wir uns rechts halten. Dann entweder direkt zum Gipfel oder in einem Bogen am **Gasthaus am Michelberg** vorbei. Auch hier lässt es sich in lauschiger Umgebung gemütlich einkehren und mit G'schmackigem für die zweite Hälfte des Weges auftanken.

Den Gipfel des **Michelbergs** markiert eine malerisch platzierte Wallfahrtskapelle, die dort schon jahrhundertelang Wind und Wetter trotzt. Von dort haben wir eine grandiose Aussicht, auf den Schneeberg etwa, den Ötscher oder den Traunstein, ja, an klaren Tagen lassen sich sogar die Karpaten erkennen. Der Michelberg darf sich auch einer bewegten Vergangenheit rühmen: Dank seiner exponierten Insellage erfüllte er bereits seit der Steinzeit eine wichtige Funktion als Wohn- und strategische Beobachtungsstation. Der Gipfel diente aber auch als Kultstätte. So

HÖHENPROFIL

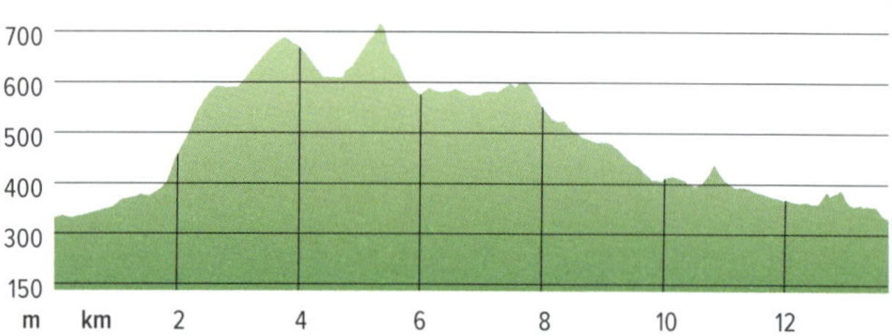

QR Link Tour 4

★ ANSPRUCH	⟷ STRECKE	DAUER	AUFSTIEG	ABSTIEG	HÖHENLAGE	EINKEHR
LEICHT	13,5	3:00	340 m	340 m	408 m / 216 m	JA

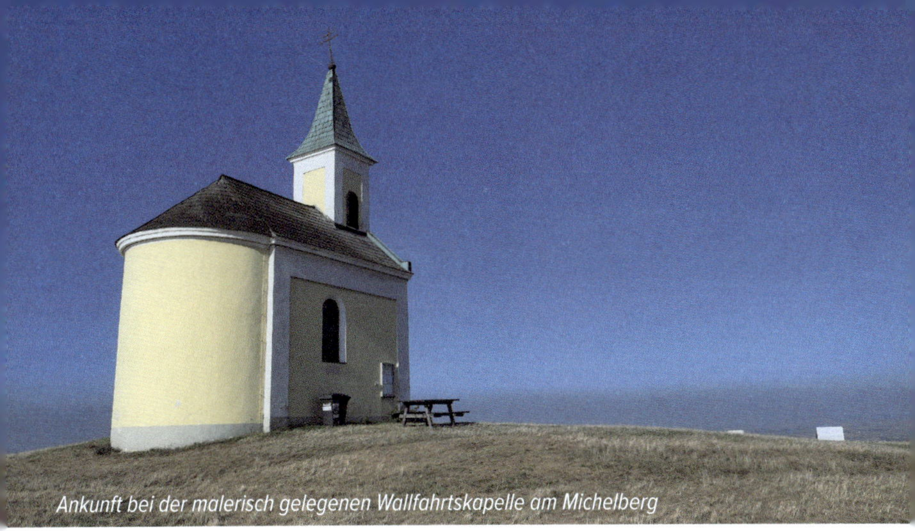

Ankunft bei der malerisch gelegenen Wallfahrtskapelle am Michelberg

wurde hier schon im 9. Jahrhundert eine romanische, in weiterer Folge eine barocke Wallfahrtskirche errichtet, deren Grundrisse jüngst rekonstruiert wurden und zu bestaunen sind. Die heutige Kapelle stammt aus dem Jahre 1867.

Im Waldvierteltakt über den Grillen- und Steinberg

Der Weiterweg – wir orientieren uns nun am Jakobsweg Weinviertel – ist leider schlecht markiert, weshalb Orientierungssinn gefragt ist. Wir steigen auf einem durch Gestrüpp führenden, schmalen Steig in nördlicher Richtung zu einem kunstvoll gestalteten **Kreuzweg** ab. Den Kreuzwegstationen entlang wandern wir durch Wald, dann über offene Felder an einer weiteren Station vorbei bis zu einem Kreuz. Hier betreten wir das baumfreie Gelände zwischen **Grillen-** und **Steinberg** – die nächste, schöne Wanderetappe. Leichtfüßig promenieren wir in gemächlichem Weinvierteltakt Richtung **Steinberg**. Bei den folgenden Weggabelungen halten wir uns zuerst rechts, dann links. Bald gelangen wir auf einem fast ebenen Feldweg zu einer Kleingartensiedlung. Diese passieren wir. Kurz danach zweigt am Beginn eines Waldstücks der **Jakobsweg Weinviertel** nach rechts ab. Diesem nach durch alten Wald, wobei wir bei den folgenden Wegkreuzungen stets geradeaus bleiben. Erst wenn wir zu einer rechtwinkelig nach links abzweigenden Forststraße gelangen, folgen wir dieser leicht bergab bis zu einer Holzhütte. Von hier geradeaus weiter und leicht bergab bis zur nächsten Straßenverzweigung, wo wir die Schritte nach rechts lenken. Nach einer S-Kurve folgt eine Wiese.

Abenteuer Schwedenhöhlen

Wer zu den sog. Schwedenhöhlen will, muss nun aufpassen, denn diese sind schwer zu finden. Wir marschieren auf der Forststraße bis zum Wegweiser „Schwedenhöhlen“ am Rand einer Wiese. Hier biegen wir nach links auf eine Güterstraße ab. Diese mündet gleich darauf in einen querenden Forstweg. Nun heißt es links und gleichsam zurückmarschierend bis zu einer Wiese bis zum Waldrand, wo sich der Weg gabelt. Wir wählen den rechten Ast und wandern bis zu einem Platz mit zwei Mülleimern. Dort sind es nur mehr 50 Meter zu den in einem Graben liegenden **Schwedenhöhlen**. Die in Löss geschlagenen Erdlöcher, gerade groß genug für Kinder, bieten beeindruckende Räume zum Forschen und Verstecken spielen. Die Höhlen sollen der Sage nach während der Schwedenkriege im 17. Jahrhundert als Zufluchtsstätte für die Bewohner der umliegenden Ortschaften gedient haben.

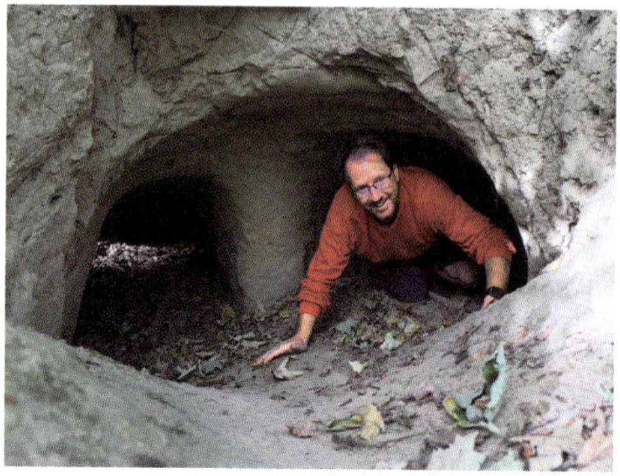

Die Schwedenhöhlen erweisen sich als zu eng für den Autor.

Zurück am regulären Weg wandern wir auf der Forststraße weiter, auf der wir gekommen sind. Nach der langgezogenen **Steinmandlwiese** betreten wir wieder Wald und entdecken links das leicht erhöht stehende **Hausotterkreuz**. Ein paar Schritte weiter schwenken wir auf einen rechts abzweigenden, unmarkierten Waldweg ein. Durch welliges Gelände geht es durch den **Rohrwald**, bis wir zu einem Hohlweg und danach zu einer Wiese gelangen. Diese überqueren wir ebenso wie die folgende Schotterstraße, um bei einem Gedenkkreuz einen weiteren Güterweg zu betreten. Auf diesem links und im 180°-Winkel gleichsam zurück. Die letzten Schritte der Wanderung setzen wir auf dem **Erlebnisweg Goldenes Bründl** zurück, der uns direkt zu ebendiesem führt. Schon seit 1385 ist die Bezeichnung „Goldener Brunn“ bekannt.

3 Stunden / 13 ½ km / 340 Hm / leicht

Eignung für Kinder: ab 11

CHARAKTER: *Der gesamte Weg ist sehr schlecht markiert, sporadische Schilder helfen kaum weiter. Deswegen ist gerade für den Abstiegsweg ein GPS-Gerät samt GPX-Track (erhältlich unter www.bergnews.com) anzuraten. Ansonsten unschwierige Familienwanderung*

START- UND ZIELPUNKT: *Gasthaus zum Goldenen Bründl (Parkplatz, nicht mit öffentlichen Verkehrsmitteln zu erreichen)*

ROUTE: *Gasthaus zum Goldenen Bründl (219 m) – [Waschberg, 388 m –] Gasthaus am Michelberg – Michelberg (409 m) – Kreuzweg – Grillenberg – Steinberg – Schwedenhöhlen – Steinmandlwiese – Hausotterkreuz – Ghs. zum Goldenen Bründl*
ATTRAKTIONEN: *pannonischer Naturraum am Waschberg; Kapelle, Aussicht und Urgeschichte am Michelberg, Kreuzweg, Traverse über das Hochplateau zwischen Grillen- und Steinberg, Schwedenhöhlen*
EINKEHRMÖGLICHKEIT: *Gasthaus Goldenes Bründl (www.goldenesbruendl.at/), Gasthaus am Michelberg (www.michelberg.at/)*
TIPP: *Für die Erkundung der Schwedenhöhlen ist Kleidung zu empfehlen, die auch schmutzig werden darf. Auch Stirnlampen für unsere jungen Höhlenforscher können gute Dienste leisten*

5 Kreuttal: Glockenberg

VOM URWALD IN DIE KELLERGASSE

Die abwechslungsreiche Wanderung führt über einen landschaftlich hochinteressanten Höhenzug mit dem Glockenberg als Gipfel und durch das waldreiche Kreuttal. Am Ende wartet eine der schönsten Kellergassen des Weinviertels auf uns.

Von Schleinbach zum Kreuttaler Aussichtsturm

Start am **Hauptplatz** von **Schleinbach**. Von hier lenken uns Wegweiser Richtung Kreuttal und Kreutwald (Regions-Rundwanderweg „Wanderpuzzle Wolkersdorf") an der Feuerwehr vorbei in die **Waldstraße** und die **Sonnleithengasse**, bis sich bei einem Spielplatz die Straße gabelt. Wir wählen den rechten Ast und passieren die letzten Häuser des Ortes. Blau markiert und im angenehmen Wellengang durch einen sehr naturbelassenen Wald, der sich zeitweise sogar in einen verwachsenen Dschungel verwandelt – ungewohnt für das felderreiche Weinviertel. Man merkt: Hier lässt man die Natur machen. Gut so! Schon dieser erste Abschnitt durch den Urwald am Glockenberg beeindruckt also.
Nach rund 20 Minuten treffen wir auf eine Wegkreuzung, von wo uns ein Wegweiser zum **Kreuttaler Aussichtsturm** lotst. Diesem folgen wir, um die Aussicht zu genießen, merken uns aber die Kreuzung. Schon nach wenigen Minuten stehen wir vor der hölzernen Warte, die von Bankerln und Infotafeln über die Fauna der

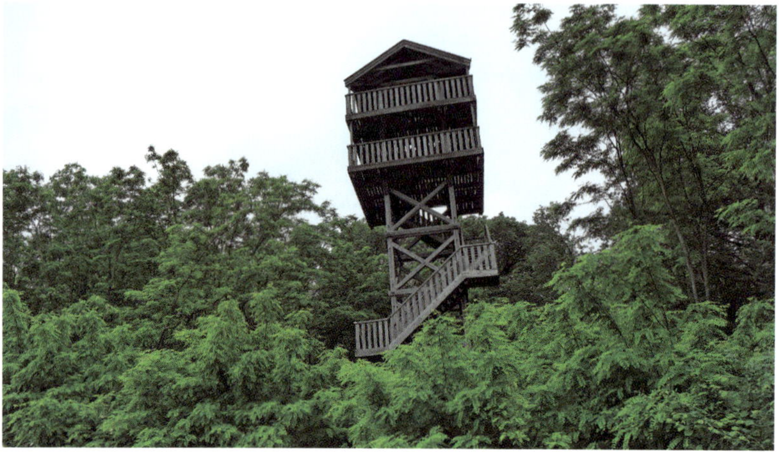

Der Kreuttaler Aussichtsturm ermöglicht einen schönen Blick "ins Land".

Umgebung umringt ist. Der Ort, wo der Turm steht, nennt sich übrigens „Guck ins Land“. Warum, wird nur wissen, wer die 21 Meter zur obersten Plattform der Warte hinaufsteigt und den schönen Blick über das Rußbachtal und das nordöstliche Weinviertel erlebt.

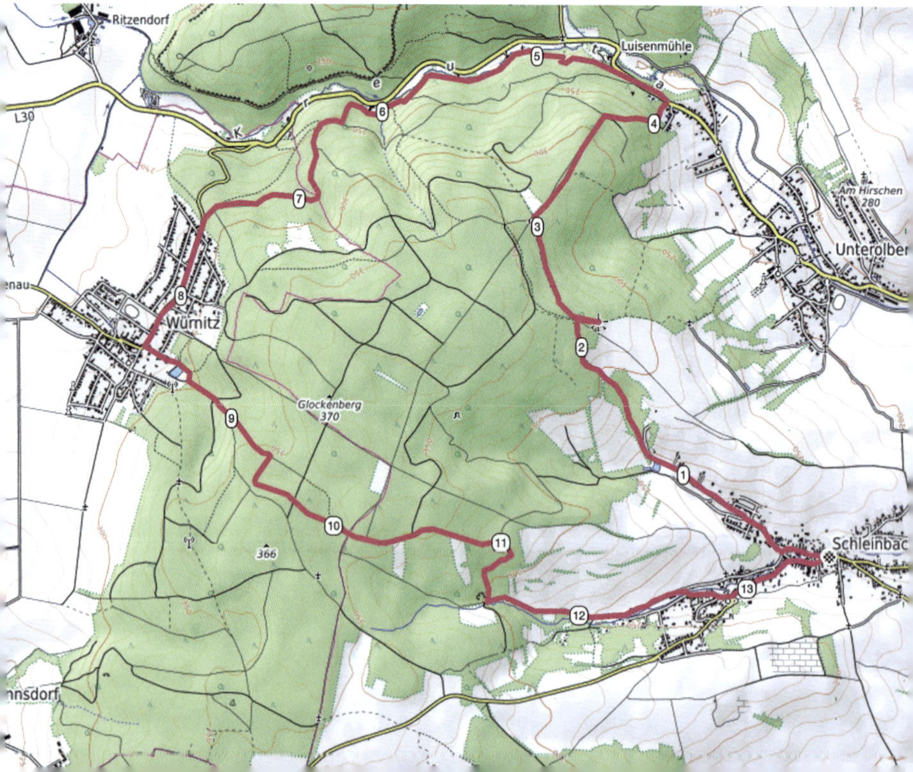

On top of Glockenberg

Nun nicht nach Unterolberndorf hinunter, sondern wieder zurück zur vorhin erwähnten Kreuzung. Von dort folgen wir der blauen Markierung auf breitem Weg durch uralten Wald, der so vielfältig ist, wie man es kaum anderswo im Weinviertel findet. Der **Waldlehrpfad** präsentiert Birken, Lärchen, Elsbeeren, Buchen, Espen, steinalte Eichen und andere Vertreter des überaus artenreichen Waldes. So geht es staunend zum Gipfel des **Glockenbergs**, der mit einem Infostand und Rastmobiliar ausgestattet ist.

Von hier hätten wir übrigens die Möglichkeit, direkt nach Würnitz oder zur Drechslermühle zu gelangen. Wir wollen aber ins idyllische Kreuttal und folgen den Wegweisern zur Luisenmühle im Kreuttal.

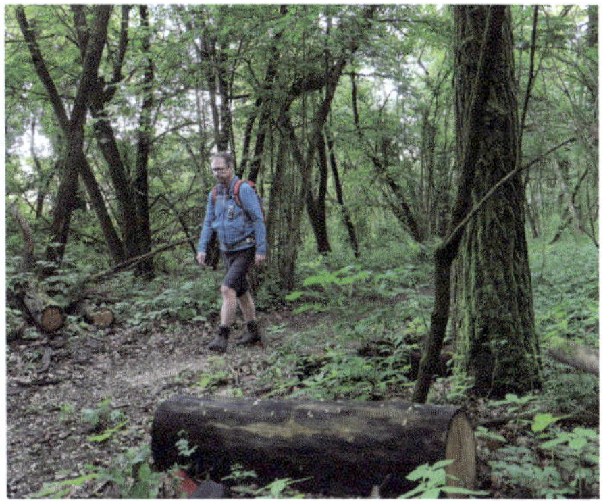

Durch uralten Wald wandern wir auf den Gipfel des Glockenbergs (siehe unten).

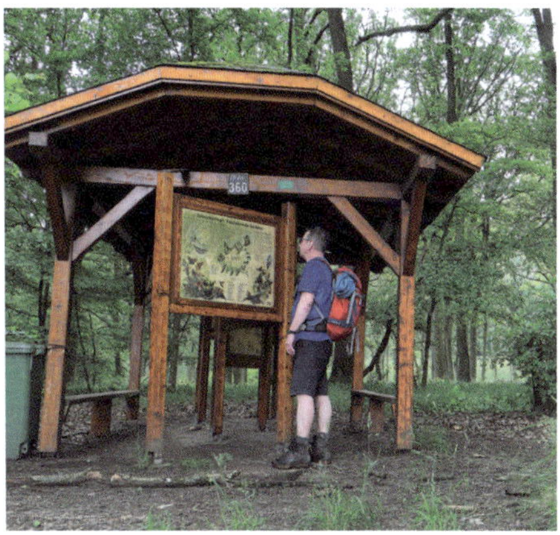

HÖHENPROFIL

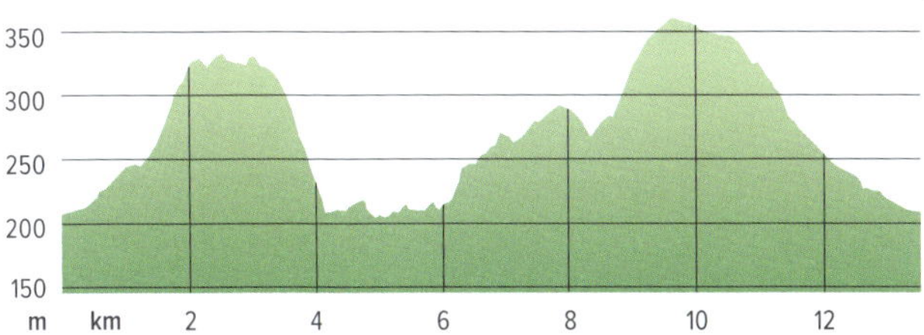

QR Link Tour 5

ANSPRUCH	STRECKE	DAUER	AUFSTIEG	ABSTIEG	HÖHENLAGE	EINKEHR
LEICHT	13,0	4:00	485 m	485 m	360 m / 204 m	NEIN

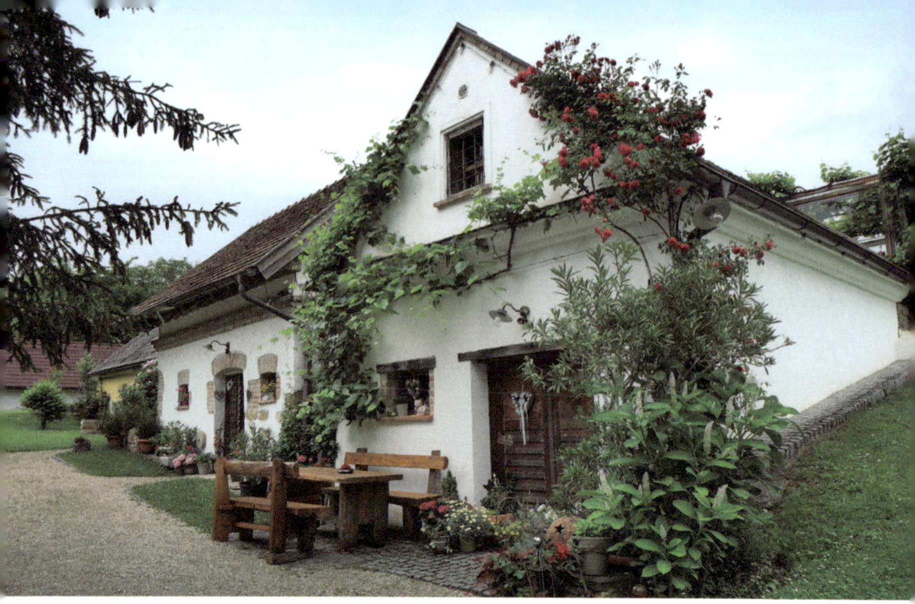

Am Ende der Tour erwartet uns eine weinvierteltypische Kellergasse.

Durchs liebliche Kreuttal nach Würnitz

Dem Waldlehrpfad und dem **Wanderpuzzle Wolkersdorf** weiterhin treu bleibend steuern wir das liebliche **Kreuttal** durch ein Spalier unterschiedlichster Baumarten an. Beim Ortsrand von **Unterolberndorf** biegen wir nach links auf eine Landstraße und müssen uns kurz darauf entscheiden: Es ist möglich, entweder gleich die erste nach links abzweigende Forststraße (Schranken, rot markiert) zu nehmen und so bequem um den Glockenberg herumzuwandern, oder ein paar Schritte länger auf der Landstraße zu bleiben, ehe am Beginn einer Rechtskurve ein weiterer markierter Weg abzweigt. Auf diesem geht es oberhalb des Gutshofs **Luisenmühle** einen Zaun entlang und weiter auf einem schmalen, wurzeligen Pfad oberhalb des Rußbachs durch naturbelassenes Gelände. Bei der Begehung dieses Pfades im Juni 2023 fanden wir diesen allerdings sehr verwachsen und ungepflegt vor, großteils sogar kaum auffindbar. Schade. Deswegen raten wir eher dazu, auf der erwähnten Forststraße zu bleiben und auf dieser gemütlich nach **Würnitz** zu wandern.
Diesen langgezogenen Ort durchqueren wir auf der Kreuttalstraße, bis nach links die **Schlossstraße** abzweigt, die uns am idyllisch gelegenen **Waldteich** (Jausenstation, Spielplatz, Leiter ins Wasser) vorbei zum Ortsausgang führt. Ab hier halten wir uns strikt an die rote Markierung des sog. Irotwegs, der kurvenreich und in ständigem Auf und Ab in den **Münichgraben** mündet. Bevor wir aus dem Wald in eine sonnenhelle Feldlandschaft treten, pausieren wir auf einem hübschen Rastplatz (Annabild, Tisch, Bänke). Weiter geht es auf einem Feldweg in die überaus malerische, weinvierteltypische **Kellergasse** der **Waldgasse** und durch die Badgasse und Hauptstraße nach **Schleinbach** zum Ausgangspunkt zurück.

4 Stunden / 13 km / 485 Hm / leicht

Eignung für Kinder: ab 12

CHARAKTER: *An manchen Wegkreuzungen und Kurven ist Orientierungssinn vonnöten, der Weg entlang des Rußbachs kann verwachsen und schwer auffindbar sein. Ansonsten leichte Wege*
START- UND ZIELPUNKT: *Schleinbach (mit öffentl. Verkehrsmitteln erreichbar)*
ROUTE: *Schleinbach (230 m) – Kreuttaler Aussichtsturm (346 m) – Glockenberg (360 m; Infostand, Bank, Tische, Marienbild) – Unterolbendorf (200 m) – Steig entlang des Rußbaches (Gutshof Luisenmühle) oder Forststraße – Würnitz (269 m) – Waldteich – Irotweg – Kellergasse – Badgasse – Schleinbach*
ATTRAKTIONEN: *sehr alte, vielfältige Wälder (Waldlehrpfad), Kreuttaler Aussichtsturm, Glockenberg, Waldteich in Würnitz mit Bademöglichkeit*
EINKEHRMÖGLICHKEIT: *keine*
ANMERKUNG: *Für den mitunter verwachsenen Rußbachweg sind LANGE Hosen ratsam; für den Waldteich Badesachen*
WEITERFÜHRENDE INFOS: *www.ulrichskirchen-schleinbach.gv.at*

6 Via.monte: Braunsberg

VON KELTEN, RÖMERN UND RÄUBERN

Der Braunsberg am östlichen Ende von Österreich bei Hainburg ist eine wahre Erlebnis-Fundgrube. Auf ihm finden sich Spuren einer keltischen Siedlung, wachsen eine Unmenge an seltenen Pflanzen – und an seinem Fuß liegt eine Räuberburg.

Der Braunsberg auf österreichischer und der Thebener Kogel (Devínska Kobyla) auf slowakischer Seite bilden die so genannte **Ungarische Pforte**, ein kurzes Durchbruchstal, das die Donau auf ihrem Weg in Richtung Schwarzes Meer durchfließt. Zugleich bildet der Braunsberg damit ein geologisches Bindeglied zwischen Alpen und Karpaten. Diesem Umstand verdankt er seine Sonderstellung in Bezug auf seine Geschichte und Vegetation.

Durch die Porta Hungarica zur Ruine Röthelstein

Vom Bahnhof Hainburg folgen wir der **Donaulände** und der **Donaupromenade** entlang der Donau, durchschreiten zwei kurze Tunnel, die hier in den Felsen ge-

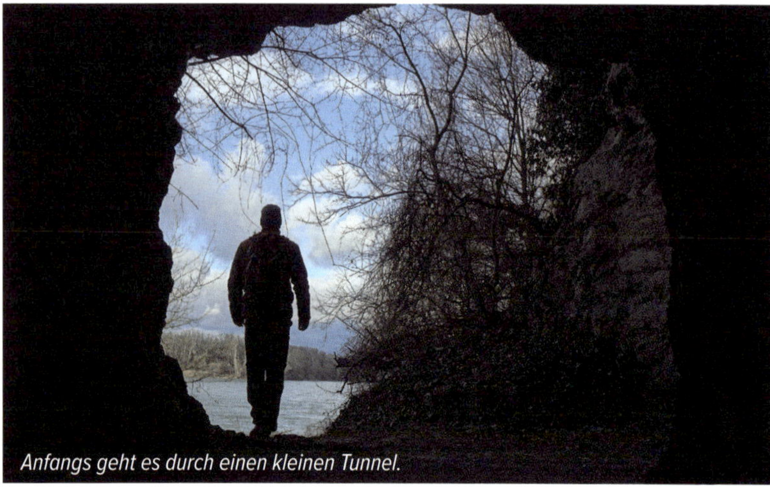

Anfangs geht es durch einen kleinen Tunnel.

schlagen wurden, und folgen einem romantischen Pfad, der das Donauufer nach Osten begleitet. Immer wieder wölben sich kleine Buchten vom Strom ab, aus denen Schwarzpappeln und andere Bäume herauswachsen. Hier und im Nationalpark Donau-Auen am Nordufer lassen sich auch zahlreiche Vogelarten beobachten, darunter riesige Kormorane, die wahren Meister des Fischens. Ansonsten fließt die Donau gemütlich dahin und schlägt nur höhere Wellen, wenn sich ein Frachtschiff durch die Porta Hungarica – die Talenge zwischen dem Felsen von Theben und dem Braunsberg – bewegt.

Nach etwa einem Kilometer trennt sich der Weg vom Ufer und schlängelt sich durch dichten Auwald zum **Ferdinand-Häringer-Platz**. Danach hebt der Weg kurz an und führt zur **Ruine Röthelstein** (auch Rottenstein) hinauf. Von der einstigen, erstmals im Jahre 1180 urkundlich erwähnten Raubritterburg blieben nur einige wenige Mauerreste übrig, über die wir über Stufen zu einem kleinen Aussichtsplateau hinaufsteigen können. Von hier aus lässt sich wunderbar die Donau und der nördlich gelegene Nationalpark überblicken. Wer Glück hat, kann auch den „König der Auen“, den Seeadler, beobachten. Die

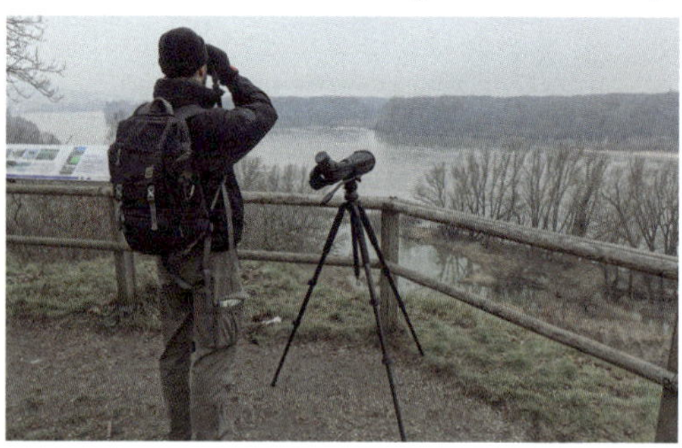

Von der Ruine Röthelstein aus lassen sich sogar Seeadler beobachten.

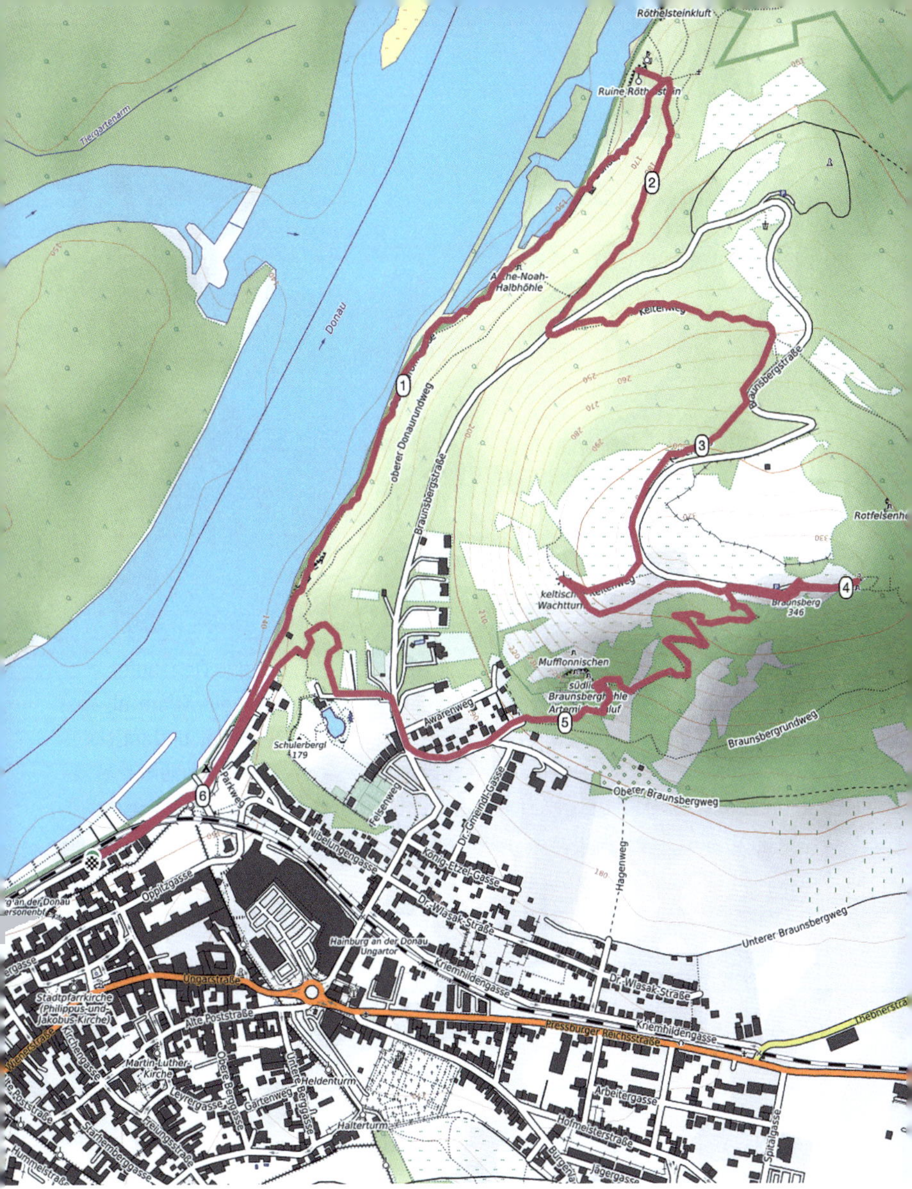

Burg diente lange Zeit als Sitz von Raubrittern, die diesen strategisch vorteilhaften Punkt über der Engstelle der Porta Hungarica als Spähposten für ihre Überfälle auf die Handelsschiffe nützten.

Am Keltenweg auf den Braunsberg

Ein gelbes Schild weist uns den Weg über eine breite Schotterstraße zum Braunsberg hinauf (alternativ kann auch rund 10 Minuten zur nahe gelegenen „Lourdesgrotte" gewandert und von dort der Braunsberg bestiegen werden). Schnell an

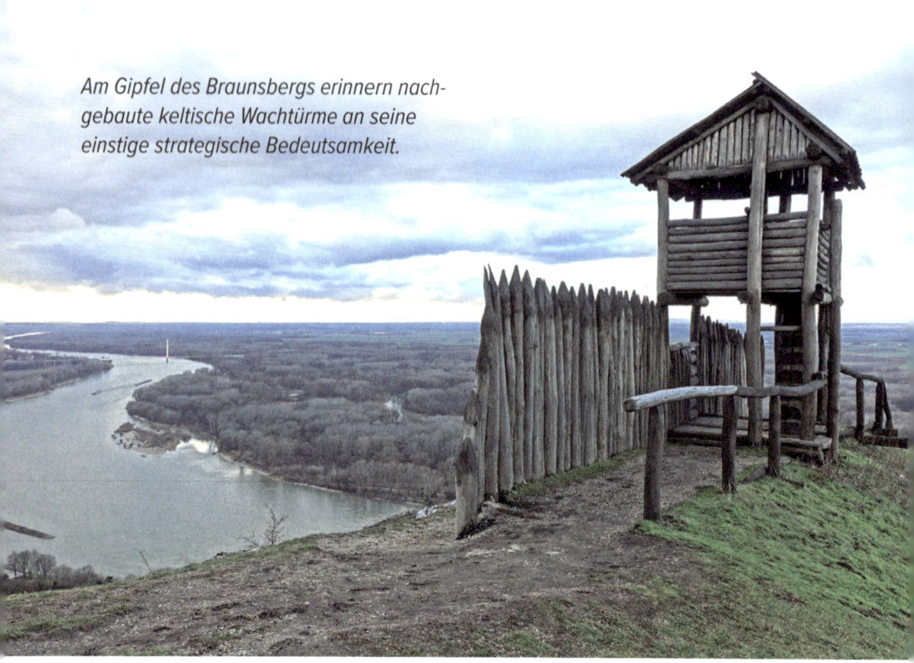

Am Gipfel des Braunsbergs erinnern nachgebaute keltische Wachtürme an seine einstige strategische Bedeutsamkeit.

Höhe gewinnend führt der Pfad durch lichten Wald, in dem Götterbäume und Weißdorn gedeihen. Nach einer Straßenquerung wird unser Weg, auch als „Keltenweg“ oder „VIA.MONTE“ bezeichnet, schmäler und steiler. Beeindruckend der Robinienbestand. Bald gelangen wir an den Waldrand, von wo sich abermals ein imposanter Ausblick über das Augebiet ergibt.

Nach dem letzten Anstieg erreichen wir das Wiesenplateau des **Braunsberges**, das uns an die alpinen Almwiesen höherer Alpenberge erinnert. Wir betreten zu-

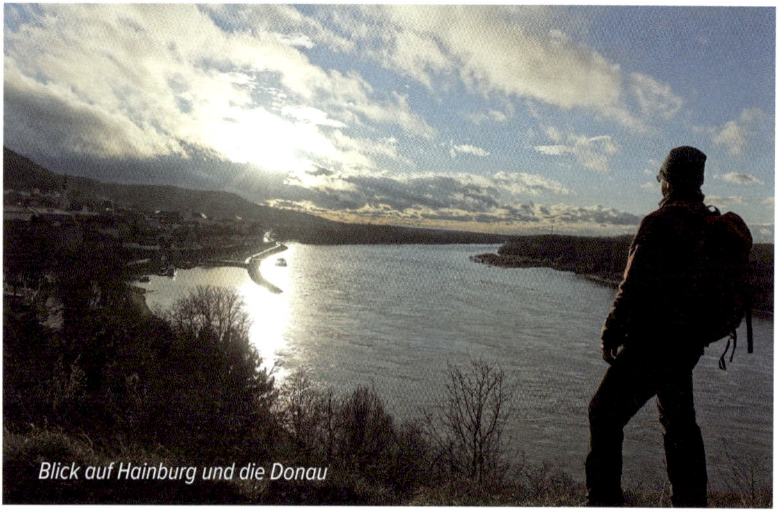

Blick auf Hainburg und die Donau

HÖHENPROFIL

QR Link Tour 6

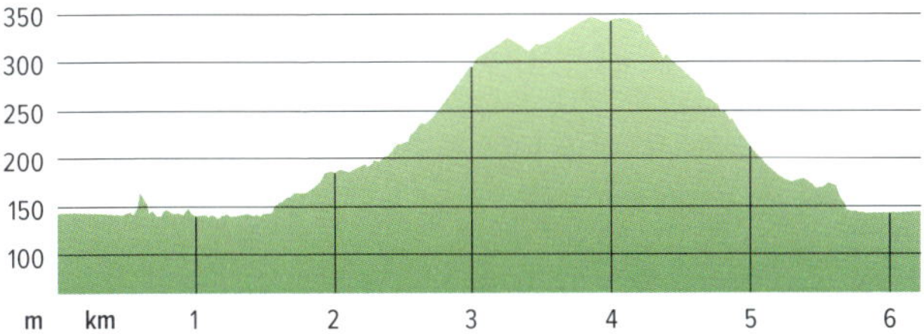

ANSPRUCH	STRECKE	DAUER	AUFSTIEG	ABSTIEG	HÖHENLAGE	EINKEHR
★ LEICHT	5,0	2:00	300 m	300 m	346 m / 138 m	NEIN

gleich ein selten vielfältiges Biotop, das das ganze Jahr über faszinierende Naturerfahrungen ermöglicht. Durch seine Lage am Rande der pannonischen Tiefebene hat sich hier ein eigenes trockenwarmes Klima entwickelt, dank dessen sich selten gewordener Steppen- und Trockenrasen sowie eine Pflanzen- und Tierwelt gebildet hat, die teils den Steppen des Ostens, teils dem Mittelmeerraum zuzuordnen ist. So lassen sich etwa Gottesanbeterinnen, Smaragdeidechsen oder selten gewordene Vögel wie der Neuntöter und die Sperbergrasmücke beobachten. Auch die Pflanzenwelt des Braunsbergs erweist sich als sehr vielfältig. Schon im Vorfrühling blühen die Große Küchenschelle und das Adonisröschen als gängige Trockenrasen-Arten. Als rare Kostbarkeiten gedeihen auch die Zwerg-Schwertlilie, der Mauerpfeffer, der Diptam und die Hauswurz. Es zahlt sich also aus, etwas genauer auf den Boden zu schauen.

Wälle und Weitsicht

Der Braunsberg bietet ob seiner Alleinstellung einen einzigartigen Rundblick: auf die Hundsheimer Berge etwa, bis Bratislava und die Burgruine Devín (Theben) sowie weit ins Marchfeld, das Wiener Becken und über den Nationalpark Donau-Auen hinweg. Unter uns die mittelalterliche Stadt Hainburg und die Ruine Hainburg auf dem Schlossberg.

Dieser freien Sicht nach allen Seiten hin verdankt der Braunsberg auch seine historische Bedeutsamkeit. Schon vor 7.000 Jahren wurde der Gipfelbereich besiedelt, wie Funde beweisen. Ausgrabungen brachten auch Spuren der Kupferzeit um 4.500 vor Christus zu Tage. Die Kelten, die hier oben eine Höhensiedlung errichteten, umbauten das Gipfelplateau sogar mit Wachtürmen und einem Wall, dessen Umrisse noch zu erkennen sind.

Rückkehr durch Ahornwald

Folgt man dem Rand des Plateaus, stößt man bald auf die asphaltierte Braunsbergstraße und den Wegweiser zurück nach Hainburg hinunter. Diesen Punkt merken wir uns, denn es lohnt sich, der Straße noch ein wenig bis zu einem Parkplatz zu folgen, wo sich die Aussicht nach Osten Richtung Theben weitet. Zurück zum vorhin erwähnten Punkt, geht es zuerst etwas steiler und anspruchsvoller durch Flaumeichen- und Feldahorn-Wald, dann leichter und in zahlreichen Kurven hinunter. Der Pfad mündet schnell in einen gut ausgetretenen Waldweg, der in Serpentinen weiter abwärts zu den Weingärten am Fuß des Braunsberges führt. In der gleichnamigen Siedlung geht der Weg in eine Asphaltstraße über, die am **Restaurant Karnunt** und am Freibad der Stadt vorbeiführt. Die letzten Meter zur **Donaulände** gehen wir durch Wald zu einem letzten großartigen Rastplatz mit Blick über Hainburg und die Donau. Danach kehren wir über Steintreppen Richtung Donauufer und zum Ausgangspunkt zurück.

2 Stunden / 5 km / 300 Hm / leicht

Eignung für Kinder: ab 11

CHARAKTER: *Familientour mit vielen Mini-Abenteuern und Attraktionen am Weg*
START- UND ZIELPUNKT: *Hainburg Bahnhof (mit öffentlichen Verkehrsmitteln und Schiff erreichbar)*
ROUTE: *Hainburg Bahnhof (ca. 161 m) – Donaulände – Donaupromenade – Ruine Röthelstein – [Lourdesgrotte + 30 min –] Keltenwall – Braunsberg-Gipfel (346 m) – Braunsbergsiedlung – Donaulände (Hainburg)*
ATTRAKTIONEN: *romantische Donaupromenade, Burg Röthelstein (Beobachtung von Seeadlern im Winter), pannonischer Trockenrasen am Plateau und seltene Fauna und Flora, 360°-Panorama vom Gipfel, Reste und Rekonstruktion eines Keltenwalls und eines Wachturms*
EINKEHRMÖGLICHKEIT: *unterwegs keine, etliche in Hainburg*
WEITERFÜHRENDE INFOS: *www.hainburg.at*
TIPP: *Auch eine Anreise per Schiff ist möglich! An der Schiffsanlegestelle Hainburg legt im August und September jeweils sonntags der Twin City Liner an, ein Katamaran, der täglich zwischen Wien (Schwedenplatz, 1 Std.) und Bratislava (Altstadt, 1 ½ Std. bis Wien) pendelt*
INFOS, ANMELDUNG UND TICKETS: *www.twincityliner.com*

7 Königswarte

EIN PANNONISCHES NATURJUWEL

Der östlichste Aufschwung Österreichs, die Königswarte bei Hainburg, zählt zu den Ausläufern der Niederen Karpaten und wartet mit mehreren Vorzügen auf: Erstens ist er direkt und schnell mit der Schnellbahn von Wien aus zu erreichen. Weiters liegen mit der sehenswerten Ruine Pottenburg, dem umfassenden Gipfelpanorama und der besonderen Steppennatur am Hindlerberg beeindruckende Highlights am Weg. Ein Must-do für die ganze Familie.

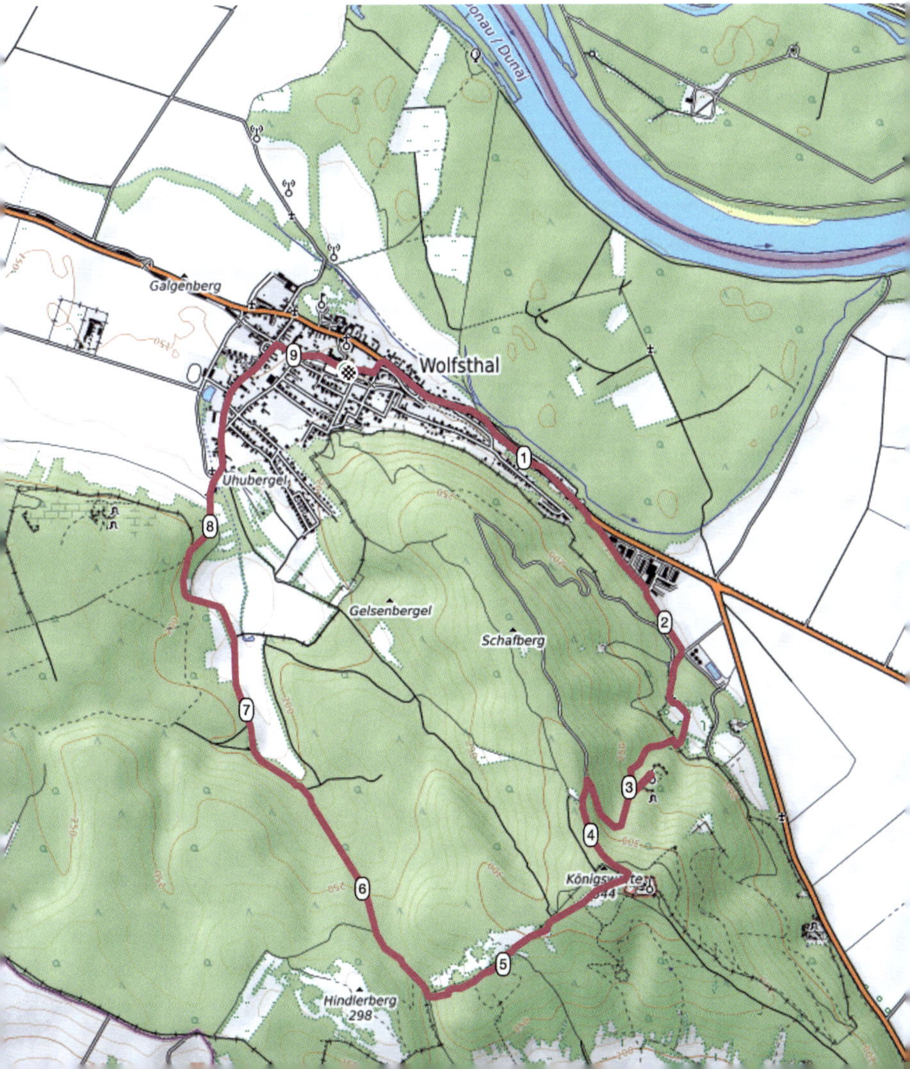

Von Wolfsthal zur Burgruine Pottenburg

Den Rucksack geschultert beim Bahnhof von **Wolfsthal**. Die **Bahnhofstraße** bringt uns zur **Hauptstraße**, der wir in südöstlicher Richtung auf einem Gehweg folgen. Rechts winkt uns schon die Königswarte zu. Wir bleiben auf der Hauptstraße, bis wir nach ca. 15 Min. zu einer Tankstelle gelangen. Ein paar Schritte danach verzweigt sich die Straße und wir finden bei einem Wasserbehälter den ersten Wegweiser zur Königswarte (Weg 907). Wir folgen dem Weg bis zu einem Waldrand und einer Asphaltstraße. Auf dieser rechts und rot markiert in einen stillen Graben. Bei der nächsten Weggablung halten wir uns links und passieren ein Marterl. Nach einer Lichtung mit Weingärten und einer Obstplantage wandern wir auf einem romantischen Hohlweg durch ein Waldstück, bis wir vor einem Zaun samt Leiter stehen. Viermal müssen wir in Folge solche Barrieren überklettern. Warum? Das Gebiet, das wir hauptsächlich durchqueren, ist Jagdgebiet und darf nur tagsüber betreten werden. Angetroffen werden könnten auch „gefährliche Wildschweine“, verrät eine Warntafel. Keine Angst, im Normalfall wird man bloß ihre Wühlarbeiten bemerken ... Also über den Zaun gestiegen und auf der anderen Seite auf unmarkiertem Weg rechts bis zu einem Forstweg, dort links und ihm in einen Graben gefolgt. Bei einer Weggabelung rechts abgebogen sehen wir schon die **Burgruine Pottenburg** zwischen den Bäumen. Diese sollten wir uns unbedingt ansehen, auch wenn sie ein paar Schritte abseits des Weges liegt. Sobald die Forststraße eine Rechtskurve vollzieht, zweigen wir geradeaus zur Ruine ab und stehen kurz darauf inmitten uralter Gemäuer. Erste Erwähnungen der wichtigen Grenzburg stammen aus den Jahren zwischen 990 und 1025. Beindruckend der sechsgeschossige Bergfried. Es macht Spaß, zwischen den Relikten aus dem Mittelalter herumzustreunen und sich für ein paar Augenblicke wie ein Ritter bzw. eine Burgfrau zu fühlen.

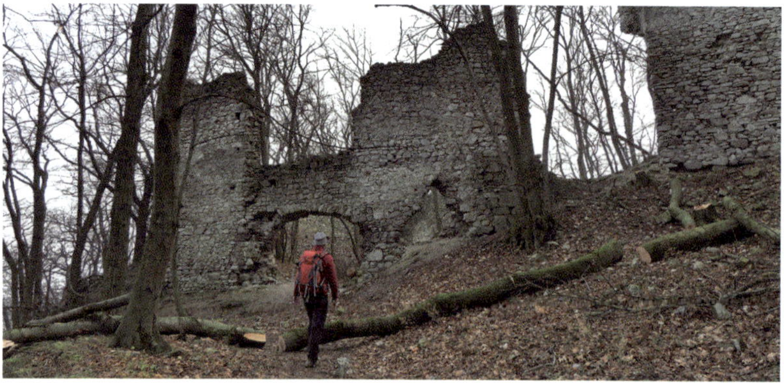

Es macht Spaß, zwischen den Relikten der einstigen Burg Pottenburg herumzustreunen.

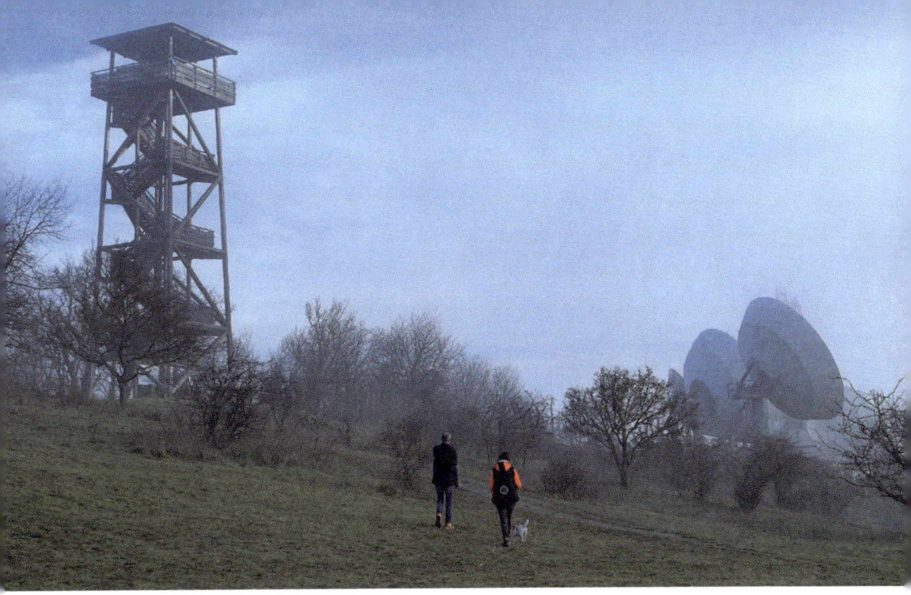

Vom Aussichtsturm auf der Königswarte ergibt sich ein fulminanter Rundumblick.

Über die Königswarte zum Hindlerberg

Wieder zurück auf der Forststraße geht es sanft bergauf weiter. Nach mehreren Kurven stoßen wir an eine Asphaltstraße, der wir links hinauf bis zu den Antennenanlagen auf der **Königswarte** folgen. Um zur Warte zu gelangen, ist zunächst wieder ein Zaun zu überwinden. Danach folgt die Bezahlung von einem Euro Benützungsbeitrag, der in eine kleine Kassa geworfen wird. Nun steht dem Aufstieg auf den 23 m hohen Aussichtsturm nichts mehr im Wege, der mit einem fulminanten Rundumblick über die Bucklige Welt, das Wechselgebiet und das Leithagebirge bis zu den Kleinen Karpaten, die Pannonische Tiefebene und zu den Wiener Alpen mit Schneeberg und Rax belohnt wird. Dieses Panorama haben im Übrigen auch Kaiser, Könige und Feldherrn geschätzt, vor allem um ihre Schlachtfelder zu überblicken. So beobachtete etwa Kaiser Napoleon I. von hier aus die Schlacht bei Austerlitz und Kaiser Franz I. die Geschehnisse der Schlacht bei Schwechat. Auch heute noch dient die Königswarte als Beobachtungs- und Abhörposten, nämlich für das Österreichische Bundesheer, wie große Antennen verraten.

Auch in anderer Hinsicht liegt die Königswarte interessant: Einst direkt am Eisernen Vorhang stehend, dient sie heute als „völkerverbindender Knotenpunkt" zwischen den Staaten Zentraleuropas und den beiden Großstädten Wien und Bratislava.

Durch ein Naturjuwel zurück

Wir wollen weiter: nun in südwestlicher Richtung über eine Wiese zu einigen Rastplätzen und Infotafeln. Diese klären darüber auf, dass nun ein besonders schöner Teil der Tour folgt: die Höhenwanderung über das Plateau zwischen Königswarte

HÖHENPROFIL

QR Link Tour 7

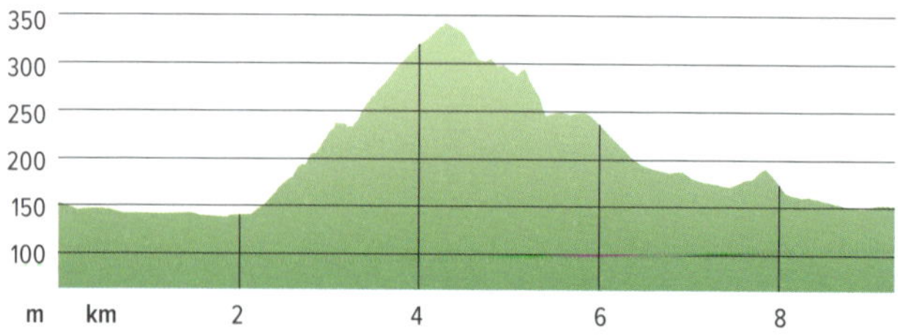

ANSPRUCH	STRECKE	DAUER	AUFSTIEG	ABSTIEG	HÖHENLAGE	EINKEHR
LEICHT	9,5	3:00	300 m	300 m	342 m / 139 m	NEIN

und Hindlerberg. Den Blick von der Fernsicht zur Nahsicht gerichtet, lässt sich – zumindest von Pflanzenkennern – entdecken, welch einzigartiges Naturjuwel sich um die Königswarte spannt. Da unser Berg im Einflussbereich des pannonischen Klimas liegt, hat sich auf den dafür typischen Steppen- und Trockenrasen eine einzigartige Fauna und Flora entwickelt, darunter eine bedeutende Zahl gefährdeter Pflanzen, die zum Teil nur hier vorkommen wie etwa die Silberscharte, die Gewöhnliche Golddistel, das Federgras, die Purpur-Königskerze, der Pannonische Milchstern oder der blutrote Storchenschnabel. Aber auch die Tierwelt hat sich an das trockene Klima angepasst, wie die Gottesanbeterin und seltene Wildbienenarten beweisen.

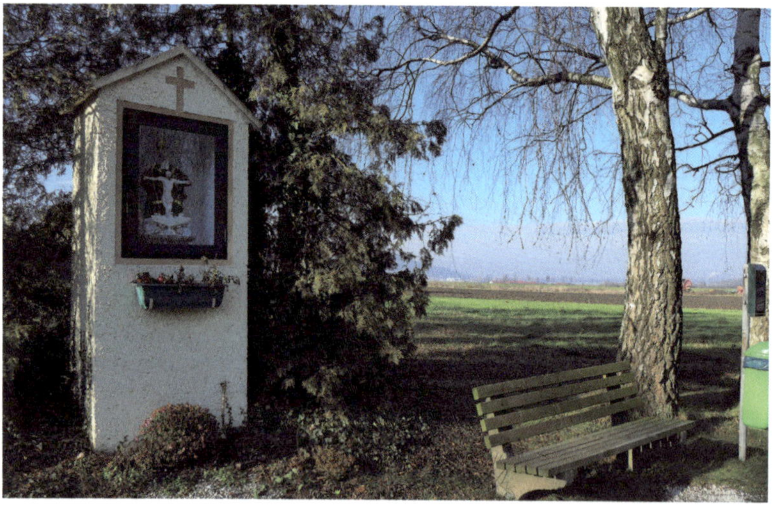

Ein idyllisches Rastplatzerl am Ortseingang von Wolfsthal.

Wir genießen die Höhenwanderung über den **Hindlerberg** (grün markiert) und marschieren dem Wegweiser folgend Richtung Wolfsthal über eine steppenartige Hochebene bis wir wieder Wald betreten. Nach einem Weidengatter geht es etwas steiler abwärts in einen Sattel am Fuß des Hindlerberges. Bei der dort anzutreffenden Wegkreuzung verlassen wir den grün markierten Weg nach rechts und müssen wieder einmal – eh klar – über einen Zaun klettern. Unmarkiert weiter auf breiter Straße nach rechts, auf dieser bleiben wir bis zur nächsten Verzweigung: hier links und durch einen alten Eichen- und Birkenwald. Bei der nächsten Kreuzung geht es rechts und gerade abwärts, bei einem Kreuz geradeaus weiter bis zu einem großen Fahrzeugschuppen. Entlang einer umzäunten Wiese wandern wir eben dahin, ehe wir ein letztes Mal über ein Gatter turnen müssen. Auf einem Waldweg steigen wir dann bis zum Ortsbeginn von **Wolfsthal** (Marterl) hinunter. Begleitet vom Blick auf den Brauns- und Schlossberg sowie den Thebener Kogel gelangen wir auf dem **Edelstaler Weg** in die **Obere Gasse**. Sobald wir Bahngeleise überschreiten, biegen wir gleich danach links auf ein kleines Wegerl ab, das uns zum Bahnhof zurückführt.

3 Stunden / 9 ½ km / 300 Hm / leicht

Eignung für Kinder: ab 11

CHARAKTER: *unschwierige Familienwanderung; Achtung: Innerhalb des Jagdgebiets sind die Wege nicht markiert, weshalb es zu Orientierungsproblemen kommen kann. Es rät sich, das GPS (GPX-Track auf www.bergnews.com) zu Hilfe zu nehmen; eine kleine Schwierigkeit besteht auch darin, die Zäune zu überklettern – für gewandte Wanderer stellt das aber kein Problem dar.*
START- UND ZIELPUNKT: *Wolfsthal (mit öffentlichen Verkehrsmitteln – S-Bahn! – zu erreichen)*
ROUTE: *Wolfsthal (150 m) – Hauptstraße – Burgruine Pottenburg (231 m) – Königswarte (344 m) – Hindlerberg – Edelstaler Weg – Obere Gasse – Wolfsthal*
ATTRAKTIONEN: *Burgruine Pottenburg, Königswarte, vielfältige Fauna und Flora am Höhenweg zwischen Königswarte und Hindlerberg*
EINKEHRMÖGLICHKEIT: *keine*
ANMERKUNG: *Das Begehen des Jagdgebiets ist von 17 bis 8 Uhr und Mai bis August von 18 bis 7 Uhr verboten*

8 Leiser Berge

WELLENWANDERN IM MEER DES WEINVIERTELS

Von wegen, das Weinviertel hätte nur Flachland zu bieten! Im Herzen der Region erhebt sich das Gelände zu den Leiser Bergen – Landschaftsschutzgebiet, Naturpark und einmaliger Lebensraum. Eine Tour auf den Busch- und Oberleiser Berg verspricht nicht nur Wanderfreuden vom Feinsten, sondern auch eine Reise weit in die Vergangenheit zurück …

Der bekannte Autor Alfred Komarek hat recht, wenn er die Landschaft zwischen Wien und der tschechischen Grenze als „Meer" bezeichnet, „das aufgehört hat zu wogen". Dieses gestockte Meer mit seiner nie steilen, sondern leicht gewellten

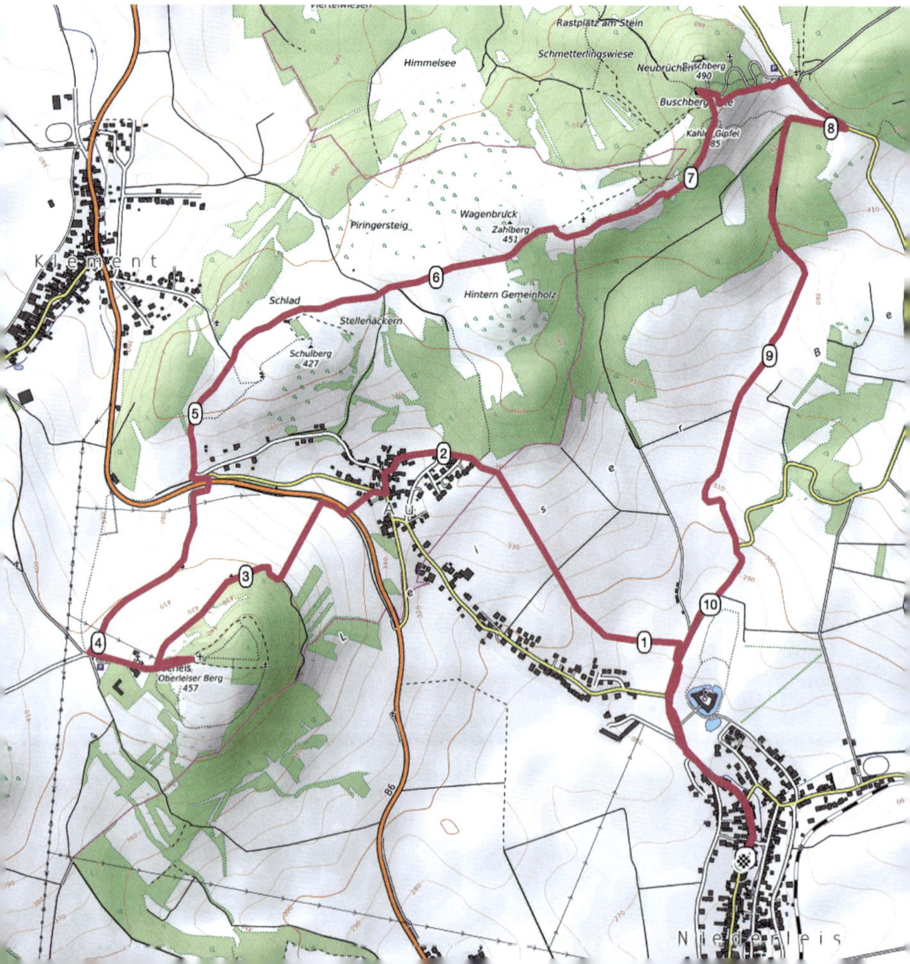

Geländeform ist deswegen auch ein ideales Wanderland, weil sein wohlgetakteter und fein dosierter Rhythmus zu einer besonderen Art von bedächtigem Flanieren zwingt.

Von Niederleis nach Oberleis

Wir schultern den Rucksack in der Ortsmitte von **Niederleis** und wandern auf der Hauptstraße am Gasthaus zum Goldenen Adler (Die Landwirtin) und am Schloss Niederleis vorbei aus dem Ort hinaus, bis wir zur Straßenabzweigung nach Au gelangen. Nur ein paar Schritte weiter lenkt uns ein Wegweiser zum Zahlberg hinauf. Wir leisten ihm Folge und steigen, flankiert vom Oberleiser Berg links und dem Buschberg rechts, durch Felder bis **Au** bergauf.
Durch dieses einladende Dorf folgen wir den Schildern Richtung Oberleis. Bei einer Kapelle halten wir uns links und gelangen zu einem romantischen Rastplatzl im Schatten der mächtigen **Kaisereiche**, die im Jahre 1908 zum 60-jährigen Regierungsjubiläum des Kaisers Franz Joseph gepflanzt wurde. Anbei auch das **Auer Bründl**, wo man die Wasserflasche auffüllen kann. Nur wenige Schritte westlich lotst uns ein Pfeil auf den „Oberleis-Fußweg" (Römerweg), der uns nun auf der **Römerwegbrücke** über die Bundesstraße und durch Felder zur **Wallfahrtskirche Oberleis** führt. Um das Jahr 1050 im romanischen Baustil erbaut, weist die Kirche auch gotische und barocke Bauelemente auf.

Oberleiser Berg: Blick in die Vergangenheit

Gleich nach der Wallfahrtskirche stehen wir am Eingang des **Naturparks Oberleiser Berge**. Von hier steigen wir in wenigen Minuten entlang eines Kreuzwegs zum Gipfel des Hügels hinauf. Hier heroben finden wir die Reste einer mittelalterlichen Kirche vor – ein Hinweis auf die historische Bedeutsamkeit dieses Ortes. Das bestätigt auch die 23 m hohe Warte, die einen Blick nicht nur bis zu den Karpaten

HÖHENPROFIL

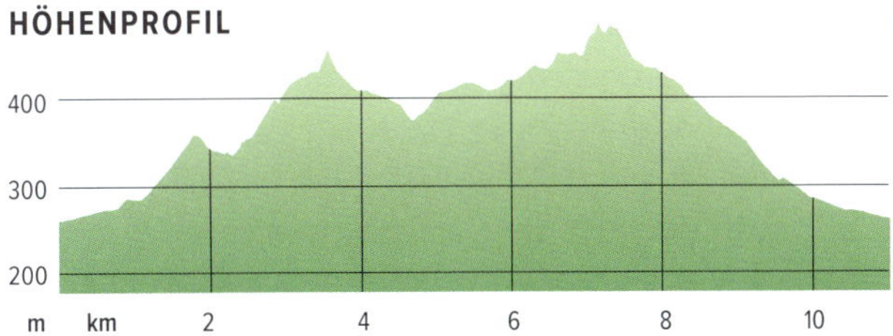

QR Link Tour 8

ANSPRUCH	STRECKE	DAUER	AUFSTIEG	ABSTIEG	HÖHENLAGE	EINKEHR
LEICHT	11,0	3:00	350 m	350 m	485 m / 261 m	JA

gewährt, sondern auch in die 6.000 Jahre alte Geschichte des Berges. Ein Schauraum im Erdgeschoß informiert über die Besiedlungshistorie der Leiser Berge und zeigt Bilder von den ältesten Funden wie einen quer über das Plateau verlaufenden Befestigungsgraben aus der ausgehenden mittleren Jungsteinzeit und einen Ringwall, erbaut von keltischen Siedlern in der zweiten Hälfte des dritten vorchristlichen Jahrhunderts. Achtung: Die Warte ist nicht ständig geöffnet, Infos und Öffnungszeiten siehe unter www.oberleiserberg.at. Um die Warte herum laden Hochsessel und hölzerne Liegen zur Rast hoch über dem wogenden Meer des Weinviertels ein.

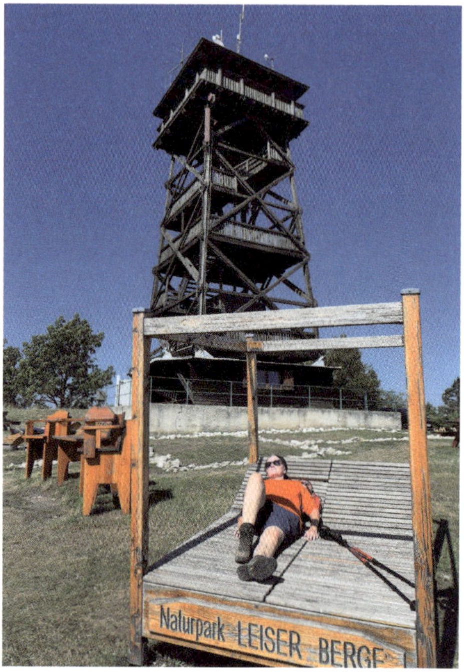

Einfach nur genießen am Oberleiser Berg.

Durch Steppe auf den Höchsten des Weinviertels

Zurück zur **Wallfahrtskirche von Oberleis**, wandern wir an dieser vorbei aus dem Ort hinaus, wobei der Blick besonders von den golfballähnlichen Radarstationen des Buschbergs, unserem nächsten Ziel, angezogen wird. Nach einem Parkplatz lenkt uns ein Wegweiser nach rechts Richtung Buschberg. Bald wechseln wir auf eine Schotterstraße und gemütlich durch Wiesen wandernd geht es dem Zahlberg zu. Aussichtsreich und leichtfüßig passieren wir ein nahezu baumloses Hochplateau. Ringsum begeistert eine exotisch anmutende, aber für den hiesigen pannonischen Raum typische Landschaft mit Steppenrasen und einer Vielfalt an Kalk liebenden Pflanzen. Kunstinteressierte können dem seitlich verlaufenden „**Skulpturenweg**" mit Kunstwerken aus gewaltigen Granitblöcken folgen.

Bei einem Rastplatz teilt sich der Weg. Geradeaus könnte man auf einem breiten Güterweg bequem direkt zur Buschberghütte wandern oder aber rechts abbiegen und einem Steig bergauf folgen. Diesen sollte man sich auf keinen Fall entgehen lassen, leitet er doch durch eine der absoluten Naturkostbarkeiten des Wein-

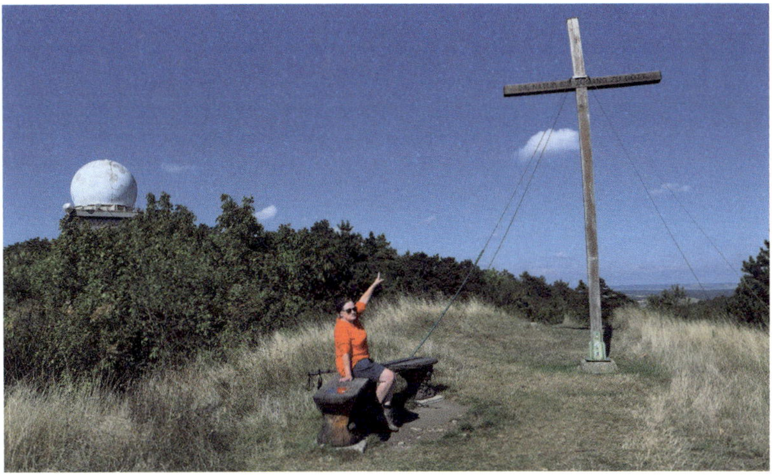

Am Kahlen Gipfel – links das Flugsicherungsradar am höchsten Punkt des Buschberges

viertler Meeres: mit pannonischer Flora bedeckte Heidewiesen und eine sich bis zum Horizont weitende Landschaft, deren Schlichtheit, Weichheit und verhaltene Heiterkeit das Herz berührt. Durch den für den Buschberg so charakteristischen Kalktrockenrasen, auf dem etwa die gefährdete Schwarze Wiesenkuhschelle, der Frauenschuh, das Knabenkraut und das Zweiblatt gedeihen, steigen wir zuerst bis zu einer Rastbank und weiter bis zum Kreuz des **Kahlen Gipfels** hinauf. Der höchste Punkt des **Buschberges** wird allerdings nicht vom Kreuz markiert, sondern befindet sich wenige Meter weiter östlich und wird vom Flugsicherungsradar der Austro Control in Beschlag genommen.

Der Weg auf den Kahlen Gipfel ist zugleich ein Weg zurück in die frühe Geschichte der Region. Funde beweisen, dass die Gegend rund um den Buschberg sehr zeitig besiedelt war. Schon im frühen Mittelalter soll hier wahrscheinlich aufgrund der exponierten, für militärische Stützpunkte idealen Lage des Buschbergs eine als Spähposten benutzte Wallburg gestanden haben. Das schätzt man ja heute noch, wie die Radaranlagen zeigen.

Was sonst noch zu sehen ist? Die ganze niederösterreichische Bergwelt vom Wiener Becken über Schneeberg und Rax bis zu den südlich aufragenden Gipfeln der Kalkalpen.

Und der Buschberg weist noch eine Besonderheit auf: die **Buschberghütte**, auf nur 484 m die am niedrigsten gelegene Alpenvereinshütte der Alpen – und wahrlich nicht die schlechteste. Auf der Speisekarte stehen regionale Köstlichkeiten ohne Ende!

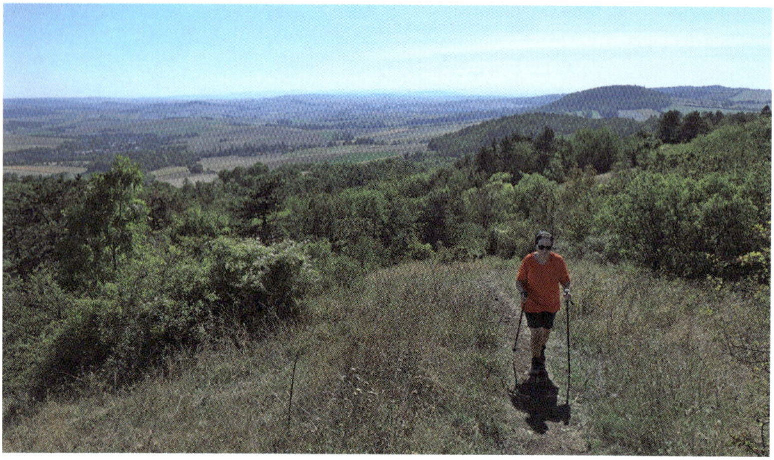

Der Weg zum Buschberg führt über Heidewiesen, die mit pannonischer Flora aufwarten.

Durch Mitterbergen nach Niederleis zurück

Aufgetankt geht es zum **Buschberg-Hüttenparkplatz** hinunter und von dort aus kurz auf der Landstraße Richtung Niederleis, bis eine Forststraße nach rechts abzweigt. Auf dieser unmarkiert durch die Mulde der **Mitterbergen** und zwischen Äckern und Waldrändern entlang bis zu einer Landstraße, die durch die Hauptstraße von Niederleis zum Ausgangspunkt zurückführt.

3 Stunden, 11 km, 350 Hm / leicht

Eignung für Kinder: ab 11

CHARAKTER: *unschwierige Wanderung mit wenigen Hm und leichten Wegen*
START- UND ZIELPUNKT: *Niederleis (mit öffentl. Verkehrsmitteln zu erreichen)*
ROUTE: *Niederleis (253 m) – Au (Kaisereiche, Auer Bründl) – Wallfahrtskirche Oberleis (424 m) – Oberleiser Berg (457 m) – Schulberg – Kahler Gipfel (485 m) – Buschberghütte (484 m) – Mitterbergen – Niederleis*
ATTRAKTIONEN: *pannonische Flora am Höhenweg zwischen Oberleis und Buschberg, „Skulpturenweg und -wiese" am Schulberg, Wallfahrtskirche und Kreuzweg Oberleis, interessante Blicke in die Vergangenheit am Oberleiser Berg und Kahlen Gipfel, Buschberghütte*
EINKEHRMÖGLICHKEIT: *Buschberghütte (www.alpenverein.at/buschberghuette/)*
WEITERFÜHRENDE INFOS: *www.oberleiserberg.at, www.niederleis.gv.at*

9 Falkenstein: Höllenstein

FALKENFLUG ÜBER DIE KLIPPEN DES URMEERS

Wandertraum rund um Falkenstein im nördlichen Weinviertel! Verschiedene Themenwege führen durch eine überaus malerische Landschaft. Wir kombinieren einige davon, um die interessantesten Sehenswürdigkeiten wie die „Klippen des Urmeers", die Burgruine Falkenstein und eine besonders malerische Kellergasse kennenlernen zu können.

Der Weinort Falkenstein liegt überaus idyllisch umgeben von Wäldern und Weingärten im nördlichen Weinviertel nahe Poysdorf *(mehr über Falkenstein siehe blauer Infoblock)*. Überragt wird der Ort von der auf einer Kalkklippe thronenden Burgruine. Dorthin wollen wir.

Beim Rathaus von Falkenstein nehmen sieben sehr interessante Wander-Themenwege ihren Ausgang. Wir kombinieren einige davon, um die besten Attraktionen der Gegend zu erreichen.

Über die „Klippen des Urmeers"

Vom Rathaus am Hauptplatz wandern wir durch die Kirchengasse zur mächtigen **Falkensteiner Pfarrkirche** hinauf, die in der zweiten Hälfte des 11. Jahrhunderts ihre erste Bauphase erlebte und darob zu den ältesten Gotteshäusern des Weinviertels gehört. Sie beeindruckt auch mit ihrer vielschichtigen Architektur aus spätromanischen und gotischen Elementen.

Von der Kirche aus folgen wir dem blau beschilderten Themenweg „An den Klippen des Urmeeres" auf einem schmalen, steinigen Pfad den **Kreuzberg** hinauf. Der Name des Weges erinnert daran, dass die hiesigen Kalkklippen vor rund 150 Millionen Jahren einst Koralleninseln im urzeitlichen Meer Thetys waren. Von ihnen blieben verwitterte Steine, Höhlen und eine ganz besondere Steppenvegetation, wie wir wenig später rund um den Höl-

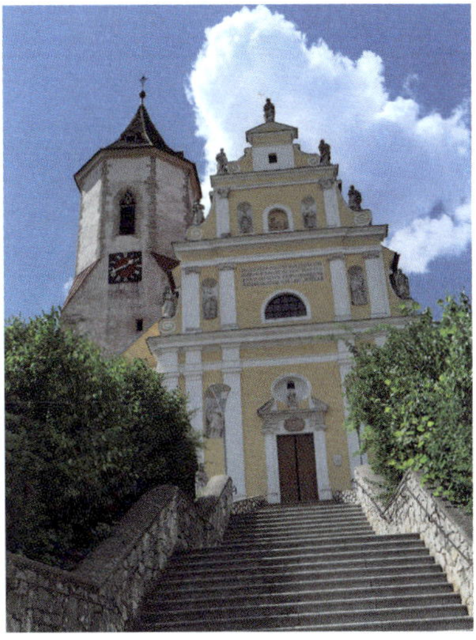

Die sehenswerte Falkensteiner Pfarrkirche beeindruckt mit vielfältiger Architektur.

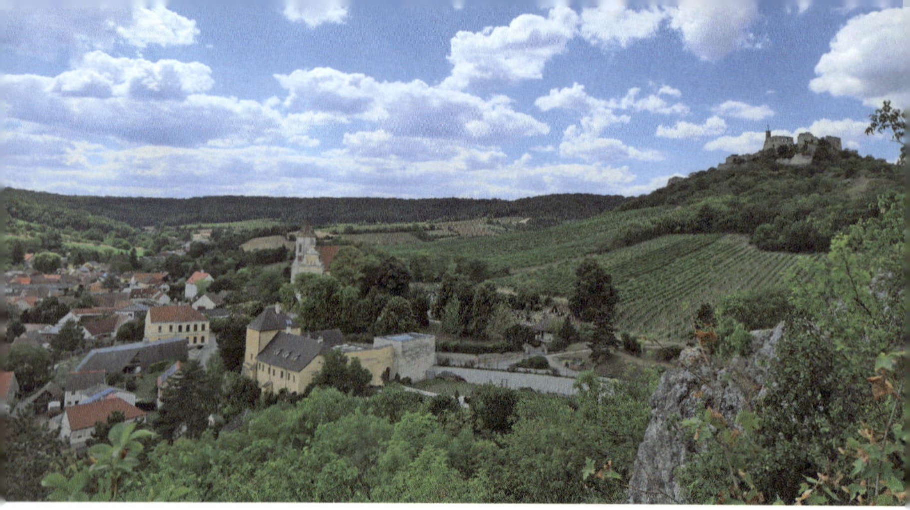

Vom Kreuzberg reicht der Blick von Falkenstein bis zur Burgruine (im Bild rechts).

lenstein entdecken werden. Der Weg auf den Kreuzberg bis zum Kreuz und der Grabeskapelle auf der Spitze der Kalklippe ist von Steinfiguren aus dem 17. Jahrhundert gesäumt, welche die Passion Christi darstellen. Oben angekommen lohnt sich der Blick hinunter nach Falkenstein und über die liebliche Landschaft hinweg zur Burgruine, die mächtig über dem Weinort thront.

Zwischen Kreuz und Kapelle führt ein Pfad nach links hinunter. Dem folgen wir an weiteren Steinfiguren vorbei abwärts. Bei einer Straße erreichen wir einen Weinlehrpfad, wo eine Reblaus-Skulptur und ein überdimensionales Rebmesser auf die Tatsache hinweisen, dass auf dem Falkensteiner Boden vorzüglicher Wein gedeiht.

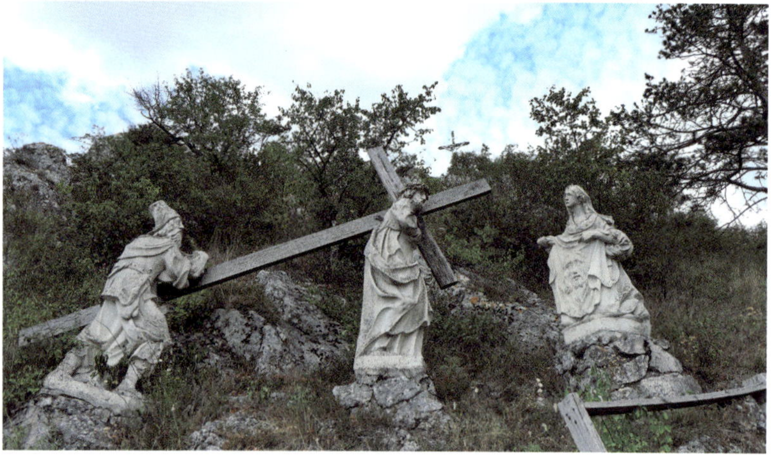

Den Weg zum Gipfel des Kreuzberges säumen barocke Steinfiguren, die den Kreuzweg Christi darstellen.

Korallenriff Höllenstein

Weiter den Schildern des Themenwegs nach durch Weinrieden Richtung Höllenstein. Nach einem kurzen Waldstück betreten wir Felder und eine Wegkreuzung. Wenig später verwandelt sich die Landschaft in eine Steppe, wie man sie sonst nur in Osteuropa antrifft. Auf dem Felstrockenrasen rund um den Höllenstein wachsen selten gewordene Pflanzen wie Kuhschellen, Schafschwingel und das Federgras, das im Weinviertel „Frauenhaar" genannt wird.

Bei der nächsten Wegkreuzung, zu der wir später zurückkehren werden, wenden wir uns nach rechts, um in wenigen Minuten auf den Gipfel des Höllensteins zu

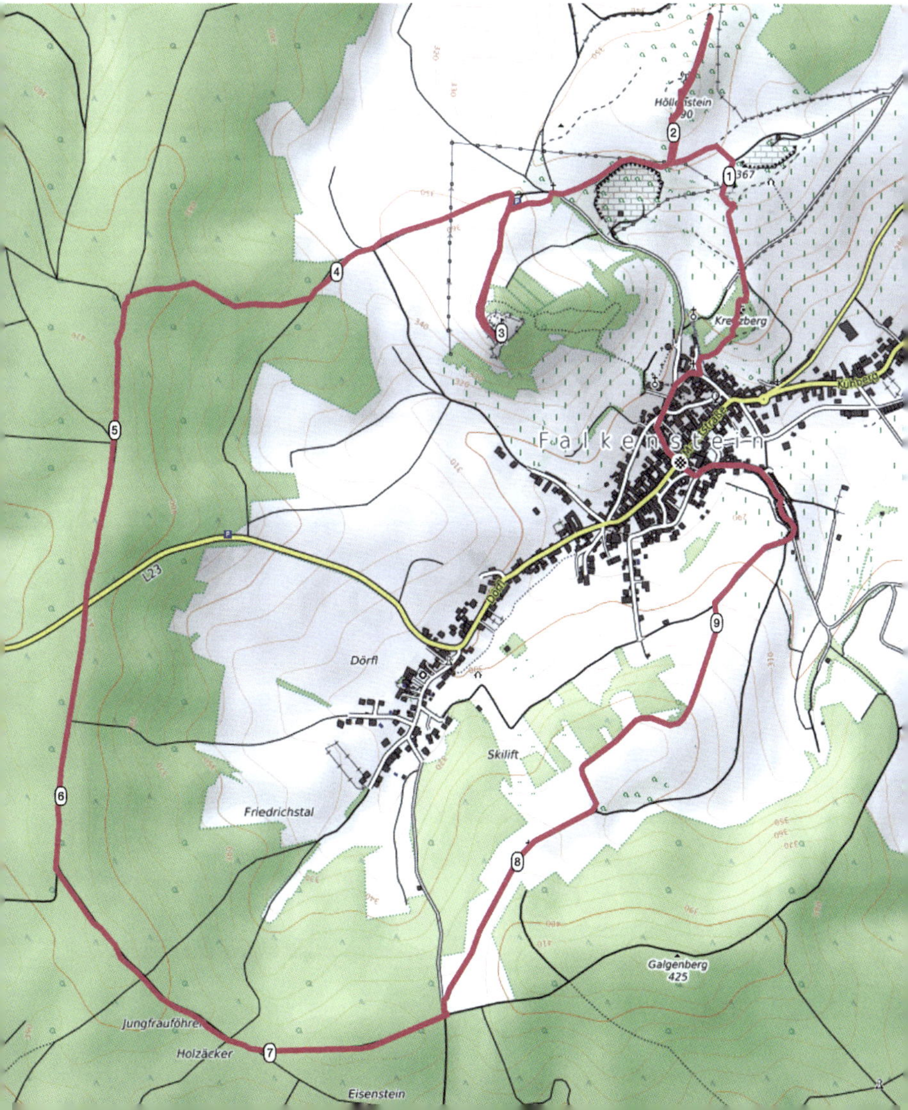

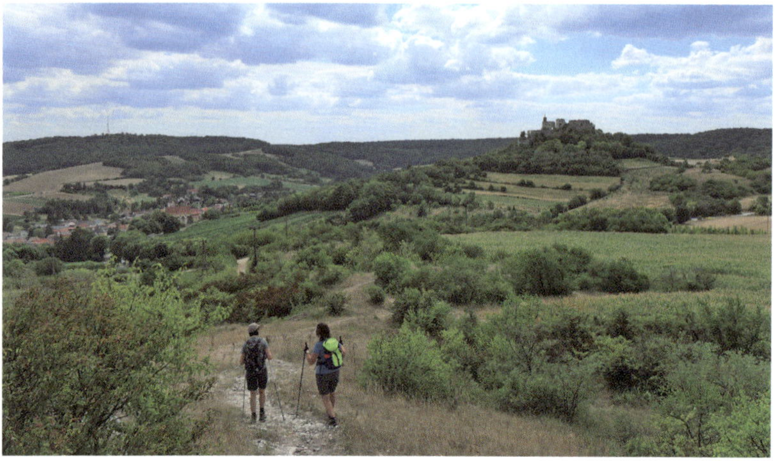

Von der Kalkklippe des Höllensteins wandern wir zur Burgruine Falkenstein.

gelangen. Eine Sitzgruppe und eine kleine Grotte unterhalb des Gipfels markieren diesen markanten „Höhe-Punkt" einer Kalkklippe. Ja, auch der Höllenstein gehört zu jenen Überbleibseln aus der Urzeit, als hier noch ein Meer riesige Korallenriffe umspülte. Umfassend das Panorama, das von der Burgruine über Falkenstein bis zu den Kleinen Karpaten reicht.

Tipp: Wer dem Rücken des Höllensteins in nördlicher Richtung folgt, gelangt nach wenigen Minuten zum sog. **Stoamandl**. Diese etwa drei Meter hohe, von Kalzitadern durchzogene Felsnadel veranschaulicht die jahrtausendelange Wirkung des nie verebbenden Weinviertler „Steppenwindes". Nun wieder zurück zur vorhin genannten Abzweigung und nach rechts weiter mit der Burgruine als Ziel.

HÖHENPROFIL

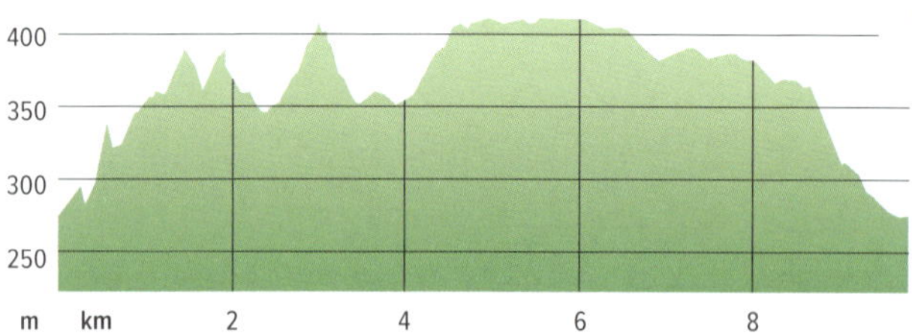

QR Link Tour 9

ANSPRUCH	STRECKE	DAUER	AUFSTIEG	ABSTIEG	HÖHENLAGE	EINKEHR
LEICHT	10,0	3:00	300 m	300 m	410 m / 273 m	JA

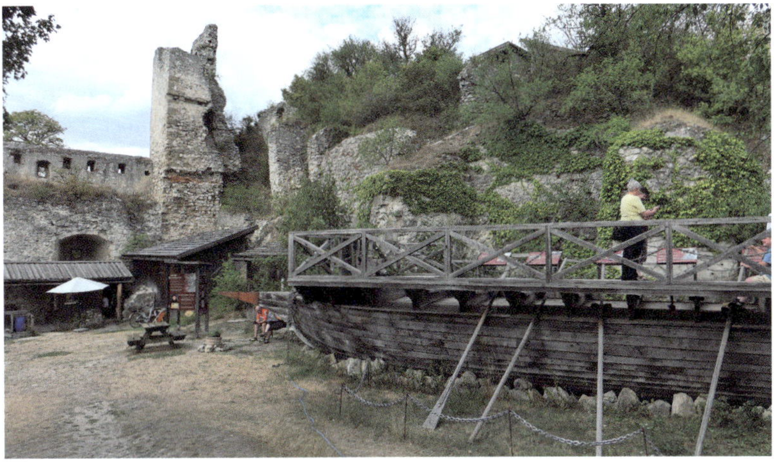

In der Burgruine Falkenstein betreten wir ein längst vergangenes Zeitalter.

Burgruine Falkenstein

Auf der Schotterstraße wechseln wir auf den Themenweg „Großer Falkenflug“, der uns bis zur Abzweigung zur Burgruine führt. Diese wollen wir natürlich besichtigen und steigen an einem Parkplatz vorbei bis zum Eingang des beeindruckenden Bauwerks hinauf. Gegen einen geringen Obolus ist es uns erlaubt, durch das Burgtor den großen Burghof – und damit ein längst vergangenes Zeitalter – zu betreten.

Die Geschichte der **Burg Falkenstein** ist so alt wie die Besiedelung des Weinviertels selbst. Sie wurde in der Mitte des 11. Jahrhunderts als Grenzfestung erbaut und von den Herren von Falkenstein erweitert. Über Treppen steigen wir zum romanischen und damit ältesten Teil der Burg hinauf. Viele Infotafeln und Nachbauten helfen, sich das Mittelalter und das Leben der damaligen Ritter vorzustellen. Unweit der Burgkapelle kann im „Burggwölb“ aus dem 13. Jahrhundert das ehemalige Gesindehaus erkundet werden. Entlang der Ringmauer tun wir es den Rittern gleich und blicken über die herrliche Landschaft.

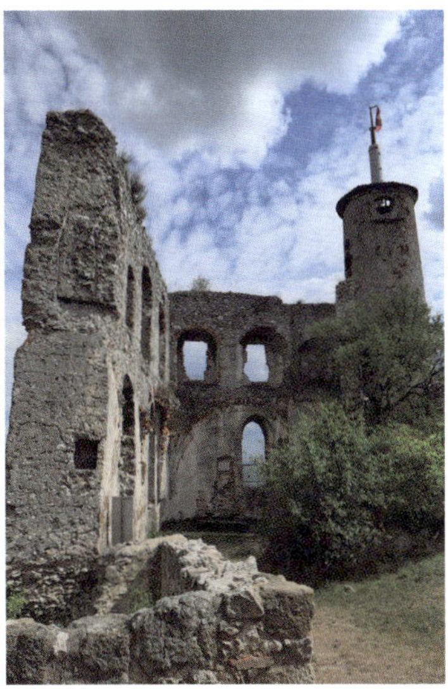

Himmlische Aussichten

Nach dem Besuch der Burg kehren wir zum gelb beschilderten Wanderweg „Großer Falkenflug" zurück und streben Richtung Landmann weiter. In sanftem Wellengang wandern wir genießerisch zuerst durch schütteren, dann durch dichten Eschen- und Hainbuchenwald am **Gruberkreuz** vorbei bis zum Wegpunkt **„Am Landmann"**, wo wir eine Landstraße überqueren (auf dieser könnte man die Tour nach Falkenstein hinunter abkürzen) und auf der anderen Seite in derselben gemütlichen Tonart Richtung Galgenberg weiterwandern. Sobald wir den Wald verlassen und auf eine Lichtung gelangen, heißt es sich entscheiden: Entweder man marschiert über den Galgenberg weiter und in großem Bogen durch Wald zurück nach Falkenstein oder aber wir folgen dem „Großen Falkenflug" nach links.

Weil wir „himmlische Aussichten" erleben wollen, entscheiden wir uns für Letzteres. Nur ein paar Schritte und wir treffen bei einer Wegkreuzung auf die Route **„Kellergasse – Zu himmlischen Aussichten"**. Nomen est omen: Dieser Weg führt über überaus liebliche Plätze, von denen aus sich Postkartenansichten von Falkenstein und der Burg ergeben, aber auch Einblicke ins Hintaus der Weinstadt. Dem nicht genug, dürfen wir auf einem kleinen Aussichtsbalkon eine Pause einlegen und in einem Selbstbedienungsladen besten Falkensteiner Wein erstehen.

Die Finaletappe führt uns abwärts in die **Kellergasse** von Falkenstein, die zu den schönsten und bekanntesten des Weinviertels zählt. Die zwei gegenüberliegenden Kellerzeilen umfassen insgesamt 65 Presshäuser mit anschließenden Erdkellern. Aber auch das Kellermuseum „Weinbau anno dazumal", ein Restaurant, Heurigenbetriebe und ein Erlebniskeller reizen zum längeren Verweilen. Die letz-

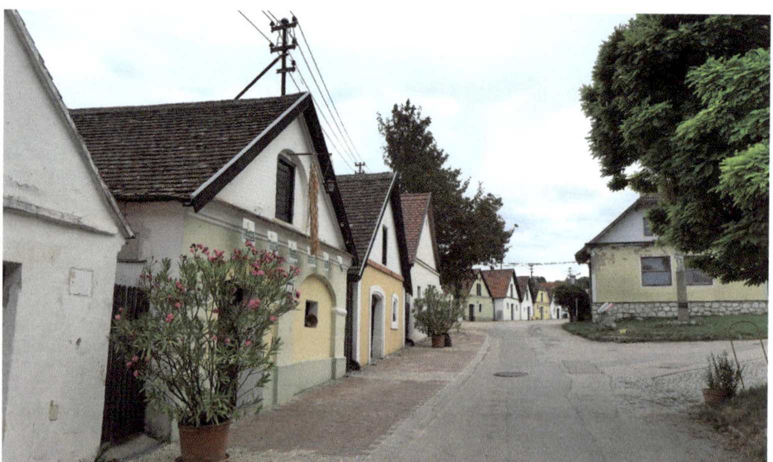

Die Kellergasse von Falkenstein zählt zu den schönsten des Weinviertels.

ten Schritte der abwechslungsreichen Wanderung setzen wir über den Hauptplatz zum Rathaus, dem Ausgangspunkt der Tour.

3 Stunden / 10 km / 300 Hm / leicht

Eignung für Kinder: ab 13

CHARAKTER: *technisch unschwierige, sehr gut beschilderte Tour; durch den mehrmaligen Wechsel der Themenwege heißt es allerdings aufpassen und auf die Beschilderung achten*
START- UND ZIELPUNKT: *Falkenstein Hauptplatz (Rathaus, mit öffentlichen Verkehrsmitteln zu erreichen)*
ROUTE: *Falkenstein (Hauptplatz, 302 m) – Weg „An den Klippen des Urmeeres" – Kreuzberg (alter Kreuzweg, 339 m) – Höllenstein (390 m) – Stoamandl – Burgruine Falkenstein – Weg „Großer Falkenflug" – Landmann – Weg „Kellergasse – Zu himmlischen Aussichten" – Kellergasse (Oagossn) – Falkenstein (Hauptplatz)*
ATTRAKTIONEN: *Kalkklippen Kreuzberg und Höllenstein, Stoamandl, Steppenlandschaft zwischen den "Klippen" samt Trockenrasenvegetation, Burgruine Falkenstein, intakter Hainbuchenwald, Kellergasse*
EINKEHRMÖGLICHKEIT: *unterwegs keine, mehrere Heurigenbetriebe und das Restaurant Siebenschläfer in der Kellergasse sowie mehrere Gastbetriebe in Falkenstein*
WEITERFÜHRENDE INFOS: *www.burgruine-falkenstein.at, www.falkenstein.gv.at*

Falkenstein

Die Burgruine Falkenstein und die historischen Gebäude des Weinortes wie etwa das altehrwürdige Rathaus und das ehemalige Bürgerspital zeugen von einer Besiedlungsgeschichte, die bis ins 12. Jahrhundert reicht. Seit dieser Zeit war und ist Falkenstein noch immer ein Zentrum des Weinbaus.

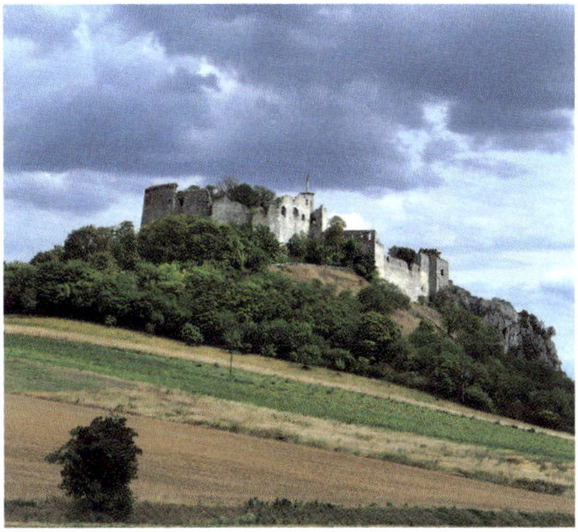

10 Pulkautal: Bründltal – Teufelswand

ROMANTIKWEGERL ZWISCHEN WEIN- UND WALDVIERTEL

Auf dem „Tut gut!“-Wanderweg 2 bei Pulkau lassen sich mehrere Wanderschmankerl erleben: zunächst das liebliche Bründltal mit der Bründlkapelle, aber auch das wildromantische Pulkautal und die Felskanzel der Teufelswand beeindrucken. Eine ideale Familientour, die an Abwechslung und Romantik kaum zu toppen ist!

Durchs malerische Bründltal

Ausgangspunkt ist das **Freizeitzentrum von Pulkau**. Von hier aus folgen wir – wie auf der gesamten Tour – dem „Tut gut!“-Wanderweg 2. An einem Campingplatz vorbei gelangen wir ins **Bründltal**. Dort wandern wir entlang eines Baches in einen Graben hinein und schließlich auf einem Waldlehrpfad, der mit etlichen Erlebnisstationen aufwartet. Bei einer Rastbank zweigt nach rechts der **Quellenweg** ab, ein kleiner, aber feiner Abenteuersteig, der entlang des Bacherls durch eine felsige Minischlucht führt – ein Knüller nicht nur für Kinder! Auf einem knappen Kilometer Wegstrecke erwarten uns viele ideenreich und liebevoll aufbereitete Erlebnis-, Bastel- und Rätselstationen und sogar eine Mini-Klamm samt kleinem Wasserfall und Steg. Der Weg erinnert mit seinen Felswänden auch an das Waldviertel, während die darauf folgende, von Weinrieden bestimmte Landschaft dem Weinviertel zuzuordnen ist.

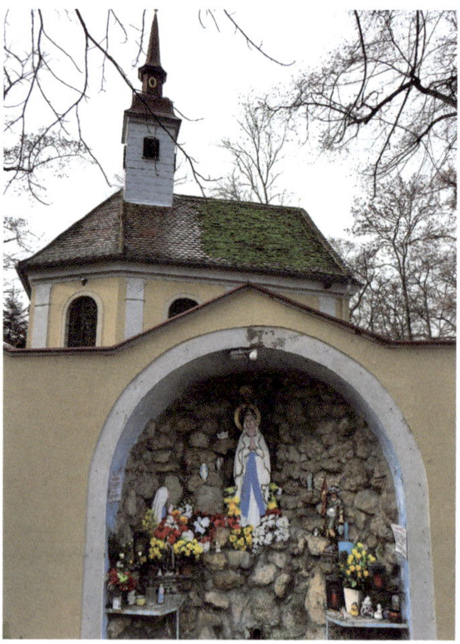

Kurz nach dem Ende des Quellenweges folgt das nächste Highlight: die **Bründlkapelle** „Maria Heimsuchung“ mit dem **Pulkauer Bründl**, dessen Wasser man Heilkräfte nachsagt. Der malerisch in einer Senke gelegene Ort soll vom Neolithikum bis ins Mittelalter besiedelt gewesen sein. 1702 wurde nach der Pest die erste Holzkirche und 1724 eine Steinkapelle gebaut. Interessant sind auch die den Ort umgebenden Sand-

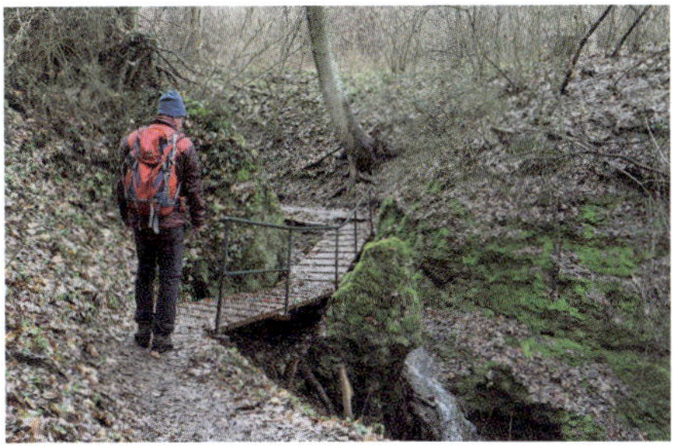

Wir begehen ein wildromantisches Waldtal.

steinwände mit eingelagerten Muscheln und Schnecken.

Wir setzen unsere Wanderung fort und marschieren am **Güterweg Rafing** nordwärts durch Felder und Weinrieden. Rechts von uns erkennen wir Pulkau. Auch hier bleiben wir stets dem „Tut gut!"-Wanderweg 2 treu und gelangen auf die kleine Anhöhe des **Hochkogels**, wo eine Bank bei einem Kreuz zum Rasten einlädt. Danach geht es durch einen Jungwald und über einen breiten Kamm mit hübschem Ausblick auf die sanfthügelige Weinlandschaft um Rafing. Bald schwenken wir auf einen asphaltierten Güterweg ein, der um einen Wald herumführt, bis uns ein Schild auf einen Forstweg ins Durchbruchstal der Pulkau hinablotst.

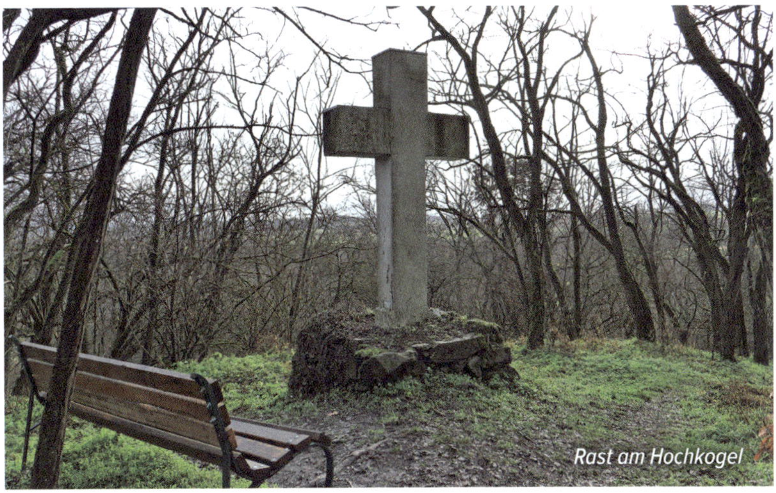

Rast am Hochkogel

Durchs romantische Pulkautal

Abermals wechselt die Szenerie. Nun ist es die Pulkau, die der Landschaft das so typische Gesicht gibt. Und der Fluss bestimmt hier an der Grenze zwischen Wein- und Waldviertel auch den Rhythmus, die Hintergrundmusik und den Geruch der Landschaft.

Nachdem wir zum ersten Mal den Fluss über eine Brücke überquert haben, folgen wir ihm auf breiter Forststraße mehr oder weniger nah durch ein wildromantisches

Waldtal. Eindrucksvoll mäandert das Gewässer entlang der Grenze zwischen Waldviertel und Weinviertel. Die Pulkau muss einst mächtig gewesen sein, wie die hohen, abgeschliffenen Felsklippen am Ufer unter Beweis stellen. Manchmal verstummt das leise Rauschen des Flusses, wenn er sich verlangsamt oder sich gar in breiten Becken staut. Immer wieder wechseln wir auf Brücken und Stegen die Uferseiten. Es ist wunderschön, hier zu gehen. In weiterer Folge passieren wir mehrere ehemalige Mühlen wie die sog. **Hammerschmiede**, die **Peschta**- und die **Hahnmühle**. In der Nähe steht auch die **Ruine Neudegg**, zu der allerdings ein sehr steiles, bei nassen Verhältnissen fast unmöglich passierbares Weglein emporführt. Von der Ruine sind nur mehr ein paar Mauern zu sehen, die den beschwerlichen Ausflug kaum rechtfertigen.

Weiter auf unserem Waldweg ist über uns bald das Gipfelkreuz der Teufelswand und der vom Tal bis zu ihr hochziehende Felsgrat zu erkennen.

Wir passieren eine S-Kurve und ein Wohnhaus, wo sich Wegweiser zur Teufelswand, zum Lönsstein und zur Aussichtswarte Pulkau („Tut gut!"-Route 3) befinden und peilen unser Ziel, das Naturdenkmal Teufelswand (Zeitaufwand: +20 Min.), an.

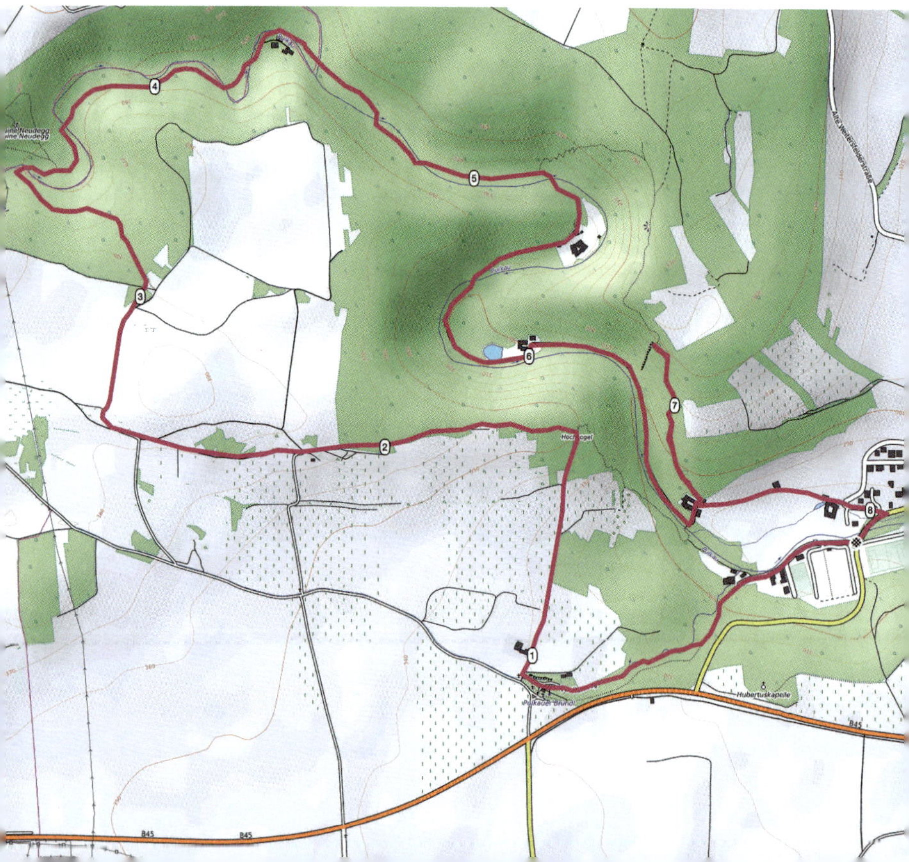

HÖHENPROFIL

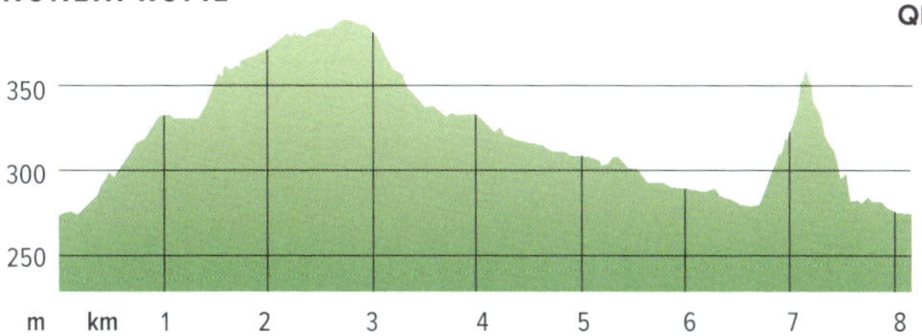

QR Link Tour 10

★ ANSPRUCH	STRECKE	DAUER	AUFSTIEG	ABSTIEG	HÖHENLAGE	EINKEHR
LEICHT	8,0	3:30	220 m	220 m	388 m – 272 m	JA

Naturdenkmal Teufelswand

Dort hinauf leitet uns ein unschwieriger Steig, dessen letzte Meter durch einen mit Felsen durchsetzten Hang führen und in weiterer Folge zur markanten, senkrecht abfallenden Felsklippe der **Teufelswand**. Vom kleinen Gipfelkreuz aus bietet sich ein famoser Rundumblick auf Pulkau und die sanftwellige Landschaft des Weinviertels. Der Name der Teufelswand rührt übrigens von einer Sage her, wonach der Teufel einst versucht haben soll, die Pulkau hier aufzustauen.

Wieder im Pulkautal setzen wir zur Finaletappe an und marschieren auf der Forststraße talauswärts. Schnell sind die ersten Häuser, Weinkeller und alten Höfe von **Pulkau** erreicht. Bald stoßen wir auf die Straße und wenden uns hier nach rechts zum Ausgangspunkt bei der **Freizeitanlage**.

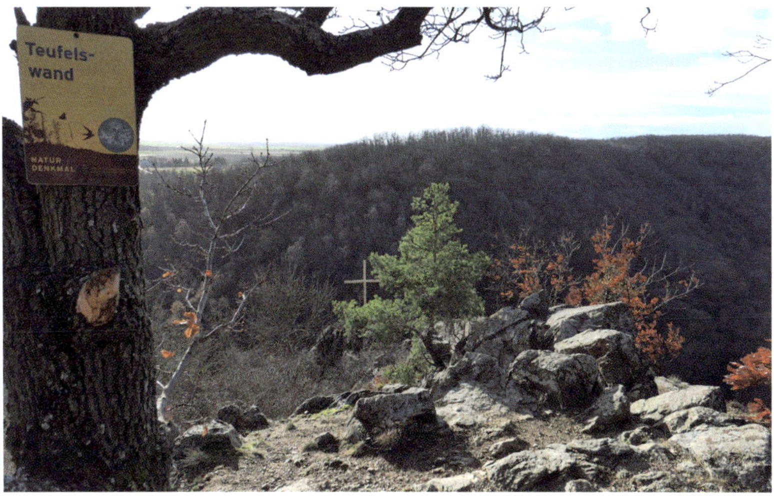

Von der Felsklippe der Teufelswand bietet sich ein imposanter Blick ins Pulkautal.

3 ½ Stunden / 8 km / 220 Hm / leicht

Eignung für Kinder: ab 11

CHARAKTER: *Gemütliche, abwechslungsreiche Familienwanderung auf guten Wegen, einzig der Anstieg zur Teufelswand kann bei nassen Verhältnissen anstrengend sein*

START- UND ZIELPUNKT: *Freizeitzentrum Pulkau (mit öffentlichen Verkehrsmitteln zu erreichen)*

ROUTE: *Freizeitzentrum Pulkau (280 m) – „Tut gut!"-Wanderweg 2 – Bründltal – Quellenweg – Bründlkapelle (335 m) – Hochkogel (Kreuz, 391 m) – Pulkautal – Hammerschmiede – Peschtamühle – [Teufelswand, 340 m –] Pulkau*

ATTRAKTIONEN: *Bründl- und Pulkautal, Bründlkapelle, alte Mühlen, Teufelswand, romantischer Flair auf der gesamten Strecke*

EINKEHRMÖGLICHKEIT: *Badebuffet im Waldbad Pulkau (Freizeitzentrum), mehrere Gasthäuser in Pulkau*

WEITERFÜHRENDE INFOS: *www.pulkau.gv.at*

Pulkau

Umgeben von Wein- und Obstgärten liegt das uralte Weinbaustädtchen am Übergang zwischen Wald- und Weinviertel in einer toskanisch anmutenden Landschaft. Hoch über der Stadt thront die Pfarrkirche St. Michael – eine Wehrkirche aus dem 12. Jahrhundert mit barocker Orgel und bemerkenswertem Karner aus dem 13. Jahrhundert. Viele weitere schön restaurierte, historische Gebäude wie das Rathaus prägen den Pulkauer Stadtkern und zeugen von der großen Bedeutung des Ortes in früheren Jahrhunderten.

Namensgebend für die Stadt ist die 65 km lange Pulkau. Sie entspringt nördlich von Horn im Nordosten des Waldviertels, erreicht in Pulkau das Weinviertel, durchfließt dieses in östlicher Richtung und mündet bei Laa an der Thaya in ebendiese. www.pulkau.gv.at

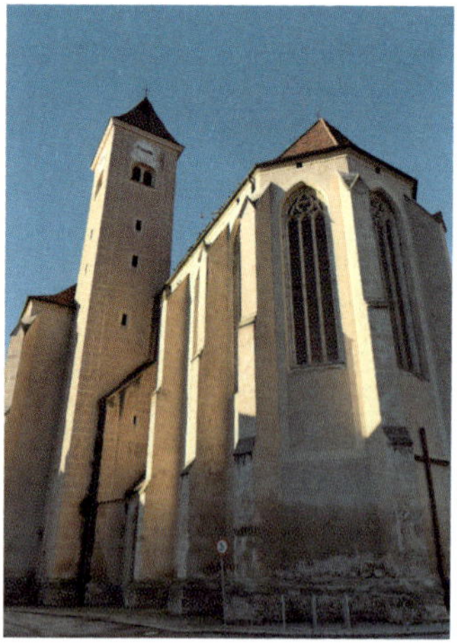

Sehenswert ist auch die Kirche zum kostbaren Blut Christi.

11 Jauerling

AM DACH DER DONAU

Er wird gern als das „Dach der Donau“ bezeichnet: der Jauerling. Er reicht zwar nicht ganz an die Tausend-Meter-Marke heran, stellt aber trotzdem die höchste Erhebung im gesamten Donauverlauf dar. Umgeben ist der Jauerling von einem Naturpark, der das UNESCO-Weltkulturerbe Wachau mit dem südlichen Waldviertel verbindet.

Am Welterbesteig zum Gießhübler Kreuz

Der Wallfahrtsort **Maria Laach** gehört zu den beliebtesten Ausgangspunkten für Wanderungen auf den Jauerling. Wir können direkt am **Hauptplatz** aus dem Bus steigen, wo uns mit mehreren gepflegten Gasthäusern und der sehenswerten Wallfahrtskirche (siehe auch blauer Infoblock) ein interessantes Rahmenprogramm erwartet.

Wir folgen dem Wegweiser **Maria-Laacher-Steig** (blau markiert, Weg 25) Richtung **Jauerling**, marschieren auf der Hauptstraße stadtauswärts und verlassen Laach nach **Zeißing**. Bei einer scharfen Rechtskurve halten wir uns links und passieren die **Schlossruine Zeißing** und einen Info-Point für Wanderer. Hier schließen wir uns dem Welterbesteig Wachau an und bleiben ihm – wie auch dem Weg 25 – bis zum Gipfel treu.

Kurz steigen wir auf Asphalt bergauf, ehe uns Wegweiser auf einen Schotterweg leiten. Nun wandern wir sanft bergauf durch Wald, bei Wegkreuzungen weisen uns Schilder und die blaue Markierung verlässlich den Weg. Die erste Etappe

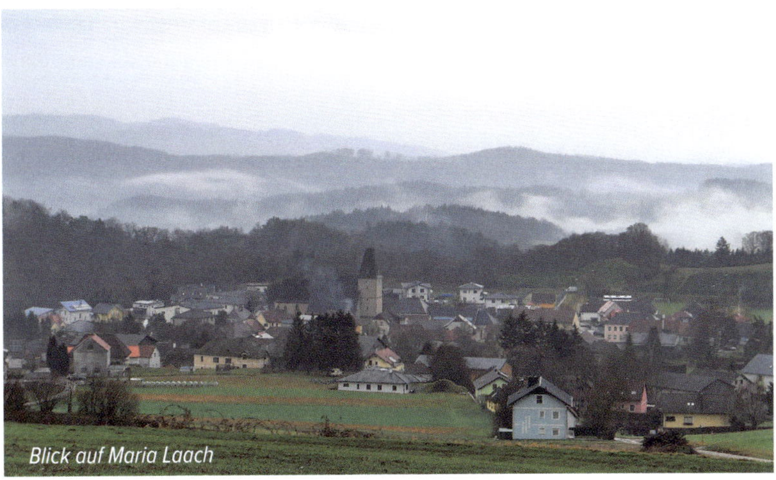

Blick auf Maria Laach

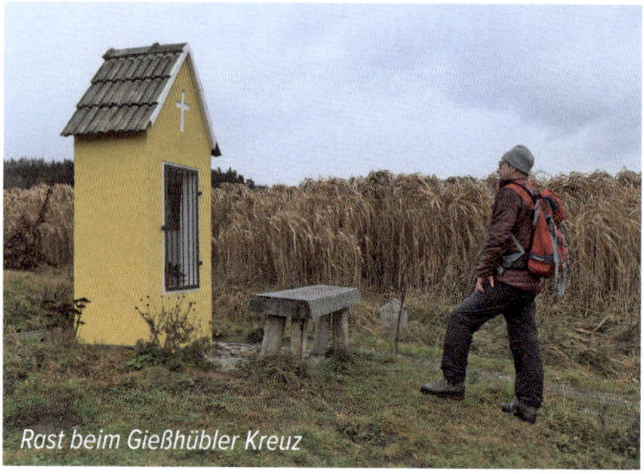
Rast beim Gießhübler Kreuz

führt den Waldrand entlang, wobei sich manchmal ein netter Ausblick auf Maria Laach auftut. Erstmals passieren wir auch eine Christbaumkultur – für ihre Weihnachtsbäume ist die Gegend um den Jauerling ja bekannt. Ein breiter Weg führt nun konsequent leicht bergauf durch alten Fichtenwald. Nach rund einer halben Stunde betreten wir eine Feld- und Wiesenlichtung, wo uns mit dem **Gießhübler Kreuz** ein netter Rastplatz erwartet. Wenn wir uns umdrehen, erblicken wir an klaren Tagen das Stift Melk.

Am Hausberg der Wachau

Bei der Kapelle geht es links weiter über die Hochfläche, danach wechseln sich Waldstücke und Lichtungen ab. Nach 1 ¼ Stunden betreten wir den Gipfelbereich des Hausbergs der Wachau, wie der Jauerling auch bezeichnet wird. Sein Dachgeschoss teilt sich in einen Süd- und einen Nordgipfel. Die eigentlich höchste Erhebung liegt etwas abseits im Wald.

Wir stehen am Südgipfel, wo einiges los sein kann, versammeln sich hier doch die Naturwerkstatt in der Stauferhütte, eine Aussichtswarte samt Mineralienschau, ein Kräutergarten, eine Jausenstation und die Bergstation eines Skilifts samt Park-

HÖHENPROFIL

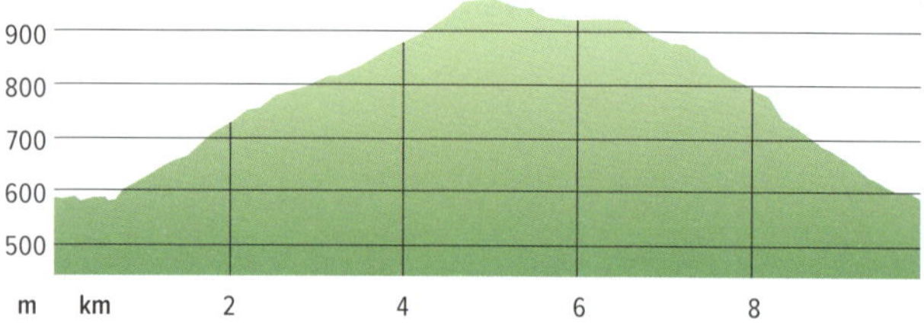

QR Link Tour 11

ANSPRUCH	STRECKE	DAUER	AUFSTIEG	ABSTIEG	HÖHENLAGE	EINKEHR
LEICHT	11,0	3:00	400 m	400 m	958 m / 584 m	JA

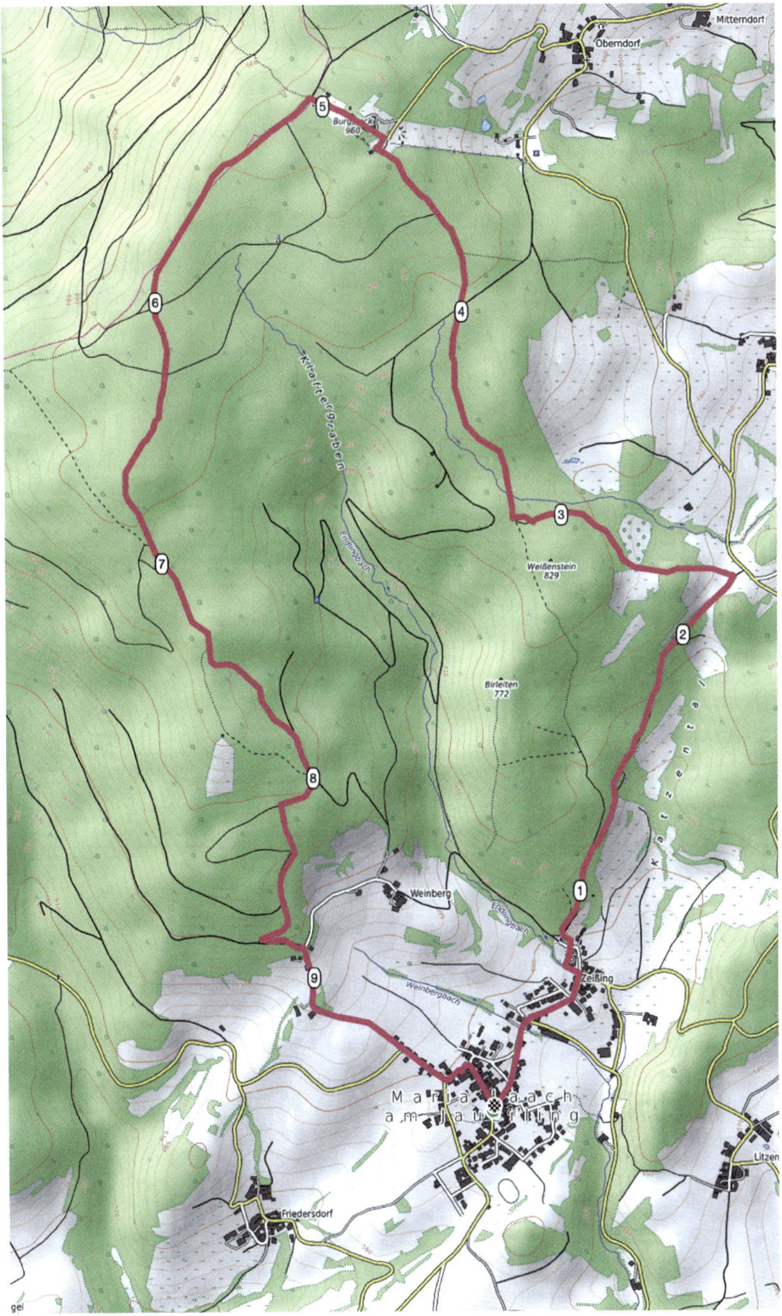
Mitterndorf
Oberndorf
960
Kraftergraben
Endlingbach
Weißenstein
829
Birleiten
772
Weinberg
Zeißing
Weinbergbach
Endlingbach
Friedersdorf
Litzen
1
2
3
4
5
6
7
8
9

platz. Nicht entgehen lassen sollte man sich den fulminanten Fernblick von der 38 m hohen Warte, der von den Ausläufern des Wienerwaldes über den Ötscher, den Schneeberg und die bekannten Höhen des südlichen Waldviertels wie etwa Ostrong und Weinsberg reicht. An klaren Tagen erkennt man sogar einige Erhebungen des Toten Gebirges und den Watzmann!
Allein die Donau sieht man nicht vom „Dach der Donau". Will man einen Blick auf sie erhaschen, muss man zu dem etwas unterhalb des 960 m hohen Nordgipfels (Kreuz) liegenden **Hans-Pichler-Naturparkhaus** weiter (+30 Min., Kräutermuseum, Tiergehege, Kinderspielplatz). Von dessen sog. „Wachauterrasse" erspäht man ein Stück des Stromes bei Spitz. Für den Abstieg nach Laach müssen wir allerdings wieder auf den Südgipfel zurück.

Ein beschaulicher Abstieg

Um die Runde über den Jauerling fortzusetzen, überqueren wir die Gipfelwiese, die sog. **Turnerwiese**, zu einem Denkmal für den „Turnvater" Friedrich Ludwig Jahn. Dahinter befindet sich eine Wegkreuzung, ab der wir dem **Weg 26** über den Südwestrücken des Jauerlings Richtung Maria Laach folgen. Der Abstieg beginnt mit einem genussreichen Marsch über den spärlich bebaumten Westrücken des Jauerlings, der wunderbare Aussichten über die Wachauer Hügellandschaft bereithält. Nach dem letzten Blick auf die Jauerling-Warte verschwindet der Weg hinter mal jungem, mal älterem Fichtenwald. Weiter beschaulich abwechselnd

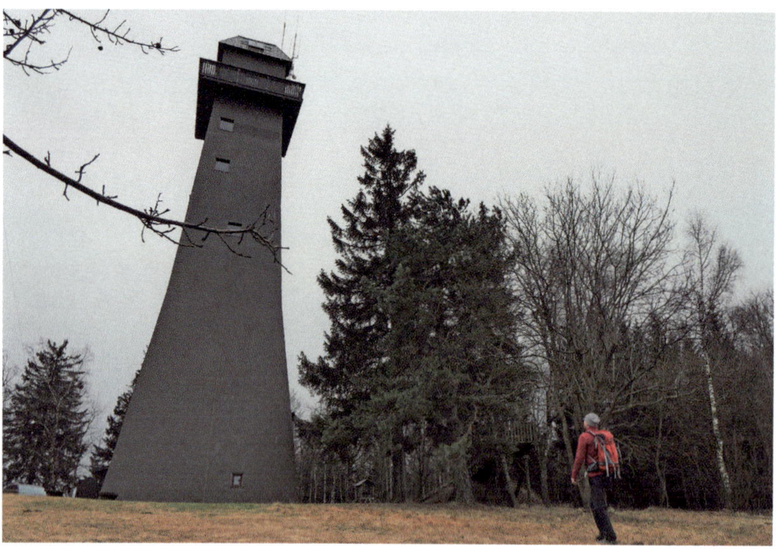

Eine 38 m hohe Warte markiert den Südgipfel des Jauerlings.

durch Wald, über Lichtungen und an manchen Christbaumkulturen vorbei. Nach 45 Minuten gelangen wir auf die asphaltierte **Weinbergstraße**, wo sich bei den ersten Häusern eine kleine Aussichtsplattform mit traumhaftem Blick auf Maria Laach und die umgebende Hügellandschaft befindet. Eine Straße führt uns über Wiesen und Felder zum Ausgangspunkt unserer Wanderung zurück.

3 Stunden, 11 km, 400 Hm, leicht

Eignung für Kinder: ab 11

CHARAKTER: *sehr abwechslungsreiche Familienwanderung auf leichten, gut gekennzeichneten Wegen*
START- UND ZIELPUNKT: *Maria Laach am Jauerling (mit öffentlichen Verkehrsmitteln zu erreichen)*
ROUTE: *Maria Laach am Jauerling (591 m) – Zeißing – Weg 26 (Welterbesteig Wachau) – Gießhübler Kreuz (755 m) – Jauerling Südgipfel (Aussichtswarte, Kräutergarten, Turmbuffet, 957 m) – [Nordgipfel (960 m) und Hans-Pichler-Naturparkhaus 915 m, + 1 Std. –] Südgipfel – Turnerwiese – Weg 26 – Weinbergstraße – Maria Laach*
ATTRAKTIONEN: *schöne aussichtsreiche Passagen, diverse Attraktionen am Gipfel, Aussichtswarte, alte Fichten- und Buchenwälder, schöne Rastplätze wie beim Gießhübler Kreuz, alte Wallfahrtskirche in Maria Laach*
EINKEHRMÖGLICHKEITEN: *Turmbuffet (https://aussichtswarte-jauerling.at), Naturparkhaus (www.naturpark-gasthaus.at)*
WEITERFÜHRENDE INFOS: *www.naturpark-jauerling.at*
TIPP: *Da der Jauerling an schönen Wochenenden als begehrtes Ausflugsziel gilt und dementsprechend bevölkert ist, empfiehlt es sich, die Tour in der Früh oder unter der Woche zu unternehmen. Lohnend ist die Wanderung auch im Winter – ob mit Wanderschuhen oder per Schneeschuh*

Wallfahrtskirche Maria Laach

Im Anschluss an die Wanderung lohnt es sich, die Wallfahrtskirche von Maria Laach, eine einstige Wehrkirche, zu besichtigen. Sie gehört zu den wenigen Gotteshäusern des Landes, deren mittelalterliche Ausstattung fast komplett erhalten ist. Der Grundstein für das nunmehr gotische Gotteshaus wurde um 1380 gelegt. Seit der wundertätigen Heilung eines blinden Kindes im Jahre 1719 pilgern Gläubige nach Maria Laach. Interessant der Doppelflügel-Altar und das Gnadenbild „Maria Sechsfinger“.

12 Vogelbergsteig – Burgruine Dürnstein

AUF DEN SPUREN DER KUENRINGER

So wie es unter den Wachauer Weinen wahre Spitzentröpferl gibt, finden sich auch unter den Wachauer Wanderungen absolute Toprouten: Die abwechslungsreiche Strecke über den Vogelbergsteig und die Starhembergwarte zur Burgruine Dürnstein zählt dazu. Mit dabei grandiose Panoramablicke und ein paar spannende Meter gesicherter Felssteig.

Die Kuenringerstadt Dürnstein

Wir starten am besten und umweltschonendsten am **Bahnhof Dürnstein-Oberloiben**. Entlang der Donau steuern wir über die alte Ortseinfahrt direkt das Zentrum von **Dürnstein** an. Diese architektonisch und historisch einzigartige Stadt (siehe auch Infoblock) muss man gesehen haben! Wir passieren das im Renaissance-Stil erbaute Rathaus, das Torwächterhaus, die Kuenringer Taverne und flanieren durch enge von alten Häusern flankierte Gassen. Gleich außerhalb der Stadt lenken wir die Schritte nach rechts in den Talgraben unterhalb der Wächterwand-Kante.

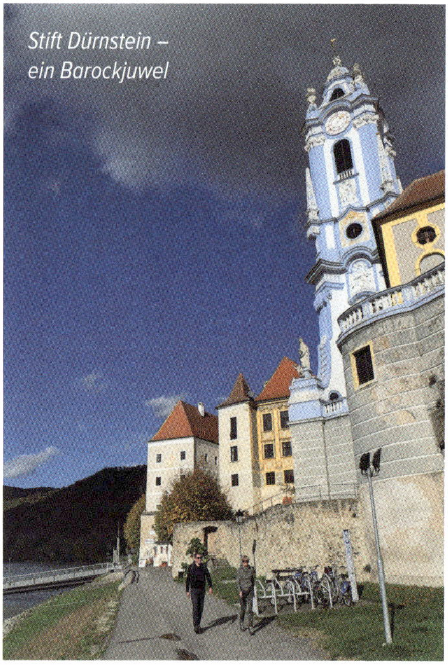

Stift Dürnstein – ein Barockjuwel

Über den Vogelbergsteig zur Kanzel

Wir überschreiten die Bahngeleise und wandern bergauf, bis wir auf einen Waldweg gelangen. Nun auf einem rot markierten kurvenreichen Steig weiter bergauf. Die Umgebung zeigt sich nun äußerst abwechslungsreich. Zuerst durch Mischwald, in dem sich nach und nach immer mehr markante Felsformationen finden. Der Weg führt durch für diese Gegend typischen Kiefern-Eichen-Ahornwald und zu kleinen Aussichtsbalkonen wie der Gratkante der **Wächterwand**, wo wir einen grandiosen Tiefblick auf Dürnstein, die Ruine und über die Wachau mit der zu

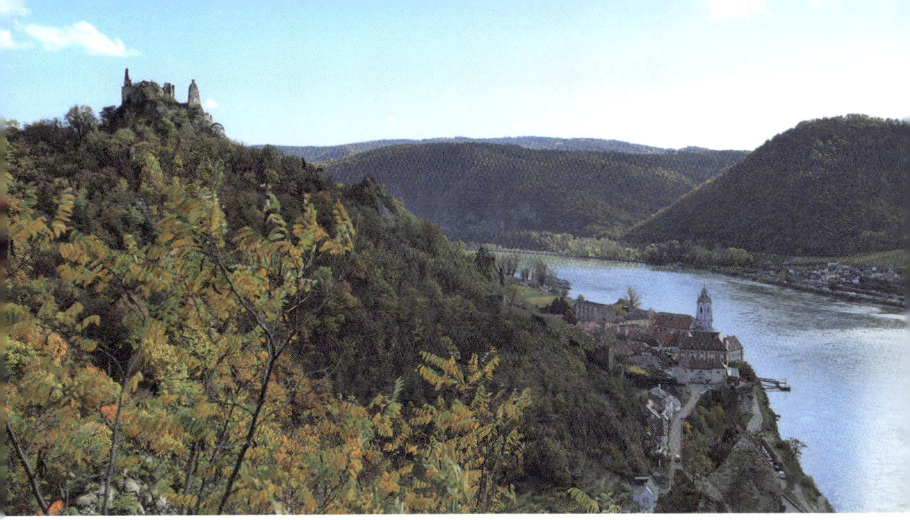

Am Weg zur Wächterwand erlebt man einen grandiosen Tiefblick auf Dürnstein, die Ruine und die Donau.

uns heraufschimmernden Donau erleben. Achtung: Der Weg führt manchmal über abschüssige Felsbänder und schmale Hangstufen, die neben uns stellenweise fast senkrecht in die Tiefe fallen. Da heißt es sicher und schwindelfrei auftreten und auf Kind (Kindersicherung) und Hund aufpassen. Ansonsten sucht sich der Weg immer die einfachsten Passagen der Vogelbergwand. Der mitunter steile und mühevolle Aufstieg wird durch die reizvolle Abwechslung mehrfach belohnt. Zum Verschnaufen dient eine Zwischenebene, über die wir flach dem nächsten Aufschwung zustreben. Dann hebt der Weg wieder an. Nach 45 Minuten das erste spannende Kriterium der Tour: ein mit Drahtseil gesicherter Steig über das schmale

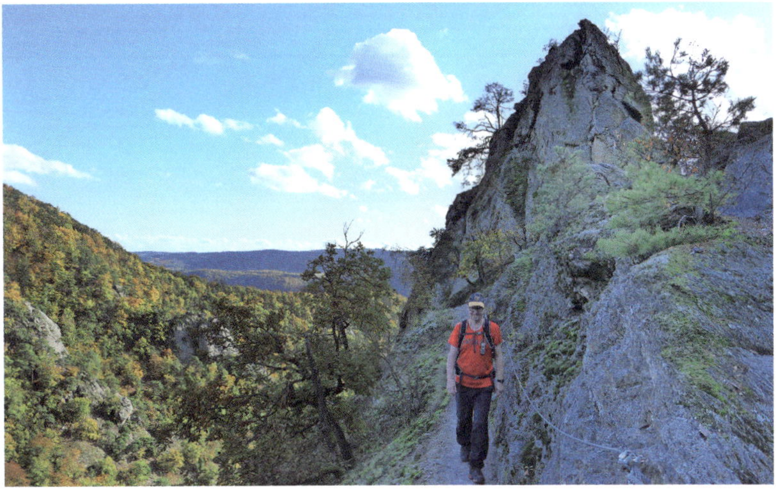

Ein gesicherter Mini-Steig führt zur Vogelbergwand.

Felsband einer steinernen Pyramide. Hier sollte man absolut schwindelfrei sein, da der Hang neben dem rund 50 cm breiten Weg senkrecht abfällt. Für Routiniers kein Problem, Anfänger lassen sich Zeit und setzen die Schritte mit Bedacht. Danach auf leichtem Weg weiter aufwärts, wobei wir über Zirben staunen, die fast direkt aus dem Felsen zu wachsen scheinen.

Auf der Kammhöhe zwischen Vogelberg und Schlossberg liegt die größte Anstrengung hinter uns. „Kanzel, 8 Minuten", verrät ein Schild bei einer Bergkreuzung, die

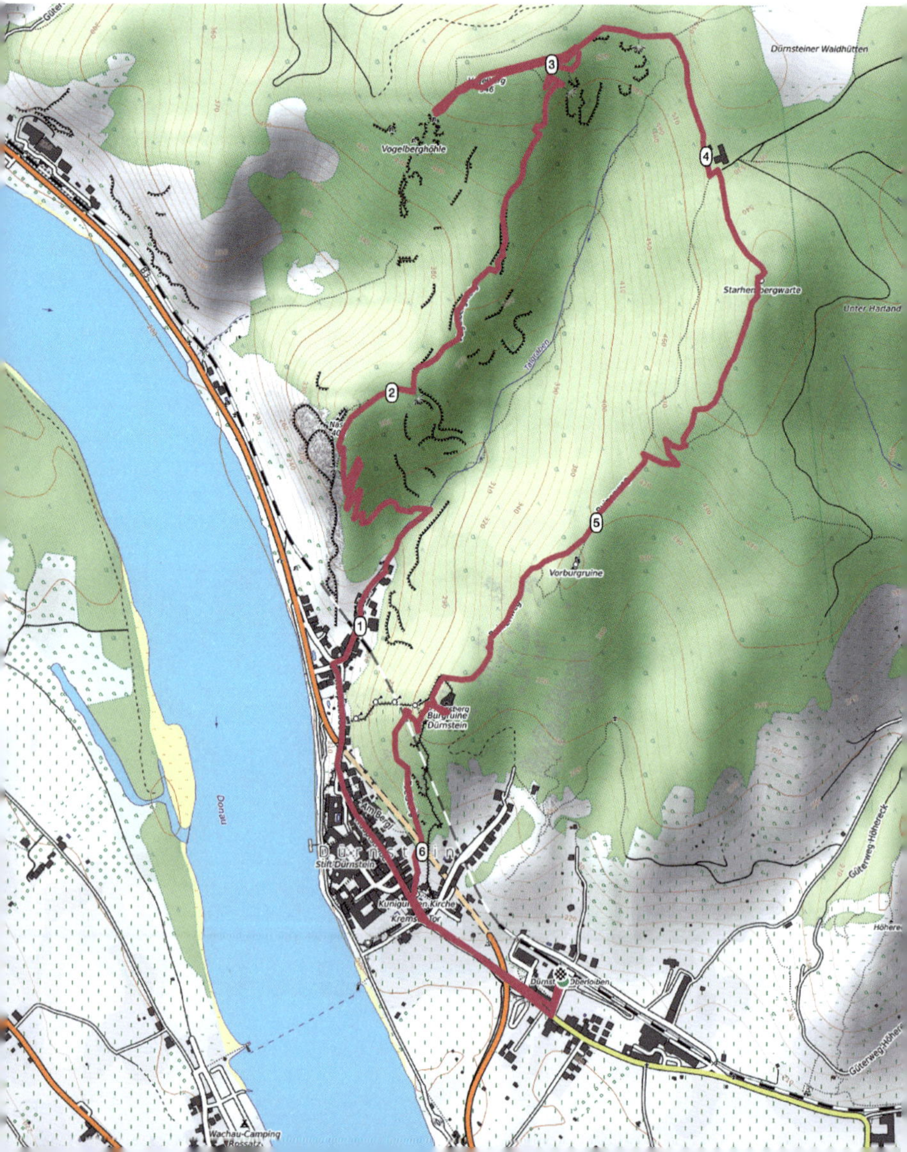

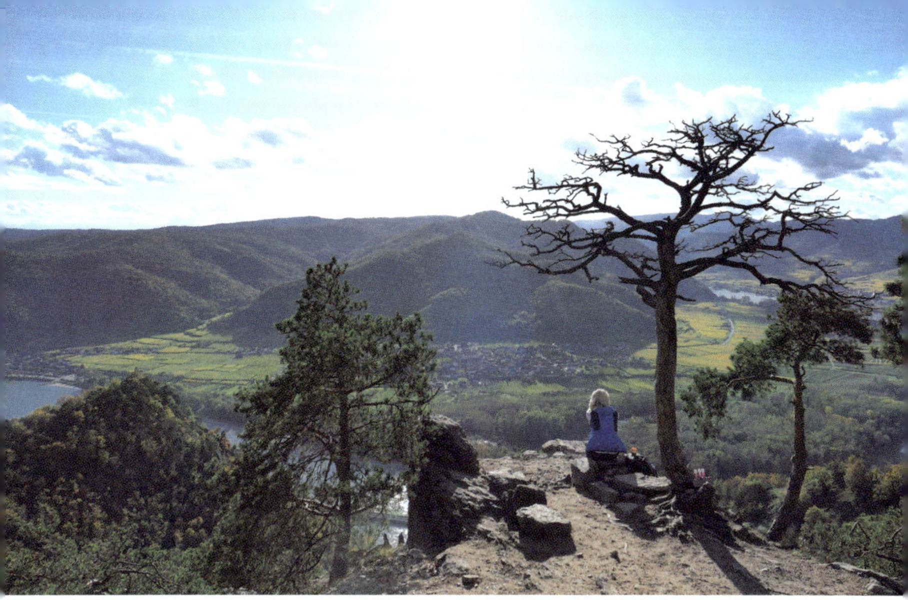

wir uns merken. Die **Dürnsteiner Kanzel**, die wir auf einem blau markierten, über den Gipfel des **Vogelbergs** führenden Waldweg erreichen, entpuppt sich zwar nur als ein kleiner Felsbalkon mit Bank, bietet aber ein grandioses Panorama über das Donautal mit seinen vielen Weinbaugebieten und Weinorten.

Über die Starhembergwarte zur Ruine Dürnstein

Nun wieder zurück zur vorhin erwähnten Kreuzung, geht es hier geradeaus weiter über einen breiten, bewaldeten Berggrat. Wir befinden uns nun auch am *Welterbesteig*, den man am weiß umrandeten „W“ erkennt. Nach zehn Minuten erreichen wir die im Wald liegende **Fesslhütte**, wo man den Schlüssel für die Starhembergwarte bekommt. Nach weiteren 5 Minuten sind wir schon bei der 10 Meter hohen **Starhembergwarte** am Gipfel des **Schlossbergs**. Die Warte überragt mittlerweile

HÖHENPROFIL

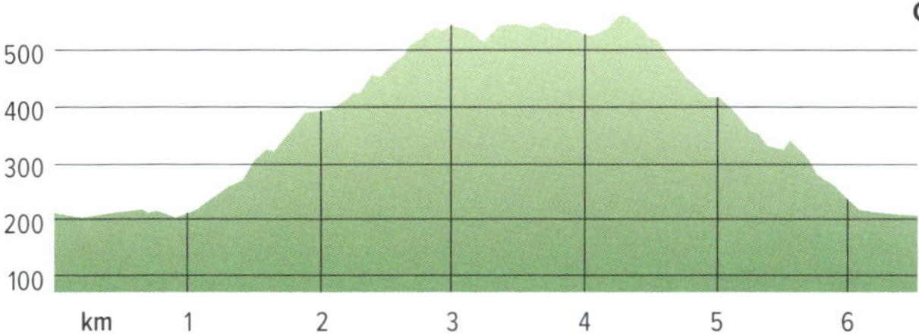

QR Link Tour 12

ANSPRUCH	STRECKE	DAUER	AUFSTIEG	ABSTIEG	HÖHENLAGE	EINKEHR
MITTEL	6,5	2:30	450 m	450 m	562 m / 204 m	JA

kaum mehr die umliegenden Baumwipfel, daher ist der Rundumblick nicht so perfekt wie auf der Kanzel oder von der später zu erreichenden Ruine Dürnstein.

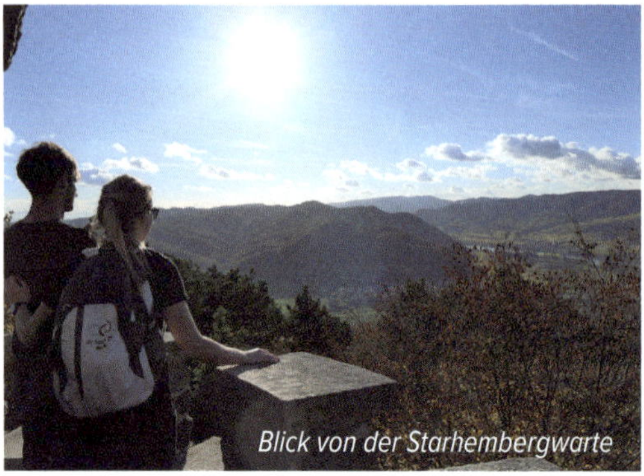

Blick von der Starhembergwarte

Wieder unten folgen wir weiterhin dem *Welterbesteig* und steigen am **Schlossbergweg**, dann am Ruinenweg ab. Wie beim Aufstieg wechseln wurzelige Waldpfade, felsiger Boden mit Steinstufen ab. Der Vorteil des Abstiegswegs liegt darin, dass man den Ausblick nun vor sich hat und nicht im Rücken wie am Vogelbergsteig. Immer wieder öffnet sich der Wald zu einem Schaufenster nach Dürnstein und noch weiter über das Donautal nach Weißenkirchen. Am Weg die bizarren Felsformationen des **Dürnsteiner Grates**, eines beliebten Klettergartens, wo sich an schönen Tagen das Klettervolk am Hahnenkamm, am Großen Adlerfels oder auf den Teufelszacken tummelt.

Schließlich traversieren wir den Ruinenhügel bis zum Eingang der **Ruine Dürnstein**. Hier haben wir die größte Attraktion der Tour erreicht und machen uns nun auf, die uralten Mauern zu erkunden und den wirklich famosen Panoramablick über die Wachau zu genießen. Die einstige Burg wurde zwischen 1140 und 1145

In der Ruine Dürnstein kommt man aus dem Schauen und Staunen nicht heraus.

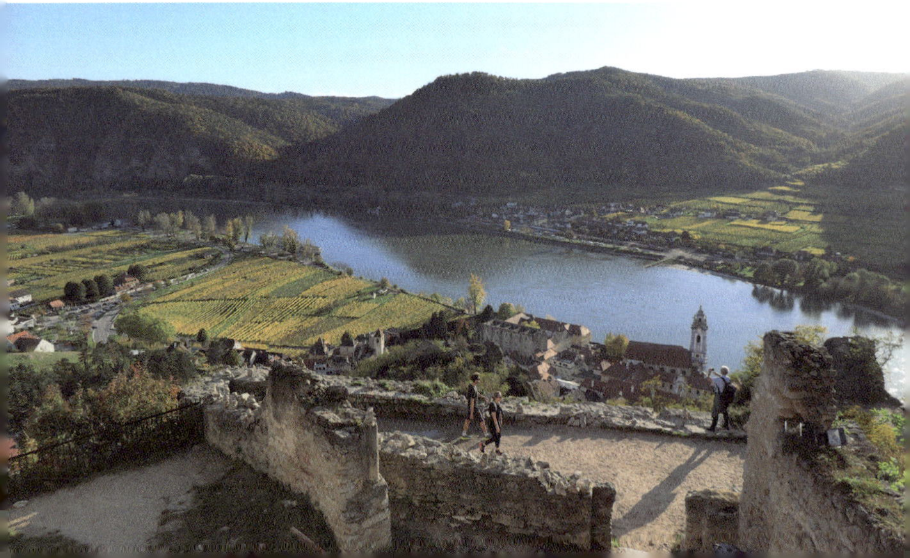

von den Kuenringern (Hadmar I.) erbaut und 1645 durch die Schweden gesprengt. Ach ja, auch der englische König Richard Löwenherz wurde hier in den Jahren 1192/1193 gefangen gehalten. Die ganzjährig frei zugängliche Ruine lässt sich über Stiegen und Tore erkunden, manch Verließ, eine Kapelle und die Reste des Burgfrieds laden zu einer Zeitreise ins Mittelalter ein.

Nach Dürnstein zurück

Von der Burg nach Dürnstein können wir zwischen einer schwierigen Variante, dem Eselsteig (15 Min.), und einer leichten Variante (20 Min.) wählen. Wir begehen den **Eselsteig**, der sich eher als lange steinerne Treppe direkt ins **Zentrum von Dürnstein** entpuppt. Mit dabei ein herrlicher Blick über die Stadt und das Bewusstsein, Wunderbares erlebt zu haben.

2 ½ Stunden, 6 ½ km, 450 Hm, mittel

Eignung für Kinder: ab 11

CHARAKTER: *sehr abwechslungsreiche Tour mit steilen Auf- und Abstiegen; abschüssige Felsbänder verlangen Trittsicherheit und Schwindelfreiheit; Kindersicherung empfohlen*
START- UND ZIELPUNKT: *Bahnhof Dürnstein-Oberloiben (mit öffentlichen Verkehrsmitteln zu erreichen)*
ROUTE: *Bahnhof Dürnstein-Oberloiben (209 m) – Dürnstein Altstadt – Vogelbergsteig – Vogelberg (546 m) – Dürnsteiner Kanzel (521 m) – Fesslhütte (524 m) – Schlossberg (Starhembergwarte, 564 m) – Schlossbergweg – Ruinenweg – Ruine Dürnstein (331 m) – Dürnstein*
ATTRAKTIONEN: *Variantenreichtum sowie atemberaubende Weit- und Tiefblicke am Weg, gesicherte Felsbänder, Kanzel + Panorama, Ruine Dürnstein (www.duernstein.at/ueber-duernstein/ruine-duernstein)*
EINKEHRMÖGLICHKEIT: *Fesslhütte (www.fesslhuette.at)*
WEITERFÜHRENDE INFOS: *www.duernstein.at*
ANMERKUNGEN: *Gute griffige Wanderschuhe sind von essentieller Bedeutung auf den zum Teil engen Felsbändern; bei Schneelage und Eis ist der Vogelbergsteig aus Sicherheitsgründen nicht begehbar*

Kuenringerstadt Dürnstein

Als besonders sehenswert gelten das Stift mit seiner prunkvollen Barockkirche sowie die Ruine Dürnstein – einst Burg der Kuenringer. Im malerischen Stadtzentrum bilden Elemente aus Gotik, Renaissance und Barock eine ein-

drucksvolle Kulisse aus pittoresken Bürgerhäusern und Sehenswürdigkeiten wie das im Renaissance-Stil erbaute Rathaus mit seinem idyllischen Innenhof. Aber auch das ehemalige Gefängnis und Henkerhaus sowie das westliche Stadttor bilden ein heute romantisches Ensemble. Die 1200 erbaute Kunigundenkirche ist die älteste Kirche Dürnsteins, von der allerdings nur der Turm und die Sakristei erhalten blieben.

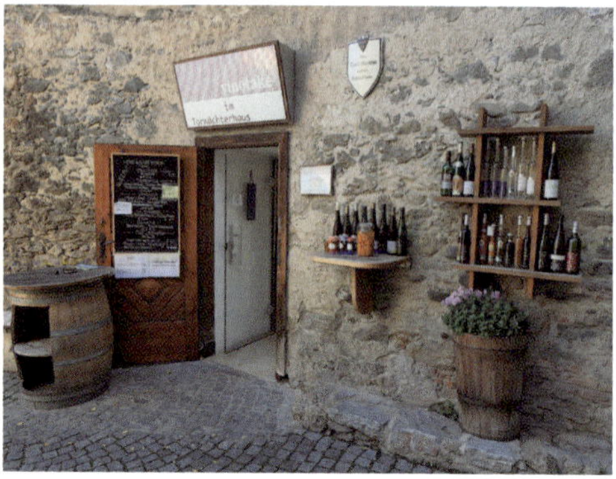

Das neue Schloss Dürnstein – charakteristisch seine zwei Türme – wurde 1622 erbaut. 1937 verkaufte Ernst Rüdiger von Starhemberg das Schloss an die Familie Thiery. In den 1960er Jahren erfolgte ein Umbau zum Hotel, als welches es heute noch betrieben wird. www.duernstein.at

13 Hirschwand – Seekopf

WACHAUER SPEZIALITÄTEN

Die Hirschwand bei Rossatz ist für Wanderer und für Klettersteigfans gleichermaßen zum Begriff geworden. Sie wird meist mit dem höheren Seekopf bestiegen, der eine neue Aussichtswarte aufweist. Wir erleben ein Potpourri an Wachauer Spezialitäten: Felsformationen aus rotgelbem Gneis, schöne Eichen- und Kiefernwälder, beeindruckende Tiefblicke zur Donau und als Gimmick zwei Miniatur-Klettersteige.

Wir starten bei der Rollfähre-Anlegestelle in **St. Lorenz an der Donau**. Die sogenannte Wachauer Nase, ein steinernes Kunstwerk, scheint direkt bei der Anlegestelle aus dem Boden zu wachsen. Auf andere Weise sehenswert sind der urtypische Winzerort Weißenkirchen am anderen Ufer der Donau und die Filialkirche von St. Lorenz, die zu den ältesten christlichen Gotteshäusern der Wachau zählt.

Durch das *erotische Hinterzimmer* auf die Hirschwand

Nachdem wir bei der Kirche die B33 überquert haben, weist uns schräg vis-à-vis das Schild „Zuweg Welterbesteig" über eine Böschung bergauf in dichten Laubwald. Bis zum Seekopf folgen wir nun auch dem Welterbesteig (gekennzeichnet durch ein weiß umrahmtes „W"), der 180 km lang durch die Wachau führt. Nun steigen wir auf einem schmalen Waldpfad steil bergauf, der sich nach einigen Kurven noch einmal etwas schmäler und steiniger ausnimmt – also nicht umsonst **„Steinige-Ries-Steig"** genannt wird. Alternativ zum markierten Weg können wir zwischenzeitlich den Weg der Kletterer einschlagen: Der leicht ausnehmbare, aber steile Pfad trennt sich bald nach St. Lorenz vom Welterbesteig und windet sich beeindruckend zwischen hohen, senkrechten Felstürmen empor. An manchen werden wir Kletterer und Boulderer beobachten können.

Unweit der sog. **Fahnenwand** treffen wir wieder auf den markierten Weg und bleiben diesem von nun an treu. Auf ihm queren wir in ständigem Auf und Ab zuerst das steinige **Kupferwandl**, dann einen Waldhang zwischen Wabenwand und dem „erotischen Hinterzimmer", wie ein kletterbarer Felsengrat keck bezeichnet wird. Der typische Eichen-Buchen-Kiefernwald gibt hier nur selten einen Blick ins Donautal frei. Etwas anstrengender geht es dann über einen felsdurchsetzten Rücken in einen weiteren Sattel hinauf, kurz danach überwinden wir dank einer

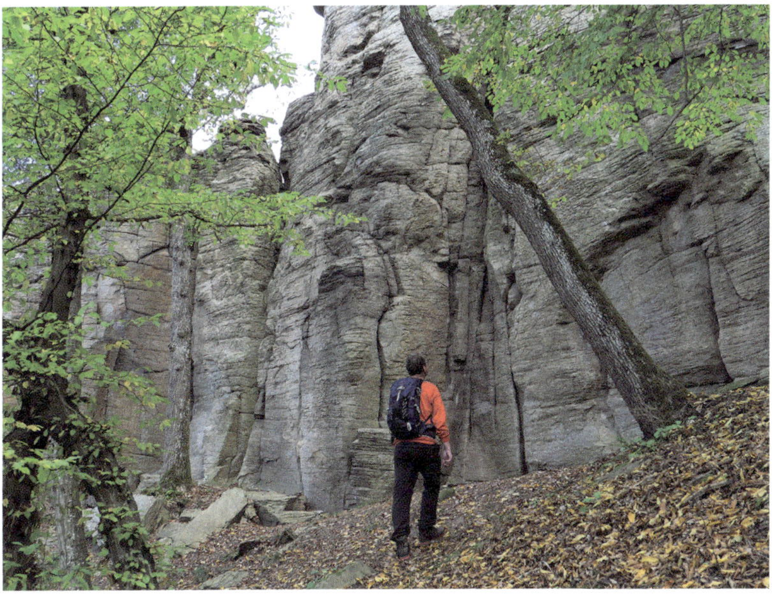

Der Steinige-Ries-Steig windet sich beeindruckend zwischen senkrechten Felstürmen empor.

Mit Drahtseil gesicherte Klettersteige führen zum Gipfel der Hirschwand.

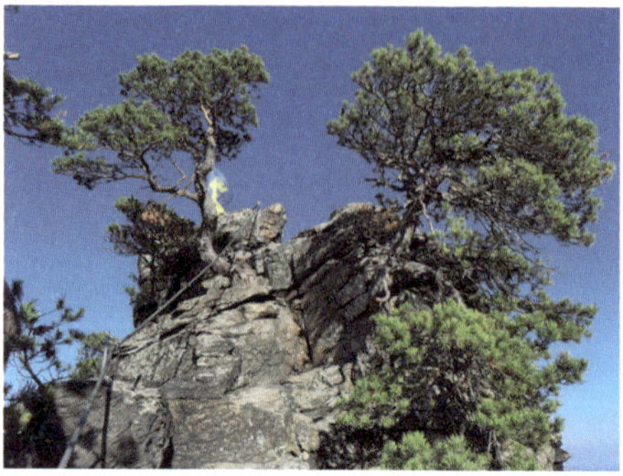

Scharte eine lang gestreckte Felsmauer. Jenseits ein Stück abwärts, dann steil bergauf und in langer Querung nach Südwesten empor geht es zur sog. **Kreuzung Hirschwand**, wo sich die Wege zum Seekopf und zur Hirschwand nun trennen. Wir folgen dem blau und grün markierten Steig in Nordostrichtung, der uns bis vor die 20 m hohe, senkrechte Südostwand der Hirschwand führt. Hier hat man die Wahl zwischen dem leichten **Hirschwandsteig** (Tafel; A) oder dem etwas schwierigeren **H.W. Steig** (AB), zu dem wir ein paar Meter weiter rechts über einen Pfad am Fuß der Wand gelangen. Obwohl beide Steige nur wenige Meter lang sind, benötigen wir Trittsicherheit und Schwindelfreiheit (Eisenklammern, Drahtseil). Empfehlenswert ist der Aufstieg über den H.W. Steig und der Abstieg über den Hirschwandsteig. Oben (Wandbuch) wachsen Zirben aus dem Felsen, weht eine Fahne und erwartet uns ein fulminanter Ausblick über die von der Donau durchflossene Wachau bis zum Stift Göttweig.

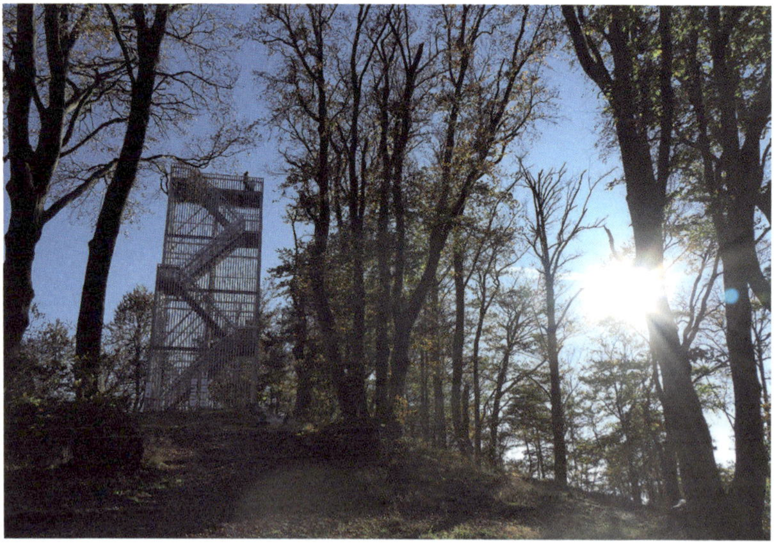

Die neue, 15 m hohe Warte am Seekopf gewährt einen famosen Blick ins Donautal und über die Wachau.

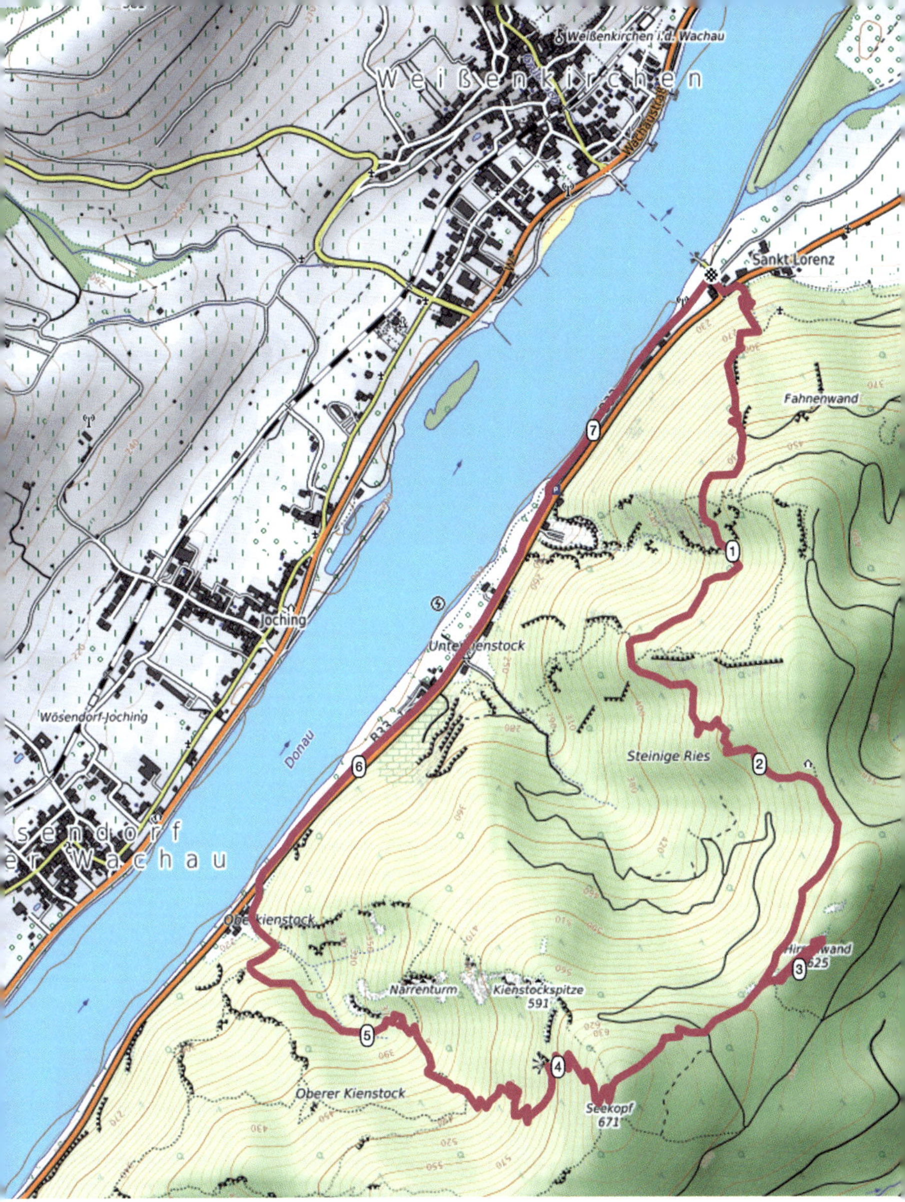

Über den Seekopf und den Meurersteig talwärts

Zurück in den Sattel mit der Wegkreuzung (Kreuzung Hirschwand), leiten uns Markierungen innerhalb von 10 Minuten auf den **Seekopf** mit einer erst vor wenigen Jahren errichteten Aussichtswarte. Die elegante 15 m hohe Stahlkonstruktion wurde mit einer Lamellenfassade aus Lärchenholz versehen. Über Stahlrosttreppen steigen wir zur obersten Aussichtsplattform empor, von wo sich famos ins Donautal und über die Wachau blicken lässt.

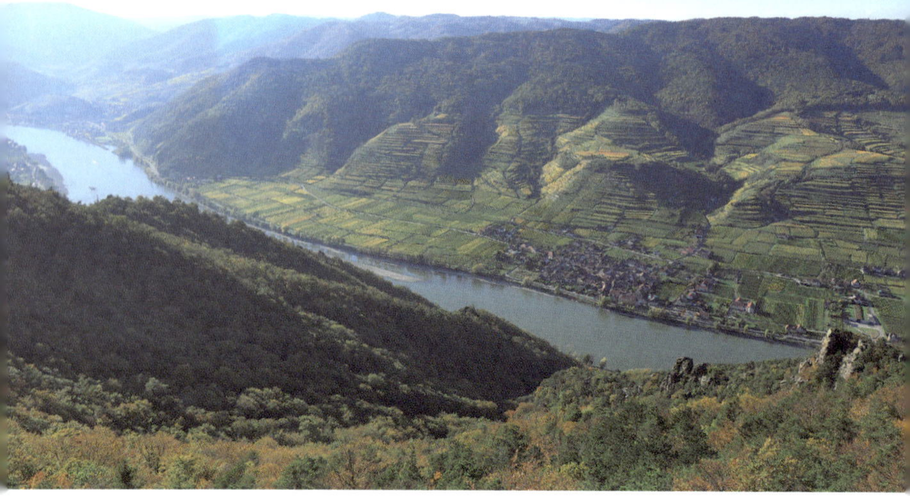

Am Meurersteig kehren wir ans Ufer der Donau zurück.

Am Meurersteig und entlang der Donau zurück

Als Abstiegsweg wählt man am besten den rot markierten **Meurersteig**. Dieser führt in vielen Kehren durch die Nordwestflanke des Seekopfs, über steile Waldhänge und durch einen Graben am Narrenturm entlang bizarrer Felsbildungen bis zur Donauuferstraße (B 33) in **Oberkienstock**.

Von hier wandern wir am asphaltierten Donauradweg stromabwärts nach **Unterkienstock**, danach auf einem Treppelweg bis nach **St. Lorenz** zurück. Es lohnt sich, immer wieder stehenzubleiben und das typische „Wachaubild" mit seinen Weinrieden, malerischen Dörfern und der gemächlich dahinfließenden Donau auf sich wirken zu lassen – ein sehr geruhsamer Ausklang für diese abwechslungsreiche Tour.

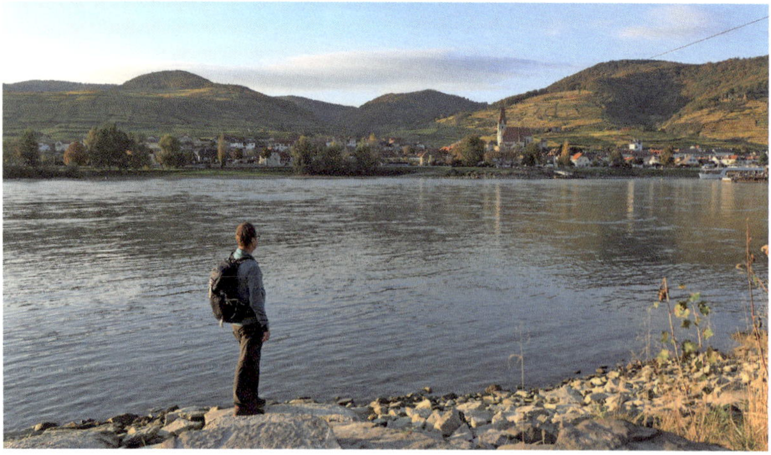

HÖHENPROFIL

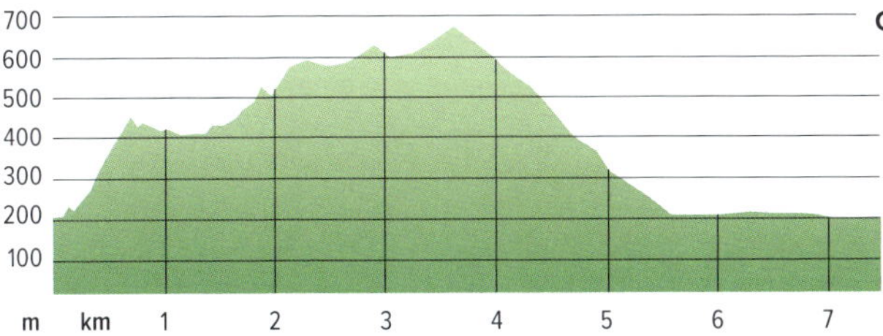

QR Link Tour 13

★★ ANSPRUCH	STRECKE	DAUER	AUFSTIEG	ABSTIEG	HÖHENLAGE	EINKEHR
MITTEL	9,0	3:30	600 m	600 m	671 m / 197 m	NEIN

3 ½ Stunden / 9 km / 600 Hm / mittel

Eignung für Kinder: ab 12

CHARAKTER: *Mittellange Tour auf gut bezeichneten, allerdings stellenweise steilen Wegen und Steigen. Die Besteigung der Hirschwand erfordert ein wenig Klettersteig-Erfahrung samt Trittsicherheit und Schwindelfreiheit*
START- UND ZIELPUNKT: *St. Lorenz (Rollfähre-Anlegestelle, mit öffentlichen Verkehrsmitteln zu erreichen)*
ROUTE: *St. Lorenz an der Donau (205 m) – Steinige-Ries-Steig – Kreuzung Hirschwand (575 m) – Hirschwand (625 m) – Seekopf (671 m) – Meurersteig – Oberkienstock (205 m) – Donauradweg – St. Lorenz*
ATTRAKTIONEN: *schöne Eichen-Kiefernwälder, bizarre Felsformationen, Klettersteige an der Hirschwand, aussichtsreiche Passagen, neue Aussichtswarte am Seekopf, Treppelweg entlang der Donau mit Blick auf malerische Wachauer Uferlandschaften*
EINKEHRMÖGLICHKEITEN: *unterwegs keine, einige in Weißenkirchen (dorthin mit der Fähre – auch ein Erlebnis!) und in den umliegenden Orten*
WEITERFÜHRENDE INFOS:
www.donau.com/de/wachau-nibelungengau-kremstal/

14 Buschandlwand

GEHEIMTIPP ÜBER DEM DONAUTAL

Mit 743 Metern an ihrem höchsten Punkt thront die Wachauer Buschandlwand über dem schmucken Ort Spitz an der Donau. Sie gilt heute als wahrer Geheimtipp mit besonders schönen Aussichtspunkten – und familientauglichen Wegen. Als Highlight warten die Aussichtskanzel der Josef-Gruber-Warte und die zauberhaften Orte Spitz und St. Michael.

Von St. Michael auf die Buschandlwand

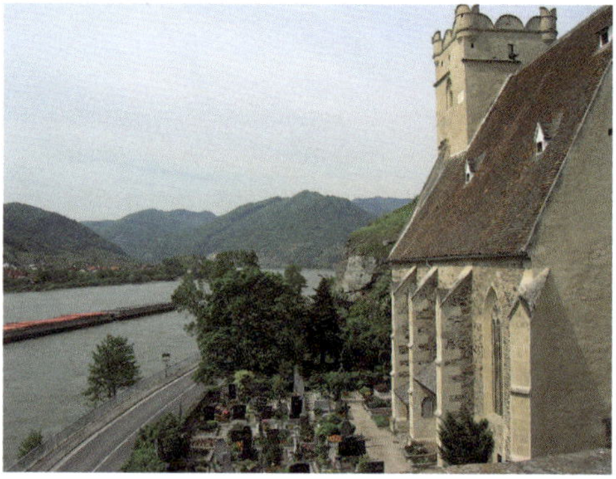

Wir schultern den mit reichlich Proviant befüllten Rucksack am Ortseingang von **St. Michael**. Dieser uralte Ort nordöstlich von Spitz beherbergt die älteste Pfarre der Wachau. Sehenswert ist die spätgotische Kirche aus dem 16. Jahrhundert mit ihrer wuchtigen Wehranlage. Jetzt aber los, dem Wegweiser "Buschandlwand" folgend, geht es nach dem Gotteshaus gleich links und rot markiert bergauf (Höhenweg St. Michael, Weg 29). Bei einer Lichtung nimmt die Steigung ab, die wunderschöne Blickweite in das Donautal hingegen zu. Nun kurze Zeit dem Welterbesteig etwas flacher über eine steinige, kargere Passage folgend, biegen wir bald nach Norden auf den Weg 28 Richtung Buschandlwand ab. Anschließend führt ein Karrenweg durch die bewaldete Westflanke des Atzberg-Buschandlwand-Kamms nord- und aufwärts, an einem ehemaligen Erzstollen vorbei (mehr eine Nische als eine Höhle) und nach einer Weggabelung nur mehr gelb markiert weiter auf eine Kammhöhe. Immer

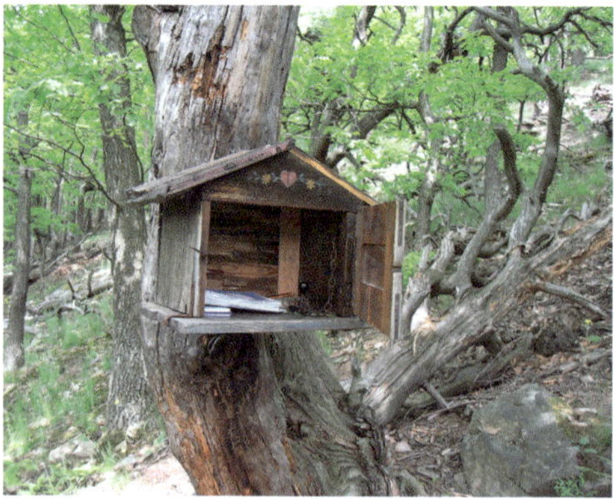

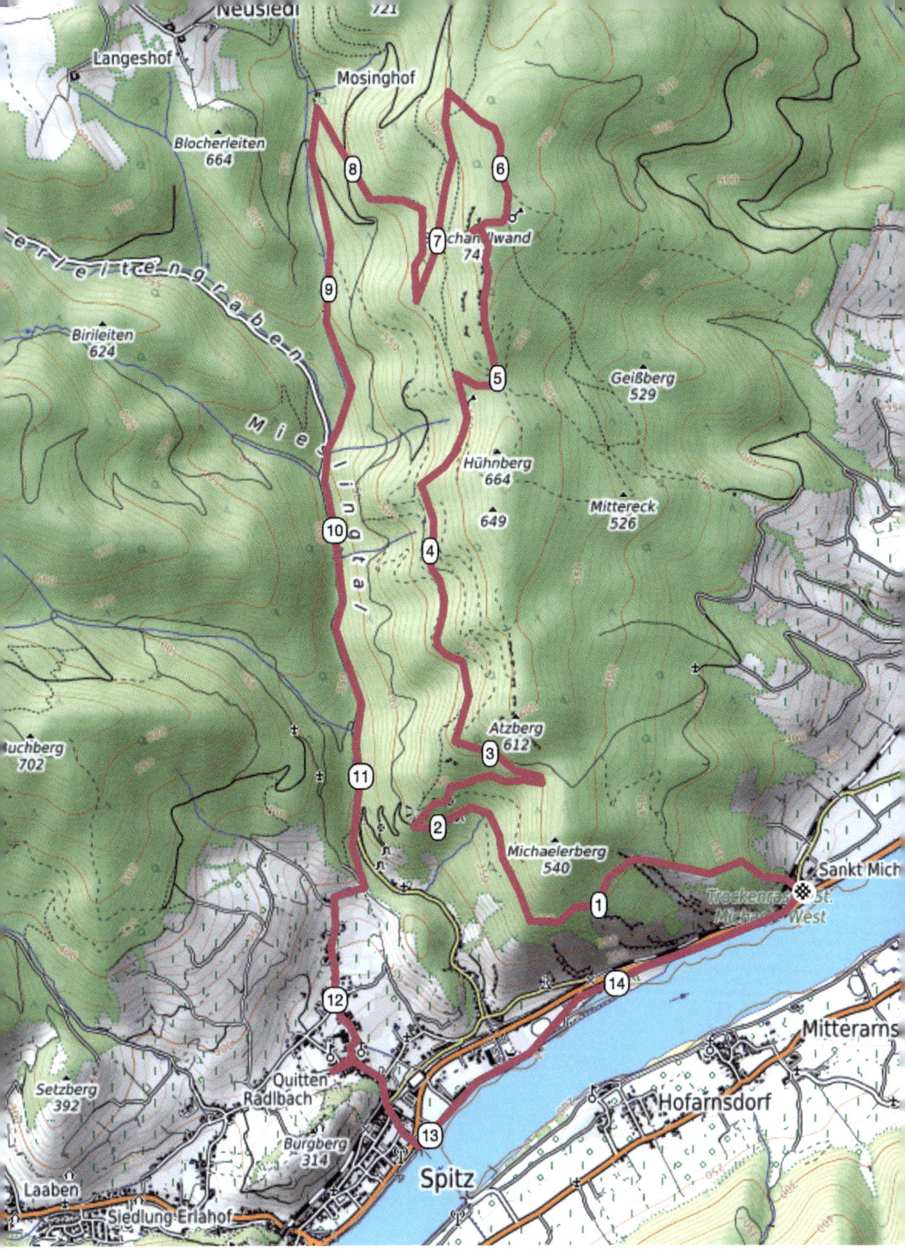

wieder eröffnen sich nette Ausblicke über Spitz, den Buchberg und unseren Abstiegsweg durch die Weingärten von Radlbach. Genussvoll wandern wir über den breiten Waldrücken nordwärts zu einem pultförmigen Felsvorsprung und der hölzernen **Josef-Gruber-Warte** am Gipfel der **Buschandlwand** (kleines Gipfelkreuz auf einem Felsen). Wer dort oben sitzt und rundum schaut, wird in den Spitzer

Graben, ins Donautal und zum Jauerling sehen – und sich wie der Donaukönig über seinem Reich, der Wachau, fühlen.

Durch den romantischen Mosinggraben abwärts

Nun ein kurzes Stück der gelben Markierung nach, bis sie auf blau trifft, dann am Hof **Heiglbauer** vorbei und in weiten Kehren zum **Mosinghof** hinab. Dort südlich durch den romantischen, erdig-feuchten **Mosinggraben**, dann den munter rauschenden, gar nicht so miesen Mieslingbach entlang. Durch diesen Waldgraben führte übrigens im Mittelalter ein Handelsweg aus dem Waldviertel zur Donau. Unterwegs passiert man ein Barbara-Marterl, eine Quelle mit Tisch und Bänken und eine Brücke, die es zu überschreiten gilt, um wenig später zum Roten Tor, einem alten Stadttor aus den Schwedenkriegen, zu gelangen – ein selten idyllisches Rastplatzl mit Blick auf Spitz, den Tausendeimerberg und das Donautal.

Vor dem **Roten Tor** rechts auf einer mit Kopfsteinen gepflasterten Straße Richtung Huthof (Rundwanderweg, blau markiert) geht es dann auf einer Schotterstraße an einem Marterl vorbei. Nun etwas steiler durch Wald, dann flacher, bis sich der Weg gabelt und zwar zum Erholungswald Jägerriedl oder auch blau markiert Richtung **Radlbach**. Dieser Markierung folgen wir durch sonnige Weinrieden Richtung Spitz.

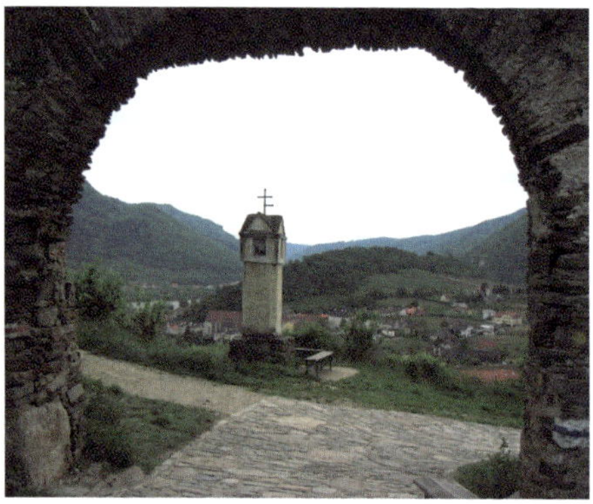

Das Rote Tor

HÖHENPROFIL

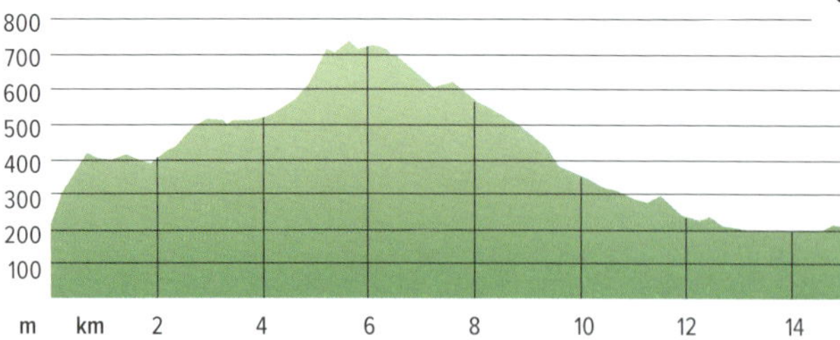

QR Link Tour 14

★★ ANSPRUCH	STRECKE	DAUER	AUFSTIEG	ABSTIEG	HÖHENLAGE	EINKEHR
MITTEL	15,0	6:00	550 m	550 m	731 m / 200 m	NEIN

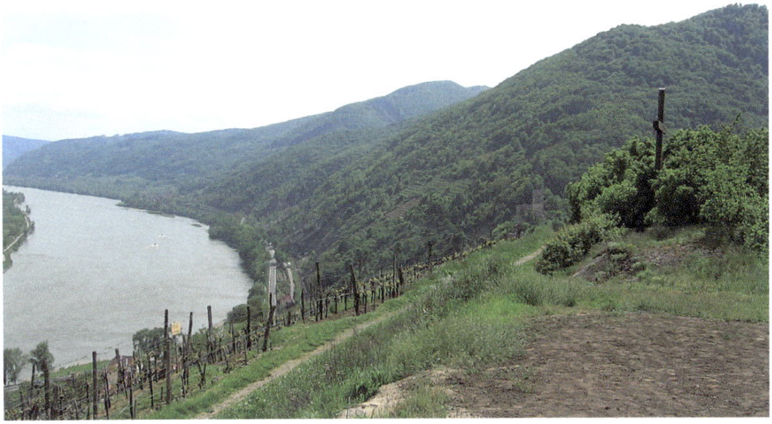

Am Gipfel des Tausendeimerbergs

Ausflug auf den Tausendeimerberg

Wer Lust hat, kann noch den Haushügel von Spitz, den **Tausendeimerberg** (300 m, 20 Minuten), anhängen. So wird der fast frei stehende Burgberg genannt, um den sich malerisch die Häuser von Spitz scharen. Seinen Namen hat er vom Weinertrag in besonders starken Erntejahren – 1000 Eimer entsprachen etwa 56.000 Litern. Schnell gelangen wir von dort in das sehenswerte Stadtzentrum von **Spitz an der Donau**. Dieser am linken Donauufer im Zentrum der Wachau gelegene Markt wur-

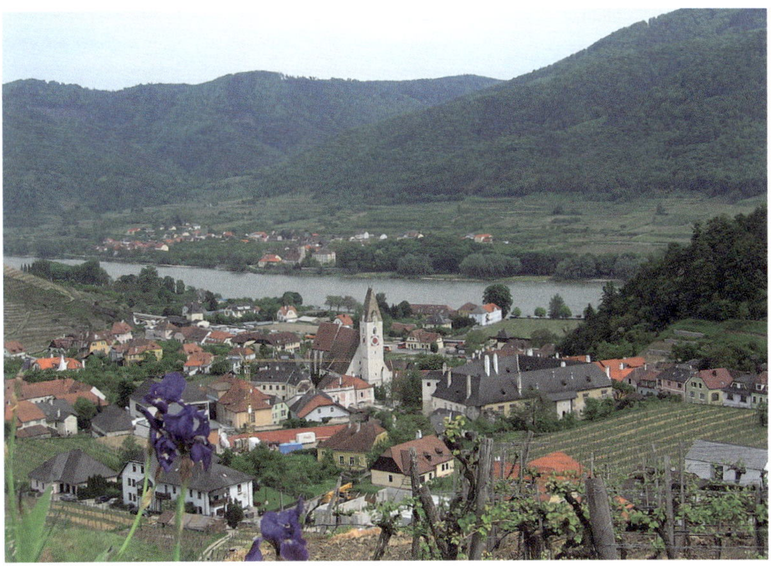

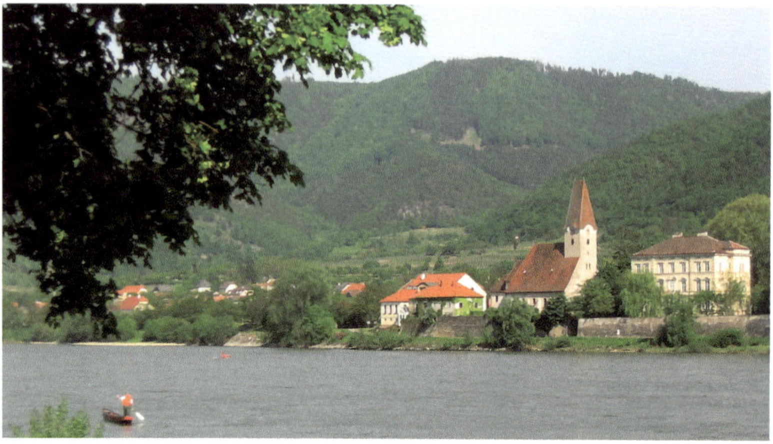

de um 830 „Spizzun“ genannt. Sehenswert die spätgotische, später barockisierte Pfarrkirche St. Mauritius aus dem 15. Jahrhundert, der 500 Jahre alte Pfarrhof, das Schloss Spitz und die Burgruine Hinterhaus aus 14. Jahrhundert.
Die Schlussetappe der Tour führt uns ans Ufer der Donau, von wo wir auf einem Treppelweg nach St. Michael zurückkehren können – oder per Bus oder Wachaubahn nach Hause.

6 Stunden / 15 km / 550 Hm / mittel

Eignung für Kinder: ab 13

CHARAKTER: *lange Tour auf guten Wegen*
START- UND ZIELPUNKT: *St. Michael (mit öffentlichen Verkehrsmitteln zu erreichen)*
ROUTE: *St. Michael (211 m) – Atzberg – Buschandlwand (741 m) – Mosinggraben – Rotes Tor (285 m) – [Tausendeimerberg (300 m) –] Radlbach – Spitz an der Donau (Bahnhof Wachaubahn) – Treppelweg – St. Michael*
ATTRAKTIONEN: *sehr schöne panoramareiche Passagen, Gruberwarte, die sehenswerten Wachau-Orte Spitz und St. Michael*
EINKEHRMÖGLICHKEIT: *Unterwegs keine, dafür aber zahlreiche in Spitz und St. Michael*
WEITERFÜHRENDE INFOS: *www.spitz-wachau.at*
TIPP: *Am schönsten ist die Tour während der Obstbaumblüte im Frühjahr oder wenn Ende des Sommers die Weintrauben reifen.*

15 Ruine Hinterhaus – Willendorf

DIE VENUS IN ZEITEN DER MARILLENBLÜTE

Eine der schönsten und familienfreundlichsten Wanderungen in der Wachau führt von Spitz über die Ruine Hinterhaus nach Willendorf. Besonders im Frühling – zur Zeit der Marillenblüte – lassen sich landschaftliche Reize mit dem Besuch historischer Kostbarkeiten wie dem Fundort der Venus von Willendorf oder der Ruine Hinterhaus zu einem unvergesslichen Erlebnis verbinden.

Von Spitz zur Ruine Hinterhaus

Die Tour beginnt am Bahnhof (Wachaubahn) von **Spitz**. Von dort wandern wir durch eine Bahn-Unterführung dem Donauufer entgegen. Nun begleitet von Fähren und den Weinhängen des Tausendeimerbergs auf dem Treppelweg (Promenade) entlang der Donau. Nach 10 Minuten biegen wir aber schon über die **Spitzerbachbrücke** ins **Spitzerbachtal** Richtung Ruine Hinterhaus ab. Kurz in die Ottenschlägerstraße hinein, wo es über eine Holzbrücke und um die Mühle herum (Wegweiser „Ruine Hinterhaus“, „Jauerling“) bis zu einem Steig geht, der etwas steiler durch einen Laubwald bis zu einer Verzweigung führt: Der linke Ast leitet zur **Ruine Hinterhaus** während es rechts zum Jauerling geht. Diese Kreuzung merken wir uns.

Die alte, aber äußerst dezent wiederhergestellte Ritterruine sollte man sich auf keinen Fall entgehen lassen. Die geheimnisvollen und mit vielen Nischen, Winkeln und Brücken versehenen Gemäuer wurden gänzlich in Stand gesetzt und sind über

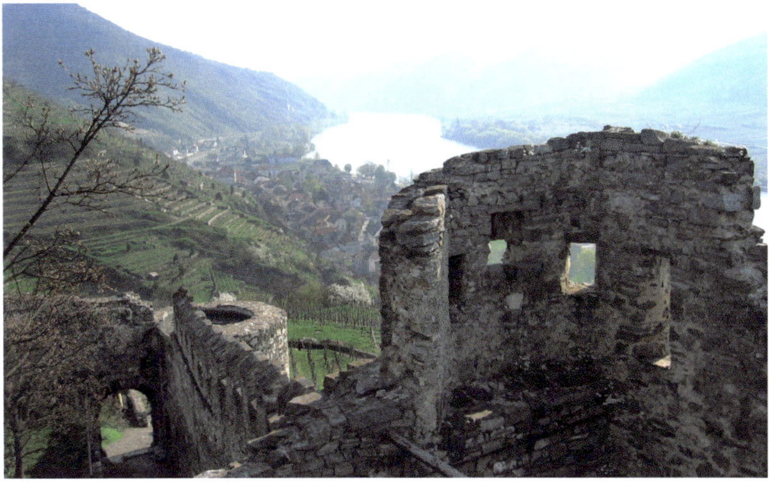

Die Ruine Hinterhaus eignet sich vorzüglich für familiäre Ritter- und Räuberspiele!

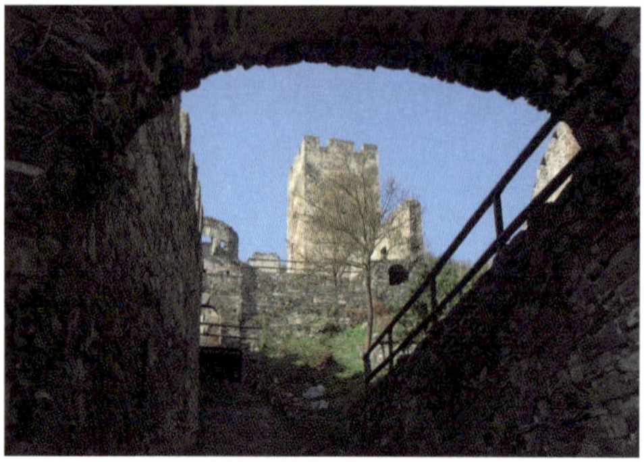

In den Gemäuern der Ruine Hinterhaus glaubt man sich in eine andere Zeit versetzt.

Treppen bequem zu besichtigen. Ein immer schmäler werdendes, schaurig dunkles Stiegenhaus, in das nur durch Schießscharten Licht fällt, führt auf die Aussichtsplattform des Wachturms. Toller Rundumblick auf das Donautal, die Wachau und Spitz! Noch tolleres Gelände für familiäre Ritter- und Räuberspiele! Man hört es fast, das Klappern der Ritterrüstungen, das Klirren der Säbel und die Gelage der Herren von Kuenring.

Durch das Dürrtal nach Willendorf

Wieder zurück zur vorhin erwähnten Abzweigung Richtung Jauerling, wandern wir in gemütlichen Serpentinen bergauf an einem Bildstock und Bankerl vorbei durch einen Laubwald. Bei der folgenden Abzweigung nach Schwallenbach bleiben wir geradeaus und dem rot bezeichneten Höhenweg treu und gelangen Waldflanken entlang ins stille **Dürrtal**. Bald links abgebogen und nach Osten abwärts, später auf einem Hohlweg nach **Schwallenbach**, einen für Wachauer Begriffe verträumten Ort mit idyllischen Buschenschenken, liebevoll gepflegten Gärten und alten Gebäuden.

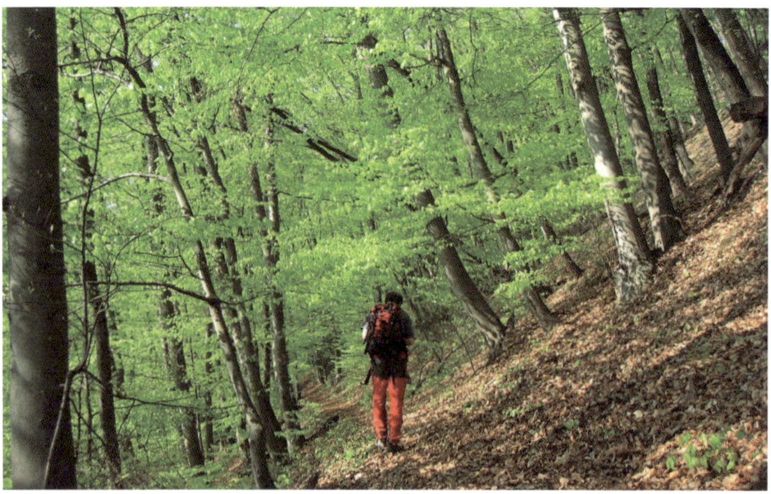

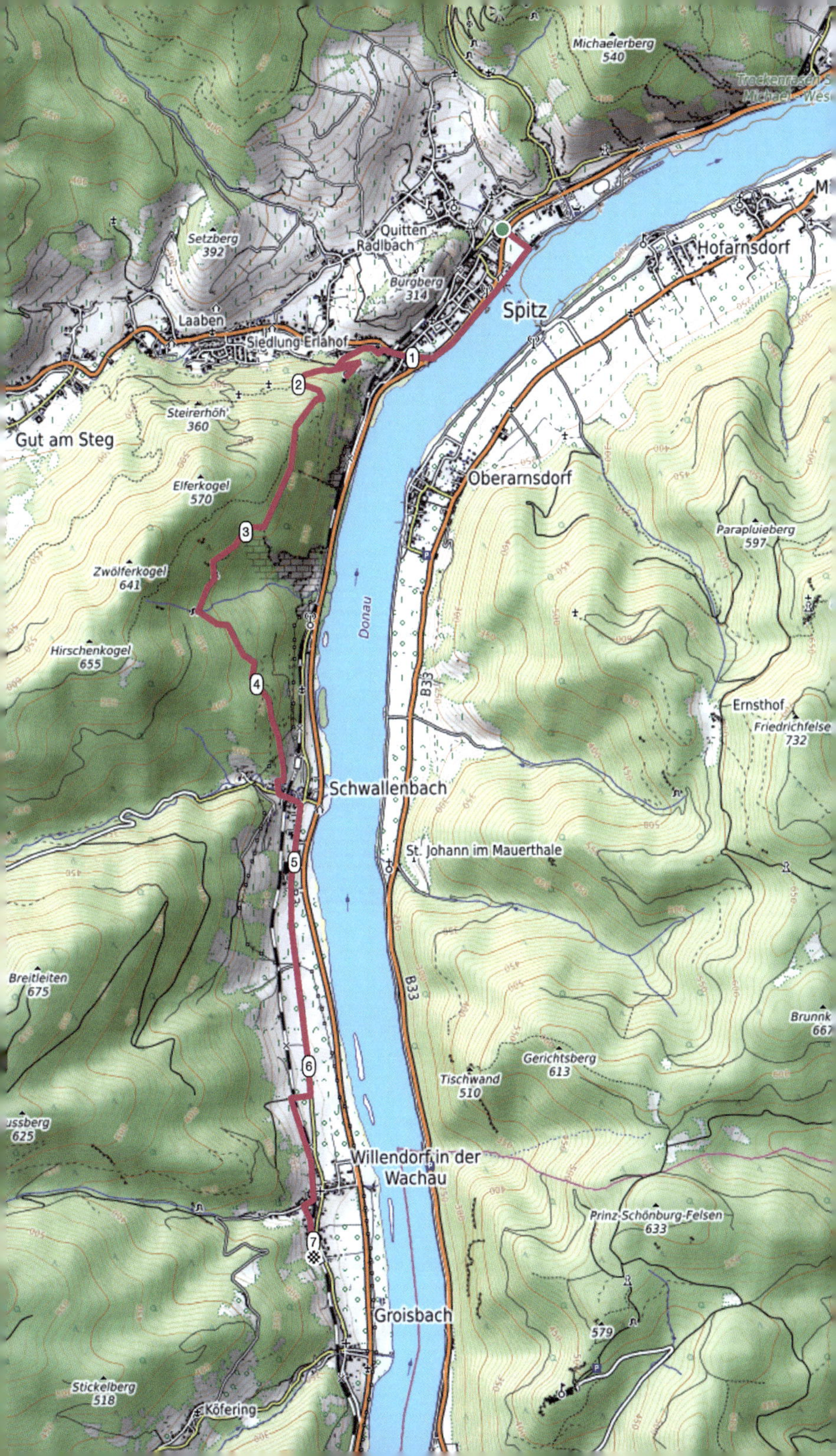

Michaelerberg
540
Setzberg
392
Quitten
Radlbach
Burgberg
314
Hofarnsdorf
Spitz
Laaben
Siedlung Erlahof
Gut am Steg
Steirerhöh
360
Elferkogel
570
Oberarnsdorf
Zwölferkogel
641
Paraplüieberg
597
Hirschenkogel
655
Donau
B33
Ernsthof
Friedrichfelse
732
Schwallenbach
St. Johann im Mauerthale
Breitleiten
675
Gerichtsberg
613
Tischwand
510
ussberg
625
Willendorf in der
Wachau
Prinz-Schönburg-Felsen
633
Groisbach
579
Stickelberg
518
Köfering
1
2
3
4
5
6
7

HÖHENPROFIL

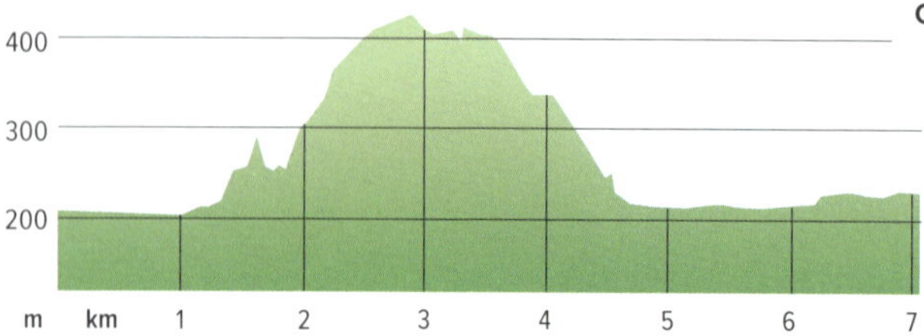

QR Link Tour 15

ANSPRUCH	STRECKE	DAUER	AUFSTIEG	ABSTIEG	HÖHENLAGE	EINKEHR
LEICHT	7,0	2:30	250 m	250 m	424 m / 202 m	NEIN

Nun der nächste Höhepunkt der Wanderung: die Promenade durch blühende Marillengärten Richtung Willendorf. Die rosa-weiß gesprenkelten Bäume sind ein Augenschmaus, besonders wenn der Wind durch sie hindurchfährt und die Blütenblätter gleich Schneeflocken von den Zweigen bläst. Ein Farbenrausch, wie man ihn nur hier in der Wachau zu sehen bekommt.

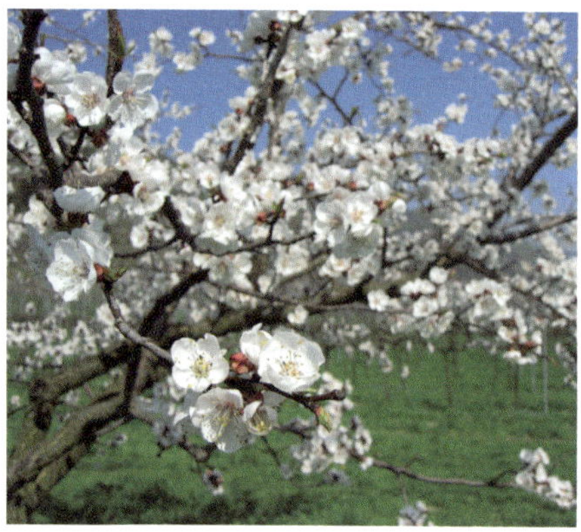

Die Venus von Willendorf

Nach 2 ½ Stunden laufen wir in **Willendorf** ein, weltberühmt durch die 1908 dort entdeckte, nur 11 cm große Kalkstein-Statuette einer Frauenfigur aus der jüngeren Altsteinzeit. Am Fundort erfährt man mehr über die damalige Zeit, aber auch über die Hintergründe der Venus. Im Museum „Venusium“ kommen besonders Wissensdurstige auf ihre Rechnung, in den vielen Heurigen und Buschenschenken Weindurstige. So gesehen kann unser „Spaziergang“ ruhig zu einer Tagesunternehmung werden, bevor man entweder per Bus oder Zug nach Spitz zurückkehrt.

2½ Stunden / 7 km / 250 Hm / leicht

Eignung für Kinder: ab 11

CHARAKTER: *Die Tour eignet sich hervorragend für Kinder! Die Attraktionen am Weg, von der Ruine über die Marillengärten bis zur Venus, bieten alles, was Kinderherzen begehren. Die Wege sind zudem nicht steil und an allen Ecken und Enden warten nette Rastplätze*
STARTPUNKT: *Spitz an der Donau (erreichbar mit Wachaubahn und Bus)*
ZIELPUNKT: *Willendorf i. d. Wachau (mit öffentlichen Verkehrsmitteln zu erreichen)*
ROUTE: *Spitz an der Donau (223 m) – Ruine Hinterhaus (324 m) – Schwallenbach (212 m) – Willendorf i. d. Wachau (209 m)*
ATTRAKTIONEN: *Die Ruine Hinterhaus, die Fundstelle der „Venus von Willendorf", die Donau und das stille Dürrtal, die Weinstädte Spitz und Schwallenbach, Marillenblüte im Donautal*
EINKEHRMÖGLICHKEITEN: *unterwegs keine; etliche in Spitz, Schwallenbach und Willendorf*
TIPPS: *Besonders schön ist die Tour zur Blütezeit der Marillenbäume von Ende März bis Ende April. Im Schatten der Blütenbaldachine lässt es sich zudem herrlich picknicken!*

Die Venus von Willendorf

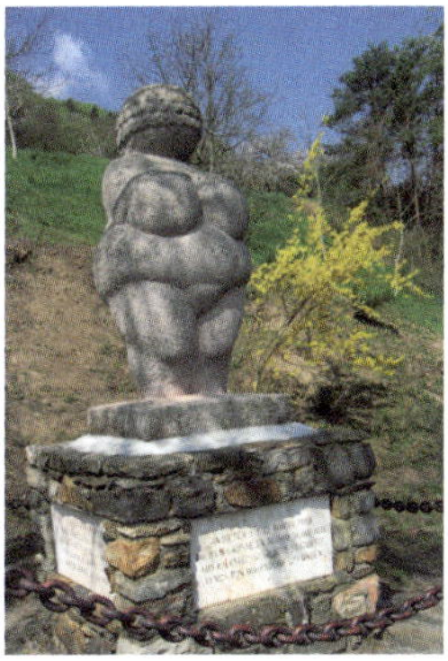

Die Venus von Willendorf ist Österreichs bekanntestes Fundstück aus der jüngeren Altsteinzeit (Jungpaläolithikum) und ist heute im Naturhistorischen Museum in Wien zu sehen.
Die Skulptur – eine 11 cm hohe nackte Frauenfigur – entstand um 25.000 v. Chr. Sie wurde am 7. August 1908 bei Bauarbeiten der Donauuferbahn in Willendorf in der Wachau gefunden. Der Kopf hat kein Gesicht, aber eine lockige Frisur. Das Original wird als so kostbar angesehen, dass lange Zeit nur eine Kopie im Museum ausgestellt war. Erst beim jüngsten Umbau des Naturhistorischen Museums wurde eine spezielle Tresor-Vitrine eingerichtet. Weitere Frauenstatuetten an derselben Fundstelle wurden „Venus II und III" genannt – alle scheinen Fruchtbarkeitssymbole zu sein.
Mehr Informationen zu den Fundstücken der Ausgrabungsarbeiten findet man im sog. Venusium, einem kleinen, nur wenige Schritte vom Fundort entfernten Museum. www.willendorf.info

16 Kremstal: Gudenushöhle – Wotansfelsen

EIN BEEINDRUCKENDES STÜCK WALDVIERTEL

Spuren der Urgeschichte in der Gudenushöhle, bizarre Felsformationen und eine wunderschön erhaltene Burg säumen den Zusammenfluss von Kleiner und Großer Krems im südlichen Waldviertel. Den höchsten Punkt der Tour stellt der archaisch anmutende Wotansfelsen dar. Auf dieser einfachen Rundtour erwandert man ein überaus beeindruckendes Stück Waldviertel.

Startpunkt ist die **Bushaltestelle Purkersdorf – Abzweigung Burg Hartenstein**. Auf einer breiten Forststraße wandern wir ins **Kremstal** hinein und folgen dabei einem geologischen Lehrpfad, der uns über das steinerne Fundament des Kremstals aufklärt. Infostationen geben Einblick in die Gebirgsbildung und den geologischen Aufbau des Waldviertels.

Pracht und Urgeschichte

Schon nach wenigen Minuten ragt ein senkrechter, ca. 70 Meter hoher Felsen über einer Flussschlinge der Kleinen Krems vor uns auf. Auf diesem thront die prächtige **Burg Hartenstein**, eine um 1140 erbaute Höhenburg. Weil sie nie erobert wurde, zählt sie heute zu den besterhaltenen Burgen Österreichs – kann aber leider nicht besichtigt werden, da sie in Privatbesitz steht.

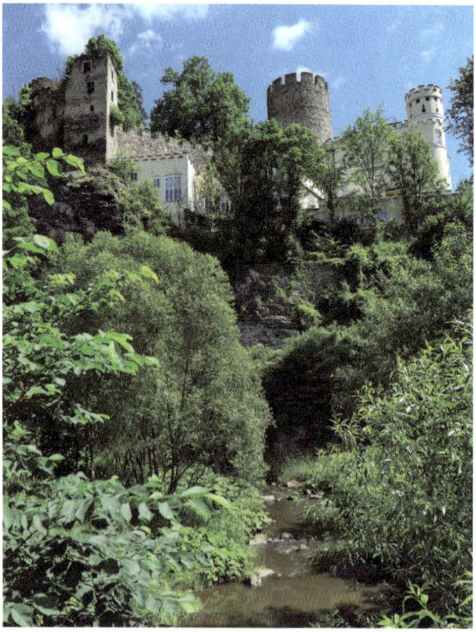

Burg Hartenstein zählt zu den besterhaltenen Burgen Österreichs.

Erkundet werden kann aber eine urgeschichtlich interessante Stätte unterhalb der Burg: die berühmte **Gudenushöhle**. Wer hinwill, muss allerdings die Kleine Krems überqueren und dabei über Steine balancieren, weil die Brücke aus Sicherheitsgründen entfernt werden musste (Stand: 6/2022). Ein Kinderspiel bei Normalstand des

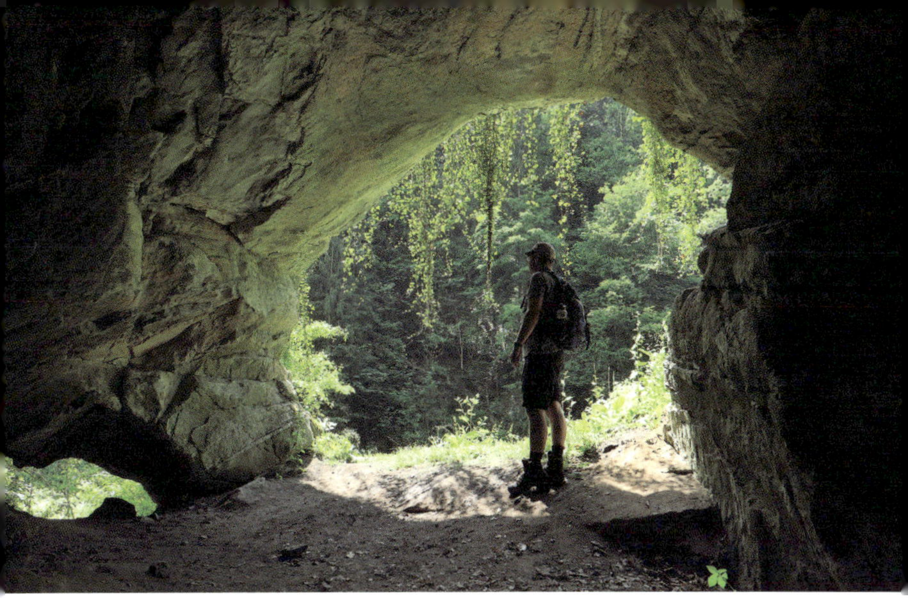

In der Gudenushöhle wohnten vor rund 70.000 Jahren Neandertaler, um Jagd auf Mammuts zu machen.

Wassers, verboten bei Hochwasser. Am anderen Ufer angelangt, führt ein kleiner Pfad ca. 10 Höhenmeter zu den beiden Eingängen des Naturdenkmals hinauf. Die knapp 30 Meter lange Durchgangshöhle zählt zu den bedeutendsten archäologischen Fundplätzen Österreichs und vermutlich zu den ältesten Siedlungsstätten Mitteleuropas. In ihr wurden verschiedene Objekte steinzeitlicher Kulturen gefunden wie Faustkeile, Pfeilspitzen und bearbeitete Tierknochen. Sie lassen darauf schließen, dass vor ca. 70.000 Jahren Neandertaler hier wohnten, um Jagd auf Höhlenbären, Rentiere und Mammuts zu machen. Der Name der Höhle stammt von dem ehemaligen gräflichen Adelsgeschlecht Gudenus.
Wieder zurück auf der Forststraße, wandern wir unter der Burg weiter am **Kremstalweg** (Weg 625) taleinwärts und folgen dabei der Kleinen Krems. Sie und später die Große Krems geben kaum einen Laut von sich, strömen flüsternd dahin, nur dort, wo ihr Bett enger wird, ist ein leises Gurgeln und verhaltenes Rauschen zu vernehmen. Links und rechts wird das Tal von Felsen begrenzt, wobei die linke Talwand geologische Geheimnisse birgt: die Kremstalhöhlen „Teufelsrast", „Schusterlucke" und „Eichmayerhöhle". Diese sind allerdings nur über schmale, abschüssige Pfade und teils über Klettersteige zu erreichen – auf jeden Fall ein Tipp für kletteraffine Wanderer.

Flüsse und Felsen

Wir Genussgeher bleiben auf ebener Erd und wandern weiter bis zur Talgabelung des sog. „**Zwickls**", wie die Einheimischen den Platz hier nennen: Der kleine Stauweiher des historischen **Kraftwerks Hohenstein** markiert den Zusammenfluss von

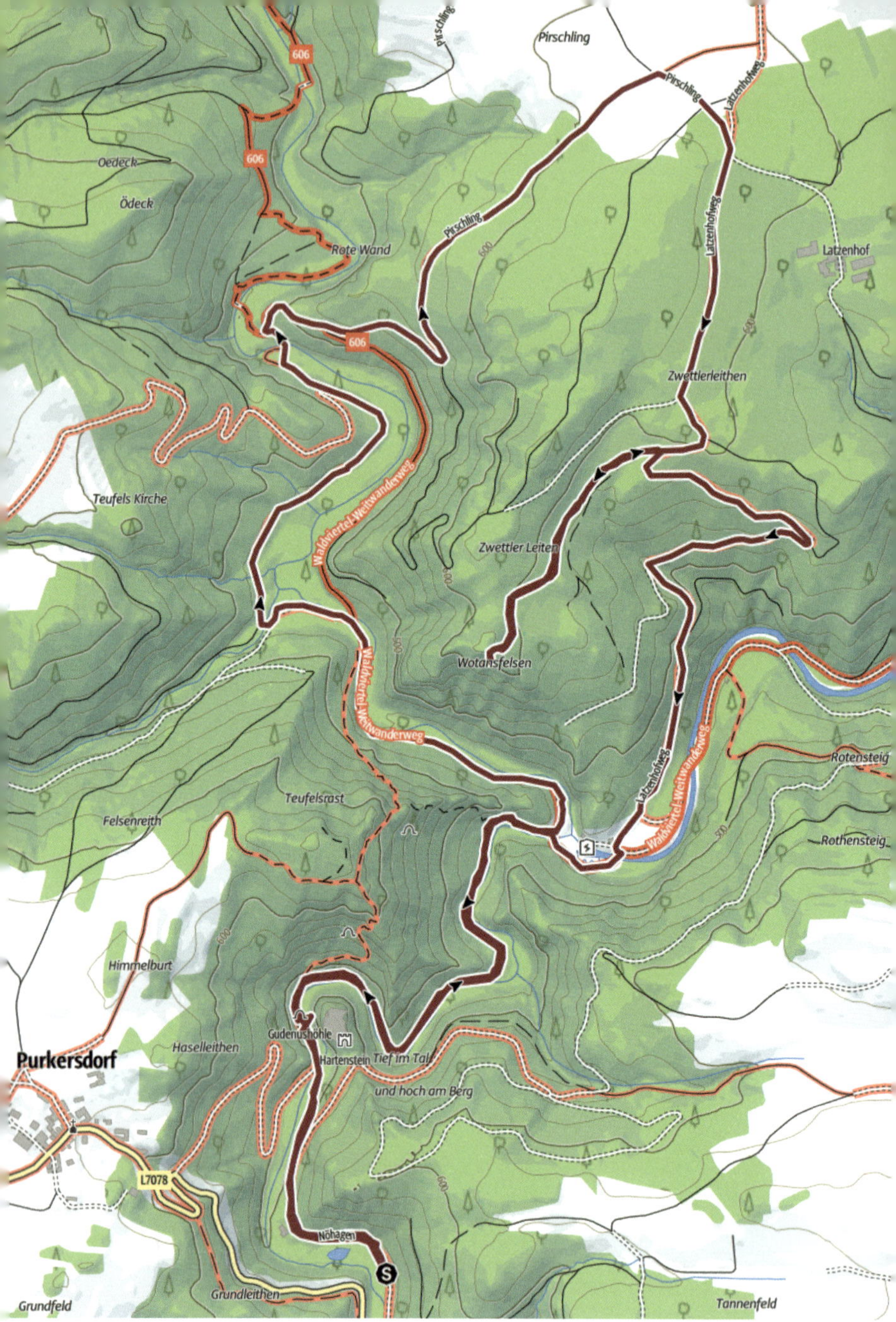

Kleiner und Großer Krems. Für viele zählt der Zwickl mit seinem uralten Wald, seinen schattigen Ufern und wild zerklüfteten Felswänden zu den schönsten Flusslandschaften des Waldviertels.

HÖHENPROFIL

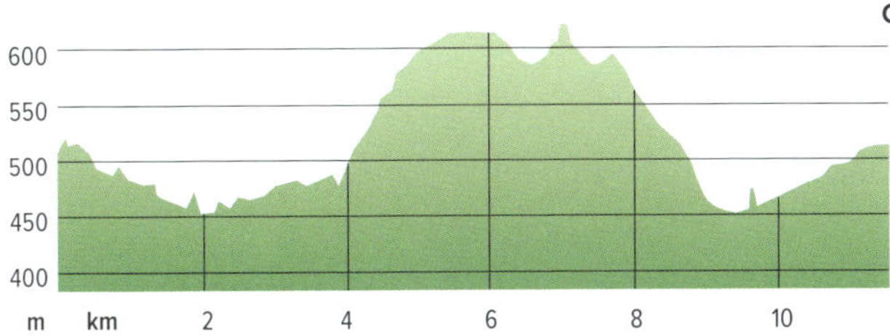

QR Link Tour 16

ANSPRUCH	STRECKE	DAUER	AUFSTIEG	ABSTIEG	HÖHENLAGE	EINKEHR
LEICHT	11,5	4:00	274 m	234 m	622 m / 448 m	NEIN

Nunmehr begleitet von der Großen Krems marschieren wir gemütlich durch den Talgrund. Es zahlt sich aus, hin und wieder nah ans Ufer der sanft dahinfließenden Krems zu treten, den blaugrünen Prachtlibellen bei ihren Flugkünsten zuzusehen und die Kinder im Wasser spielen zu lassen. Rechts oben erkennen wir den Wotansfelsen, zu dem wir in Kürze hinaufsteigen werden.

Bald übersetzen wir den **Gillauserbach** und wandern gleich danach rechts Richtung „Brauhaus, Lichtenau“ (rot markiert) weiter. Nun teils auf Schotter, teils auf einem Waldweg langsam auf und ab, so gelangen wir zum **Saghäuslsteg**, auf dem wir die Krems überqueren. Es wird still, das Gurgeln des Flusses verstummt. Langsam verlassen wir das Kremstal nach oben hin, bis sich der Wald lichtet und sich eine Feldlandschaft vor uns ausbreitet, die sich in karierten Falten bis zum Horizont wellt. Weit reicht der Blick über die bezaubernde Waldviertler Kulturlandschaft. Felder, Hügel, dazwischen eingestreut Gehöfte und kleine Dörfer, soweit das Auge reicht. Schauend und genießend flanieren wir durch diese liebliche Landschaft und lassen uns von der Gelassenheit der Umgebung anstecken. Wem's besonders gefällt, kann in weitem Bogen über **Pirschling** und **Lösching** weitermarschieren und über Felling zurückwandern (+45 Min.). Wem das zu lange dauert, biegt auf die erstbeste querende Forststraße nach rechts ein und wandert bis zum asphaltierten

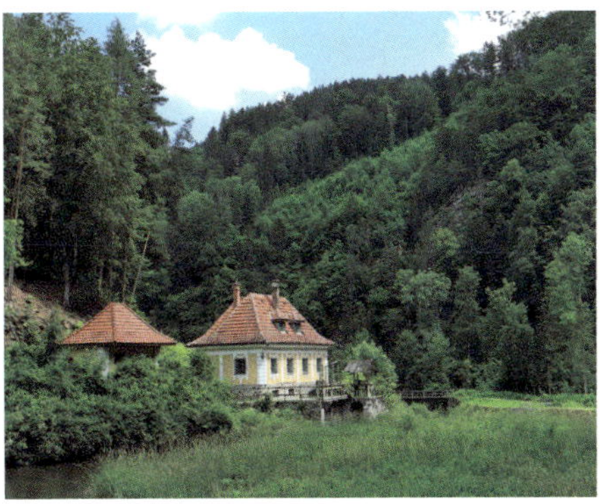

Am malerischen "Zwickl" vereinen sich die Kleine und die Große Krems.

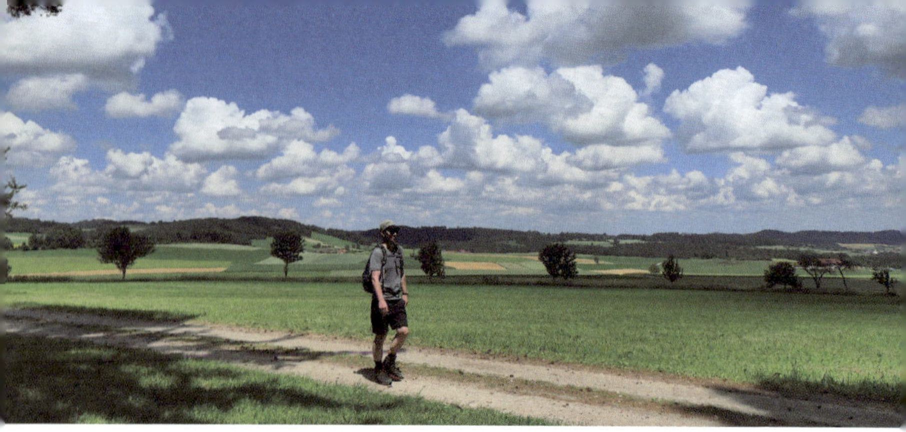

Bei Pirschling reicht der Blick weit über die bezaubernde Waldviertler Kulturlandschaft.

Güterweg Letzenhof. Hier wieder rechts und wenig später treffen wir auf eine Straßengabelung, wo wir uns an die rechte Schotterstraße halten.
Mit herrlichem Blick über Felling wandern wir Richtung Süden, also gleichsam ins Kremstal zurück. Wir halten uns nun an den rot markierten Weg, bis dieser sich abermals verzweigt. Diesmal bleiben wir rechts und steuern auf blau markiertem Weg den **Wotansfelsen** an. Diese 625 m hoch gelegene archaisch anmutende Felskanzel gibt einen famosen Blick über das Kremstal und auf die vis-à-vis gelegene Felsformation mit den Kremstalhöhlen frei. Warum die Aussichtsloge nach dem Göttervater der nordischen Mythologie benannt ist, ließ sich nicht eruieren.
Zurück zum rot markierten Weg, bringt uns dieser zum **Zwickl** hinunter und weiter am uns schon bekannten Weg wieder zum Ausgangspunkt retour.

4 Stunden / 11 ½ km / 300 Hm / leicht

Eignung für Kinder: ab 13

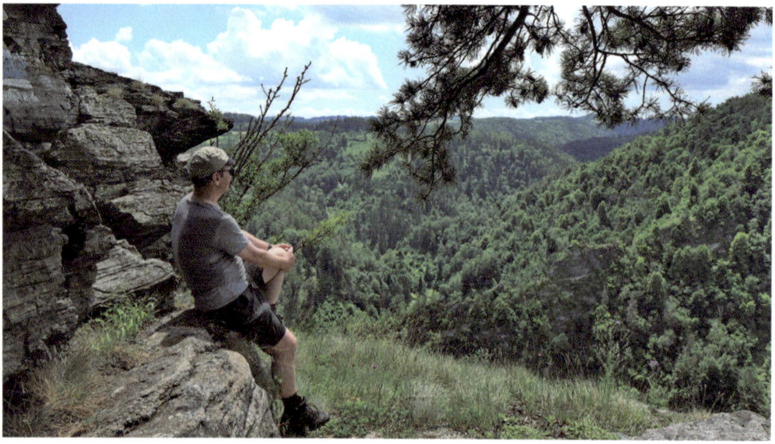

Von der Felskanzel des Wotansfelsens blicken wir weit über das Kremstal hinweg.

CHARAKTER: *leichte, familiengerechte Tour mit einigen Abenteuern am Weg; Vorsicht beim Wotansfelsen, der zum Tal hin senkrecht abbricht – aufpassen auf übermütige, bewegungslustige Kinder*
START- UND ZIELPUNKT: *Purkersdorf (Bushaltestelle Abzweigung Burg Hartenstein)*
ROUTE: *Purkersdorf (514 m) – Geologischer Lehrweg – Burg Hartenstein – Gudenushöhle – Kremstalweg – Zwickl (457 m) – Wotansfelsen (625 m) – Zwickl – Purkersdorf*
ATTRAKTIONEN: *geologischer Lehrweg, Burg Hartenstein, Gudenushöhle, landschaftlich sehr schöne Flussabschnitte besonders am Zwickl, malerische Feldlandschaft zwischen Pirschling und Lösching, Aussichtskanzel Wotansfelsen*
EINKEHRMÖGLICHKEIT: *keine*
WEITERFÜHRENDE INFOS: *www.kremstalweg.at*

17 Ostrong: Großer und Kleiner Peilstein

WO AUCH DER KAISER GERNE WANDERTE

Der Ostrong-Höhenzug im südlichen Waldviertel wartet mit viel Wald, aber auch drei felsigen Aussichtsbalkonen auf: dem Großen und Kleinen Peilstein sowie dem Katzenstein. Ein ideales Wandergelände für die ganze Familie.

Mit seinen Gipfeln samt herrlicher Aussicht zählt das 13 km lange Minimassiv des Ostrong zu den beliebtesten Wandergebieten der Region. Das dicht bewaldete Mittelgebirge nimmt seinen Anfang an der Donau und erstreckt sich bis hin zum Ysper- und Weitental. Seine höchsten Erhebungen ragen immerhin knapp über die 1.000er-Grenze hinaus. Beehrt wurde die stille Bergkette auch oft von Kaiser Franz I., der hier gerne wandern ging – der Name „Kaiserstein" erinnert uns noch heute an diesen Umstand.

Der Katzenstein

In **Altwaldhäusl** bei Münichreith können wir am Waldrand vor einem Schranken (Sackgasse) parken und losmarschieren. Vom ersten Augenblick an geht es leicht, aber konsequent bergauf. Zunächst wandern wir durch uralten Fichtenwald und folgen bei Weggabelungen stets dem Wegweiser „Peilstein". Angenehm der

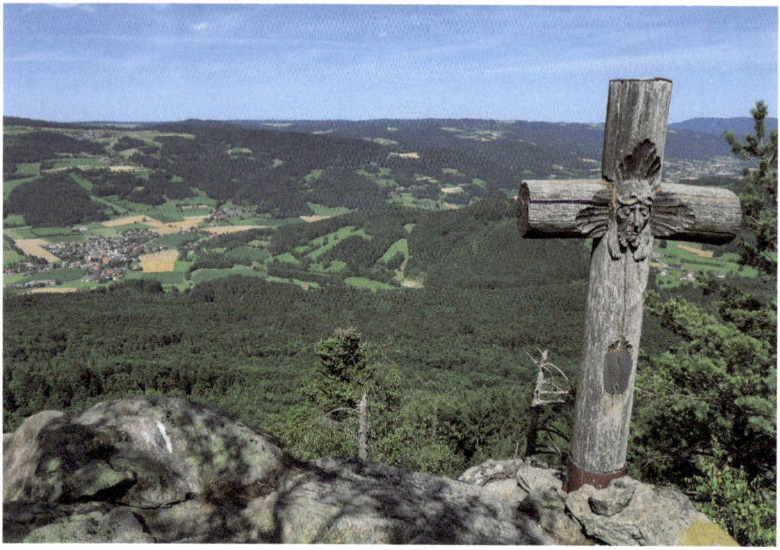

Vom Gipfelkreuz des Katzensteins blickt man weit ins Yspertal.

Schatten, den die hohen Bäume spenden, weswegen die Tour besonders für heiße Sommertage zu empfehlen ist.
Das erste Highlight ist ein Brunnen, wo wir unsere Wasservorräte auffüllen können, ja sollten, da natürliche Wasservorkommen am Weg spärlich sind. Nach einer Wildfütterungsstelle gabelt sich der Weg. Wir bleiben rechts (am linken Weg werden wir den Rundweg abschließen) und wandern gemütlich über den Höhenrücken des Ostrong-Gebirges Richtung Norden. Den Wegesrand säumen moosbedeckte Steine, die auf den steinernen Untergrund des Ostronggebirges, wie des gesamten Waldviertels hindeuten. Nach einer Lichtung mit einem Kreuz bleiben wir links und folgen dem „Ysper-Weitental-Rundwanderweg" bzw. dem „Peilstein-Gipfelerlebnis Laimbach, Weg 55". Nach einer etwas gröberen Steigung stehen wir vor einer Abzweigung, die wir uns merken müssen. Hier lenkt uns ein Wegweiser nach rechts zum **Katzenstein**. Wenige Minuten später stehen wir etwas verdutzt vor einem, wie es scheint, uneinnehmbaren Felsturm. Aber nur nicht aufgeben! Auf dessen rechten, also südlichen Seite befindet sich nämlich seine schwache Stelle, über die wir ihm zu Leibe rücken können. Ein schmaler Pfad windet sich durch den Felsen hinauf, nur einmal muss auch die Hand zupacken, dann stehen wir beim Gipfelkreuz und blicken weit ins Yspertal und nach Laimbach hinunter. Wunderschön breitet sich das südliche Waldviertel mit seinen Hügeln, Feldern und Dörfern vor uns aus.

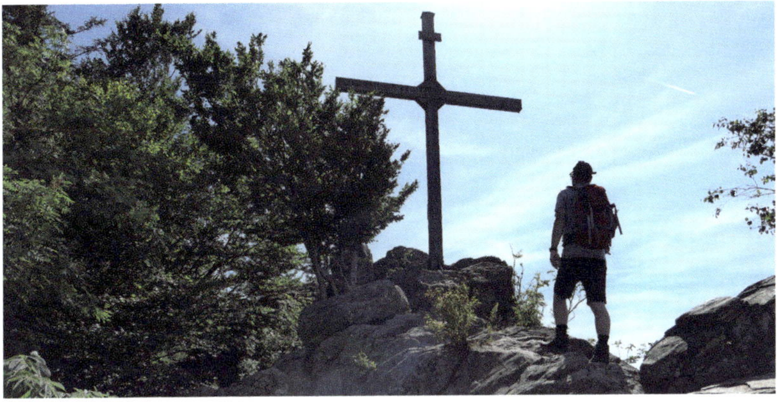

Am Kleinen Peilstein übersteigen wir die 1.000er-Marke knapp.

Der Kleine Peilstein

Wieder zurück zur vorhin erwähnten Abzweigung und weiter marschiert in nordwestlicher Richtung hat der Fichtenwald längst Laubbäumen Platz gemacht und die Wegführung bleibt angenehm. Kurze Zeit später stehen wir vor der **Schutzhütte Peilstein** der Naturfreunde, einer kleinen mietbaren Selbstversorgerhütte. Darüber befindet sich, einfach über einen kurzen Felssteig zu erreichen, das Gipfelkreuz und das Gipfelbuch des **Kleinen Peilsteins**, auf dem wir die 1.000er-Marke knapp übersteigen. Wer Kinder oder Hunde dabeihat, sollte diese im Auge behalten – auf der südlichen Seite bricht der Gipfel nämlich senkrecht ab! Grandios die 360°-Schau, die vom Weinsberger Wald über das Ysper-Weitental, den Jauerling und das Mühlviertel bis ins nördliche Waldviertel reicht.

Der Große Peilstein

Unser nächstes Ziel ist das **Peilsteiner Sonnenplatzl.** Dorthin führt von der Hütte weg ein schmaler Pfad (Weg 22). Ein paar Minuten nur und wir stehen auf einem markanten, weit über dem Yspertal hängenden Felsbalkon, der etwas abseits des höchsten Punktes des Ostrongs und des südlichen Waldviertels liegt: des 1.061 m hohen **Großen Peilsteins.**

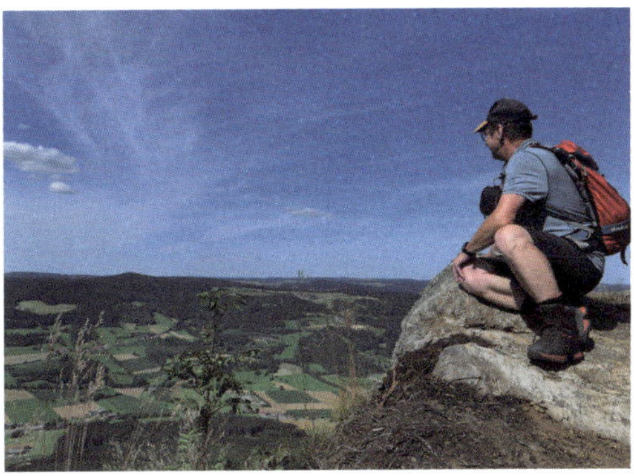

Während letzterer jedoch blickdicht im Wald liegt, sehen wir vom Sonnenplatzl aus weit über das Ysper- und Weitental bis ins südliche Waldviertel.

Der Abstieg verläuft am sog. **Kaiserstein-Peilstein-Rundweg** (51) bzw. **Ysper-Weitental-Rundwanderweg** (22). So sanft wie vorher aufwärts, marschieren wir nun abwärts, bis wir vor der Wildfütterungsstelle auf den Hinweg treffen. Von hier gelangen wir bequem zum Ausgangspunkt zurück.

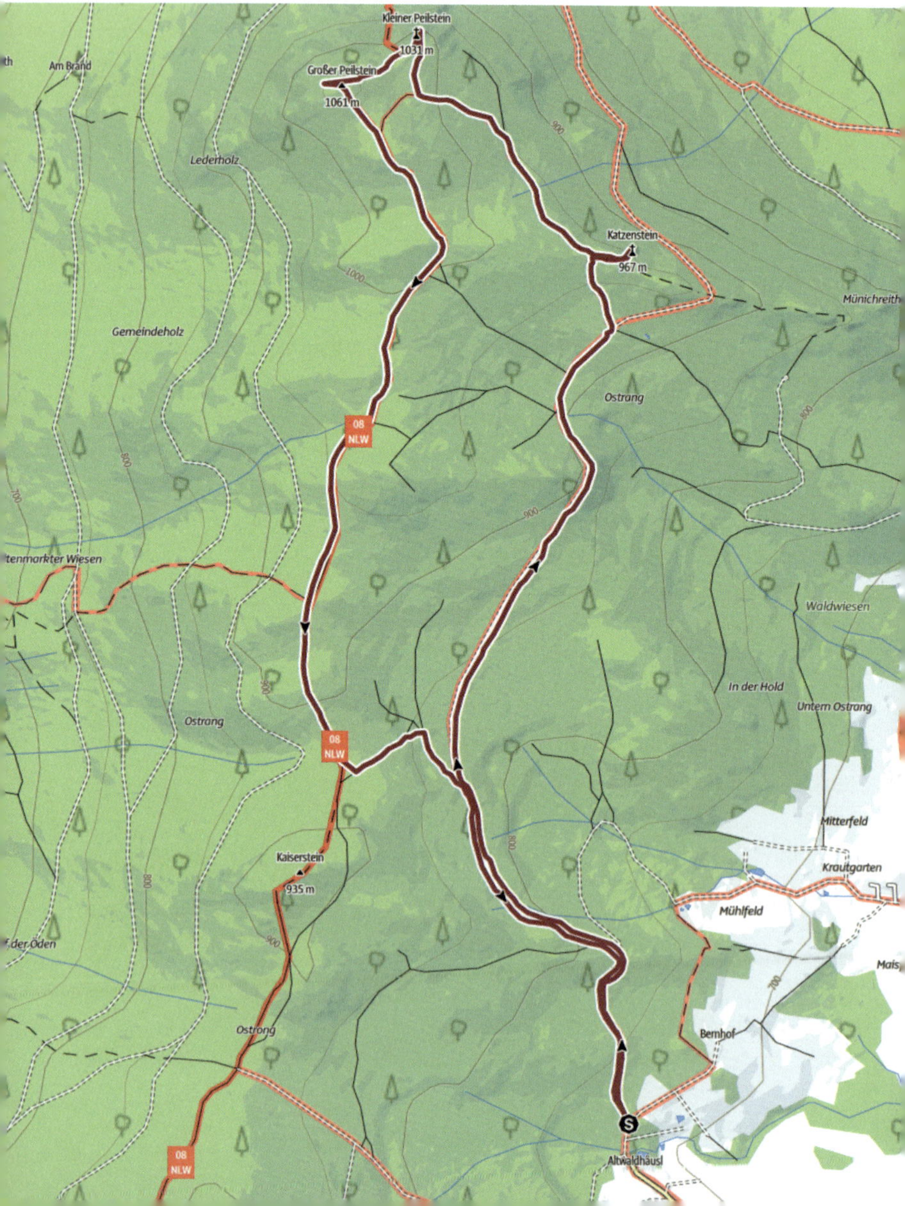

HÖHENPROFIL

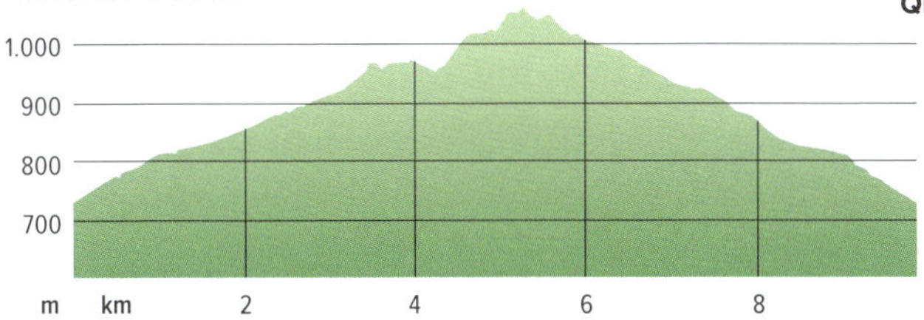

QR Link Tour 17

ANSPRUCH	STRECKE	DAUER	AUFSTIEG	ABSTIEG	HÖHENLAGE	EINKEHR
LEICHT	10,0	3:00	350 m	350 m	1.060 m / 726 m	NEIN

3 Stunden / 10 km / 350 Hm / leicht

Eignung für Kinder: ab 13

CHARAKTER: *Einfache Wanderung auf guten Wegen. Vorsicht auf den Gipfeln! Die Felsformationen sind extrem absturzgefährlich. Wer einmal oben steht, sollte sich vorsichtig bewegen. Besondere Sorge gilt Kindern und Hunden.*
START- UND ZIELPUNKT: *Altwaldhäusl (Parkmöglichkeit, mit öffentlichen Verkehrsmitteln nicht zu erreichen)*
ROUTE: *Altwaldhäusl (779 m) – Katzenstein (963 m) – Schutzhütte Peilstein (1.018 m) – Kleiner Peilstein (1.024 m) – Peilsteiner Sonnenplatzl – Großer Peilstein (1.061 m) – Altwaldhäusl*
ATTRAKTIONEN: *drei felsige, panoramareiche Gipfel, viel schattiger Wald, Gesteinsformationen*
EINKEHRMÖGLICHKEIT: *keine (die Schutzhütte Peilstein ist nur eine mietbare Selbstversorgerhütte: https://schutzhuette-peilstein.naturfreunde.at/)*

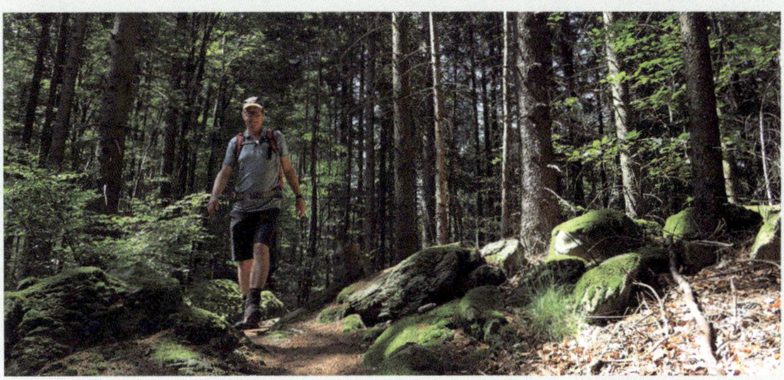

18 Ysperklamm

AM DRUIDENWEG DURCH EIN PARADIES

Geheimnisvolle Druidenplätze, seltsame Opfer- und Schalensteine, die durch eine Klamm herabstürzende Ysper und jede Menge kletterbare Granitblöcke verleihen dieser Wanderung das Prädikat „besonders wertvoll und familientauglich".

Am Druidenweg zum Kaltenbergkreuz

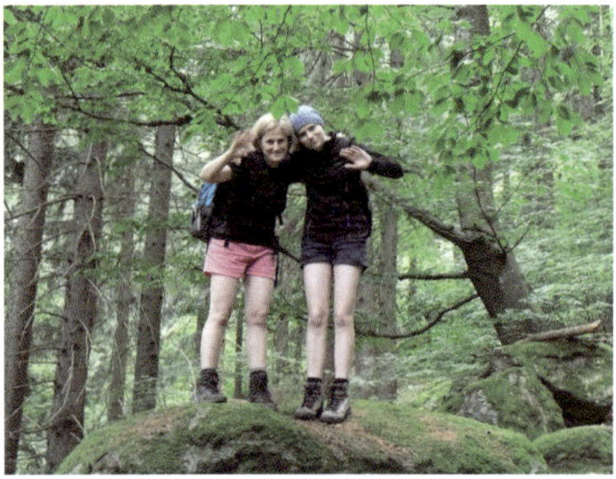

Auf einem Granitrestling lässt es sich gut winken.

Wem im Sommer zu heiß wird, flüchtet sich am besten in einen schattigen Hain oder eine feucht-frische Schlucht. Um die Ysperklamm im Waldviertel findet man beides – und viel mehr. Von Pisching folgen wir dem rot markierten **Druidenweg 31a** bis in den Wald, wo wir auf viele, fürs Waldviertel charakteristische runde Granitblöcke stoßen. Was zur Frage drängt: Wie kommen die Steine dahin, wo doch nirgendwo ein Felsberg zu sehen ist, von dem sie herabgerollt sein könnten? Grundsätzlich ist zu sagen, dass das Fundament des Waldviertels aus Graniten und Gneisen besteht. Bei den seltsamen Steinfor-

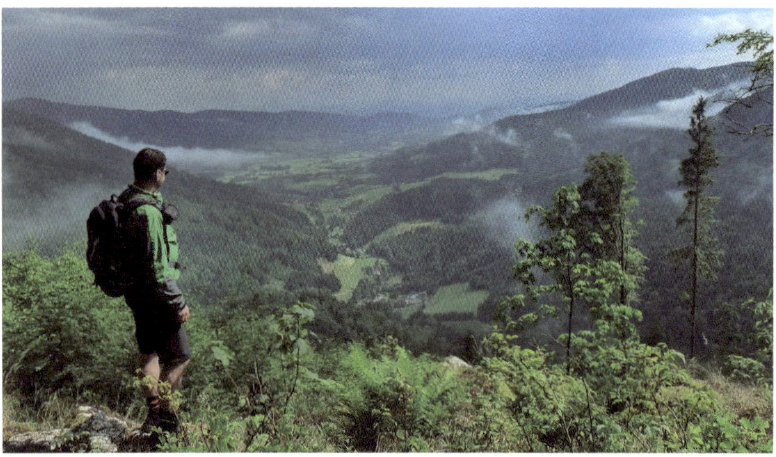

Auf den Spuren der Druiden über den Kaltenberg

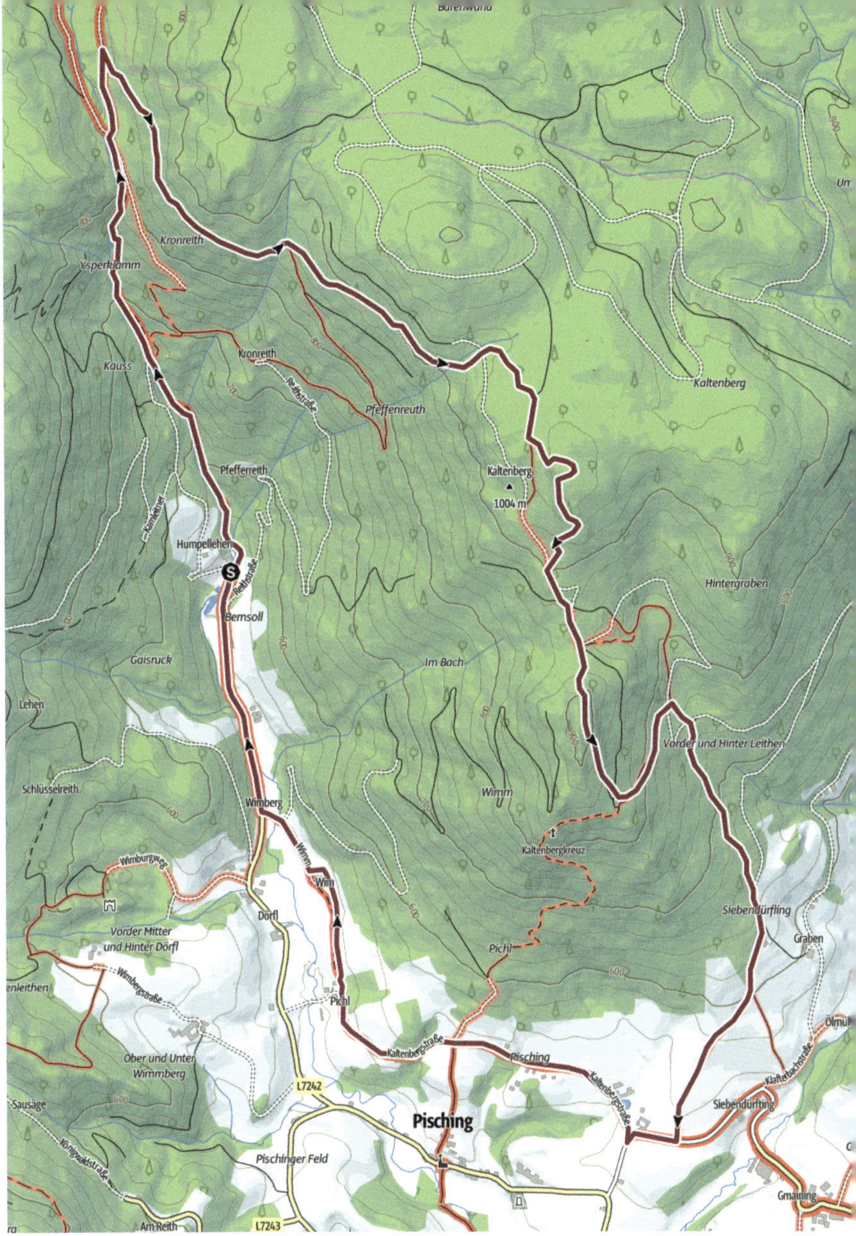

mationen handelt es sich, wie wir noch erkennen werden, um Verwitterungsreste abgetragener Granite, die „Granitrestlinge" genannt werden. Nach 1 ½ Stunden haben wir das auf einem Felsvorsprung stehende **Kaltenbergkreuz** erreicht. Unter uns das weite Yspertal, in der Ferne die ersten hohen Alpengipfel, um uns eine geheimnisvolle Landschaft aus Felsblöcken, Bäumen und Waldromantik. Ein ideales Terrain also für Versteckspiele und kleine Felsklettereien.

Geheimnisvolle Schalensteine

Auf und ab marschieren wir nun über die Flanke des Kaltenberges, wobei wir hautnah auf den Spuren der Druiden – ihres Zeichens kultische und geistige Elite der keltischen Gesellschaft – wandeln. Immer wieder kommen wir an Schalensteinen vorbei, die den obersten Priestern als Opferstätten dienten und seltsame Namen wie etwa „Sphinx“, „Stehende Schale“ oder „Sitzender Hund“ tragen. Nicht ganz jugendfrei die Bezeichnung der Steinformation „Phallus mit Vulva“.

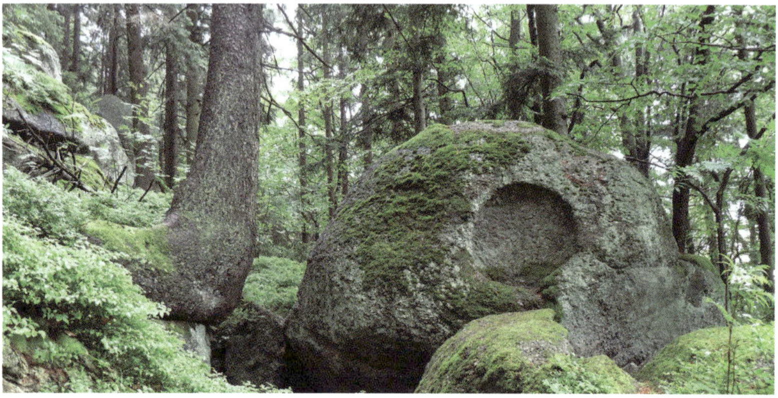

Einer der mysteriösen Schalensteine am Kaltenberg

Auf der Forststraße gelangen wir zur Quelle am **Kaiserreith**, wo wir dem engen Waldweg nach rechts folgen, um in den Talgrund zum sog. **Ödteich** zu gelangen, einem längst aufgelassenen Wasserspeicher für eine einstige Holztrift. Gleich hier auch der Eingang zur beeindruckenden, wildromantischen **Ysperklamm** (Weg 32).

Beeindruckende Ysperklamm

Der vielstufige **Wasserfall der Großen Ysper** ist ein imposantes Natur-Event eigener Art. Im Weinsberger Wald entspringend, stürzt sich der Fluss in vielen kleinen und größeren Wasserfällen und Kaskaden rauschend und gurgelnd fast 300 Höhenmeter durch die Schlucht. Über Granitplatten, durch Wald und immer knapp am rauschenden Wasser folgen wir dem Fluss steil talwärts. Unzählige kleine Aufstiegshilfen wie Steintreppen, Stege, Holzstiegen, kleine Brücken und mit Geländern gesicherte Übergänge erleichtern zwar das Gehen – aber Achtung: Der Untergrund ist immerzu nass und daher glitschig –, festes Schuhwerk ist deswegen unabdinglich. Idyllisch wird es, wenn wir entlang von bemoosten riesigen Granitwänden und farnbewachsenen Uferzonen dahinwandern und über kleine Seichtwasserzonen immer wieder zum Pritscheln ans Wasser gelangen. Ein Paradies – nicht nur für Kinder!

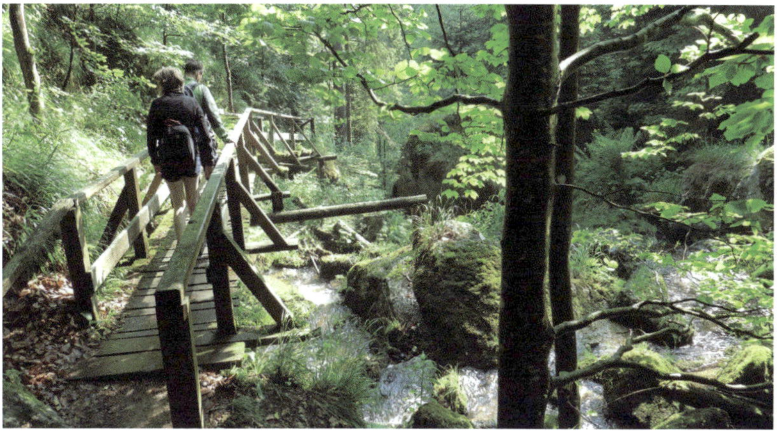

Stege, Holzstiegen und Brücken führen durch die beeindruckende Ysperklamm.

Am Ausgang der Klamm wartet im **Forellenhof Ysperklamm** das wohlverdiente Festessen. Um zum Ausgangspunkt zu gelangen, folgen wir der Straße, bis ein

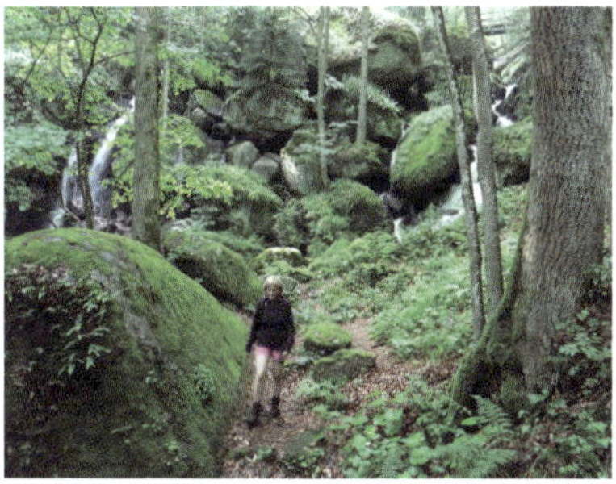

anfangs asphaltierter, dann schottriger Weg (08) nach links über eine Brücke abzweigt. Nun weiter über Weiden und Felder, bis wir wieder auf eine asphaltierte Zufahrtsstraße stoßen. Über Wiesen folgen wir der Straße, um kurz darauf rechts durch die vom Start her schon bekannte Wiese nach **Pisching** hinunterwandern.

HÖHENPROFIL

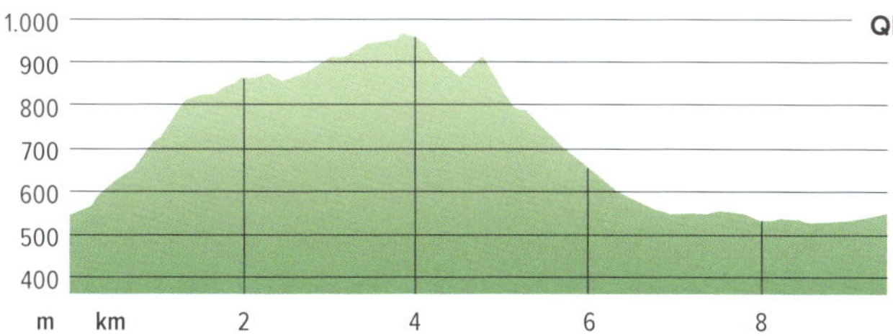

QR Link Tour 18

ANSPRUCH	STRECKE	DAUER	AUFSTIEG	ABSTIEG	HÖHENLAGE	EINKEHR
LEICHT	10,0	4:30 - 5:00	550 m	550 m	970 m / 526 m	JA

4,5–5 Std. / 10 km / 550 Hm / leicht
Eignung für Kinder: ab 10

CHARAKTER: *unschwierige, abenteuerreiche Wanderung für die ganze Familie*
START- UND ZIELPUNKT: *Pisching (mit öffentlichen Verkehrsmitteln nicht zu erreichen)*
ROUTE: *Pisching (555 m) – Druidenweg – Kaltenbergkreuz (860 m) – „Heiliger Bezirk" (Schalensteine) – Kaiserreith (900 m) – Ödteich (836 m) – Ysperklamm – Forellenhof – Pisching*
ATTRAKTIONEN: *Ysperklamm, Schalensteine, Höhlen und kletterbare Granitrestlinge*
EINKEHR: *Forellenhof Ysperklamm (www.forellenhof-ysperklamm.at)*

19 Am Großen Kamp

DURCH DEN FELSENGARTEN VON LEMBACH

Im sogenannten Felsengarten zwischen Hausbach, Rappottenstein und Lembach verstecken sich im dichten Nadelwald bizarre Felsformationen und geheimnisvolle Burgreste. Begleitet werden wir vom Großen Kamp. Natur pur auf dieser Tour!

Die Juwele des Waldviertels

Den Rucksack am Hauptplatz von **Rappottenstein** geschultert. An der Infostelle vorbei und bei einer Fleischhauerei links haltend auf dem Weg 612 in nordwestlicher Richtung aus dem Ort hinaus. Der 612er wird uns auch den größten Teil der Tour den Weg weisen.

Flott erreichen wir das Ufer des **Großen Kamp** (siehe auch Infoblock), der hier die Landschaft prägt und vielen bedrohten Tier- und Pflanzenarten Lebensraum bietet. Auffallend ist seine rostrote Farbe, die von den Eisenbestandteilen herrührt, die der naturgeschützte Fluss auf seinem Weg durch Moore und Steinschluchten aufsammelt. Bei einer Brücke wechseln wir die Uferseite und queren eine Wiese bergauf, bis wir auf einen Güterweg treffen. Diesem folgend gelangen wir zu einer Asphaltstraße, wo wir uns links halten und wieder ans Ufer des Kamp hinabsteigen. In seinem Flussbett liegen gewaltige, von Moosen und Farnen bewachse-

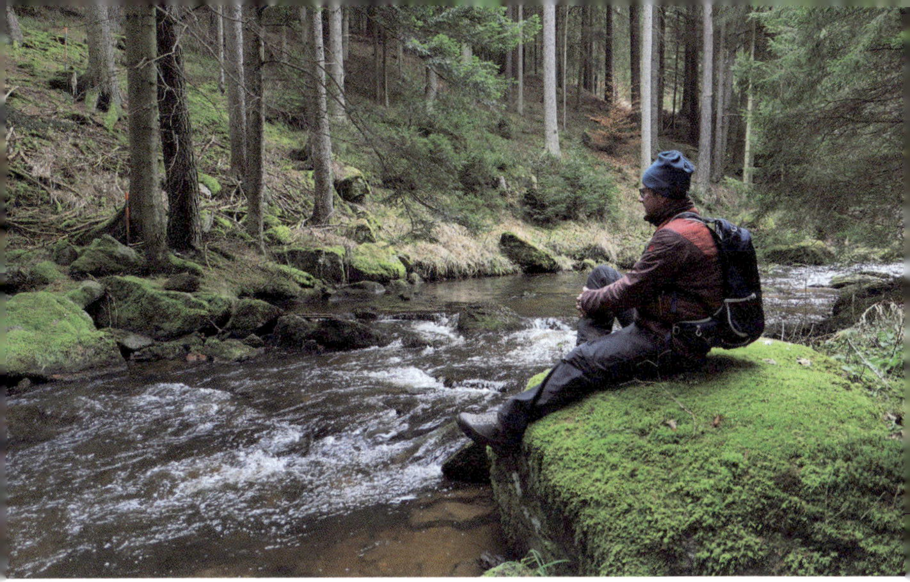

Im Flussbett des Kamp liegen gewaltige, von Moosen bewachsene Granitrestlinge.

ne Granitrestlinge. Sie und die wuchtigen Felsen an den Hängen des Kamptals bilden die Grundmauern des Waldviertels, offenbaren aber auch den steinigen Charakter der Landschaft. Dabei sind die bizarren, übereinander geschichteten Felsformationen bloß die Reste eines uralten Gebirgsmassivs, das das Waldviertel einst durchzog.

Zwischen Bruck- und Heumühle

Nach der ehemaligen **Bruckmühle** bleiben wir eine Weile auf einer Landstraße, bis unser Weg nach links abzweigt. Einen Wald betretend schließen wir uns wieder dem Kamp an. Hörend und schauend wandern wir durch eine urtümliche, stille Gegend, lauschen der Stimme des Kamp und atmen die feuchte Luft des dichten Waldes ein. Immer in Hörweite des Flusses schlendern wir auf einer wunderschönen Uferpromenade dahin und bewundern weitere bizarre Steingebilde und Felstürme. Aus manchen wachsen kleine Fichten, Farne und Moose, immer wieder queren auch kleine Rinnsale unseren Weg.

Sobald wir bei der großen Kampbrücke die Landstraße erreichen, überqueren wir diese und marschieren auf der anderen Seite auf einem idyllischen Karrenweg den Fluss entlang bis zur malerisch gelegenen **Heumühle**, wo der Kamp eine elegante Kurve vollzieht. Weiter am Weg 612 etwas bergauf bis zu einer Weggabelung. Hier links, bei der nächsten rechts. Bald erreichen wir eine baumfreie Hochebene, die wir am Waldrand queren. Danach geht's ein Stück bergab in einen Graben und auf einer Forststraße Richtung „Steinerner Torbogen". Weil wir diese besondere Gesteinsformation erkunden wollen, halten wir uns bei der nächsten Abzweigung (Infotafel) links, merken uns aber diese Stelle.

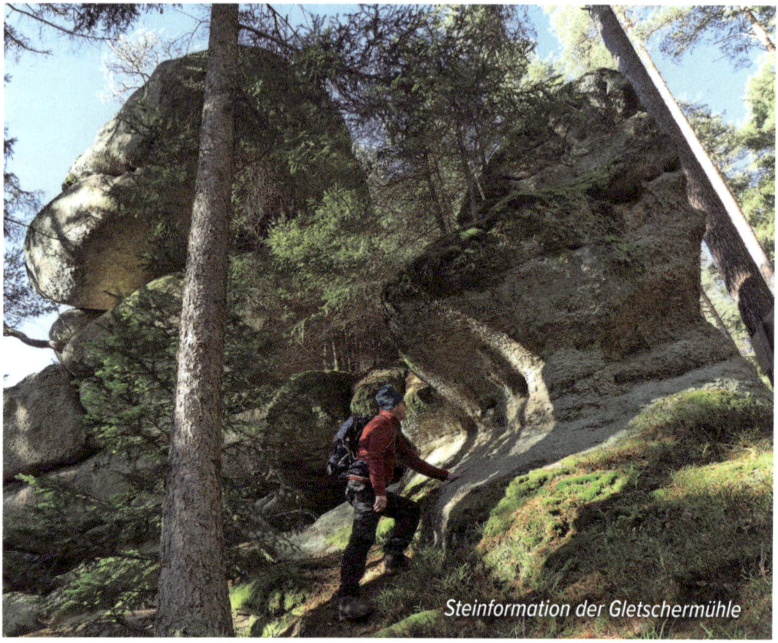
Steinformation der Gletschermühle

Steinwunder und eine verwunschene Ruine

Der mitten im Wald liegende **Steinerne Torbogen** ist in wenigen Minuten erreicht. Bei diesem wuchtigen Torbogen aus mehreren Granitblöcken handelt es sich um eine sehr eigenwillige, selten vorkommende geologische Erscheinung. Lugt man durch den knapp mannshohen Durchgang, blickt man auf den „Wuchtelstein" hinab, der auch so aussieht, wie er heißt. Es lohnt sich, die Steinformation zu umwandern, um das Resultat Jahrmillionen langer Witterungseinflüsse erkunden zu können.

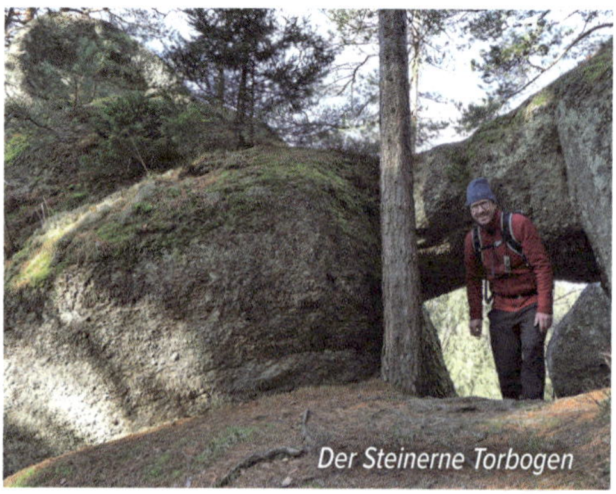
Der Steinerne Torbogen

Nach diesem erstaunlichen Intermezzo wandern wir zur vorhin erwähnten Abzweigung zurück, wenden uns nach links und streben der nächsten Sehenswürdigkeit zu: der **Gletschermühle**. Dieser etwa 12 Meter hohe Granitturm weist eigentümliche mul-

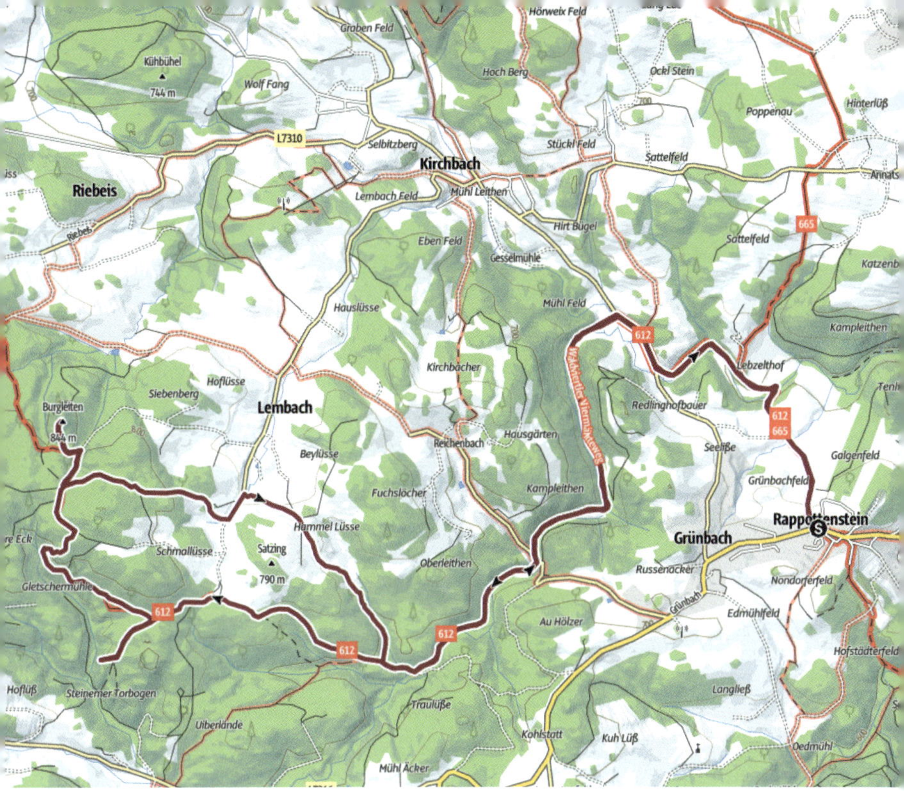

denartige Eintiefungen auf, von denen man in der Vergangenheit fälschlicherweise annahm, dass hier Eiszeitgletscher das Gestein abgeschliffen hätten. Mit Gletschern hat die Felsformation allerdings nichts zu tun. Sie ist in Wirklichkeit der Rest eines mehr als 350 Millionen Jahre alten Urgesteinsmassivs, das im Laufe der Jahrmillionen von Wasser und Witterung zu kümmerlichen Restlingen abgeschliffen wurde.

Auch das nächste Felswunder ist schnell erreicht: die **„Steinerne Stube“**, ein natürlicher Unterstand mit Kammern und Höhlen aus Stein. Auf dem Stubendach befinden sich sogenannte „Opferschalen“ und „Blutrinnen“, die, so glaubte man, für heidnische Blutopfer aus dem Fels geschliffen wurden. Mitnichten, denn auch hier stehen wir vor einem Naturphänomen.

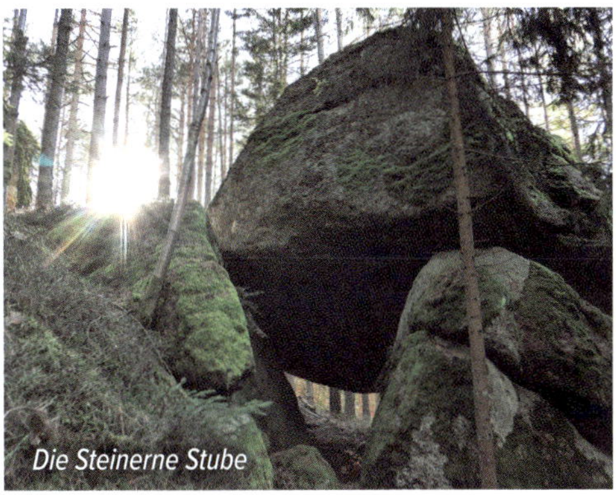
Die Steinerne Stube

HÖHENPROFIL

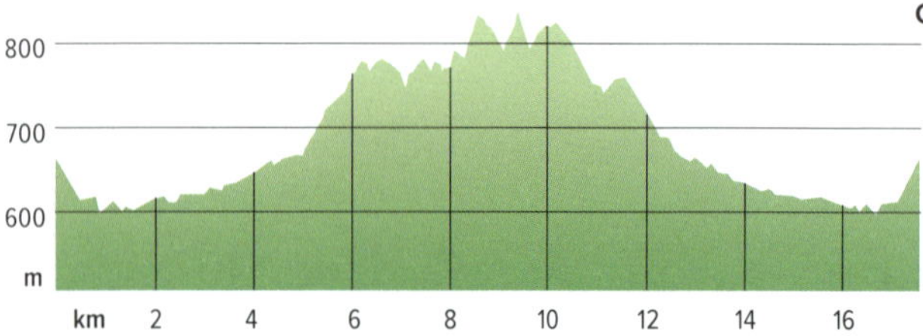

QR Link Tour 19

ANSPRUCH	STRECKE	DAUER	AUFSTIEG	ABSTIEG	HÖHENLAGE	EINKEHR
★ LEICHT	15,5	5:00	374 m	374 m	834 m – 597 m	NEIN

Ausflug zur Burgleiten

Weiter durch dichten, uralten Fichtenwald, bis wir eine Forststraße erreichen. Auf dieser bergab bis zu einer Gabelung, bei der auf einem Baum das berührende „Gebet des Waldes" zu lesen ist. Diese Stelle merken wir uns. Weil wir die Ruine der Burgleiten anvisieren, marschieren wir links bergab bis zur nächsten Abzweigung. Hier links und kurz darauf rechts auf einem schmalen Waldweg zur **Burgleiten** hinauf. Wer ganz hinauf steigt, wird die geheimnisvoll wirkenden Überreste alter Mauern vorfinden. Ob diese einst zu einer Wehranlage oder bloß zu einer einfachen Unterkunft für Wachposten gehörten, weiß man nicht. Als gesichert gilt, dass das Gebäude wahrscheinlich Ende des 12. Jahrhunderts errichtet und bereits im 14. Jahrhundert aufgelassen wurde.

Sicher ist auch, dass sich von der steinernen Terrasse ganz oben (Panoramascheibe, Metallflagge) ein famoser Ausblick auf die Waldviertler Hügellandschaft mit dem Mandlstein, dem Tischberg, Nebelstein und Wachtberg als dominante Ankerpunkte ergibt. 30–40 Minuten hat uns der Umweg gekostet. Zurück zur gemerkten Abzweigung mit dem Waldgebet, geht es von dort auf den rechten Ast der Gabelung auf einen unmarkierten Güterweg.

Am Kamp retour

Nun auf diesem zuerst durch Wald, dann durch Wiesen und Felder bis **Lembach**, wo wir auf eine Landstraße treffen. Auf dieser nach links und gleich danach wieder rechts und auf einem Güterweg bis zum letzten Gehöft gewandert. Um dieses rechts herum und auf einem ebenfalls nicht markierten Karrenweg bergab Richtung **Heumühle**. An dieser vorbei und am schon bekannten Weg entlang des Kamp retour.

5 Stunden / 15,5 km / 374 Hm / leicht

Eignung für Kinder: ab 12

CHARAKTER: *lange Tour auf guten Wegen, die Ausdauer verlangt*
START- UND ZIELPUNKT: *Rappottenstein (mit öffentlichen Verkehrsmitteln zu erreichen)*
ROUTE: *Rappottenstein (664 m) – Kamptal – Heumühle (671 m) – Steinerner Torbogen – Gletschermühle – Steinerne Stube – Burgleiten (844 m) – Heumühle – am selben Weg retour*
ATTRAKTIONEN: *der Große Kamp und seine Flussnatur, viele Granitrestlinge und -formationen, Burgleiten, Burg Rappottenstein*
EINKEHRMÖGLICHKEIT: *unterwegs keine, einige in Rappottenstein*
WEITERFÜHRENDE INFOS: *www.rappottenstein.at*

Kamp

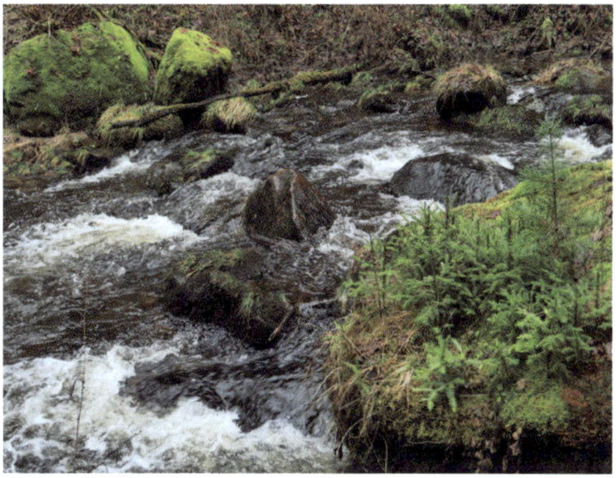

Der Name „Kamp" ist keltischen Ursprungs und geht auf das Adjektiv kamb („krumm") zurück. Diesen Namen erhielt der Fluss nicht von ungefähr, schlängelt er sich doch in unzähligen Mäandern über 153 Kilometer von seiner Quelle bei Liebenau im oberösterreichischen Mühlviertel durch das mittlere Waldviertel und mündet bei Altenwörth in die Donau. Gespeist wird er hauptsächlich vom Großen und dem Kleinen Kamp, die nahe der Ortschaft Rappottenstein zusammenfließen. Unter den Zuflüssen sind auch die Zwettl und die Taffa. Zu den Schätzen des Kamps gehört der sehenswerte „Höllfall" bei Arbesbach und das Naturdenkmal Oberes Kamptal. Im flachen Quellgebiet liegen viele Moore, darunter das Tannermoor. Aus ihnen nimmt der Fluss Schwemmstoffe auf, darunter auch Eisenbestandteile, weswegen das Wasser des Kamps von charakteristisch rostroter Färbung ist.

20 Thayatal: Merkersdorfer Rundwanderweg

ALTE MAUERN, STILLE WASSER, BLÜHENDE NATUR

Der in jeder Hinsicht beeindruckende Merkersdorfer Rundwanderweg führt zur ehemaligen Ritterburg Kaja, durch den wildromantischen Kajabachgraben und der Thaya nach um den Umlaufberg herum. Am Granitzsteig erreichen wir großartige Aussichtskanzeln. Die Runde lohnt sich aber auch wegen der üppigen, mitunter selten anzutreffenden Fauna und Flora.

Von Merkersdorf zur Burgruine Kaja

Wer per Bus anreist, marschiert von der **Haltestelle Merkersdorf** die Hauptstraße bergab Richtung Ruine Kaja und gelangt nach ungefähr einem Kilometer zum Parkplatz im **Kajabachgraben**. Nach nur wenigen Schritten auf der Straße und über zwei Brücken gelangen wir zum ersten Highlight der Tour, der 800 Jahre alten **Burgruine Kaja**. Im Burghof lohnt eine Rast unter einer jahrhundertealten Linde, Erfrischungen gibt es dort auch zu erstehen. Sehenswert der Palas (Hauptgebäude der Burg), die Waffenkammer samt steinernen Kanonenkugeln, ein restaurierter Rittersaal, eine Kapelle und ein geheimnisvolles Verlies. Vom Burgfried aus erkennt man, dass die Feste auf einem Felsgrat steht, der vom Kajabach und vom Merkersdorfer Bach umflossen wird. Der Blick reicht über den Nationalparkwald ins Kajabachtal, das wir später ja auch durchwandern werden. Bemerkens-

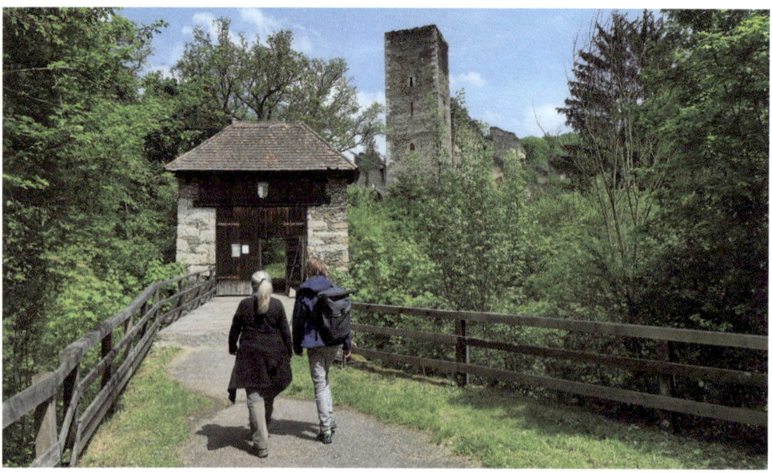

Über zwei Brücken gelangen wir in die Ruine Kaja.

Nicht erschrecken! Äskulapnattern gehören zu den ständigen Bewohnerinnen der Ruine.

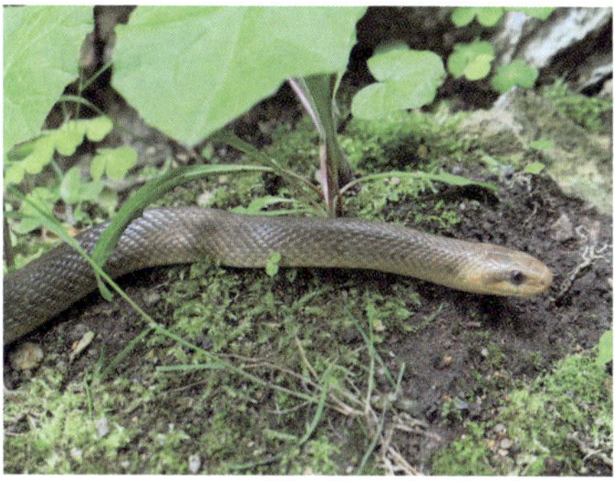

wert sind die stillen Lebewesen, welche die Ruine klammheimlich in Besitz genommen haben – allen voran Äskulapnattern, die sich zwischen den alten Steinen und unter den Bretterböden der alten Räume eingemietet haben. Weil sie vor den Besuchern keinen Genierer zeigen, wird man ihrer mit großer Wahrscheinlichkeit auch ansichtig werden. Mit etwas Glück entdeckt man auch Fledermäuse, die von manch antikem Balken abhängen.

Durchs Kajabachtal zur Thaya

Jetzt aber den Rucksack geschultert und auf dem von Anfang an ausgezeichnet beschilderten „Merkersdorfer Rundwanderweg" ins wildromantische **Kajabachtal** hinabgestiegen. Im Talgrund folgen wir dem **Kajabach** – mehr ein ungestümer Fluss, der sich rauschend und verspielt Richtung Thayatal windet. Sein naturbelassenes Bachbett beheimatet seltene Edelkrebse, weshalb man aus Rücksicht auf diese nicht ins Wasser steigen sollte. Das darf man nur bei der sog. **Tümpelstelle**, einem für die Erkundung der Wasserwelt freigegebenen Platz.

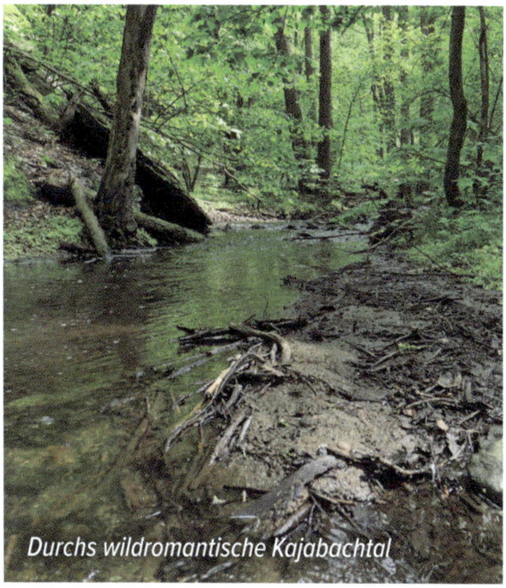

Durchs wildromantische Kajabachtal

Durch wildromantisches Ufergelände folgen wir dem Bach, dabei genau auf die Vegetation und auf manch beeindruckende, moosbedeckte Gesteinsformationen geschaut, die sich linker Hand auftürmen.

Durchs Thayatal

Bei einer Weggabelung bleiben wir geradeaus, übersetzen den Kajabach auf einem Holzsteg und gelangen so zur **Thaya**, durch deren Mitte die Grenze zu Tschechien verläuft, wie Schilder kundtun. Wir wandern durch die **Stadlwiese** bergan

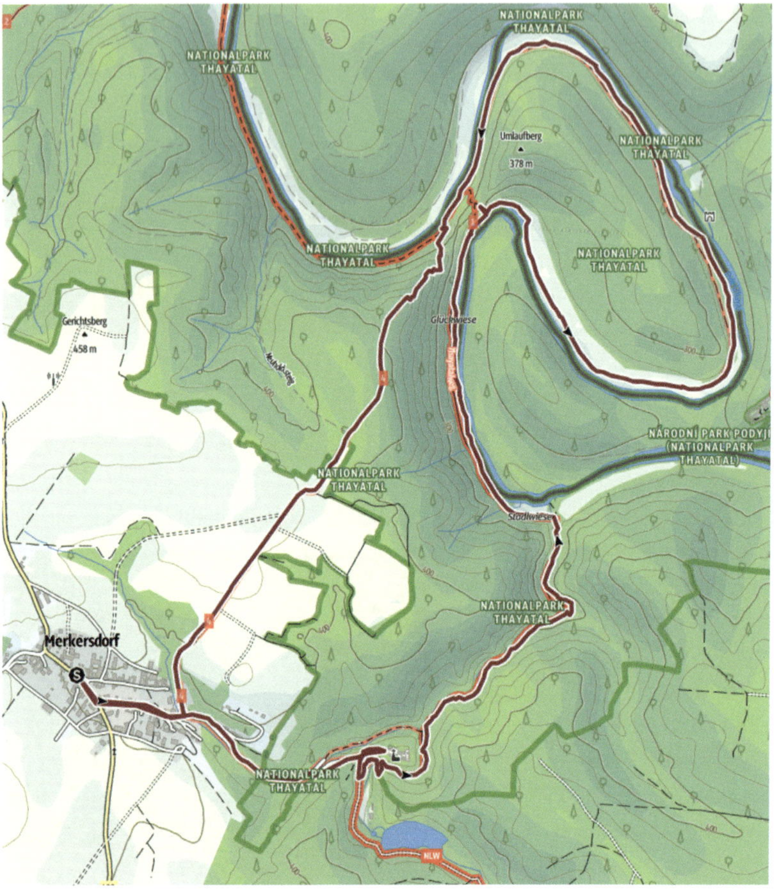

und setzen uns auf eine am Waldrand gelegene Rastbank. Unter uns der ruhig dahinfließende Fluss, nah am Ufer paddelnde Schwäne, mit ein wenig Glück fliegt ein Eisvogel oder ein Schwarzstorch vorbei. Etwas weiter weg ist die Ruine Neuhäusl zu erkennen. Knapp über 23 km misst die Thaya, die in beeindruckenden Kurven durch den Nationalpark mäandert. Ihr folgen wir nun teils durch Wald, teils durch Wiesen, bis wir uns dem sog. Überstieg nähern.

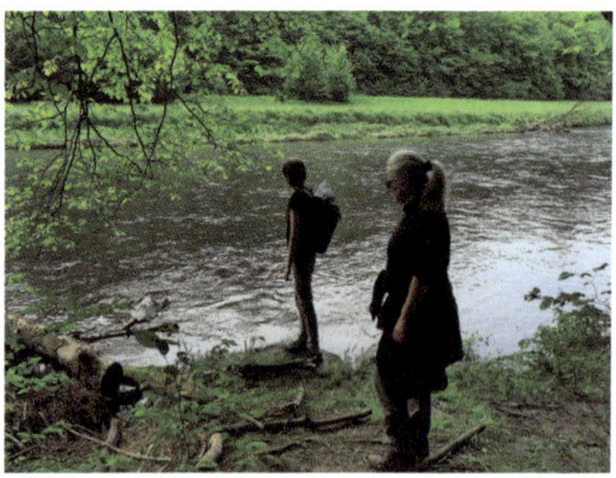

HÖHENPROFIL

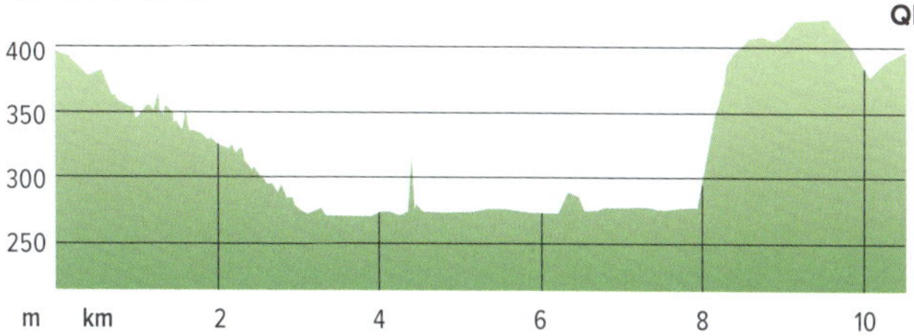

QR Link Tour 20

★ ANSPRUCH	⟷ STRECKE	DAUER	AUFSTIEG	ABSTIEG	HÖHENLAGE	EINKEHR
LEICHT	13,0	4:00	330 m	330 m	422 m / 270 m	JA

Exkursion zum Überstieg

Der 15-minütige Ausflug zum sog. Überstieg lohnt sich, ergibt sich vom felsigen, 378 m hohen Gipfel des Umlaufbergs doch eine großartige Sicht auf eine der beeindruckendsten Flussschlingen der Thaya. Hier umfließt sie die rund 120 Meter breite Felsklippe – nomen est omen – fast vollständig. Der Blick schweift über die Thaya hinweg bis zur Ruine Neuhäusl. Auf den Überstieg sollte man auch aufgrund der besonderen Vegetation nicht verzichten. Am steilen, südexponierten Hang wachsen bemerkenswerte pannonische Pflanzen wie Schwalbenwurz, Federgras und die Bunte Schwertlilie. Wer den Weg abkürzen will, steigt auf die Hardegger Seite ab. Wer jedoch den gesamten Umlauf auf dem Thayatalweg erwandern will, nimmt denselben Weg wieder hinunter.

Am Umlauf(berg)

Wir folgen dem ruhig dahinströmenden Fluss durch ständig wechselnde Uferlandschaften weiter um den **Umlaufberg** herum. Anfangs promenieren wir über die sogenannte **Umlaufwiese**. Die Thaya scheint hier beinahe stillzustehen, ruht

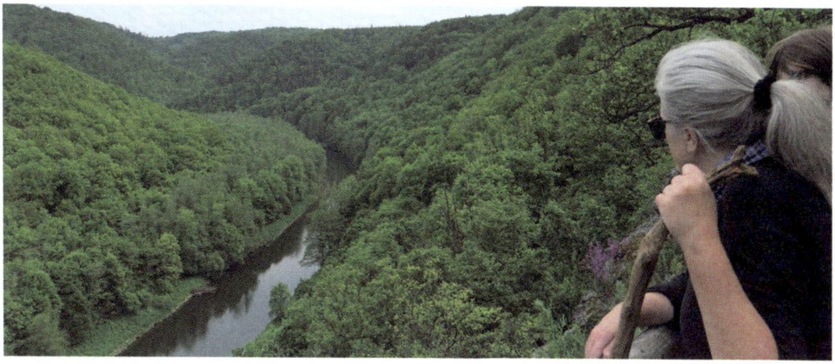

Grandioser Blick vom Umlaufberg ins Thayatal

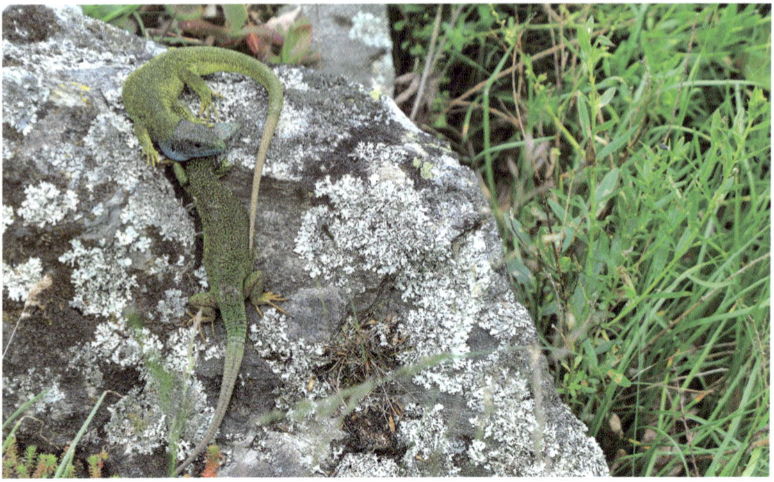

Smaragdeidechsen fühlen sich am Umlaufberg besonders wohl.

spiegelglatt, um dann zwischen senkrechten, eng beieinanderstehenden Felsen wieder Fahrt aufzunehmen. Etwa 45 Minuten dauert es, um die Thayaschlinge auszugehen. Am Weg beeindruckende Flora, wie man sie kaum anderswo findet. Sobald der Fluss auf die schattige Nordseite des Umlaufs dreht, marschieren wir ganz nah am Ufer, während links von uns der felsdurchsetzte Hang hochragt.
Wir gelangen zur Hardegger Seite des Überstiegs und 250 Meter danach zur Abzweigung auf den sog. **Granitzsteig**, der in steilen Serpentinen auf den Felsgrat des Umlaufbergs führt. Er wurde einst von den Fischern als Zugang zum Fluss benutzt, weswegen er auch als „Fischersteig" bekannt ist. Auf diesem in gut gangbaren Serpentinen durch den steilen Waldhang hinauf. Auch von der Grathöhe er-

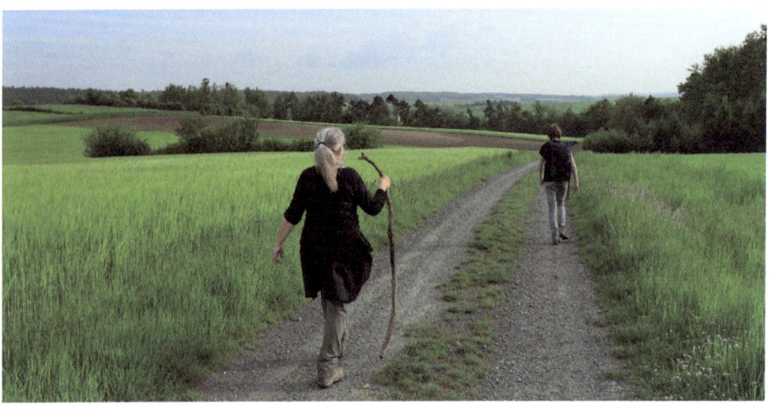

geben sich traumhafte Tiefblicke ins Thayatal! Wer Glück hat, wird auf dem einen oder anderen warmen Felsen Smaragdeidechsen oder Äskulapnattern entdecken. Durch ihr Reich wandern wir weiter über die Grathöhe zum höchsten Punkt der Talschulter – einer Felskanzel auf 405 Metern Seehöhe, die mit einer Rastbank dazu einlädt, ringsum gedeihende Glockenblumen, Pechnelken, Natternköpfe und Türkenbund-Lilien zu bewundern. Sobald wir den Waldkamm verlassen, vollzieht sich ein neuerlicher Kulissenwechsel: Abrupt gelangen wir in die sonnenhelle Feld- und Wiesenlandschaft, die über unserem Startpunkt liegt. Am Ende noch ein kurzes Waldstück, durch das wir nach **Merkersdorf** zurückkommen.

4 Stunden / 13 km / 330 hm / leicht

Eignung für Kinder: 12 Jahre

CHARAKTER: *vereinzelt steile, felsige Wegstücke und Steige am Umlaufberg, sonst leichter Wanderweg*
START- UND ZIELPUNKT: *Merkersdorf (mit öffentl. Verkehrsmitteln erreichbar)*
ROUTE: *Merkersdorf (406 m) – Burgruine Kaja (340 m) – Kajabachtal – Thayatalweg – [Überstieg, 300 m –] Umlauf – Granitzsteig – Umlaufberg (405 m) – Merkersdorf*
ATTRAKTIONEN: *Fauna und Flora im Thayatal, Feste Kaja (Besichtigung der Burgruine von Mai bis Oktober an Sa., So. und Feiertagen zw. 10 und 17 Uhr), beeindruckende pannonische Flora und Perspektiven an Überstieg und Umlaufberg*
EINKEHRMÖGLICHKEIT: *Burgruine Kaja (www.hardegg.gv.at/)*
WEITERFÜHRENDE INFOS: *www.np-thayatal.at*

Die Thaya

Die Thaya ist die Lebensader des Nationalparks Thayatal, die über eine Länge von 23,3 Kilometern durch das Schutzgebiet fließt, mal auf tschechischer, mal auf österreichischer Seite oder genau die Grenze markierend. Vor rund fünf Millionen Jahren hat sich die Thaya in das harte Granitmassiv der Böhmischen Masse gegraben und windet sich seither in zahlreichen ausgeprägten Mäandern durch die Landschaft, die sie selbst erschaffen hat. Gemeinsam mit ihren Nebenflüssen schafft sie einen vom Wasser dominierten Lebensraum, in dem sich Tiere wie Edelkrebs und Bachforelle, Fischotter und Wasserfledermaus, Schwarzstorch, Eisvogel und Würfelnatter wohlfühlen.
www.np-thayatal.at

21 Thayatal: Ruine Kollmitz

AM RITTERWEG INS MITTELALTER

Den Spuren böhmisch-österreichischer Geschichte folgt eine der schönsten Touren des Waldviertels – der Ritterweg durch das Thayatal zur Ruine Kollmitz. Auf naturnahen Pfaden wandern wir entlang des großen Flusses durch kleine Dörfer und eine gepflegte Kulturlandschaft zu einer der größten mittelalterlichen Burgruinen des Waldviertels. Die spannende Zeitreise in die Ritterzeit zieht nicht nur Kinder in ihren Bann.

Von Raabs zum Kollmitzdörfl

Ausgangspunkt ist der Hauptplatz von **Raabs an der Thaya**, der Perle des Thayatales am Eingang zum Nationalpark Thayatal/Podyjí. Über uns die mächtige Burg

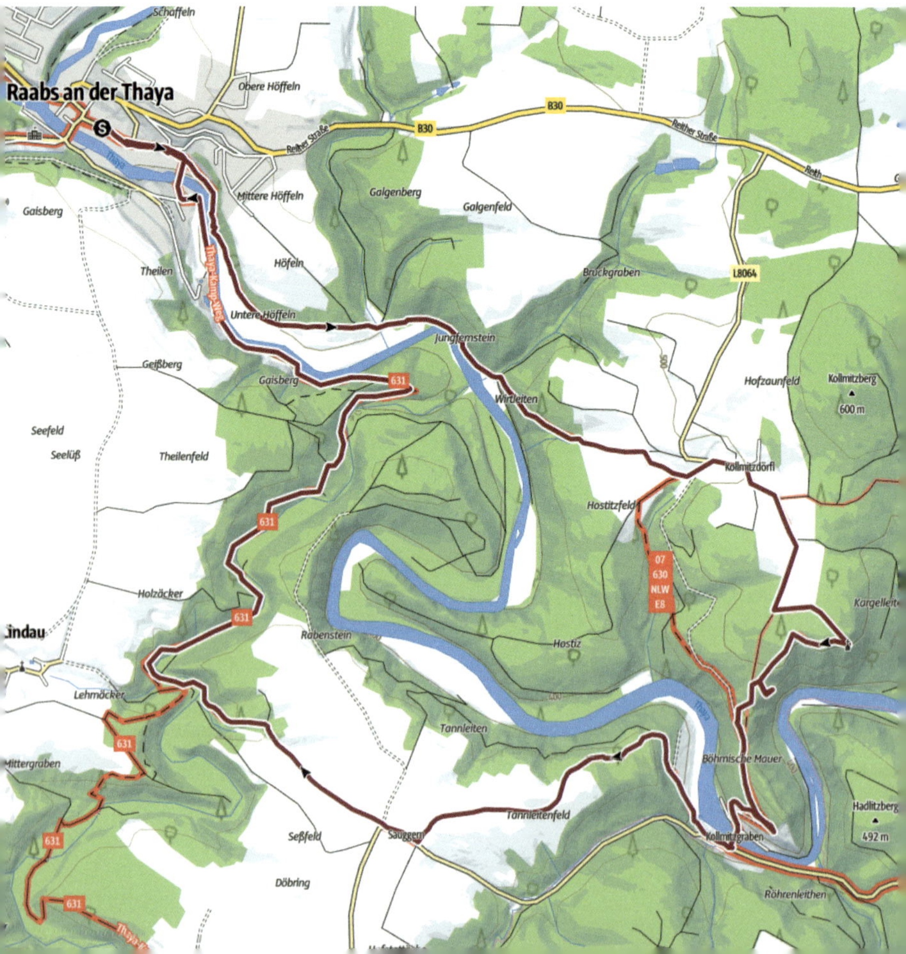

Raabs aus dem 11. Jahrhundert, um uns gut erhaltene Relikte der mittelalterlichen Stadt.
Wir folgen dem Wegweiser „Ritterweg 60 – Ruine Kollmitz" stadtauswärts, passieren das Rathaus, einen ehemaligen Uhrturm, und wandern der Hauptstraße nach bis zur Feuerwehr. Hier gabelt sich die Straße. Wir bleiben rechts und wandern oberhalb der Thaya Richtung Osten. Kiefern, Linden und senkrechte Felswände markieren den Beginn einer lieblichen Uferpromenade. Mehr oder weniger nah an der Thaya wandern wir an einer kleinen Unterstandshütte und wenig später am **Jungfernstein** vorbei, einem imposanten Naturdenkmal. In weiterer Folge steil bergauf über die **Wirtleiten** und an einer alten Eiche vorbei zu den Äckern und Wiesen von **Kollmitzdörfl**.

Über den Uhufelsen zur Ruine Kollmitz

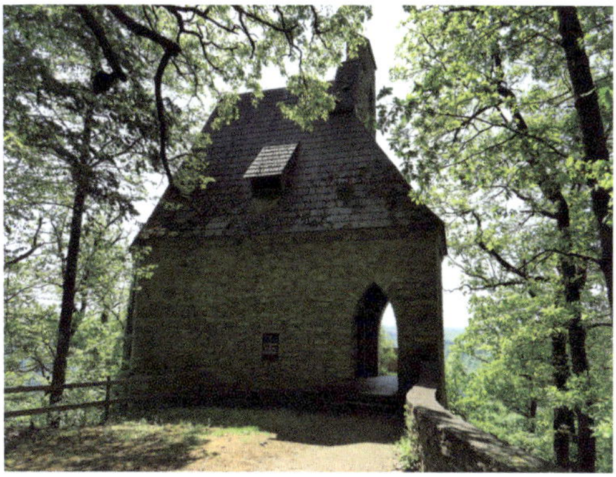

Das Klinger-Mausoleum über dem Thayatal

Weiter durch das Kollmitzdörfl, bis uns am Ortsende der Wegweiser „Klinger-Mausoleum" nach rechts lenkt (auch Silbersteig). Kurz auf der Straße, dann auf einer Schotterstraße weiter an zwei gigantischen Linden vorbei bis zum Waldrand, wo wir uns bei einer Weggabelung links halten und durch Wald zum **Klinger-Mausoleum** gelangen. Das 1926 errichtete Bauwerk mit einem Glockenturm erinnert an eine Familientragödie des Raabser Burgherrn Baron Klinger. Von der Terrasse des Bauwerks bietet sich ein herrliches Panorama über das Thayatal.
Ein paar Meter zurück und Richtung Ruine Kollmitz abgestiegen. Am folgenden welligen Hangweg bleiben wir so lange, bis ein unmarkierter, aber klar erkennbarer Weg nach links abzweigt. Diesen schlagen wir ein, um zum Felsabbruch des **Uhufelsens** zu gelangen. Der Umweg zahlt sich aus, zumal sich von dort ein traumhafter Blick auf die Hadlitzbergschlinge der Thaya ergibt. Wer dann die Augen von der Weite zum Boden richtet, wird eine reichhaltige pannonische Flora entdecken.
Wieder zurück zum Hauptweg geht es auf schmalem Pfad zum **Ritterweg** retour. Auf einer Forststraße gelangen wir an der schmalsten Stelle des Umlaufberges

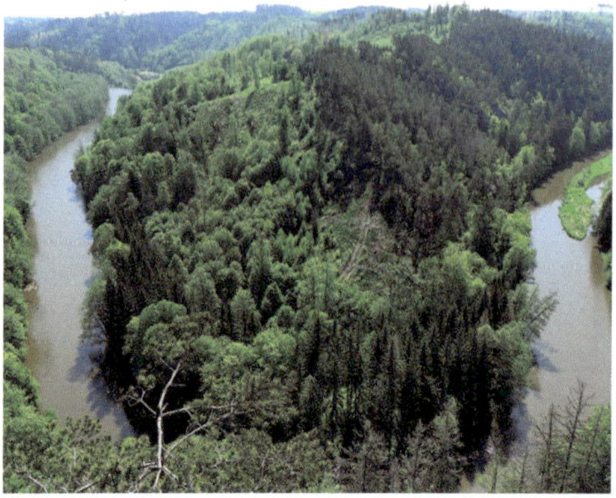

Vom Uhufelsen ergibt sich ein traumhafter Blick auf die Hadlitzbergschlinge der Thaya.

zur sog. **Böhmischen Mauer**, einem mächtigen Wall, der im 15. Jahrhundert zum Schutz der **Burg Kollmitz** angelegt wurde. Diese erreichen wir kurze Zeit später. Wie uneinnehmbar thront die **Ruine** auf einem von der Thaya umflossenen Felsen und lässt trotz ihres Verfalls ihre einstige Mächtigkeit erahnen. Zu Recht zählt sie zu den schönsten, größten und beeindruckendsten Burgruinen des Waldviertels. Wer sie und die Reste des zweigeschoßigen Wohngebäudes besichtigen will, zahlt ein paar Euros und erhält dafür die Schlüssel für die beiden Türme, den Hungerturm und den Bergfried. Von diesem ergibt sich ein großartiger Ausblick über das Thayatal. Weiters gibt es eine Ausstellung, welche die Geschichte der Burg dokumentiert (mehr Infos siehe Infoblock) und auch eine kleine Jausenstation.

Achtung: Die hölzernen Treppen auf den 26 m hohen Bergfried sind nicht kindersicher. Hier heißt es achtgeben! Abgesehen davon werden (nicht nur) Kinder in

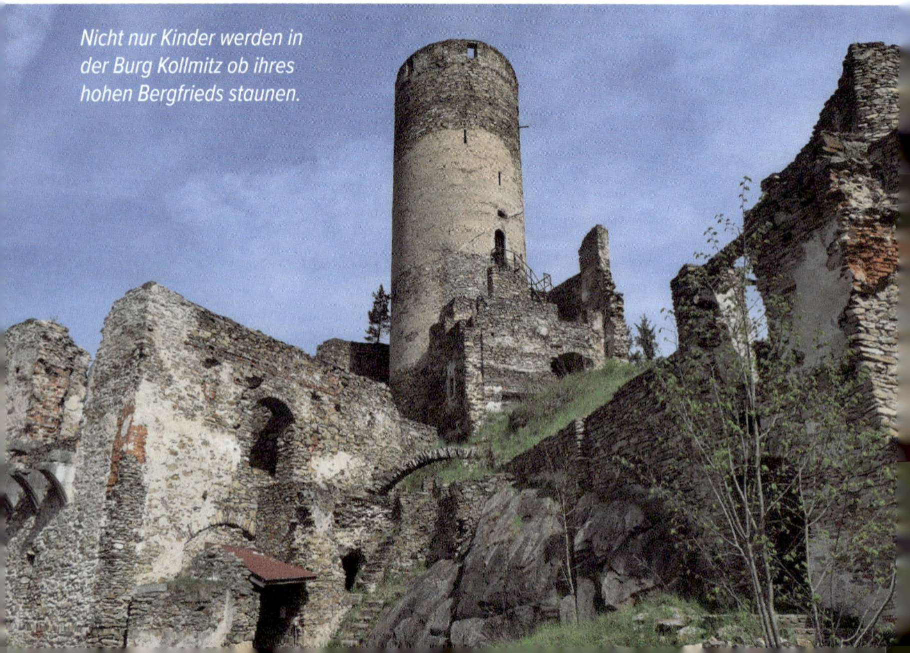

Nicht nur Kinder werden in der Burg Kollmitz ob ihres hohen Bergfrieds staunen.

HÖHENPROFIL

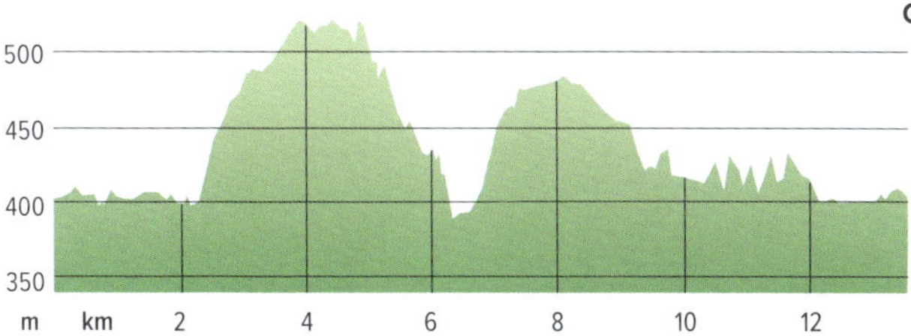

QR Link Tour 21

★★ ANSPRUCH	STRECKE	DAUER	AUFSTIEG	ABSTIEG	HÖHENLAGE	EINKEHR
MITTEL	14,5	4:00	400 m	400 m	522 m / 389 m	JA

den vielen dunklen Nischen und Verliesen ihren Spaß haben und sich wie Ritter und Burgfräulein fühlen dürfen.

Durch das Seebsbachtal zurück

Wir setzen unsere Wanderung fort. Auf der Straße marschieren wir ins **Dorf Kollmitzgraben** hinunter, überschreiten auf einer Brücke die Thaya und wandern rechts auf der Straße der Thaya entlang aus dem Ort hinaus.

Danach verlassen wir den Graben und wandern mit wunderschönem Blick über die Weiten des Waldviertels durch Felder und Wiesen zum Angerdorf **Sauggern**. Hier rechts durch den Ort und vor dem Ortsende wieder rechts auf eine Güterstraße abgebogen. Auf dieser steigen wir durch Wiesen bergab in einen Graben, wo wir auf einem Steg den **Seebsbach** überqueren. Wir treffen auf eine Schotterstraße, der wir ein paar Meter folgen, ehe der Weg 631 nach rechts ins wildromantische **Seebsbachtal** abzweigt.

Den verwinkelten, vom Rauschen und Gurgeln des Baches vertonten Weg finden wir manchmal verwachsen, durch seine Naturbelassenheit auch überaus beeindruckend vor. Mal nähern wir uns dem anschwellenden Bach, mal müssen wir schwer zugängliche Uferstellen über Felsstufen umgehen oder durchqueren blumenreiche Wiesen. Nach einem längeren Aufschwung gelangen

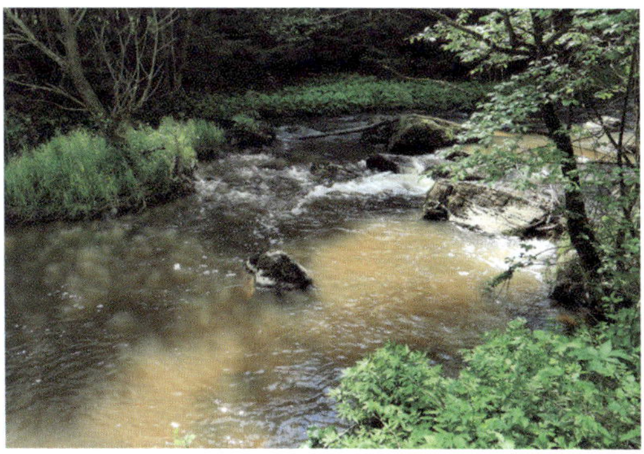

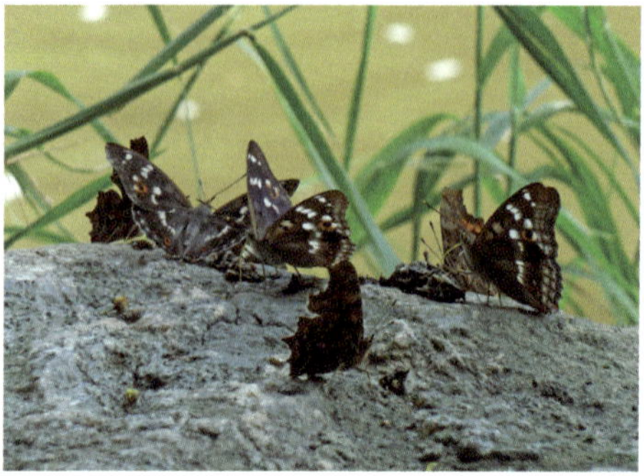

Die vielen Schmetterlinge bezeugen die Unberührtheit der Natur rund um die Thaya.

wir auf einen breiteren Güterweg und wenig später auf einen schmalen Hangsteig, den sog. **Holzhackerweg**, wo der Hang stellenweise fast senkrecht ins Thayatal abbricht. Vorsicht, wenn Kinder oder Hunde dabei sind!

Im Tal führt unsere Route durch Wiesen entlang der Thaya bis zum 1904 errichteten **Thayasteg**, der uns über den Fluss auf den **Kollmitzsteig** bringt. Auf diesem nach links und mit Blick auf die Burg Raabs zum Ausgangspunkt zurück.

4 Stunden / 14 ½ km / 400 Hm / mittel

Eignung für Kinder: ab 14

CHARAKTER: *lange Tour auf guten Wegen, die Ausdauer verlangt; schmale Steige und sehr steile Abbrüche im Seebsbachtal und beim Abstieg am Holzhackerweg ins Thayatal gebieten Vorsicht*

START- UND ZIELPUNKT: *Raabs an der Thaya (mit öffentlichen Verkehrsmitteln zu erreichen)*

ROUTE: *Raabs an der Thaya (410 m) – Kollmitzdörfl – Klinger-Mausoleum (520 m) – Uhufelsen – Ruine Kollmitz – Kollmitzgraben (394 m) – Sauggern (475 m) – Seebsbachtal (Weg 631) – Holzhackerweg – Raabs*

ATTRAKTIONEN: *Klinger-Mausoleum, Uhufelsen, Ruine Kollmitz, Seebsbachtal, Thaya, Mittelalterstadt Raabs und ihre Burg*

EINKEHRMÖGLICHKEIT: *Jausenstation in der Ruine Kollmitz (www.ruine-kollmitz.at)*

WEITERFÜHRENDE INFOS: *www.raabs-thaya.gv.at*

TIPP FÜR NACHHER: *Besichtigung der Burg (mehr Infos siehe Infoblock) und der Sehenswürdigkeiten der Stadt: Die gut erhaltenen Abschnitte der mittelalterlichen Stadtmauer, ein Pranger, ein Wehrturm, ein Schüttkasten aus dem 18. Jahrhundert sowie mehrere wunderschöne Kirchen und Kapellen verdienen einen Zusatz*

Die Ruine Kollmitz

Im 12. Jahrhundert erstmals urkundlich erwähnt, diente sie einst der Grenzsicherung gegen Böhmen. Mehrmals wechselte sie den Besitzer, darunter verschiedene Adelsgeschlechter und das Stift Geras. Seit dem Brand um 1703 wurde die Burg dem Verfall preisgegeben.
Die Ruine ist frei begehbar, den Schlüssel für die Türme und den Museumsbesuch erhält man in der Jausenstation. Geöffnet bei Schönwetter täglich von Mai bis Oktober von 10 bis 17 Uhr, Juli und August 10 bis 18 Uhr.

Die Burg Raabs

Die Höhenburg wurde erstmalig im Jahr 1100 erwähnt. Die mächtigen Türme, Mauern und Gewölbe, eine steinerne Wendeltreppe, gotische Fresken, ein 40 m tiefer Brunnen und die Burgkapelle sind sehr gut erhalten. Die Burg befindet sich heute in Privatbesitz. Auf Wunsch können Führungen vereinbart werden. www.raabs-thaya.gv.at

22 Nebelstein

NATURDENKMAL MIT STAR-ALLÜREN

Der Nebelstein gilt als Star unter den „Waldviertler Rockies". Im Freiwald nahe der Stadtmauerstadt Weitra und der Staatsgrenze zu Tschechien gelegen, zählt er zu den höchsten, aber auch wunderlichsten Gipfeln des Waldviertels. Ein kurzer, familienfreundlicher Rundweg führt zu wahrhaft märchenhaften Plätzen.

Vom Märchenhotel zum Nebelstein

Gestartet wird am frei zugänglichen Parkplatz bei der **Waldpension Nebelstein** in Maißen – ein liebevoll gestaltetes Hotel mit einer Menge „Wohlfühlplatzerln" im hauseigenen Naturgarten.
Das erste Stück des **Nebelsteinwegs 1** (auch Weg 20) führt etwas steiler durch den **Nordwald**, dann über Wiesen und durch ein Birkenwäldchen zu einer baumfreien Anhöhe mit überraschend weitreichendem Ausblick und der **Kapelle Obermaißen**. Nun kurz über eine Hochebene, ehe eine Wegkreuzung passiert wird, die uns zur **Filzwiese** führt. Der Boden links und rechts vom Weg wird mooriger, hin und wieder gluckert ein Rinnsal vor sich hin, es riecht nach feuchter Erde.

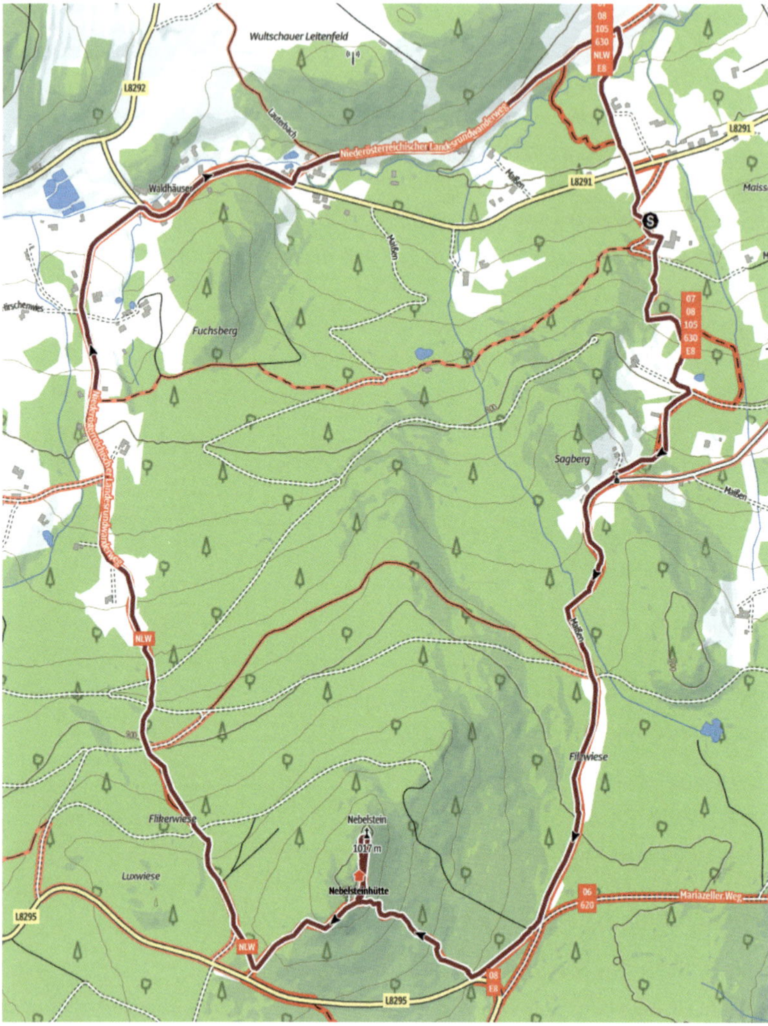

Das steilste Stück der Tour führt zum Gipfel des **Nebelsteins**. Er gehört mit seinen 1.017 Metern zu den höchsten Erhebungen des Waldviertels, dementsprechend reicht die Aussicht vom Böhmerwald bis nach Weitra, an schönen Tagen sogar bis zum Ötscher. Aber auch die auf übereinander geschichteten Felsen gemauerte Warte ist absolut sehens- und erlebenswert. Die interessanten Felsformationen, Gesteinsschichtungen und Findlinge des Naturdenkmals lassen auf gewaltige geodynamische Ereignisse schließen.

Die unter einen mächtigen Granitfelsen hineingeduckte, alpin anmutende **Nebelsteinhütte** ist seit November 1948 in Betrieb und das erste Schutzhaus, das nach dem Zweiten Weltkrieg vom Österreichischen Alpenverein erbaut wurde. Die urige Bergunterkunft bietet Hausmannskost und – eh klar – Weitraer Bier. Die hinter der Hütte aufragenden Granitfelsen sind als die „Drei Riesen" bekannt. Interessant auch die vielen Wege, die über den Nebelstein-Gipfel führen, wie etwa der Europäische Fernwanderweg E8, der Nordwaldkammweg, der Thayatalweg oder der NÖ Landesrundwanderweg.

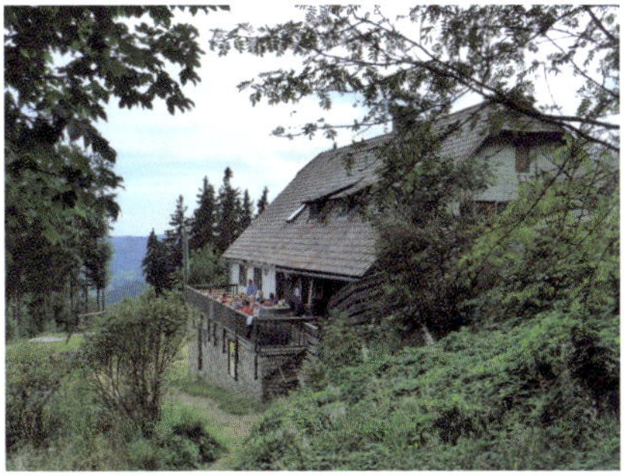

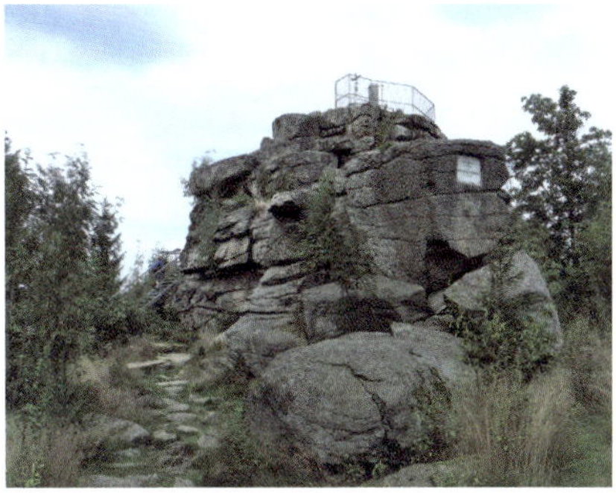

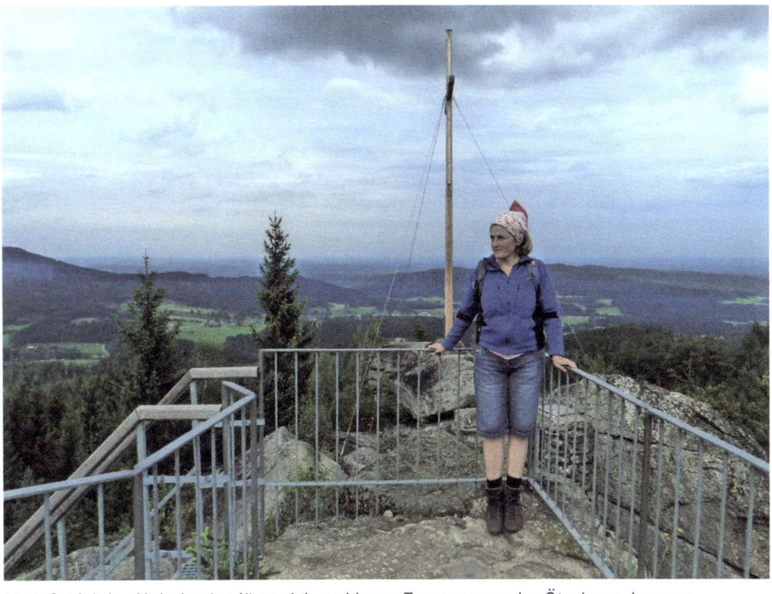

Vom Gipfel des Nebelsteins lässt sich an klaren Tagen sogar der Ötscher erkennen.

HÖHENPROFIL

QR Link Tour 22

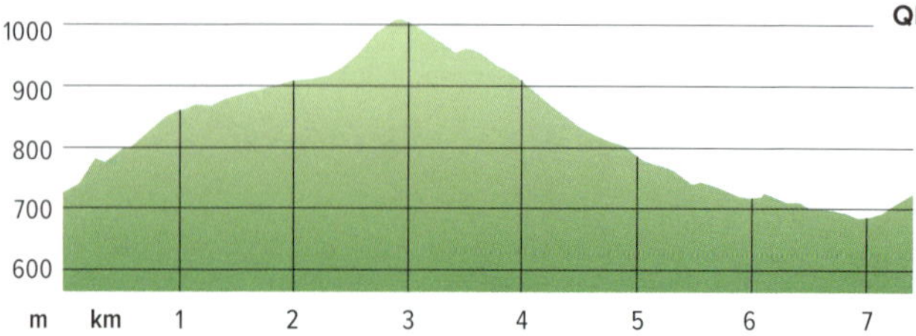

ANSPRUCH	STRECKE	DAUER	AUFSTIEG	ABSTIEG	HÖHENLAGE	EINKEHR
LEICHT	7,5	2:00	360 m	360m	1.005 m / 682 m	JA

Dositz'n und schau'n

So schön es auch ist auf der Terrasse der Hütte, wir müssen weiter und den Wanderreigen schließen. Den Rucksack geschultert wandern wir auf der Zufahrtsstraße zum Parkplatz hinunter und folgen weiterhin dem Weg Nr. 20 Richtung **Waldhäuser**. Immer wieder überqueren wir nun Forststraßen, bis die ersten Häuser auftauchen und der asphaltierte Weg bis zu einer Wiese führt, wo ein Schild „Waldweg Nr. 23“ auffällt. Dieser Weg würde uns in etwa 25 Minuten zurück zum Ausgangspunkt unserer Tour bringen. Wir haben aber noch nicht genug und wollen den gesamten 20er gehen. Immer wieder laden uns hübsch platzierte Bänke mit Sinnsprüchen zur Rast ein, darunter etwa „Dositz'n und schau'n“, „Do möcht i bleib'n!“ oder „Reserviert für DICH!“. Die Sprüche lassen das Wanderherz höherschlagen, denn etwas anderes als dositz'n und schau'n möchte man gar nicht in dieser stillen, lieblichen Landschaft. So schlendern wir über Weidewiesen und an Gehöften vorbei, immer dem 20er-Weg folgend talwärts bis zur Ortsstraße von **Hirschenwies**. Hier biegen wir rechts ab und passieren die Ortsende-Tafel der Siedlung. Weiter gewandert auf der schmalen Straße den Hang entlang, bis wir rechter Hand die **Waldpension Nebelstein** auftauchen sehen. Noch einmal rechts abgebogen, dann hinunter zum Hirschenwiesbach, vorbei an einem kleinen Hof mit Pferden und Ziegen, und schließlich auf einem Trampelpfad über eine Wiese dem Ziel in **Maißen** entgegen.

2 Stunden / 7 ½ km / 360 Hm / leicht

Eignung für Kinder: ab 12

CHARAKTER: *kurzer, sehr familienfreundlicher Rundweg ohne nennenswerte Schwierigkeiten*
START- UND ZIELPUNKT: *Maißen (Waldpension Nebelstein, Parkplatz, mit öffentlichen Verkehrsmitteln nicht zu erreichen)*
ROUTE: *Maißen (Waldpension, 722 m) – Kapelle Obermaißen – Filzwiese – Nebelstein (Nebelsteinhütte, 1.017 m) – Waldhäusern – Maißen (Waldpension)*
ATTRAKTIONEN: *Nebelstein und Nebelsteinhütte, viele Bankerl und Rastplätze in stiller, lieblicher Natur*
EINKEHRMÖGLICHKEIT: *Waldpension Nebelstein (www.waldpension-nebelstein.at), Nebelsteinhütte (www.alpenverein.at/nebelsteinhuette/)*

23 Hohe Wand Rundwanderweg 3

HÜTT'N, HIRSCHE UND HOHE WÄNDE

Wie eine Berginsel erhebt sich die Hohe Wand aus dem Wiener Neustädter Becken im südlichen Niederösterreich. Durch ihre sanfte Rückseite führen zahlreiche gemütliche Wanderwege. Der 10 km lange Rundwanderweg 3 ist einer davon und an Abwechslung, Weitblick und Hüttendichte kaum zu toppen. Aber Achtung: Weil er durch den mittelschweren Leitergraben führt, ist er auch der „alpinste" unter den Rundwanderwegen.

Tierisch guter Auftakt zum Hochkogelhaus

Eine sich beeindruckend durch Steilwände schlängelnde Panoramabergstraße führt zum Naturparkzentrum mit zahlreichen Angeboten für Jung und Alt, darunter ein Streichelzoo mit gutmütigen Lamas, Alpakas und Ponys. Eine Stärkung gibt es im Naturparkstüberl.

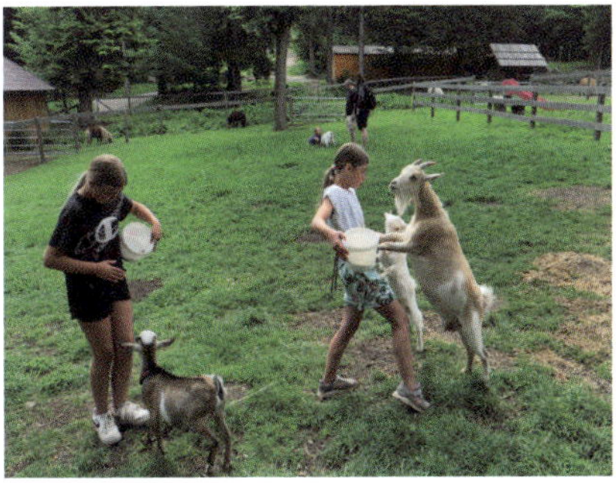

Gleich am Beginn der Tour erwartet Kinder ein Streichelzoo.

Wir schultern den Rucksack am Naturpark-Eingang und folgen zuerst den Wegweisern zur „Kleinen Kanzel" (15 Min.) und zum „Hochko-

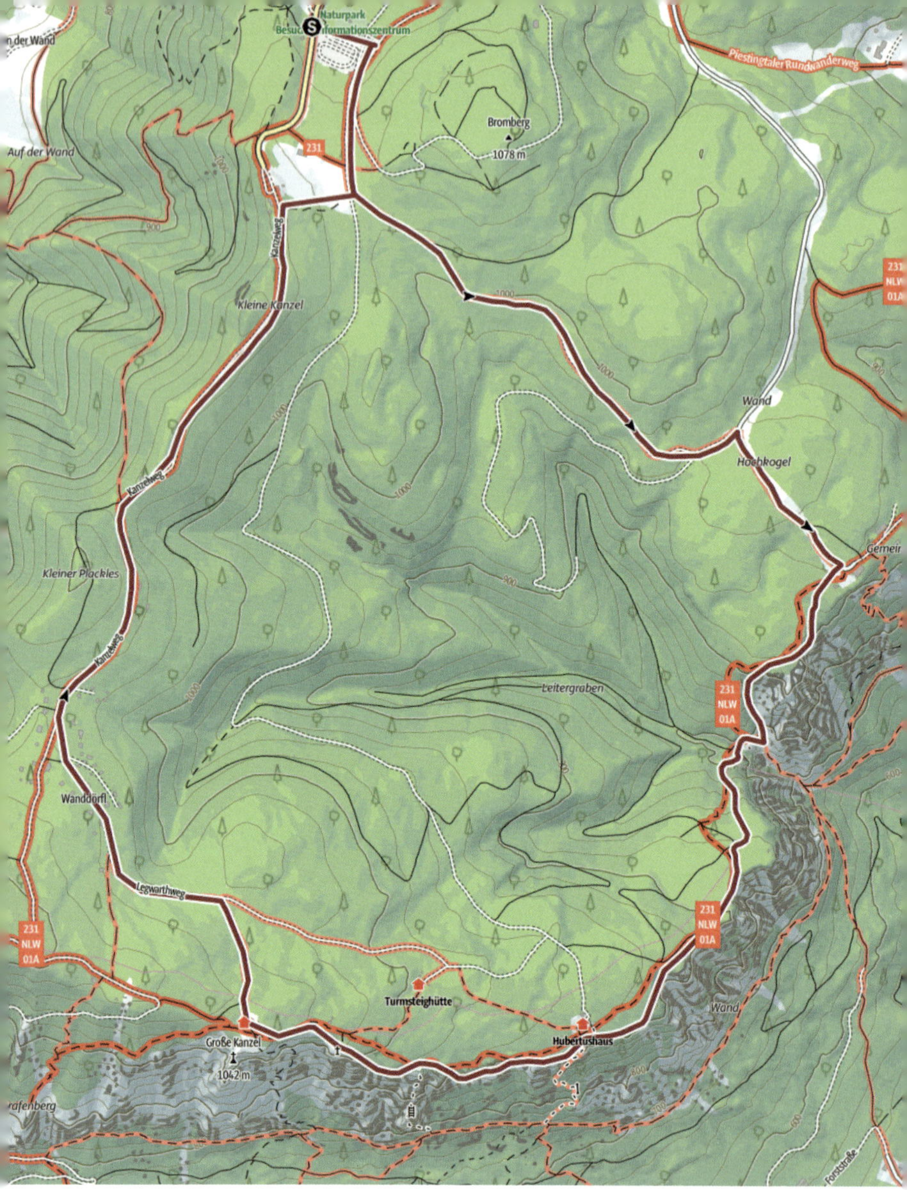

gelhaus" (45 Min.). Die ersten Meter des rot markierten Wegs führen entlang eines Kindererlebniswegs und des „Kleine Kanzel Waldlehrpfades" auf ebener Forststraße bis zur Abzweigung zum ehemaligen Gasthaus Kleine Kanzel. Wir bleiben geradeaus und wandern weiter entlang eines Geheges, wo Damhirsche hautnah zu erleben sind. Bei einem Schranken lenken wir unsere Schritte nach links auf einen breiten Forstweg. Auf flachem Weg wandern wir in den Grandgraben, von wo aus eine asphaltierte Zufahrtsstraße zum **Hochkogelhaus** führt. Hier öffnet sich

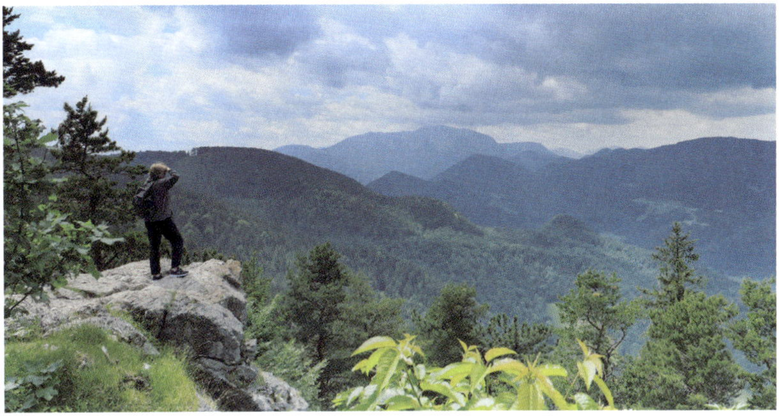

Immer wieder ergeben sich vom Wandabbruch beeindruckende Weit- und Tiefblicke.

erstmals das imposante Blickfeld über den Wandabbruch ins Wiener Neustädter Becken und über den Wiener Alpenbogen. Bei guter Sicht reicht das Panorama bis zum Neusiedlersee.

Durch den Leitergraben zum Hubertushaus

Unseren Weg setzen wir am **Ratzenbergerweg** fort, der gleich nach dem Hochkogelhaus im Wald verschwindet. Nach wenigen Minuten schon treffen wir auf den sog. **Neue Welt Blick**, einen sprichwörtlichen Schau-Platz direkt über der Abbruchkante der Wand. Hölzerne Liegestühle laden zum Chillen und Weitschauen ein. Aufgepasst auf Kinder und Hunde, damit sich diese nicht zu weit an die Kante wagen!

Den Rucksack wieder geschultert, wandern wir zurück in den Wald und weiter über das panoramareiche Hochplateau der Hohen Wand. Sobald es in den Leitergraben hinuntergeht, ist allerdings Schluss mit der Gemütlichkeit und wir müssen aufpassen! Der Weg in ins Tal gestaltet sich steinig, steil und meist rutschig, was griffige Wanderschuhe und Trittsicherheit erfordert. In der Senke folgen wir der roten Markierung und müssen nun auf ebenso steilem Weg wieder bergauf. Zu einer Verschnaufpause lädt eine Fels-

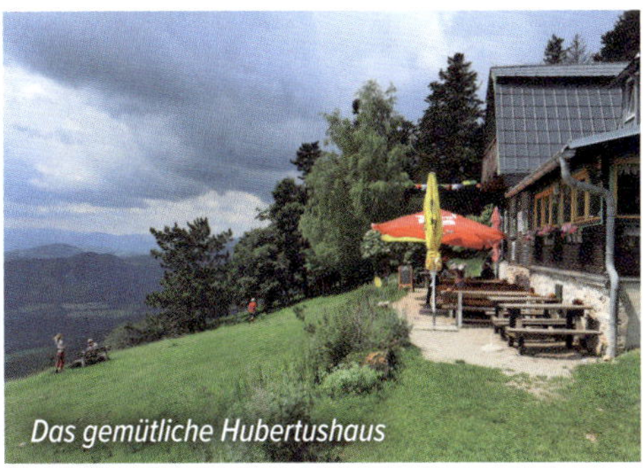

Das gemütliche Hubertushaus

HÖHENPROFIL

QR Link Tour 23

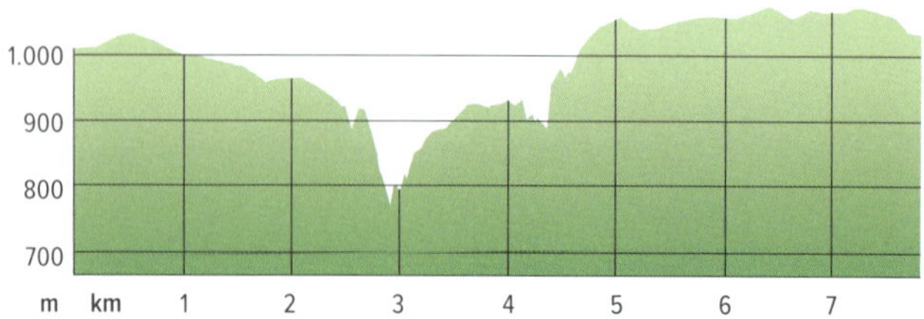

★★ ANSPRUCH	STRECKE	DAUER	AUFSTIEG	ABSTIEG	HÖHENLAGE	EINKEHR
MITTEL	8,0	3:30	560m	560 m	1.074 m – 775 m	JA

wand ein, in der sich eine kleine Grotte befindet. Weiter bergwärts bis zu einer Forststraße, wo die Steilheit nachlässt und wir auf gemütlicherem und mitunter aussichtsreichem Weg zum **Hubertushaus** gelangen. Hier an der Ausstiegsstelle des beliebten Springlessteiges herrscht ein fröhliches Treiben, da sich Klettersteigbegeher und Wanderer die Klinke in die Hand geben. Für den Trubel entschädigt werden wir durch eine grandiose Aussicht und die sehr gute Küche.

Zur Eicherthütte auf der Großen Kanzel

Wir bleiben auf gemütlichem Weg, wandern in sicherem Abstand zur Wandkante westwärts und kommen am Ausstieg des Turmsteigs und am **Dr.-Ferdinand-Nagl-Haus**, einem Bergrettungsstützpunkt, vorbei (Alternativ könnte man vom Hubertushaus auch über die Turmsteighütte zur Eicherthütte gelangen). Nach weiteren 15 Minuten erreichen wir schon die **Wilhelm-Eichert-Hütte** auf der **Großen Kanzel** – die dritte Einkehrstation unserer Tour. Auf 1.052 Metern gelegen, gehört sie zu den ältesten Schutzhütten auf der Hohen Wand. Von der Sonnenveranda bietet sich ein herrlicher Ausblick auf den Schneeberg. Der höchste Punkt der Hohen Wand, der Gipfel am Plackles (1.135 m), ist nur 15 Gehminuten entfernt, zahlt sich aber kaum aus, da das dort gelegene Berghaus **Plackles** geschlossen ist (Stand: 2022).

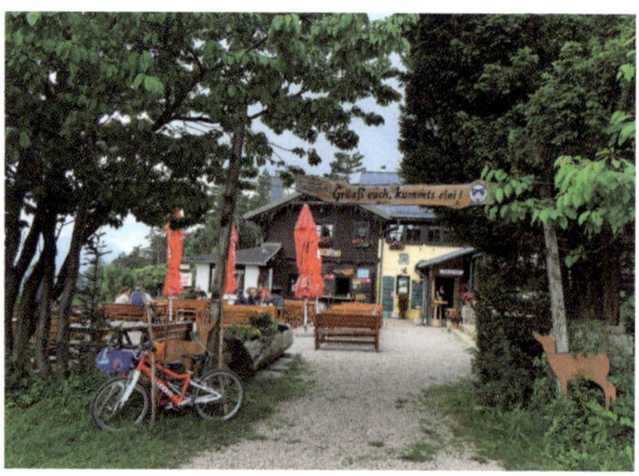

Auch die Wilhelm-Eichert-Hütte auf der Großen Kanzel lädt zur Rast ein.

Über das Wanddörfl auf die Kleine Kanzel

Der Abstieg erfolgt auf dem grün markierten **Legwarthweg** zum **Wanddörfl** hinunter. Von hier wandern wir auf einer Schotterstraße (Kanzelweg) gemütlich und eben dahin bis zum ehem. **Gasthaus Kleine Kanzel** (geschlossen, Stand: 2022). Beeindruckend der grandiose Blick auf Schneeberg, Rax, Dürre Wand, Türnitzer Höger, Jochart, Unterberg und Kieneck. Der finale Weg führt vis-à-vis vom Gasthaus durch Wald und entlang des schon bekannten Damhirschgeheges bergab zur der ebenfalls schon bekannten Wegkreuzung. Von hier gelangen wir zum Naturpark-Eingang zurück.

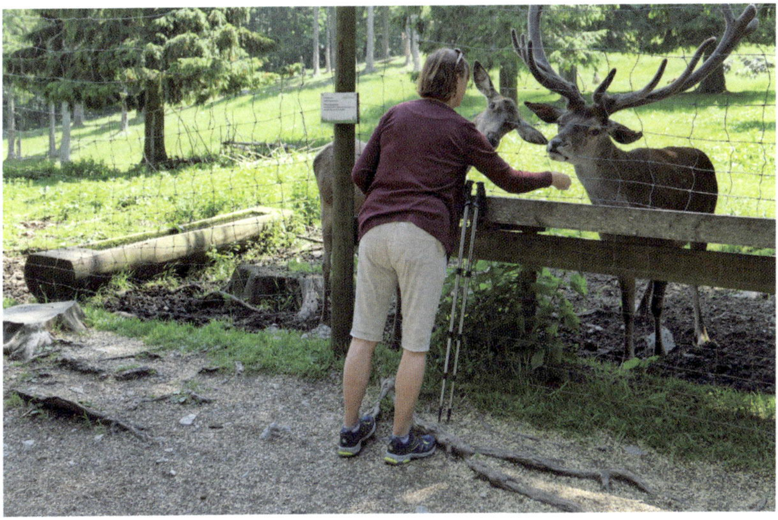

Empfehlenswert ist noch eine Exkursion zum etwa 15 Minuten entfernten **Rothirschgehege**, wo sich die Tiere ganz nah an die Besucher heranwagen und sich sogar füttern lassen.

3 ½ Stunden / 8 km / 560 hm / mittel

Eignung für Kinder: ab 13

START- UND ZIELPUNKT: *Naturpark Eingang (zu erreichen über die an Wochenenden und Feiertagen mautpflichtige Hohe-Wand-Straße; mit öffentlichen Verkehrsmitteln nicht zu erreichen)*
CHARAKTER: *Einige steile Abschnitte vor allem in den Leitergraben, aber auch die Nähe zur senkrecht abfallenden Kante der Hohen Wand verleihen der Tour*

den Schwierigkeitsgrad „mittel". Wer gutes Schuhwerk hat und die Schritte bedächtig setzt, wird keine Probleme haben. Ansonsten keine Schwierigkeiten
ROUTE: Naturpark Eingang (1.014 m) – Hochkogelhaus (Gasthaus Luf, 940 m) – Neue Welt Blick – Hubertushaus (946 m, dorthin alternativ über die Turmsteighütte) – Wilhelm-Eichert-Hütte (1.052 m) – [Plackles (1.135 m)] – Wanddörfl – Kleine Kanzel (1.092 m, Gasthaus geschlossen) – Naturpark-Eingang (Naturparkstüberl)
EINKEHRMÖGLICHKEITEN: Gasthaus Luf (www.naturpark-hohewand.at/essen-auf-der-hohen-wand/a-gasthaus-luf), Hubertushaus (www.alpenverein.at/hubertushaus/), Wilhelm-Eichert-Hütte (www.wilhelmeichert.schutz.haus/) Naturparkstüberl am Naturpark-Eingang (www.wieneralpen.at/alle-gastronomiebetriebe/a-naturparkstueberl)
ATTRAKTIONEN: grandiose Ausblicke, viele Hütten, tierisch gute Erlebniswelt rund um das Naturparkzentrum, facettenreiche Fauna und Flora
TIPP: Da es sich auf der Hohen Wand am Wochenende gerne „staut", rät es sich, die Tour am besten unter der Woche oder an Fenstertagen zu unternehmen – dann hat man seine Ruhe

Der Naturpark Hohe Wand

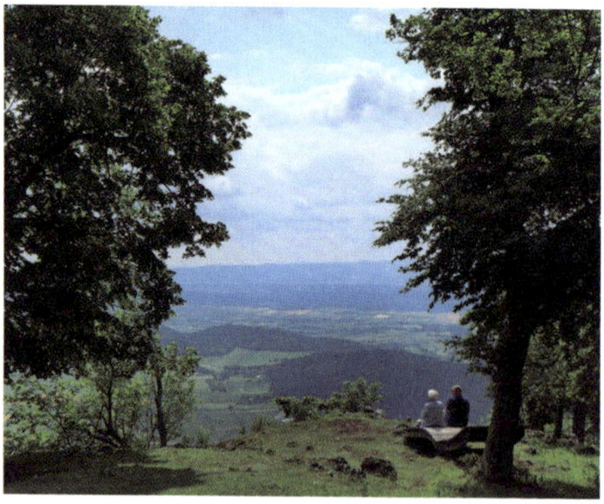

Die seit 1969 mit dem Prädikat „Naturpark" ausgezeichnete Natur- und Kulturregion mit ihrer besonderen Tier- und Pflanzenwelt erstreckt sich mit mehr als 2.000 ha über die gesamte Berglandschaft. Der Wald und über 200 Höhlen bieten Lebensraum für 16 verschiedene Fledermausarten, in den Felsnischen findet der Uhu seinen Lebensraum, im Sommer flattern unzählige Waldschmetterlinge durch die Luft. Seltene Orchideen, Trollblumen, Türkenbund-Lilien zieren Wiesen und Waldränder.
Infos zu Mautgebühr, Eintritt, Öffnungszeiten und Angeboten unter www.naturpark-hohewand.at/

24 Hohe Wand – Einhornhöhle

FELSENWEGE

Eine geheimnisvolle Tropfsteinhöhle, zwei Mini-Klettersteige und eine urige Gipfelhütte würzen diese Familienunternehmung an der stillen Ostseite der Hohen Wand.

Am Währinger Steig zur Einhornhöhle

Vom Bahnhof **Waldegg im Piestingtal** steuern wir auf der Hauptstraße die Abzweigung nach Peisching an. Wir durchqueren die Ortschaft südwärts bis zu einer Straßenunterführung. Danach folgen wir der grün-roten Markierung (Weg 01A) bergauf. Die ersten Schritte führen uns über eine Weide, wobei uns die Dürre Wand über die Schultern blickt. Bei einem Bankerl gehts in einen von Föhren, Fichten und Buchen bewachsenen Wald.

Sobald wir die Wegkreuzung des **Zimmermannplatzls** erreichen, halten wir uns links und wandern der gelben Markierung (231) nach Richtung Einhornhöhle, hier auch als „Einhorntropfsteinhöhle" bezeichnet (die rote Markierung führt direkt zum Herrgottschnitzerhaus). Nun etwas bergab in einen Graben. Sobald sich der Wald öffnet und einen malerischen Blick auf Dreistetten freigibt, bleiben wir im Wald, lenken unsere Schritte nach rechts und folgen dem blau markierten **Währinger Steig**. Nun wird es aufregend und spaßig: Mit Geländer versehene Holzstege führen in engen Serpentinen durch einen felsdurchsetzten Waldhang hinauf. Nach ein paar Kurven ist die 80 Meter lange Einhornhöhle erreicht und wir legen ein großartiges Zwischenabenteuer ein.

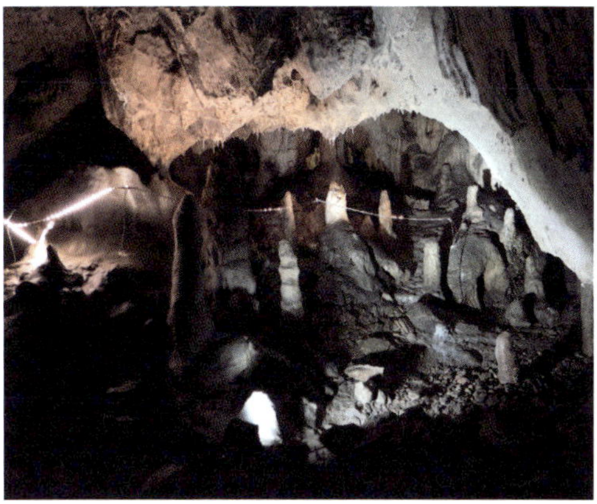

Die Einhornhöhle beeindruckt mit ausgeprägten Tropfsteingebilden.

Sie wurde 1927 entdeckt und bald darauf für die Öffentlichkeit freigegeben. Heute kann man sie im Rahmen einer ca. 20-minütigen Führung besichtigen. Zu sehen gibt es etwa ausgeprägte Tropfsteingebilde, einige Stalaktiten und Perlsinter, eine perlenähnliche Sinterform, die sich zauberhaft über manche Felsen legt. Knochenfunde beweisen, dass die Höhle vor Tau-

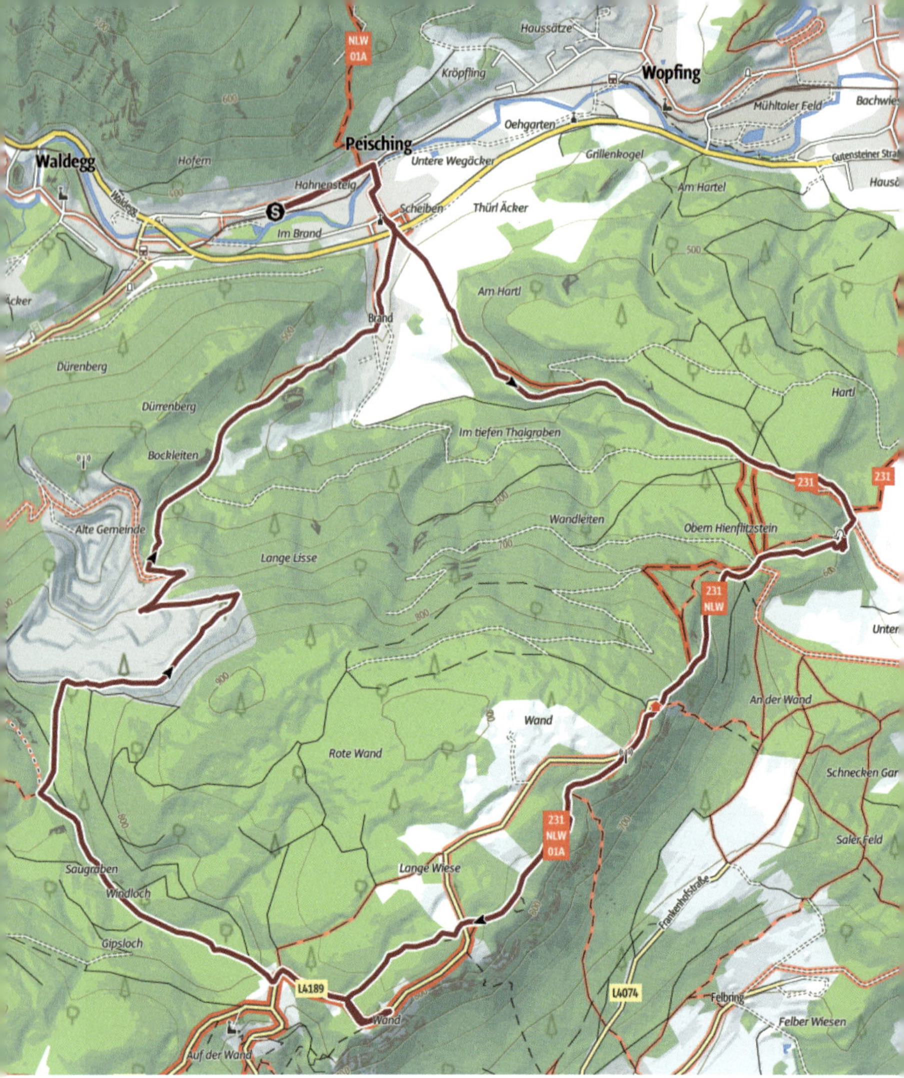

senden von Jahren von Menschen der Bronzezeit – und Höhlenbären – besiedelt wurde. Der Name der Höhle bezieht sich übrigens nicht auf das Fabeltier, sondern auf das Horn eines Rindes, das man hier entdeckt hat.

Über den Drobilsteig zum Herrgottschnitzerhaus

Zurück im Tageslicht geht es in derselben Tonart weiter wie zuvor. Eng an die Felswand geschmiegt, windet sich der Währinger Steig bergwärts, einmal müssen wir uns unter einen Felsvorsprung hindurchducken, am Ende des Steigs erleichtern uns Metallleitern den finalen Anstieg. Wieder festen Waldboden unter unseren Füßen, geht es blau markiert durch Wald weiter. Bei den nun folgenden Wegkreuzungen müssen wir uns entscheiden: Begehen wir den problemlosen **Herrgott-**

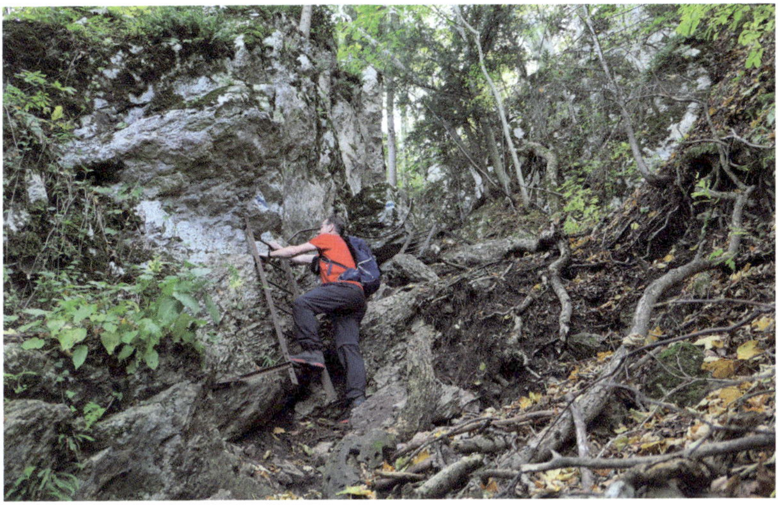

Der leichte Drobilsteig macht richtig Spaß!

schnitzerweg (231, rot) oder den **Drobilsteig** (blau), einen leichten Klettersteig der Kategorie A? Wir entscheiden uns für letzteren, da er Anfängern und Kindern gleichermaßen Spaß macht. Der bis dahin breite Weg verjüngt sich auf einen schmalen Hangpfad. Nach einer Bank vollzieht die Szenerie einen Kulissenwechsel mit Folgen: Bäume statt Felsen lassen unser gemütliches Gehen schnell in beherztes

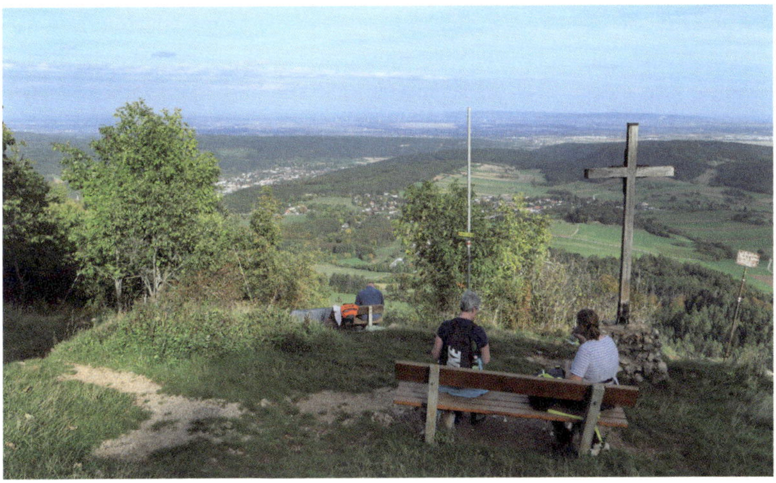

Nach dem Drobilsteig erwartet uns ein Aussichtsbalkon samt Blick auf Dreistetten und das umliegende Hügelland.

HÖHENPROFIL

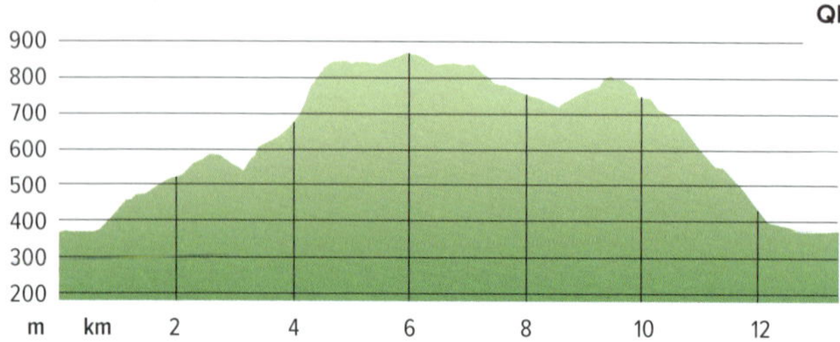

QR Link Tour 24

★★ ANSPRUCH	STRECKE	DAUER	AUFSTIEG	ABSTIEG	HÖHENLAGE	EINKEHR
MITTEL	14,0	3:30	600 m	600 m	866 m / 364 m	JA

Kraxeln wandeln. Es folgen mehrere Leitern, die uns über eine Felsstufe und danach durch einen engen Kamin helfen. Nach dieser Felsspalte hat man es schon wieder geschafft und betritt einen kleinen, aber feinen Aussichtsbalkon samt Bank und Blick auf Dreistetten und das umliegende Hügelland. Der Schlussanstieg zum einladenden **Herrgottschnitzerhaus** führt durch bewaldetes Gelände. Von der Terrasse ergibt sich ein traumhafter Blick auf die Fischauer Vorberge, über das Wiener Becken zum Leithagebirge und über das Wiener Neustädter Steinfeld bis zum Rosaliengebirge.

Über das Kohlröserlhaus zum Windloch

Für den Weiterweg zum Kohlröserlhaus folgen wir dem rot markierten Weg 231, wobei sich nur selten ein Panoramablick ergibt. Zuerst ein Stück auf der Straße, dann durch artenreichen Wald, den uns ein Waldlehrpfad erklärt. Vorbei an einem Parkplatz können wir zwischen einer Straße oder einem Waldweg wählen. Beide münden in die **Wandeckstraße**, der wir ein paar Hundert Meter Richtung Südosten zum **Kohlröserlhaus** folgen. Direkt am felsigen Abhang der Hohen Wand gelegen, erwarten uns hier köstliche „Hüttenschmankerl" in Form von saisonalen und regionalen Spezialitäten.

Gestärkt und mit Blick zur südlichen Hohen Wand wie zum Unterberg, wandern wir auf der Straße wieder zurück, bis sie eine Linkskurve vollzieht. Nach der Kurve lenkt uns das Schild zum „Waldegger Haus" nach rechts von der Straße weg. Ab nun folgen wir der grünen Markierung am **Windloch**, einer am Weg liegenden Felshöhle, vorbei in den **Saugraben**. Bei einer großen Wegkreuzung lassen wir die Wege zum Waldegger Haus und zur Großen Klause im wahrsten Sinne des Wortes links liegen und folgen rechter Hand der roten Markierung über den **Hammerl-**

steig Richtung Peisching. Der Weiterweg führt durch einen Wald, bis er auf eine Forststraße trifft. Dieser folgen wir nach links.

Durch eine Mondlandschaft zurück

Sobald wir aus dem Wald treten, werden wir überrascht sein, denn vor uns breitet sich eine Szenerie besonderer Art aus: der Wopfinger **Steinbruch Dürnbach**. Auch er gehört zur Geschichte der Hohen Wand. Seit 1967 wird hier Kalkstein gewonnen, der als Grundlage für zahlreiche Baustoffe dient, die in Wopfing produziert werden. Das Gelände ähnelt einer wüstengleichen Kraterlandschaft voller Sand und nackter Felsen. Gegenüber erheben sich die Vordere und die Hohe Mandling über die Landschaft. Mit diesem schönen Ausblick durchwandern wir das Bergwerksgelände von Süden nach Norden. Dabei ist es nun wichtig, dass man die markierte Sandstraße nicht verlässt und an Wochentagen die Warnsignale beachtet. Weiters gilt es zu bedenken, dass sich die Wegführung ob der Arbeiten am Berg ständig ändert – ein weiterer Grund, sich an die Markierung zu halten.
Zurück zu unserem Weg: Fast im Talgrund angekommen leitet uns die Markierung nach rechts durch einen Föhrenwald hindurch. Später geht es durch stillen Laubwald und über Lichtungen dem Waldegger Ortsteil **Brand** bei Peisching entgegen. Auf einer asphaltierten Ortsstraße wandern wir dann talauswärts Richtung Norden bis zum Ausgangspunkt beim Bahnhof von **Waldegg** zurück.

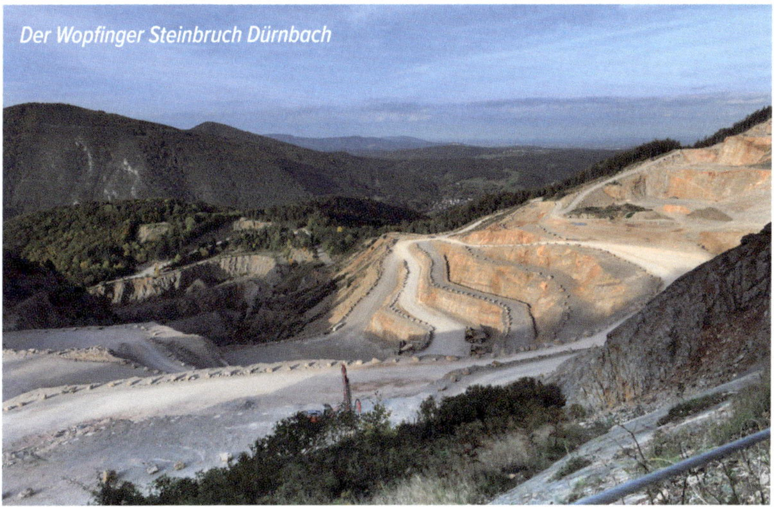

Der Wopfinger Steinbruch Dürnbach

3 ½ Stunden / 14 km / 600 Hm / mittel

Eignung für Kinder: ab 12

***CHARAKTER:** lange, sehr abwechslungsreiche Tour; für die Mini-Klettersteige ist Trittsicherheit nötig, im Steinbruch unbedingt an die Markierungen halten*
***START- UND ZIELPUNKT:** Bahnhof Waldegg (mit öffentlichen Verkehrsmitteln zu erreichen)*
***ROUTE:** Bahnhof Waldegg (402 m) – Peisching – Zimmermannsplatzl (588 m) – Währinger Steig (Klettersteig, A) – Einhornhöhle – Drobilweg bzw. -steig (Klettersteig A) – Herrgottschnitzerhaus (826 m) – Waldlehrpfad – Kohlröserlhaus (814 m) – Windloch – Steinbruch Dürnbach – Brand – Peisching – Waldegg*
***ATTRAKTIONEN:** Einhornhöhle, zwei Mini-Klettersteige, zwei Hütten, Steinbruch Dürnbach, facettenreiche Wälder*
***EINKEHRMÖGLICHKEIT:** Herrgottschnitzerhaus (www.herrgottschnitzerhaus.at), Kohlröserlhaus (www.hohewand.at)*
***ANMERKUNG:** Die Einhornhöhle ist bei Schönwetter vom Ostermontag bis Ende September an Sonn- und Feiertagen von 9 bis 17 Uhr geöffnet und im Rahmen einer Führung zu besichtigen (www.zitherwirt.at).*

25 Größenberg – Eisensteinhöhle

KLEIN, FEIN, MARMORSTEIN

Die Fischauer Berge zwischen Hoher Wand und südlichem Wiener Becken führen überraschenderweise ein einsames Dasein. Dabei hat diese kleine Gebirgswelt alles zu bieten, was das Wanderherz erfreut! Mit seiner sanften Kuppe wartet der Größenberg beispielsweise mit beschaulichen Pfaden durch dichte Föhrenwälder, einen lohnenden Weitschau-Gipfel und weiteren hochinteressanten "Erlebniswürdigkeiten" wie der Eisensteinhöhle und dem Marmorsteinbruch Engelsberg auf.

Vom Vogelstimmenbaum zur Falschmünzerhöhle

Den Rucksack geschultert beim **Bahnhof von Bad Fischau**. Von dort entlang der Hauptstraße bis zur Pfarrkirche und rot markiert an einem „Vogelstimmenbaum“ vorbei, der per Knopfdruck den Gesang von Eule, Rotkehlchen & Co. ertönen lässt. Nachdem wir einige Male einen hochinteressanten Waldlehrpfad gekreuzt haben, kommen wir an der sog. Kaisereiche vorbei. Weiter rot markiert durch Föhrenwald Richtung Muthmannsdorf gelangen wir nach wenigen Minuten und Weg-

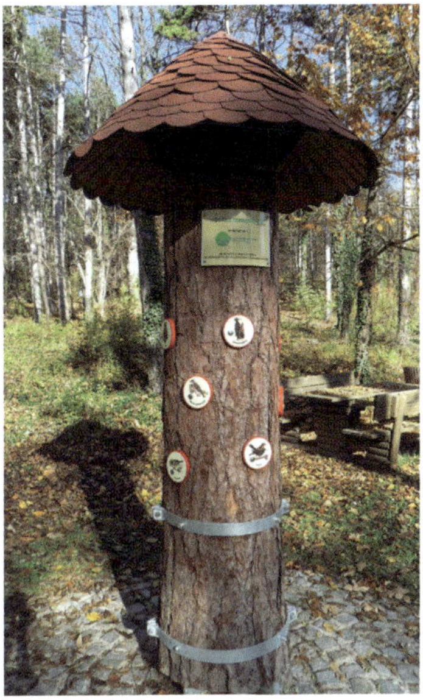

Am „Vogelstimmenbaum“ lassen sich auf Knopfdruck Eule & Co. hören.

gabelungen zur "Waldandacht", einer mit vielen Bildern geschmückten Felsgrotte. Auf einer Lichtung wenden wir uns nach links und folgen der rot-gelben Markierung bis zum ehemaligen Wirthaus „Zum Kürassier“. Weiter blau-gelb markiert und mehr flach als ansteigend durch Wald. Bevor sich der Weg teilt, gönnen wir uns einen Ausflug zu einem historischen „Tatort“. Dazu zweigen wir auf einen schmalen Pfad zu einer Felspyramide ab, wo sich der Eingang zur **„Falschmünzerhöhle“** befindet. Diese Höhle, auch Kleines Zwerglloch genannt, fungierte im 12. Jahrhundert als Fälscherwerkstätte.

Vom Größenberg zum Geotop Engelsberg

Nun wieder zurück und der grünen Markierung zum wunderschön gelegenen Gipfel des **Größenbergs** gefolgt. Eine Bank auf einem Plateau markiert allerdings nur Gipfel Nr. 1, Gipfel Nr. 2 samt Kreuz und Buch befinden sich etwas unterhalb auf einer Felskanzel. Kinder mit Bewegungsdrang sollten angesichts des fast senkrechten Abhangs im Auge behalten werden, weswegen wir lieber auf dem breite-

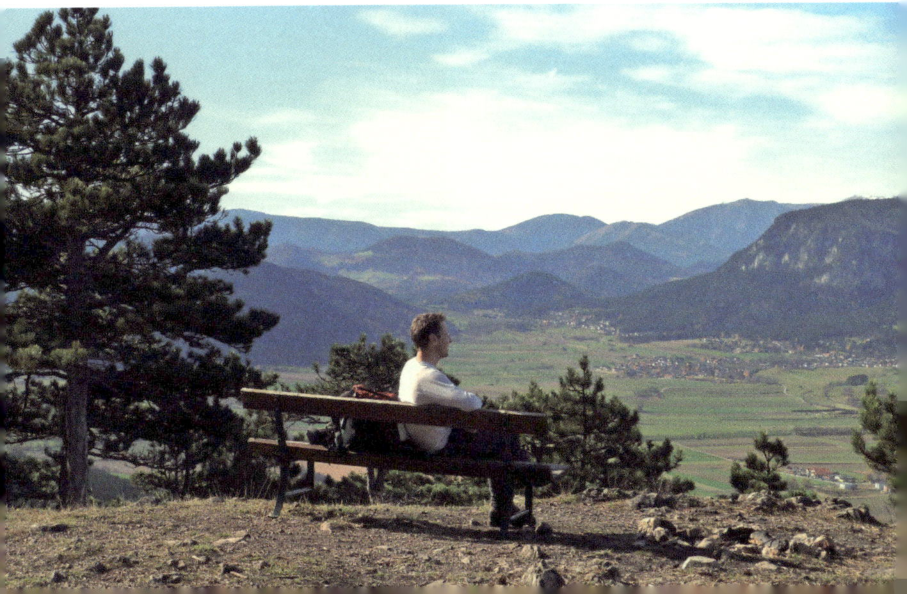

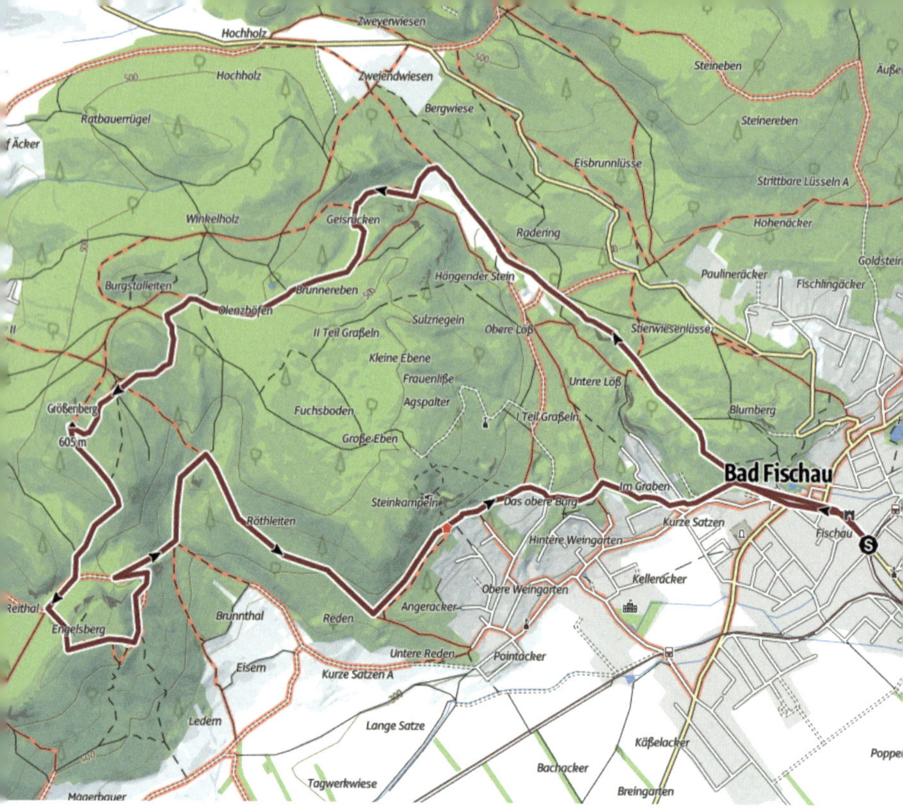

ren Plateau rasten, und uns entspannt an der weiten Ebene des Wiener Beckens und den Felswänden der Hohen Wand sattsehen.

Der Weg zur nächsten Attraktion erklärt sich von selbst: immer den Schildern nach zum **Geotop Engelsberg (Helena Marmorsteinbruch)**. Es ist ein seltsamer Ort, den wir hier betreten. In der Wiese verstreut kubische Blöcke und Quader, in Stein gehauene Stufen, die aus dem Nichts heraus breiter werdend bis zum Himmel führen, altarähnliche Tische und eine glatt geschliffene, kirschrote Felswand aus reinem Marmor. Doch weder Urgewalten noch rätselhafte mystische Vorfahren waren hier am Werk, sondern junge Künstler, die hier Sommer für Sommer ihr Quartier

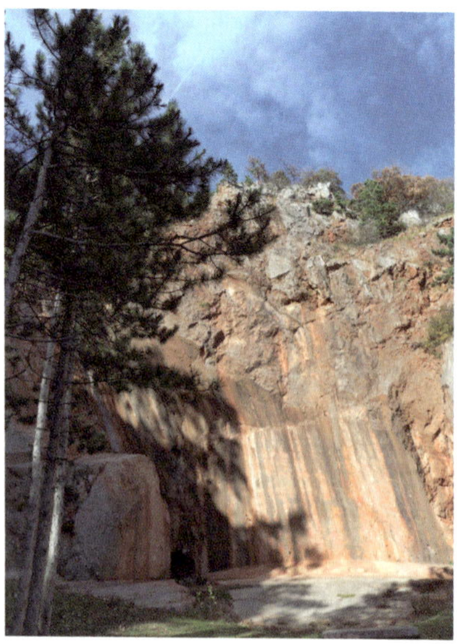

HÖHENPROFIL

QR Link Tour 25

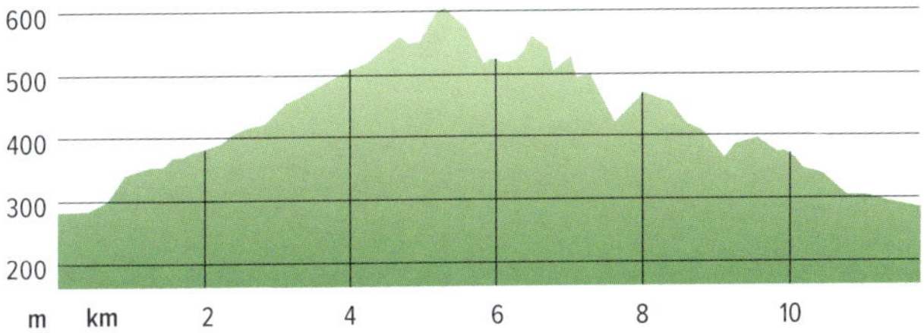

ANSPRUCH	STRECKE	DAUER	AUFSTIEG	ABSTIEG	HÖHENLAGE	EINKEHR
LEICHT	12,0	3:00	350 m	350 m	603 m / 281 m	JA

aufschlagen und ihren kreativen Visionen huldigen. Der Steinbruch hatte aber einst auch eine andere Funktion: Am Ende des 19. Jahrhunderts wurde aus dem Engelsberger Marmor etwa der Hochaltar des Wiener Neustädter Doms oder der Sockel des sowjetischen Ehrenmals auf dem Wiener Schwarzenbergplatz gemeißelt. Verwendung fand er auch beim Wiederaufbau des Stephansdoms nach dem Zweiten Weltkrieg.

Die Eisensteinhöhle

Kurz nach dem Steinbruch wenden wir uns der letzten Attraktion unserer Tour zu: der **Eisensteinhöhle**, die wir in etwa 30 Minuten erreichen. Sie wurde 1855 bei Steinbrucharbeiten entdeckt und 1907 als Schauhöhle eröffnet. 1919 fand man hier auch eine Thermalquelle mit konstanten 15,5 °C, weshalb es im Innern auch nie besonders kalt ist. 1931 wurde die natürliche Kostbarkeit ob ihres reichen Sinterschmucks und ihrer Kristallbildungen zum Naturdenkmal erhoben. Die Höhle kann nur im Rahmen einer Führung erkundet werden. Das zahlt sich aber aus, da der Führungsweg der rund 2.300 m langen Höhle den Hauptgang bis zur Thermalquelle in 73 m Tiefe erschließt.
Das unmittelbar bei der Höhle gelegene **Haus Eisenstein** (AV-Hütte Sektion Wr. Neustadt) erweist sich als einzige Einkehr auf der Strecke, weswegen wir sie auch nützen sollten, ehe wir zur Schlussetappe nach Bad Fischau ansetzen. Der Weg dahin verläuft leicht absteigend zu den ersten Häusern. In der **Waldgasse** betreten wir den Ort und gelangen teils über Feldwege, teils durch Gasselwerk retour zum **Bahnhof von Bad Fischau**.

3 Stunden / 12 km / 350 Hm / leicht

Eignung für Kinder: ab 12

CHARAKTER: *Sehr gemütliche, abwechslungsreiche Tour; wer die Höhle besucht, sollte mit Eisenleitern zurechtkommen können, am Größenberg ist der eigentliche Gipfel absturzgefährdet*
START- UND ZIELPUNKT: *Bad Fischau (mit öffentl. Verkehrsmitteln erreichbar)*
ROUTE: *Bad Fischau (360 m) – Waldandacht – ehem. Wh. zum Kürassier – Falschmünzerhöhle – Größenberg (605 m) – Geotop Engelsberg (Marmorsteinbruch) – Eisensteinhöhle – Haus Eisenstein (407 m) – Bad Fischau*
ATTRAKTIONEN: *Waldandacht, Föhrenwälder, Marmorsteinbruch, Falschmünzer- und Eisensteinhöhle (www.eisensteinhoehle.at), aussichtsreicher Größenberg-Gipfel, Haus Eisenstein*
EINKEHRMÖGLICHKEIT: *Haus Eisenstein (www.alpenverein.at/hauseisen steinhoehle/)*
WEITERFÜHRENDE INFOS: *www.eisensteinhoehle.at*

26 Flatzer Wand

EINE KLEINE ALPENWELT FÜR GOURMETS

Eine „Miniatur-Alpenwelt“ nennt sie der Autor Adi Mokrejs, ein „nicht kleines Abbild der Hohen Wand“, der legendäre Pionier Alois Wildenauer. Beide haben Recht. Der Naturpark Sierningtal-Flatzer Wand beeindruckt durch seine alpine Felskulisse, die vielfältige Flora und die mannigfachen familiengerechten Erlebnismöglichkeiten. Wandergourmets überqueren den gesamten Bergzug über den Jubiläumssteig, das Neunkirchner Haus und den Gösing.

Von Flatz zum Neunkirchner Haus

Ein ausgewiesener **Parkplatz** beim **Waldbauern (Grillstätte)** außerhalb von Flatz ist unser Ausgangspunkt. Wir überqueren die Wiese oberhalb des Parkplatzes, passieren die Grillstätte und gelangen nach einem kurzen Waldstück und einer Bank zu einer alten Forststraße. Hier lenkt ein Wegweiser zum Fürststeig geradeaus weiter. Wir aber, die wir den **Jubiläumssteig** anvisieren, marschieren auf dem alten Forstweg rechts eben dahin, bis wir zum Wegweiser zum Jubiläumssteig kommen. Von hier führt ein grün bezeichneter Waldpfad zum Fuß der Flatzer Felswand. Kurz den Wandfuß entlang, bis wir vor einer fast senkrecht emporführenden Edelstahlleiter stehen. Ein Schild bittet uns in der „vertikalen Schutzzone“ rund um

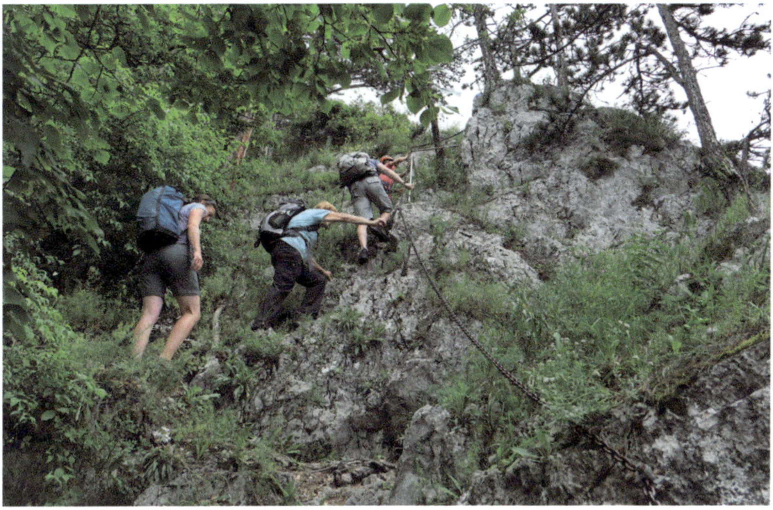

Der Jubiläumssteig bietet hübsche Fernblicke (s. Bild unten) und eine seltene Felsenflora.

den Steig nichts zu zerstören – der geschützten Flora und Fauna zuliebe. Gerne! Es folgen eine zweite, längere Leiter und mehrere flacher geneigte Steighilfen. Als zusätzliche Sicherung dient eine Kette. Am Weg hübsche Fernblicke über Flatz und das Wechselgebiet, zu unseren Füßen seltene Felsenflora. Der Steig stellt routinierte Wanderer vor keinerlei Probleme, nur unsere Kleinsten sollten wir angurten. Bald neigt sich das Gelände und wir gelangen durch leichtes Terrain auf das Plateau der Flatzer Wand. Nun führt uns ein gemütliches, aber überaus reizvolles We-

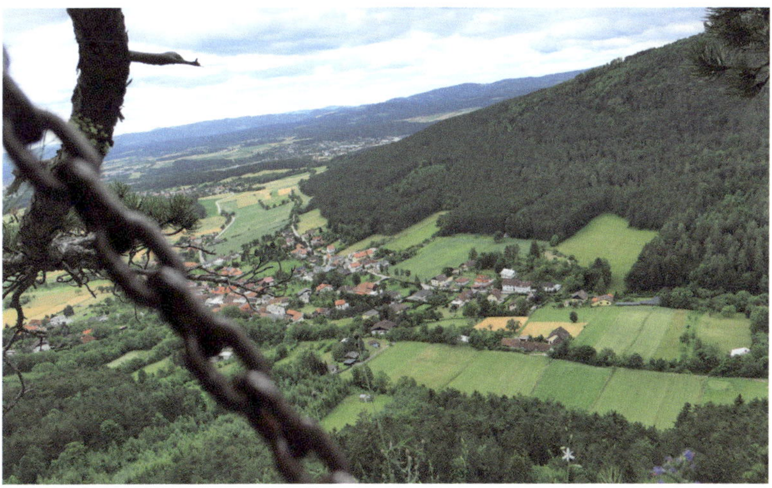

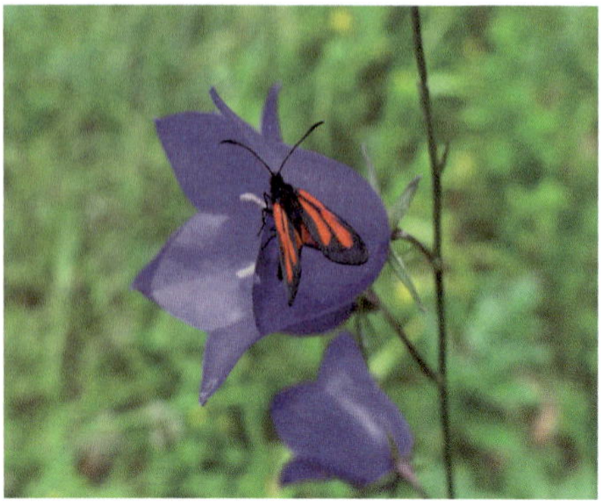

gerl mehr oder weniger nah an der Wandkante Richtung Neunkirchner Haus. Unterwegs beeindruckt der Facettenreichtum des föhrendominierten Mischwaldes. Manch kahle Stelle in der Rinde der Schwarzföhren bezeugt, dass hier einst Föhrenharz gesammelt und verarbeitet wurde – und teilweise immer noch wird.

Nach 15 Minuten passieren wir die Ausstiege des Fürststeigs (siehe auch Flatzer Höhlentour, Tour 27) und des schwereren Flatzer Loch-Steigs. Sie gehören zu einem Dutzend Klettersteige und mehr als 100 Klettertouren, die an der Flatzer Wand für alpinistische Kurzweil sorgen. Nicht zu vergessen die große Zahl an Höhlen, von denen zwei bei der Flatzer Höhlentour (Tour 27) vorgestellt werden.

Weiter geht es im sanften Wellengang auf die **Kranzstetten** zum **Neunkirchner Haus** der Naturfreunde, von dessen Terrasse wir das Rosaliengebirge erkennen können. Ehrenamtliche Wirtsleute kümmern sich in liebevoller Weise um die Versorgung des hungrigen Wandervolks.

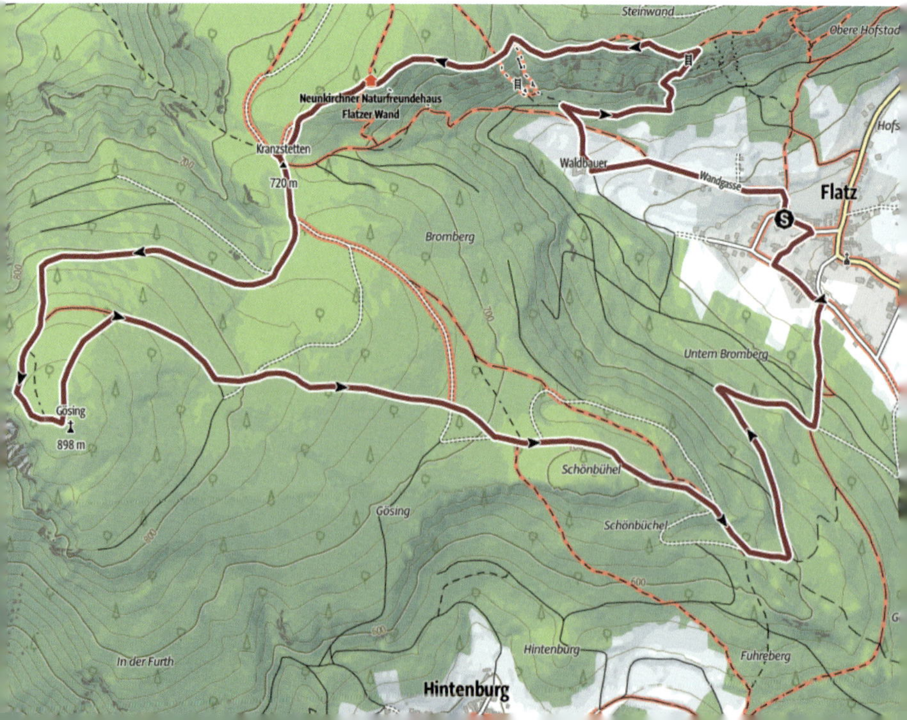

HÖHENPROFIL

QR Link Tour 26

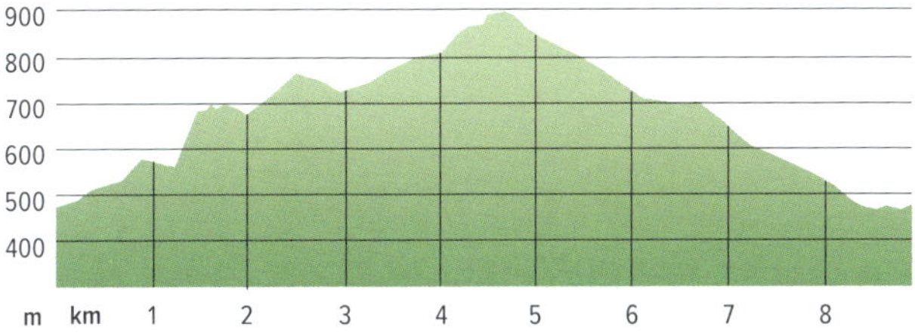

★★ ANSPRUCH	STRECKE	DAUER	AUFSTIEG	ABSTIEG	HÖHENLAGE	EINKEHR
MITTEL	9,0	3:30	450 m	450 m	897 m / 463 m	JA

Über das Schneebergbankerl auf den Gösing

Nach der Rast machen wir uns Richtung Gösing auf. Zunächst marschieren wir auf einem breiten, blau markierten Forstweg zur Wiese des **Flatzer Angers**, wo wir eine uralte Bildsäule und eine markante Wegkreuzung vorfinden. Hier könnten wir scharf links auf einem markierten Weg nach Flatz absteigen (1 Std.) – oder aber wir nehmen den Gipfel des Gösing mit. Dazu folgen wir der roten Markierung mal bergauf, mal eben dahin durch reinen Föhrenwald zum sog. **Schneebergbankerl**

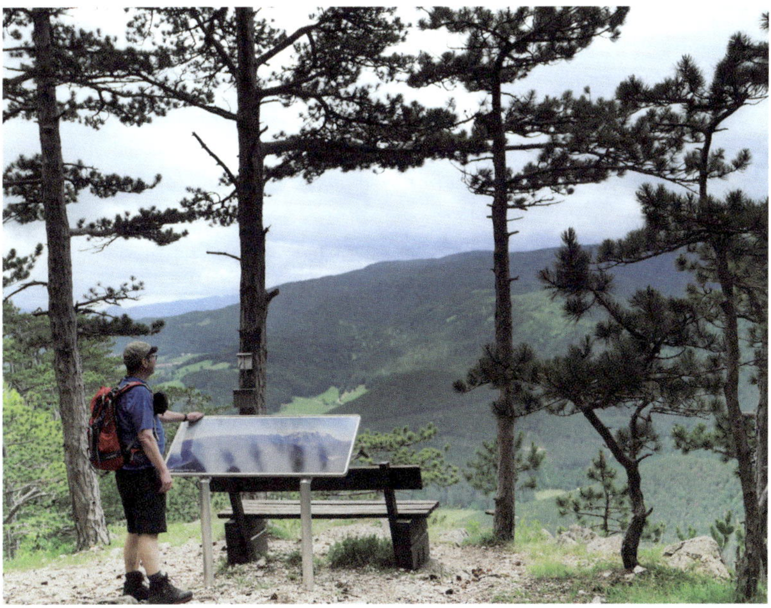

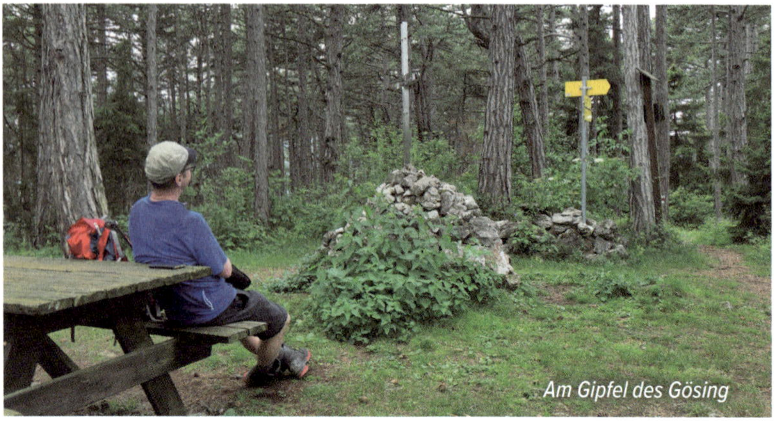

Am Gipfel des Gösing

samt großartigem Ausblick auf den Schneeberg. Nach wenigen Minuten stehen wir auf dem bekreuzten Gipfel des **Gösing**, dem höchsten Punkt des Bergzugs.

In freier Interpretation zurück nach Flatz

Nun rot markiert Richtung Ternitz weiter auf schmalem Pfad und durch hübschen Wald mit Tannen, Buchen und Föhren. Wir überqueren eine Forststraße und bleiben den roten Wegzeichen bis zu einer Wegkreuzung treu. Achtung: Der nun folgende Wegabschnitt ist leider nicht einheitlich markiert, weswegen für die Rückkehr nach Flatz etwas Orientierungssinn – oder der beigefügte GPX-Track – hilfreich ist.

Bei einem markanten Linksschwenk der rot markierten Forststraße bleiben wir geradeaus auf einem alten Karrenweg. Bald folgt ein blau markierter Naturlehrpfad. Diesem folgen wir über den **Schönbühel** bergab, bis wir auf eine Schotterstraße treffen. Hier lassen wir den markierten Weg rechts liegen und folgen der – bald – orange markierten Straße bis **Flatz**. Durch die Gösing-, die Franz-Aichberger- und die Wandgasse gelangen wir zum Parkplatz beim **Waldbauern** (Grillstätte) zurück.

3 ½ Stunden / 9 km / 450 Hm / mittel

Eignung für Kinder: ab 10

CHARAKTER: *Der Jubiläumssteig hat die Schwierigkeit AB, ein Klettersteig-Set brauchen trittsichere Wanderer dafür nicht, nur ganz kleine Wegbegleiter sollten gesichert werden; für den Abstieg vom Gösing nach Flatz sind Orientierungssinn gefragt und/oder ein GPS-Gerät mit der Route (siehe alle GPX-Tracks auf www.bergnews.com)*

START- UND ZIELPUNKT: *Flatz (Parkplatz beim Grillplatz beim Waldbauern, mit öffentlichen Verkehrsmitteln zu erreichen)*
ROUTE: *Flatz (461 m) – Jubiläumssteig (AB) – Plateauweg – Neunkirchner Haus (758 m) – Flatzer Anger – Schneebergbankerl – Gösing (898 m) – Schönbühel (725 m) – Flatz*
ATTRAKTIONEN: *Kletterei am Jubiläumssteig, reichhaltige Felsenflora, Föhrenwald rund um den Gösing, immer wieder schöne Panoramablicke, Schneebergbankerl, Neunkirchner Haus*
EINKEHRMÖGLICHKEIT: *Neunkirchner Haus (https://neunkirchnerhaus.naturfreunde.at/)*
WEITERFÜHRENDE INFOS: *www.naturpark-sierningtal-flatzerwand.at*

Naturpark Sierningtal-Flatzer Wand

Der 1978 eröffnete Naturpark Sierningtal-Flatzer Wand erstreckt sich vom Tal des Sierningbachs bis zum Gösing. Die offenen Flächen sind reich an Obstkulturen, Föhrenwäldern, Hecken und seltenen Pflanzenarten, darunter etwa der Eingriffelige Weißdorn, verschiedene Orchideen, die gefährdete Trollblume und die Gewöhnliche Kuhschelle. Auch viele selten gewordene Tierarten wie der Alpenbock, die Mauereidechse und der Uhu kommen in diesem speziellen Lebensraum vor. In den vielen Höhlen der Flatzer Wand überwintern Fledermausarten wie die Kleine Hufeisennase und das Große Mausohr.

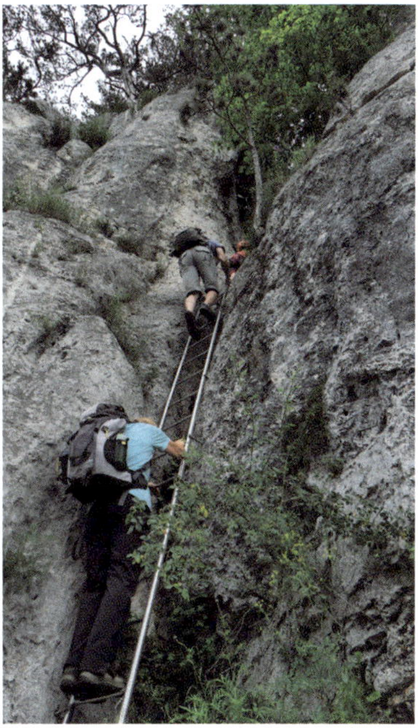

Der Jubiläumssteig gehört zu den vielen Klettermöglichkeiten im Naturpark.

Zu den Attraktionen des Naturparks gehören auch zahlreiche Wander- und Mountainbikestrecken, zahlreiche leichte Klettersteige, 300 Kletterrouten und 50 Boulder von Schwierigkeitsgrad 1 bis 10, das Neunkirchner Haus und die Aussichtswarte am Gfieder.
www.naturpark-sierningtal-flatzerwand.at

27 Flatzer Höhlentour

DURCHS REICH DER FLEDERMÄUSE

Die Flatzer Wand ist ohne ihre vielen Höhlen undenkbar. Sie gehören zum Naturpark Sierningtal-Flatzer Wand genauso wie seine Eulen, Fledermäuse und Föhren. Deswegen sei auch diese Rundtour vorgestellt. Ein grandioses Abenteuer mit Hüttenrast – für Jung und Alt.

Von Flatz zur Tropfsteinhöhle

Ausgangspunkt ist wie bei der Tour 26 (Flatzer Wand) der **Parkplatz beim Waldbauern** unterhalb der Grillstätte und der Flatzer Wand. Von hier auf der Zufahrtsstraße (Wandgasse) bergab, bis bei einer Rechtskurve der Wegweiser zur „Tropfsteinhöhle (30 Min.)“ und zum „Neunkirchner Haus (1 ¼ Std.)“ nach links weist. Nach einer Wiese gelangen wir in einen Föhrenwald, der seit dem vorigen Jahrhundert für die Harzgewinnung genutzt wurde, wie ein Info-Schild und bearbeitete Bäume verraten. Ein breiterer Weg führt uns weiter bergauf. Achtung, sobald wir auf eine Forststraße gelangen, nicht auf dieser geradeaus weiter, sondern nach links und sofort nach rechts auf einen markierten steilen Waldsteig, der uns zur Wegkreuzung „Tropfsteinhöhle/Wandsteig“ führt. Kurz vor der Höhle entdecken wir eine durchlöcherte Blechplatte, die im Jahr 1945 von russischen Soldaten als

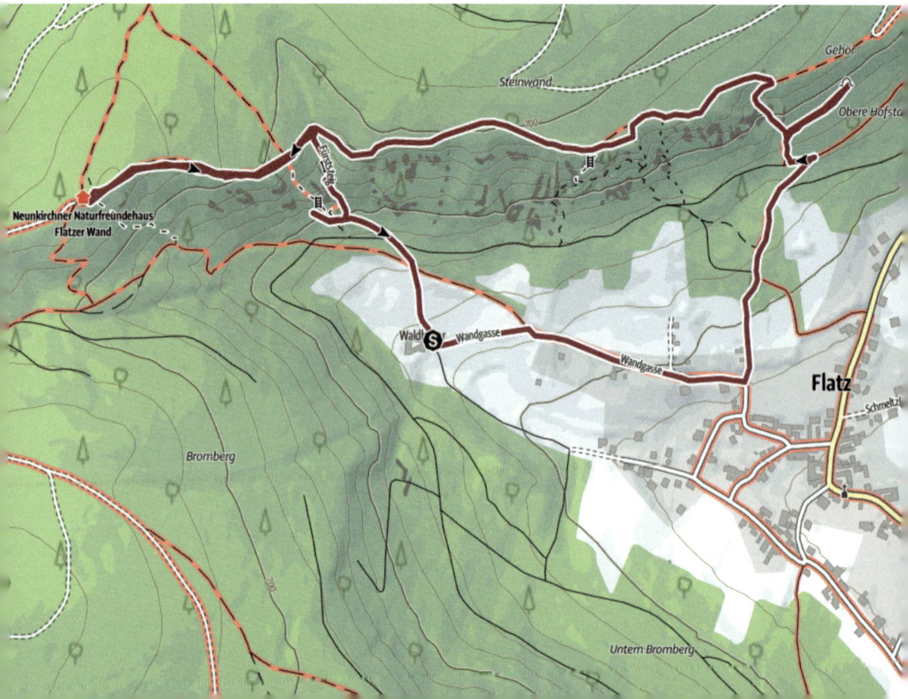

Zielscheibe benutzt wurde. Wenig später gelangen wir zur „Marienhöhle“, einer kleinen Grotte mit Marien-Devotionalien.
Kurz darauf führt eine Edelstahlleiter zur **Flatzer Tropfsteinhöhle** (auch „Langes Loch“ genannt), der größten begehbaren Höhle der Flatzer Wand. Da es innen sehr eng wird, lassen wir den Rucksack draußen. Für die Höhlenexpedition sollten wir eine Stirnlampe dabeihaben – und griffiges Schuhwerk. 90 Meter tief führt die Höhle in den Berg, teilt sich in zwei parallel verlaufende Gänge, die am Ende in der Museumshalle wieder zusammenführen. Im Innern fühlen sich Fledermäuse besonders wohl, weswegen die Höhle über die Wintermonate zum Schutz der Tiere gesperrt ist. Die Flatzer Tropfsteinhöhle wurde schon in der Bronzezeit bewohnt, wie der Fund von bis zu 3.000 Jahre alten Werkzeugen, Tonscherben und Knochen beweist. Außerdem gab es in der Höhle vor deren Öffnung für Besucher einst viele Sinterbildungen und Tropfsteine.
Zurück zu unserer Höhlentour: Eine glitschige Felsstufe führt in die Dunkelheit hinab. Wer diese erste Hürde überwunden hat, duckt sich durch einen rissartigen Schlurf und zieht dann den Bauch ein, um weiter ins Innere vordringen zu können. Hier im Dunkel ist weiter nichts zu hören als das Geräusch fallender Wassertropfen …

Am Fürststeig zum Schiebbogen

Wieder unter freiem Himmel wandern wir zurück zur Abzweigung zum Wandsteig und setzen unseren Weg auf einem engen, aber steilen und wurzeligen Waldpfad (grün markiert) fort. Bevor wir das Wandplateau erreichen, sind ein paar harmlose Felsstufen zu überwinden. Am Wandrand geht es auf rot markiertem Weg wie bei Tour 26 (Flatzer Wand) beschrieben Richtung Neunkirchner Haus (40 Min.). Unterhalten werden wir von schönen Fernblicken bis zum Rosaliengebirge, aber auch von Nahblicken auf Föhren, Zyklamen und weitere vielfältige Flora. So schlängelt sich der Weg wunderschön entlang des Wandabbruchs, manchmal sogar ein Stück in die Wand hinein. Wir kommen am Ausstieg des leichten Riessteigs und an einem hübsch gelegenen Rast- und

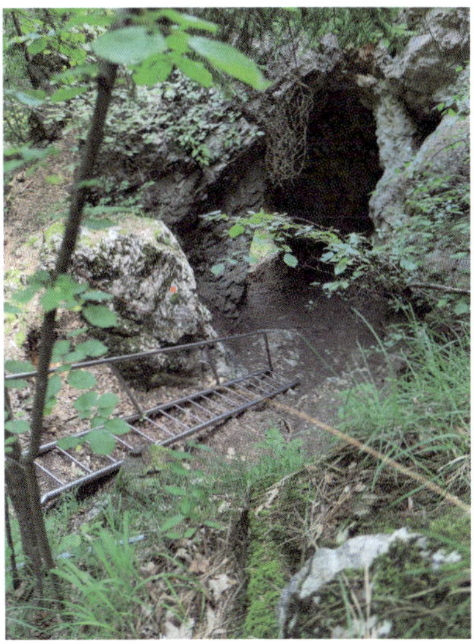

Das beeindruckende Felstor des Schiebbogens ist das Highlight am Fürststeig.

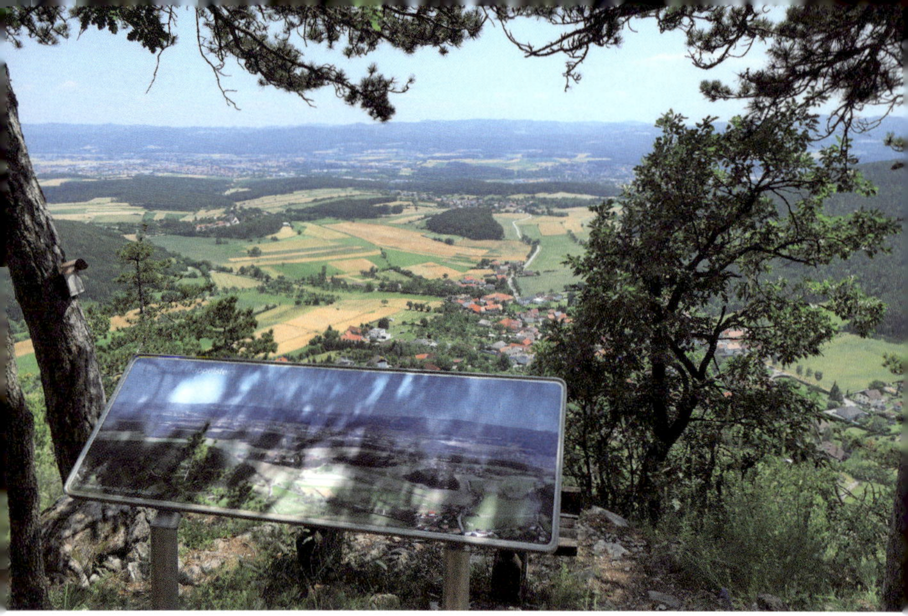

Ausblicksplatzerl vorbei, wo die Kulisse der Türkensturz, die Burg Seebenstein, das Rosaliagebirge und die Bucklige Welt bilden. Weiter am Plateau zum Ausstieg aus dem Jubiläumssteig (Begehung siehe Tour 26, Flatzer Wand) und des Fürststeigs. Diesen merken wir uns, wenn wir beim **Neunkirchner Haus** der Naturfreunde einkehren wollen (+30 Min.).

Der **Fürststeig** ist ein versicherter, sehr leichter Felssteig Richtung Flatzer Loch, der auch für den Abstieg genutzt werden kann. Zuerst auf steilem Waldweg hinab, bis einige Sicherungsketten vor dem Ausrutschen bewahren. Das Highlight des Fürststeigs ist das große, beeindruckende **Felstor des Schiebbogens** (Wandbuch), das – von Eisenketten und einer Leiter gesichert – durchquert wird. Dann ist der Steig auch schon wieder zu Ende.

HÖHENPROFIL

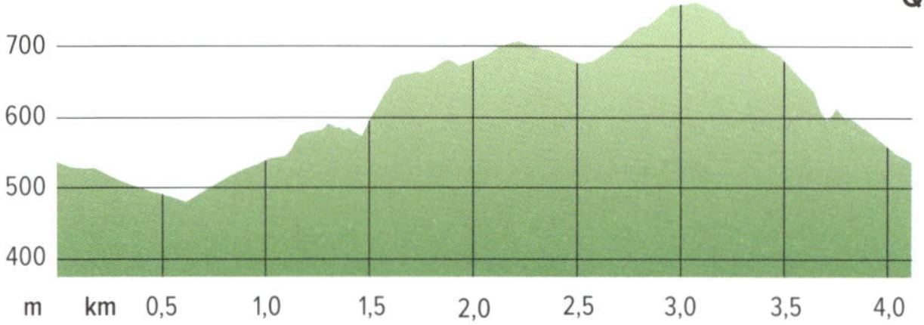

QR Link Tour 27

★★ ANSPRUCH	STRECKE	DAUER	AUFSTIEG	ABSTIEG	HÖHENLAGE	EINKEHR
MITTEL	5,5	2:30	400 m	400 m	763 m / 480 m	JA

Nachschlag: Flatzer Loch

Wer noch Lust auf eine weitere Höhle hat, peilt das Flatzer Loch (100 m) an, wohin uns eine Infotafel lotst: Zuerst blau markiert ein Stück bergab. Sobald wir einen breiten Weg erreichen, auf diesem rechts zum Wandfuß hinauf. Zum **Flatzer Loch** führt nun eine einfache Kletterei, die mit Bügeln, Stiften und Ringen erleichtert wird. Die 12 m lange Grotte diente in Kriegszeiten als Zufluchtsort der heimischen Bevölkerung, so etwa während des Türkenkriegs 1683. Wieder zurück beim talseitigen Ausstieg des Fürststeigs, führt uns der von dort ausgehende Wanderweg durch ein Waldstück an der Grillstätte vorbei und über eine Weide direkt zum Parkplatz beim Waldbauern.

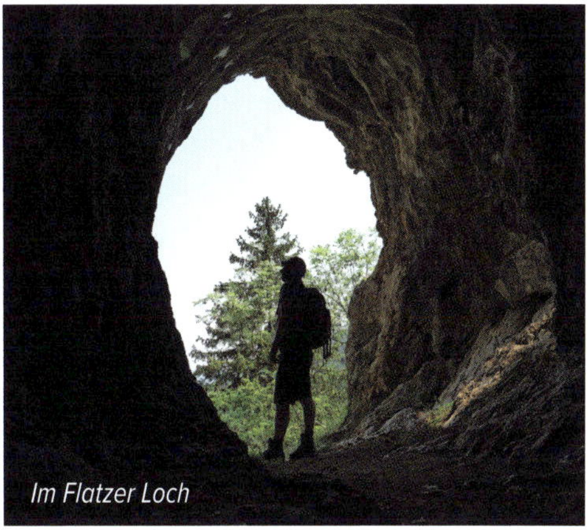

Im Flatzer Loch

2 ½ Stunden / 5 ½ km / 400 Hm, mittel

Eignung für Kinder: ab 11

CHARAKTER: *Sowohl der Wandsteig als auch der Fürststeig sind von routinierten Wanderern unproblematisch zu begehen. Vorsicht gilt in der rutschigen Tropfsteinhöhle und beim Zustieg zum Flatzer Loch*

START- UND ZIELPUNKT: *Flatz (Parkplatz beim Grillplatz beim Waldbauern, mit öffentlichen Verkehrsmitteln zu erreichen)*

ROUTE: *Flatz (461 m) – Wandgasse – Zustieg zur Tropfsteinhöhle – Flatzer Tropfsteinhöhle (auch Langes Loch, 579 m) – Wandsteig – Plateauweg – [Neunkirchner Haus (758 m) –] Fürststeig – [Flatzer Loch –] Flatz*

ATTRAKTIONEN: *Höhlen, Fürststeig, reichhaltige Flora, Föhrenwald, schöne Panoramablicke, Schneebergbankerl, Neunkirchner Haus*

EINKEHRMÖGLICHKEIT: *Neunkirchner Haus (https://neunkirchnerhaus.naturfreunde.at/)*

WEITERFÜHRENDE INFOS: *www.naturpark-sierningtal-flatzerwand.at*

28 Dürre Wand: Schober – Öhler

DAS VERGESSENE PARADIES

Die Dürre Wand mit ihren höchsten Erhebungen Schober und Öhler ist ein kleines Wanderjuwel und ganz und gar nicht dürr: hübsche Almen, Wasserfälle, dichte Wälder und zwei Gipfel, die im ECO-Gang zu erreichen sind. Während sich die Wanderer auf den bekannten Nachbarn, dem Schneeberg und der Hohen Wand, drängen, bleiben die Genießer hier unter sich – so als hätte man dieses kleine alpine Paradies einfach vergessen …

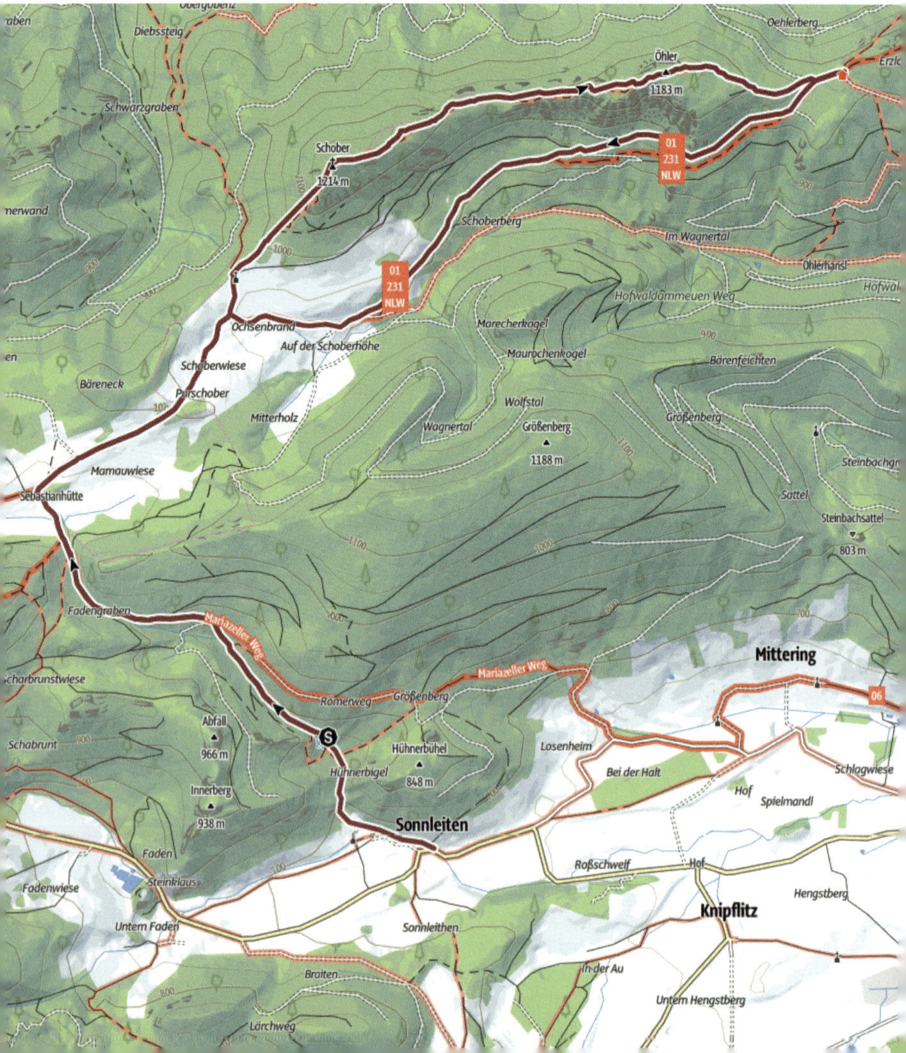

Über den Sebastian-Wasserfall auf den Schober

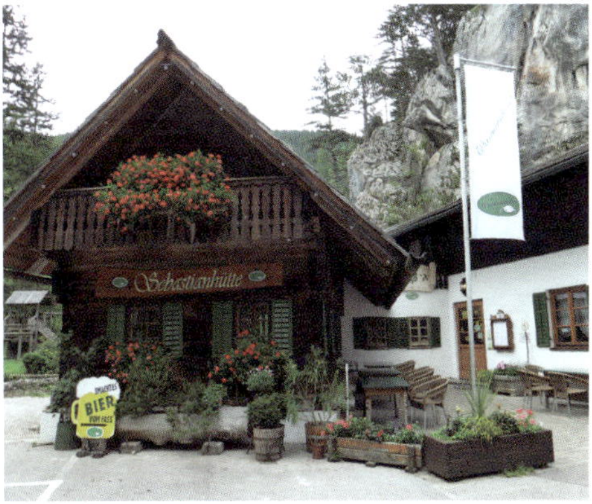

Schon der Auftakt ist abwechslungsreich und malerisch: Wir schultern unseren Rucksack in Sonnleiten auf der **Losenheimer Straße** (Bus). Über den **Wasserfallweg** erreichen wir nach wenigen Minuten die **Wasserfallhütte**, eine interessante Einkehrmöglichkeit. Denn daneben zieht die „Sebastianihütte" unsere Aufmerksamkeit auf sich, ein 200 Jahre altes Holzhaus, das 1998 in der Steiermark abgetragen und original neben dem ursprünglichen Wasserfallwirt wieder aufgebaut wurde. Von hier folgen wir der blauen Markierung zum **Sebastian-Wasserfall**, der etwa 20 Meter tosend in die Tiefe fällt. Links vom Wasserfall wandern wir über einen Waldsteig bergauf, überqueren auf einer Brücke den Sebastianbach und folgen diesem ein Stück in nordwestliche Richtung bis zum **Sebastianmarterl**. Bei der dort befindlichen Wegkreuzung halten wir uns links und erreichen nach 45 Minuten die blütenreiche **Mamauwiese** und einen kleinen Teich (Der dort gelegene vormalige Bergasthof Mamauwiese war zur Zeit der Begehung geschlossen).

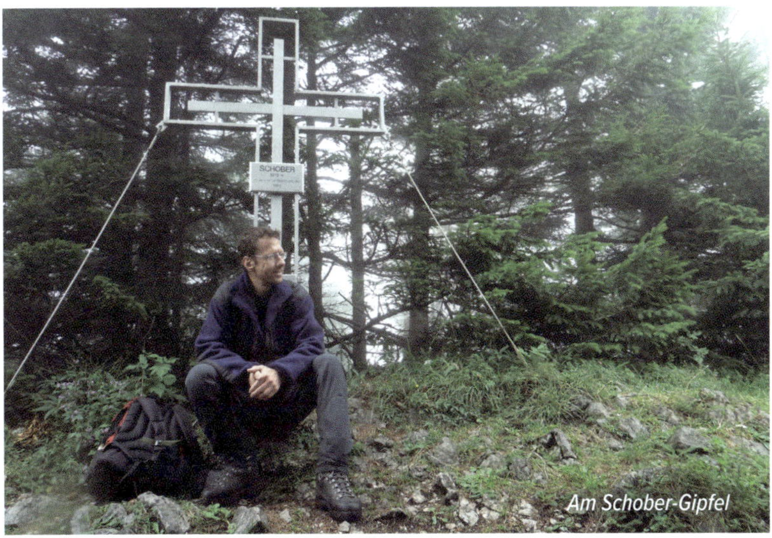

Am Schober-Gipfel

HÖHENPROFIL

QR Link Tour 28

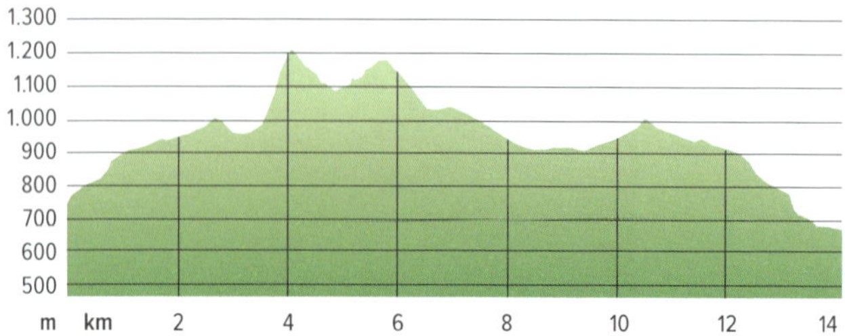

ANSPRUCH	STRECKE	DAUER	AUFSTIEG	ABSTIEG	HÖHENLAGE	EINKEHR
★★ MITTEL	14,0	4:00	800 m	800 m	1.209 m / 666 m	JA

Weiter über die almartige Wiese zur **Schoberkapelle**, wo wir wieder in Wald eintauchen. Nun auf dem gelb markierten **Hans-Linhart-Steig** über einen steilen Waldkegel bergauf, wobei sich hin und wieder ein hübscher Blick auf den Schneeberg auftut. Auf der Kammhöhe schlängelt sich der Steig um einige Felskanzeln herum, wofür wir etwas Trittsicherheit benötigen, ehe wir nach 1,5 Stunden beim kleinen, waldumringten Gipfelkreuz des **Schobers** anlangen (Gipfelbuch und -stempel).

Über den Öhler und die Schoberalm zurück

Weiter über den stillen, schmalen Waldkamm in östlicher Richtung. Wo der Weg auf einen Grat anhebt, bleiben wir auf einem schmalen, aber gut begehbaren

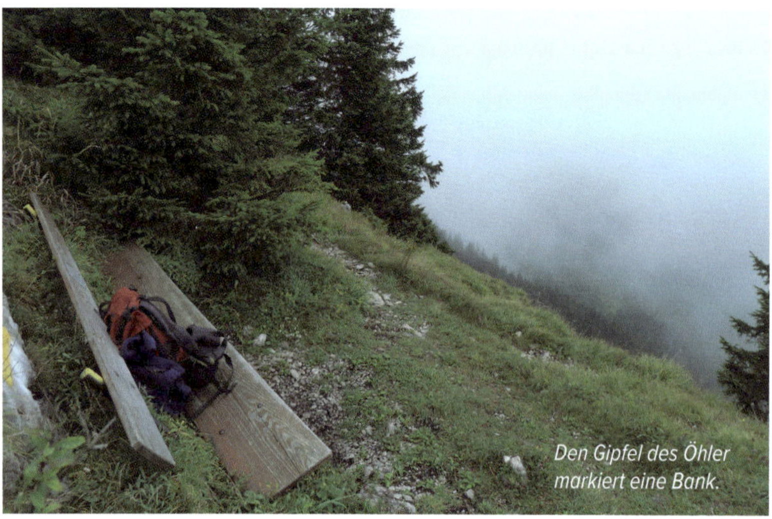

Den Gipfel des Öhler markiert eine Bank.

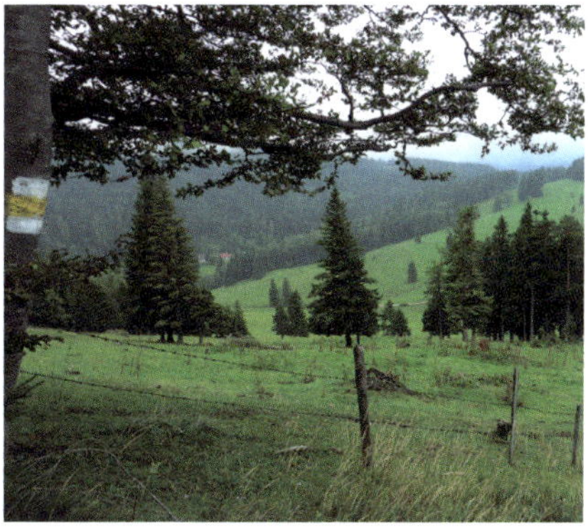

Steig und folgen einem Wildzaun, bis eine Rastbank den felsigen und aussichtsreichen **Öhler-Gipfel** markiert. Im Blickfeld der Schober und der alles überragende Schneeberg. Vom Gipfelbankerl benötigen wir noch etwa 15 Minuten zum **Öhlerschutzhaus** der Naturfreunde, einer ebenfalls empfehlenswerten Einkehr.

Nach der Rast geht es ein paar Schritte zurück, um bei einer Wegverzweigung dem westlichen, dem **Imitzerweg** (Weg 231), Richtung Schoberalm/Mamauwiese zu folgen. Dieser Steig führt in sanftem Bergab unter den Abbrüchen der Dürren Wand durch einen Wald und zunächst zu den Almwiesen im oberen Schobergraben. Von hier aus wandern wir weiter bis zur **Schoberalm** mit dem Schoberhof. Unweit der **Schoberkapelle** treffen wir wieder auf den Aufstiegsweg und kehren auf diesem über den **Sebastian-Wasserfall** zum Ausgangspunkt zurück.

4 Stunden / 14 km / 800 Hm / mittel

Eignung für Kinder: ab 12

CHARAKTER: *lange Tour auf guten Wegen, die Ausdauer und am Gipfelkamm zwischen Schober und Öhler etwas Trittsicherheit verlangt*
START- UND ZIELPUNKT: *Bushaltestelle „Puchberg am Schneeberg, Sonnleiten" an der Losenheimer Straße*
ROUTE: *Losenheimer Straße – Wasserfallhütte (Sebastianihütte, 699 m) – Mamauwiese – Schober (1.213 m) – Öhler (1.183 m) – Öhlerschutzhaus (1.027 m) – Imitzerweg – Schoberalm (929 m) – Schoberhof – Mamauwiese – Wasserfallhütte*
ATTRAKTIONEN: *Nette Einkehrmöglichkeiten, stille, aussichtsreiche und stellenweise alpine (Kamm-)Wege, Sebastiani-Wasserfall*
EINKEHRMÖGLICHKEIT: *Wasserfallhütte (https://www.puchberg.at/infrastruktur/wasserfallwirt/), Öhler Schutzhaus (https://oehlerschutzhaus.naturfreunde.at)*
TIPP: *Es empfiehlt sich auch, die Tour in umgekehrter Richtung anzulegen, also vom Öhlerschutzhaus über den Gipfelkamm in Ost-West-Richtung, da man so immer die malerische Dürre Leiten und vor allem den Schneeberg vor Augen hat*

29 Die Jochart

EIN BERG VOLLER ÜBERRASCHUNGEN

Erste Überraschung: Der einsame Hügel zwischen Reisalpe und Unterberg ist tatsächlich eine „Sie“: DIE Jochart! Was sie ausmacht, sind nicht große Ereignisse, sondern kleine Kostbarkeiten: eine facettenreiche Flora, imposante Ausblicke, einsame Stille. Zudem erwartet uns am Gipfel eine besondere Überraschung …

Ein Tipp vorweg: Den fast durchgängig bewaldeten „Hausberg“ von Rohr im Gebirge erläuft man nicht, sondern man begeht ihn mit Muße und Bedachtsamkeit – schon um der mannigfaltigen Pflanzenwelt wegen und um die Geruhsamkeit der Landschaft nicht zu stören.

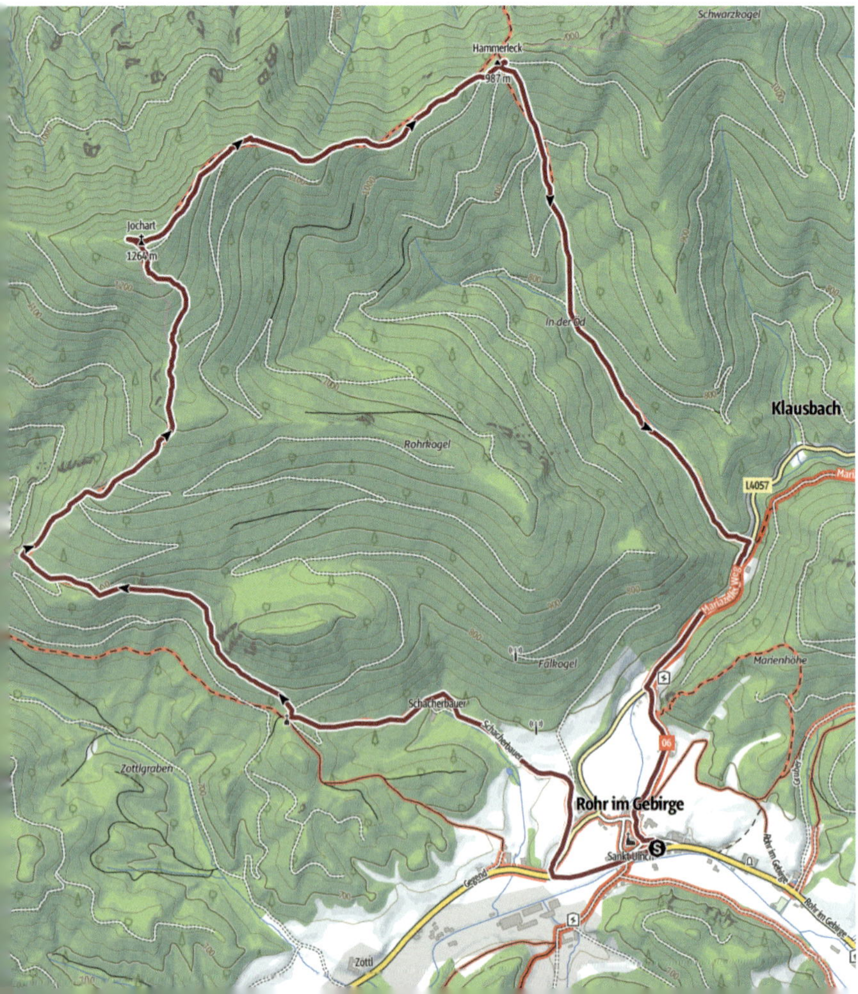

Stille Wege zum Schacherkreuz

Vom Zentrum von **Rohr im Gebirge** (Bushaltestelle) wandern wir ein Stück auf der Straße bis zur Abzweigung zur „Haselrast". Hier rechts hinein, bis von der Straße ein Güterweg nach links abzweigt (Wegweiser „Jochart, ca. 2 Std."). Diesem folgen wir an einer Weide vorbei bis zum **Schacherbauern**. Nach einem verspiel-

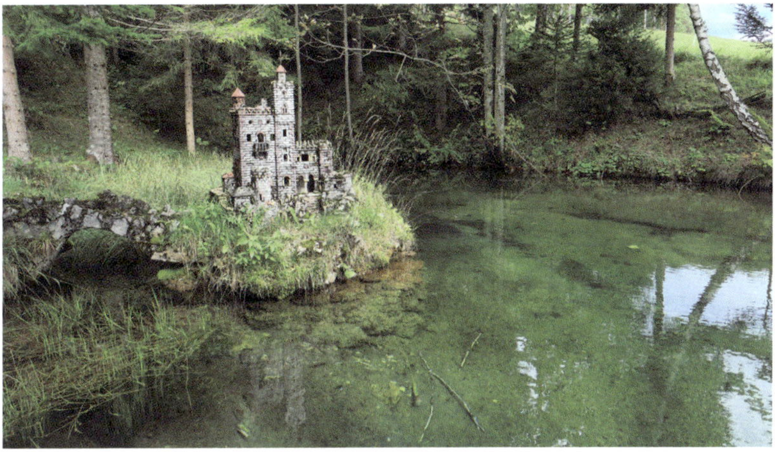

ten Teich mit einer Miniatur-Burg lenken wir unsere Schritte nach rechts auf eine Schotterstraße. Die Steigung wird bis zum Gipfel kaum mehr nachlassen, weswegen der Aufstieg zur Jochart alles andere als ein Spaziergang ist. Nach rund einem halben Kilometer verlassen wir die Forststraße nach rechts auf einen Hohlweg, wobei uns die rote Markierung verlässlich den Weg zur ersten Sehenswürdigkeit weist, eine kleine Kapelle mit dem sog. **Schacherkreuz**. Ein Kreuzweg, Gedenkbildchen an Verstorbene der Gegend und ein Muttergottesbild aus dem Jahr 1863 mahnen zum Innehalten.

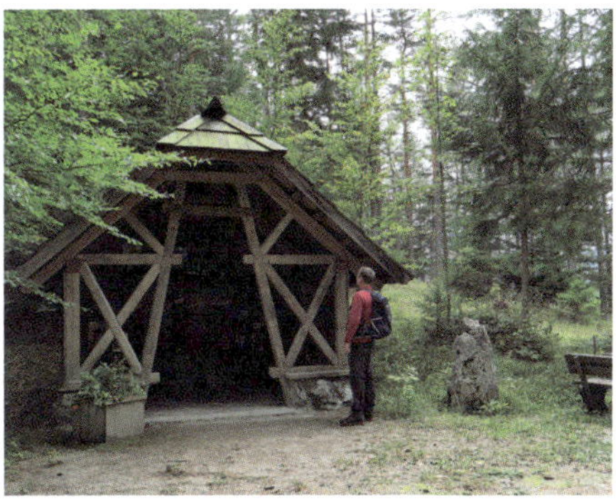

Ein hochprozentiger Gipfel

Beim Schacherkreuz zweigt ein Weg nach Osten zur Roßbachklamm ab (auch ein beliebter Ausgangspunkt auf die Jochart). Wir allerdings bleiben dem blau markierten Weg treu, der auf breitem Waldweg geradeaus weiter bergauf führt.

HÖHENPROFIL

QR Link Tour 29

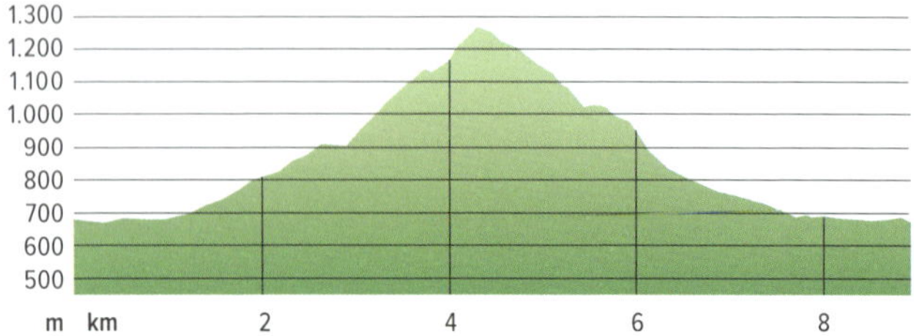

★★ ANSPRUCH	STRECKE	DAUER	AUFSTIEG	ABSTIEG	HÖHENLAGE	EINKEHR
MITTEL	11,0	3:30	630 m	630 m	1.266 m – 671 m	NEIN

Unterwegs treffen wir auf kleine Felstürme, die zum Klettern einladen. Bei einer Forststraßenverzweigung lassen wir uns von einem blauen Wegpfeil nach links auf einen schmalen Waldpfad führen. Nun etwas steinig und wurzelig bergauf, entdecken wir am Weg Zyklamen, Enziane, im Frühjahr blühende Orchideen und im Herbst jede Menge Pilze. So steigen wir Höhenmeter für Höhenmeter am Rand eines steil abfallenden Waldgrabens und durch mehrere Windwurfflächen bergauf. Sobald wir eine Hochweide erreichen, halten wir uns links und folgen dem Weidezaun an uralten Fichten und Buchen vorbei. Sobald wir eine Bank und eine kleine Halterhütte passieren, öffnet sich ein weiter Panoramablick zur Reisalpe, Rax und zum Schneeberg.

Der Schlussanstieg führt durch dichten Jung-, später auch durch uralten Fichtenwald. Den Gipfel der 1.266 m hohen **Jochart** markieren ein schlichtes Holzkreuz, ein Haasen-Bankerl, ein Kruzifix und ein grandioser Blick bis hin zum Ötscher, Schneeberg und zu einigen Gesäusebergen. Ach ja, und noch eine Überraschung erwartet uns: zwei Kästchen mit Schnapsflaschen und -stamperln, die hier wohl sehr eingefleischte Jochart-Connaisseurs für uns hinterlegt haben müssen. Zur Erklärung: Für viele, vor allem ältere Bergsteiger, gilt der Gipfelschnaps als fester Bestandteil einer Bergbesteigung. Ganz oben angekommen feiert man den Gipfelerfolg mit

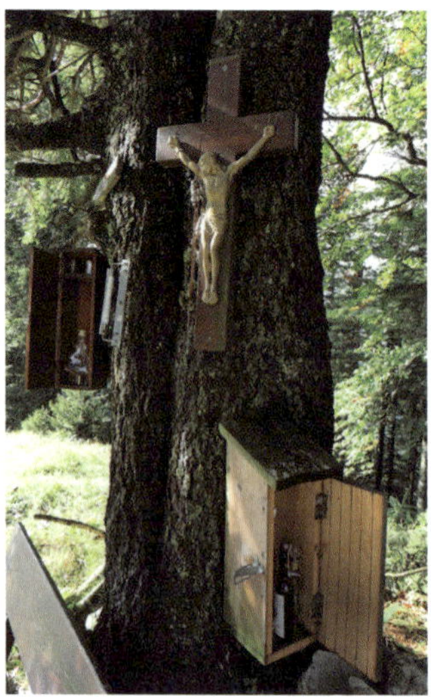

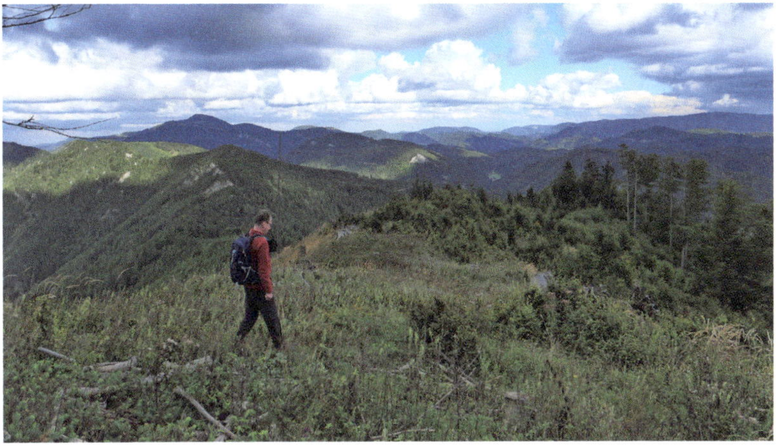

Abstieg über den aussichtsreichen Ostrücken der Jochart

einem Handschlag, einem Gipfelbusserl – und eben einem Gipfelschnapserl. Auf der Jochart sollten wir den Gipfelumtrunk allerdings mit Bedacht feiern, da wir ja noch den Abstiegsweg vor uns haben – und der hat es durchaus in sich!

Abstieg über das Hammerleck

Für den Abstieg folgen wir dem Wegweiser zum Hammerleck. Die Zeit dorthin ist mit 1 ¾ Stunden angeschrieben. Was natürlich nicht stimmt. Wir brauchen genau eine halbe Stunde über den spärlich bebaumten Ostrücken der Jochart, wobei

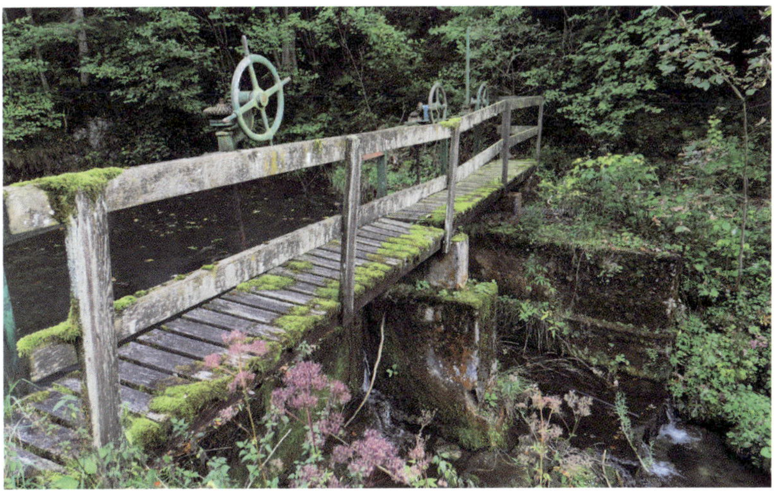

Eine alte Schleuse kurz vor Rohr im Gebirge

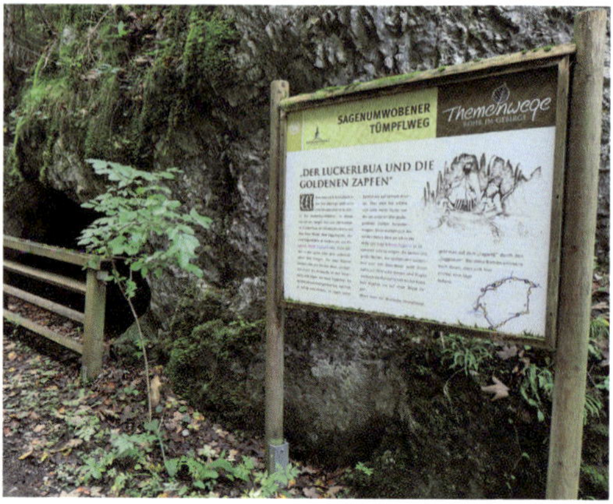

sich mitunter ein erstaunliches Panorama über die Hügel rund um die Reisalpe und die hohen Gipfel des „Schneeberglandes" ergibt. Mit dem **Hammerleck** ist eine Forststraßenkreuzung gemeint, ab der wir uns an die rote Markierung halten, die uns durch Wald steil bergab ins Tal der **Öd** führt. Auch der Abstiegsweg ist kein Spaziergang. Bei einer Lichtung mit Wildfütterungsstelle wechseln wir auf eine Forststraße, der wir von nun an bis zur sagenumwobenen **Luckerlbuamhöhle** treu bleiben. Hier erreichen wir auch die Landstraße nach Rohr, auf der wir mit einiger Wahrscheinlichkeit auf Wallfahrer treffen werden, die Richtung Mariazell streben. Mit ihnen gemeinsam begehen wir ein Stück des **Wiener Mariazellerwegs 06** den Klausbach entlang, der uns in 20 Minuten an einer alten Schleuse vorbei nach **Rohr im Gebirge** führt (Hotel Kaiser Franz Joseph). Sehenswert ist die Pfarrkirche St. Ulrich dank des imposanten Tabernakels, der Darstellung des hl. Ulrich und des Kreuzwegs, dessen Bilder in Hinterglasmalerei gefertigt sind.

3 ½ Stunden / 11 km / 630 Hm / mittel

Eignung für Kinder: ab 14

CHARAKTER: *Der lange, konsequent ansteigende und mitunter steile Aufstieg und der ebenso steil abfallende Rückweg erfordern etwas Kondition und Durchhaltevermögen*

START- UND ZIELPUNKT: *Rohr im Gebirge (mit öffentlichen Verkehrsmitteln zu erreichen)*

ROUTE: *Rohr im Gebirge (683 m) – Schacherkreuz (766 m) – Jochart (1.266 m) – Hammerleck (987 m) – In der Öd – Luckerlbuamhöhle – Rohr im Gebirge*

ATTRAKTIONEN: *einsame Waldpassagen, mannigfaltige Flora, Schacherkreuz, am Gipfel Panoramaloge mit Schnapsverkostung, Pfarrkirche St. Ulrich in Rohr*

EINKEHRMÖGLICHKEIT: *keine, in Rohr im Gebirge das Hotel Kaiser Franz Joseph (www.hotelkaiserfranzjosef.at)*

30 Myrafälle – Hausstein

TOSENDE WASSER

Die Myrafälle dürfen in diesem Best-of-Buch natürlich nicht fehlen! Die feuchtfrische Felsschlucht bei Muggendorf mit ihrem tosend ins Tal schießenden Wasser ist ein beeindruckendes Naturschauspiel und ein Paradies für Jung und Alt. Gleichsam am Weg liegt der Hausstein, ein weiteres Wahrzeichen der Gegend, das man sich nicht entgehen lassen sollte.

Durch die Myrafälle ...

Ausgangspunkt ist die Bushaltestelle „Muggendorf Myrafälle" (auch Parkplätze vorhanden). Im romantischen Talschluss liegt das **Gasthaus Myrastubn**, daneben ein Kinderspielplatz, darüber die Hirschwände und der Hausstein, dem wir auch einen Besuch abstatten werden.

Im Eingangsbereich, wo ein kleiner Erhaltungsbeitrag zu entrichten ist, erinnert eine Gedenktafel an kaiserliche Besuche: Das ins Tal schießende Wasser hat 1802 schon Kaiser Franz II. und seine Gattin Kaiserin Maria Theresia (von Neapel-Sizilien) in seinen Bann gezogen.

Der Myrafluss entspringt der Myralucke, einer Quelle, die vom Grundwasser des Unterbergs gespeist wird. Nach einem kleinen Stausee, dem wir heute auch einen

Die Myrafälle sind ein beeindruckendes Naturschauspiel.

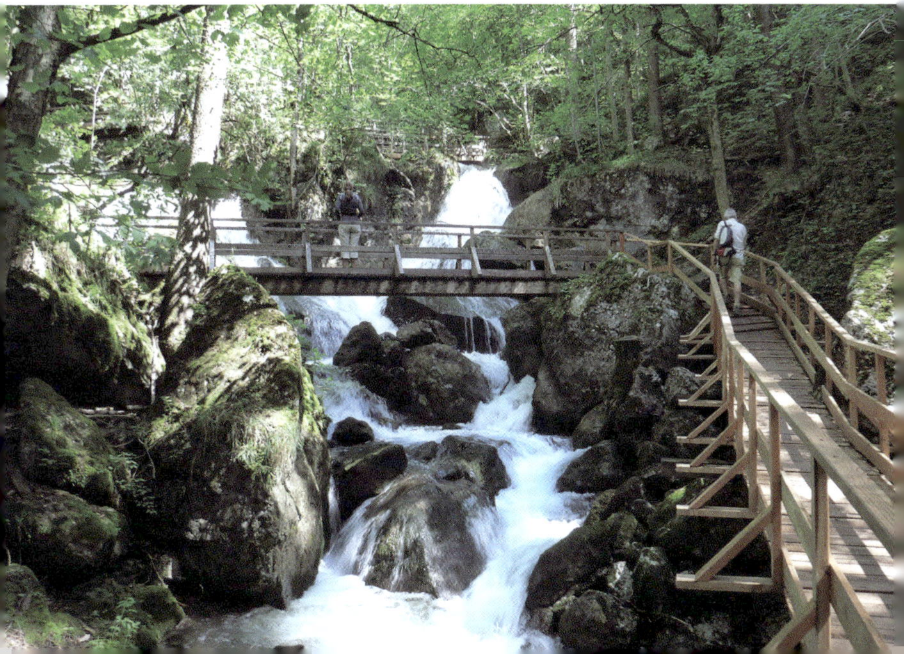

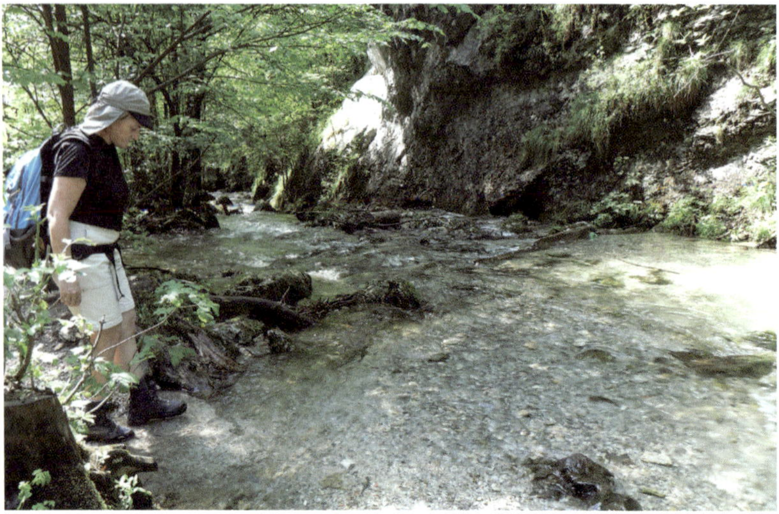

Besuch abstatten werden, fällt er 125 Höhenmeter durch enge **Felsschluchten** in unzähligen kleinen und großen Fällen in die Tiefe. Über zahlreiche Brücken und Stege wandern wir nun das enge und romantische Tal der Klamm bergauf, welche die Myra im Laufe der Jahrtausende in den Felsen geschliffen hat. Die vom österreichischen Touristenklub betreute Steiganlage wurde bereits im Jahr 1885 eröffnet. Der Aufstieg ist äußerst abwechslungsreich und nicht sehr anstrengend, unzählige kleinere und größere Wasserfälle, Gumpen und Wirbel säumen den Weg. Immer wieder laden Rastbänke zum Verweilen ein, seichte Uferstellen zum Spielen. Vor allem nach der Schneeschmelze oder Regenfällen, wenn viel Wasser durch die Klamm schießt, kommt man aus dem Staunen kaum heraus.

HÖHENPROFIL

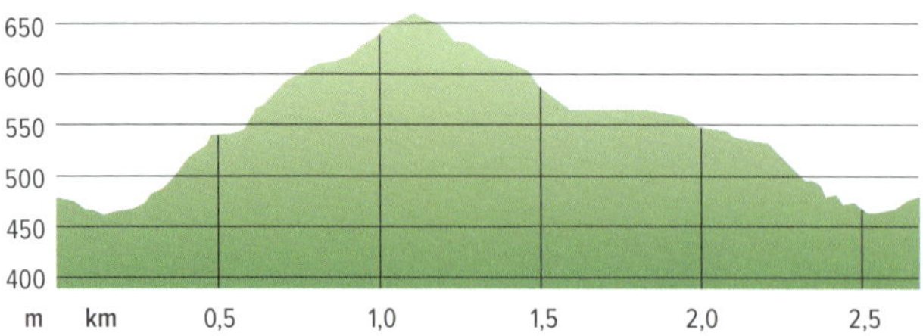

QR Link Tour 30

ANSPRUCH	STRECKE	DAUER	AUFSTIEG	ABSTIEG	HÖHENLAGE	EINKEHR
LEICHT	3,0	3:00	200 m	200 m	659 m / 463 m	JA

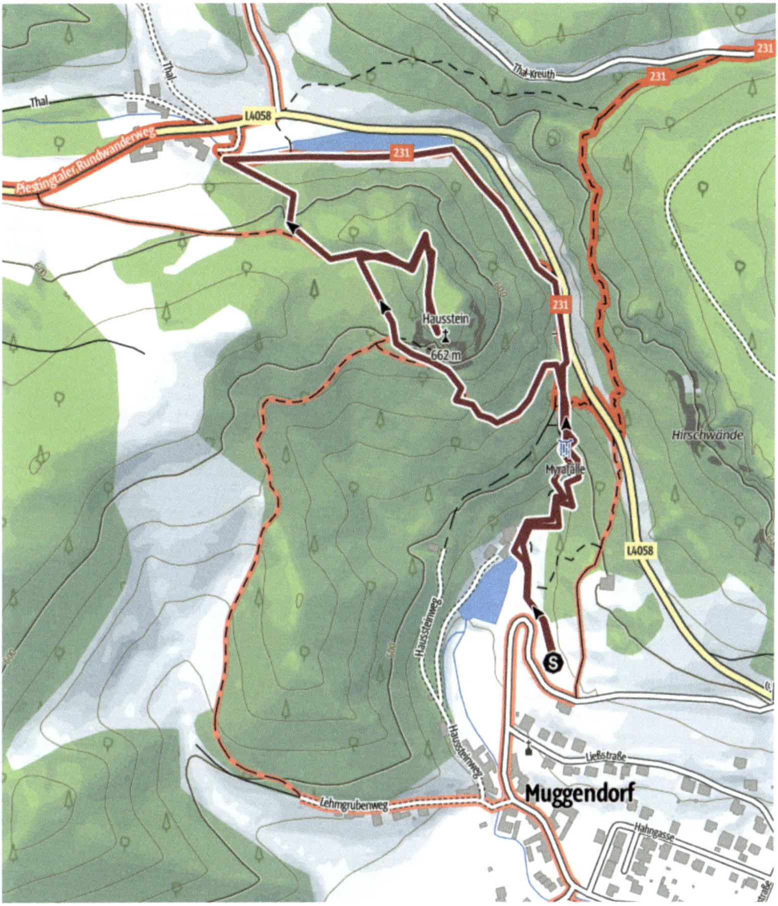

… auf den Hausstein

Weithin sichtbar ragt der Hausstein, das Wahrzeichen von Muggendorf, aus dem umliegenden Wald. Weil begeisterte Bergmenschen bekanntlich keinen Gipfel, der zum Greifen nahe liegt, auslassen wollen, biegen wir am oberen Ende der Wasserfälle beim Wegweiser „Hausstein" nach links ab. Der **Hausstein-Rundwanderweg** führt uns durch Wald zu einigen Felsblöcken, an denen nach Herzenslust herumgekraxelt werden kann. Die bis zu 70 m hohen, senkrecht bis überhängend aufstrebenden Wände zu unserer Rechten überschreiten allerdings unser Können. Nach einem weiteren kurzen Anstieg erreichen wir den sog. **Schneebergblick**, wo uns bei gutem Wetter eine eindrucksvolle Aussicht zum höchsten Berg Niederösterreichs erwartet. Nach der großen **Hausstein-Wiese** und einem kurzen Steil-

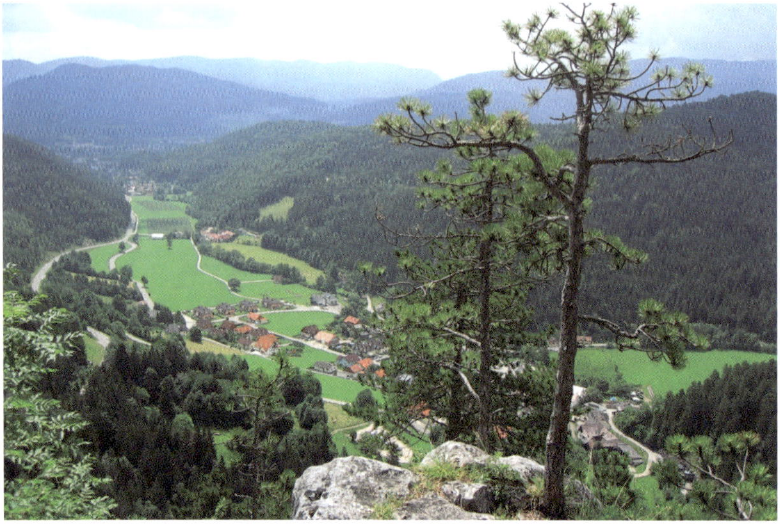

Am Hausstein darf der Blick weit schweifen.

stück ist der bekreuzte Gipfel des **Haussteins** schnell erreicht. Aber Achtung! Das Gipfelplateau bricht hier senkrecht in die Tiefe. Vorsicht ist geboten, besonders wenn bewegungsfreudige Kinder dabei sind. Nach dem Rückweg zur Hausstein-Wiese geht es kurz, aber steil durch Wald zum **Stauweiher** mit einem Kinderspielplatz, von wo die Myra ins Tal fällt. Gleich dort könnten wir beim traditionsreichen, seit 1914 bestehenden **Gasthof Karnerwirt** einkehren. Das Wirtsteam Katharina und Levi bietet feinste regionale und saisonale Speisen an. Es zahlt sich also aus,

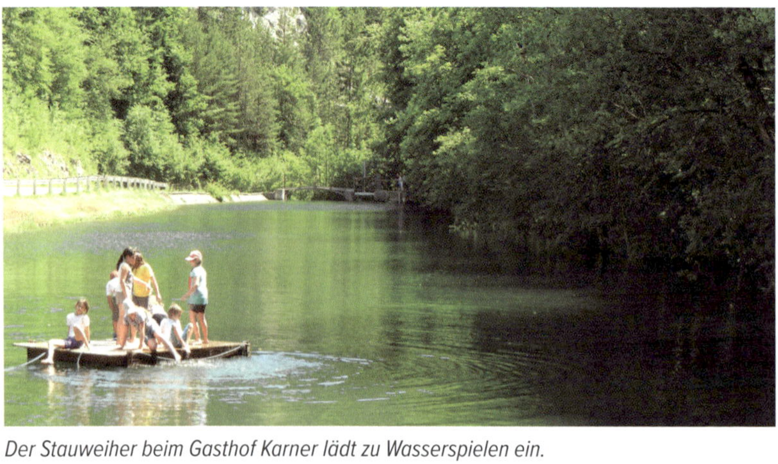

Der Stauweiher beim Gasthof Karner lädt zu Wasserspielen ein.

hier zu rasten. Über den **Teichweg** geht es nun entlang des Stausees zur Schleuse und entlang des Myrabachs bis zum Beginn der Steiganlage in die Myrafälle. Auf bekanntem Weg wandern wir wieder zum Ausgangspunkt zurück.

3 Stunden / 3 km / 200 Hm / leicht

Eignung für Kinder: ab 11

CHARAKTER: *nette, kurze Familientour mit zahlreichen Abenteuern am Weg*
START- UND ZIELPUNKT: *Bushaltestelle „Muggendorf Myrafälle"*
ROUTE: *Muggendorf (450 m, Eingang Myrafälle) – Hausstein (668 m) – Gasthof Karnerwirt – Teichweg – Myrafälle – Muggendorf*
ATTRAKTIONEN: *Naturschauspiel der Myrafälle, Hausstein-Gipfel mit imposantem Weitblick, Stauweiher beim Karnerwirt*
EINKEHRMÖGLICHKEIT: *Myrastubn im Eingangsbereich (www.myrastubn.at), Gasthof Karnerwirt (www.karnerwirt.at)*
WEITERFÜHRENDE INFOS: *www.myrafaelle.at*

31 Hocheck

AM ÖSTLICHSTEN TAUSENDER DER ALPEN

Der östlichste Tausender der Alpen brilliert mit grandiosem Ausblick auf die "Berühmtheiten" unter den Gipfeln des Wienerwalds und der Wiener Alpen. Der klassische Anstieg von Furth aus führt über den Krenn-Weg zum Gipfel mit Aussichtsturm und Schutzhütte. Lohnend auch der panorama- und waldreiche Abstieg über Eberbach.

Vom Tal der Wirte zur Meyringer-Warte

Den Rucksack geschultert im Ortzentrum von **Furth an der Triesting**. Die größte Gemeinde des Triestingtals gilt als „Tal der Wirte" – mit vielen familienfreundlichen Gasthöfen und Pensionen.

An der Feuerwehr, dem Gemeindeamt und der Kirche zur Heiligen Magdalena vorbei, bis uns bei einem Kapellchen ein Schild nach links zum blau markierten „Krenn-Weg" lenkt. Der Weg führt nun abwechselnd auf Asphalt, Schotter und am Ende auf einem Waldweg Richtung Nordwesten bis zum Gipfel. Am Anfang erweckt das **Pfefferhäuschen**, eine schmucke Landvilla, unsere Aufmerksamkeit. Schon wenig später reckt sich das Hocheck über die Baumwipfel und plätschert der Rohrbach neben uns, der uns lange begleiten wird. Immer der blauen Markierung folgend steigt man

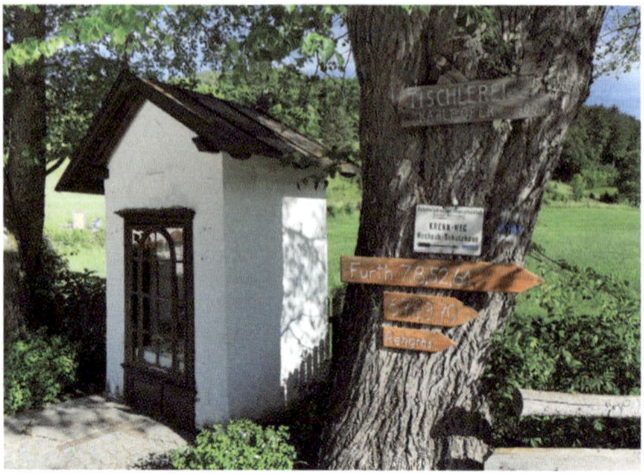

nun zügig teils auf der asphaltierten Hocheck-Straße, teils auf Karrenwegen und Pfaden bergwärts, wobei sich Föhrenhaine und Buchenwälder abwechseln. Je

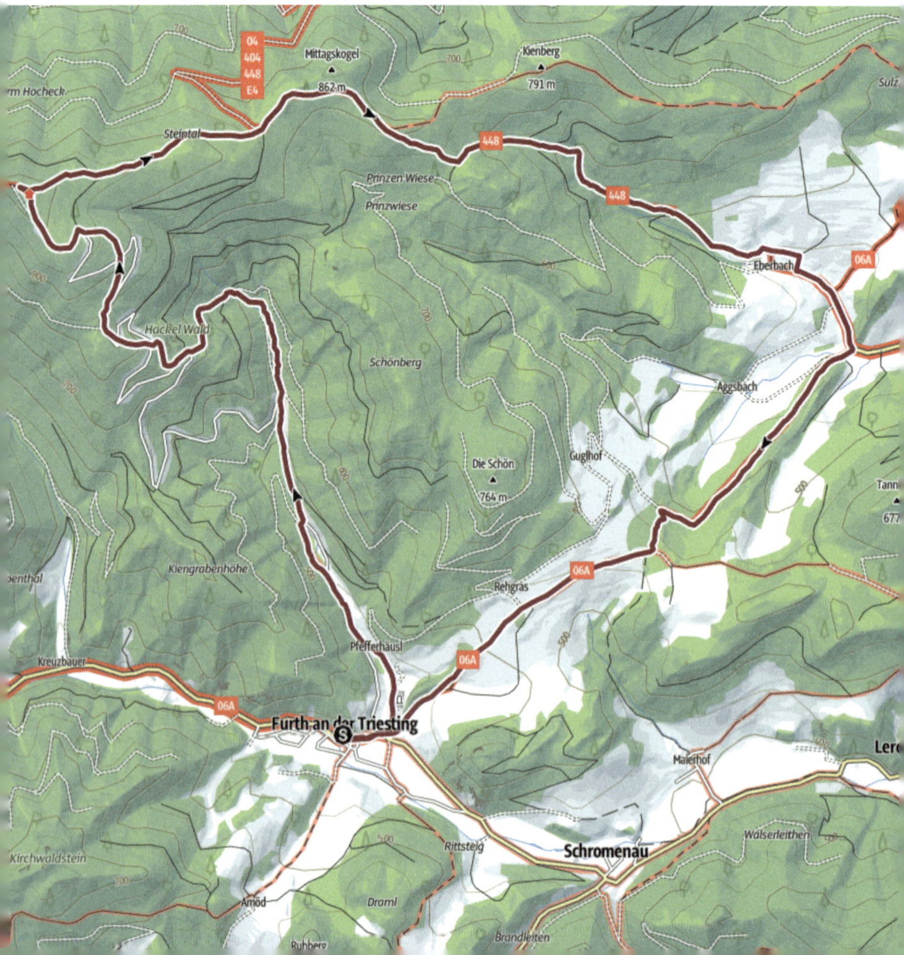

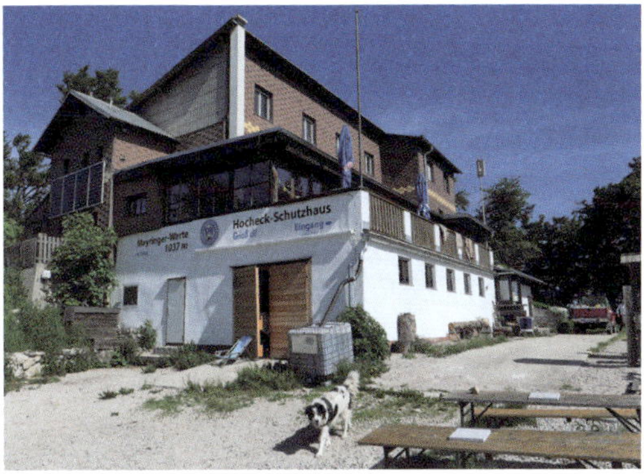

länger wir marschieren, desto fordernder wird der Weg. Nach einer Gehstunde lichtet sich der Wald und der Blick weitet sich über die nahe Bergwelt. Weiter auf einem steilen Waldsteig, der am Ende durch ein imposantes Föhrenspalier führt. Nach 1,5 Stunden haben wir den einladenden Gipfel des **Hochecks**, des östlichsten Eintausenders der Alpen erreicht. Mit einem groß gemalten „Griaß di" heißt uns die 1947 erbaute ÖTK-Schutzhütte willkommen. Dahinter geht es noch ein paar Höhenmeter bis zur Aussichtsplattform der **Meyringer-Warte** hinauf (benannt nach Franz Meyringer, 1901–1980, Vorstand der ÖTK-Sektion Triestingtal). Der 360-Grad-Blick imponiert, reicht er doch von den Wienerwald-Granden Schöpfl, Anninger und Peilstein über die Höhenzüge der Voralpen mit Kieneck und Unterberg bis zu den Wiener Alpen mit Schneealpe, Rax und Schneeberg.

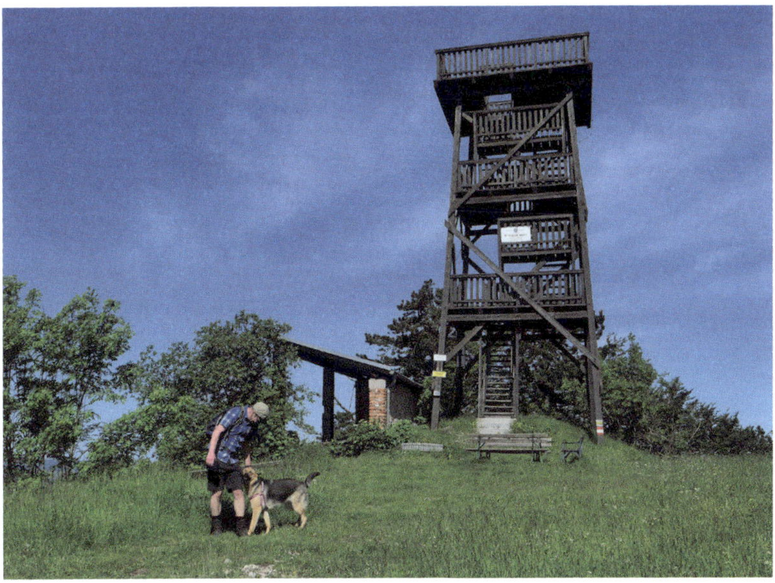

Unter der Meyringer-Warte empfängt uns der freundliche Hüttenhund, oben imponiert ein 360-Grad-Blick.

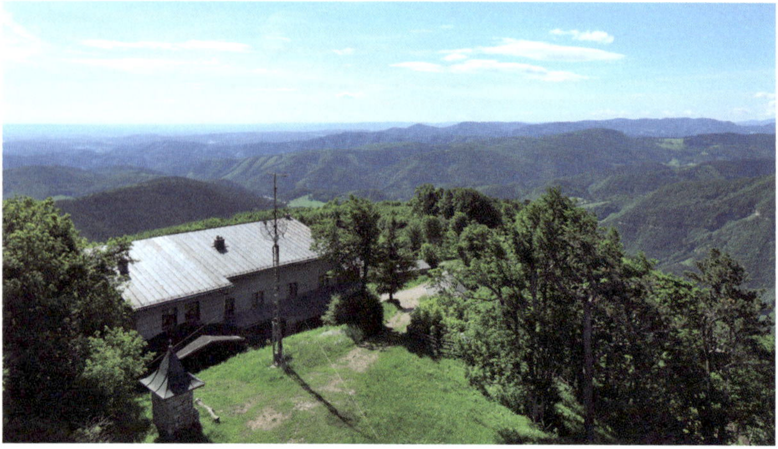

Blick von der Meyringer-Warte auf das Hocheck-Schutzhaus und über den Wienerwald

Über Eberbach zurück

Zurück beim Schutzhaus folgen wir rot markiert (448) dem Schild "Eberbach" talwärts. Der Abstieg gestaltet sich als überaus abwechslungs- und panoramareich. Auf breitem Weg wandern wir durch das Obergeschoss des **Mittagskogels** über almartige Wiesen und durch Waldstücke voller Bergahorn, Buchen und Fichten. Nach rund 1 ½ Stunden erreichen wir die verträumte Siedlung **Eberbach**. Nach dem Ort achten wir auf eine Brücke, über die es nach rechts auf den blau markierten Weg Richtung Guglhof, Rehgras und Furth geht. Auf einer Schotterstraße wandern

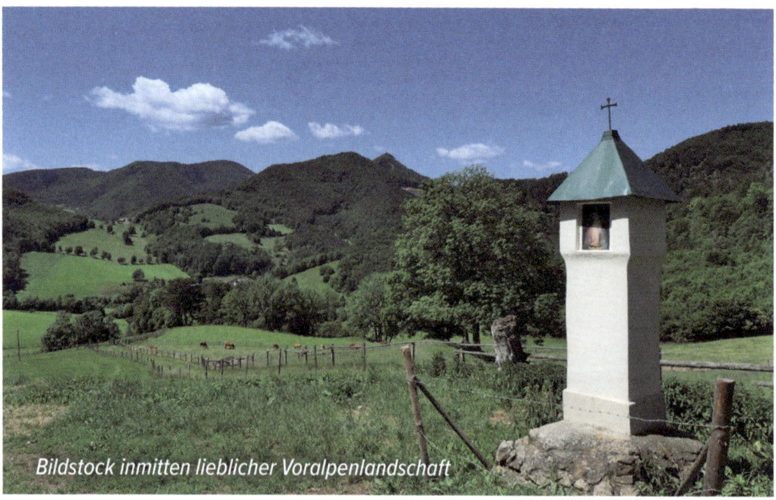

Bildstock inmitten lieblicher Voralpenlandschaft

HÖHENPROFIL

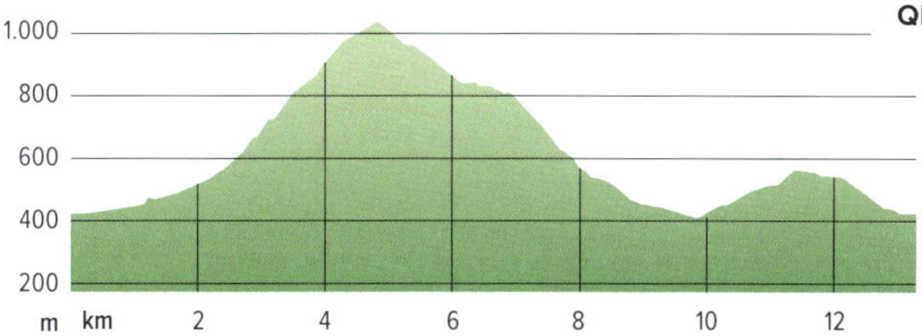

QR Link Tour 31

★★ ANSPRUCH	STRECKE	DAUER	AUFSTIEG	ABSTIEG	HÖHENLAGE	EINKEHR
MITTEL	13,5	4:00	750 m	750 m	1.036 m / 408 m	JA

wir ein kurzes Stück durch Wald. Vor einem Marterl und einer Wiese wenden wir uns nach links und folgen dem Wiener Mariazellerweg 06 auf eine Waldkuppe. Hier haben wir die letzte Bergwertung des Tages geschafft und dürfen, begleitet von einem wunderschönen Talblick, durch Kuhweiden und den Hof **Rehgras** ins Triestingtal absteigen. Am Ende treffen wir wieder auf jene Kapelle, von der wir auf schon bekanntem Weg zum Ausgangspunkt zurückkehren.

4 Stunden / 13,5 km / 750 Hm / mittel

Eignung für Kinder: ab 14

CHARAKTER: *Der Aufstieg über den Krenn-Weg verlangt einiges an Kondition und Muskelkraft, ansonsten hat man es mit einem leichten und abwechslungsreichen Weg zu tun*

START- UND ZIELPUNKT: *Furth an der Triesting (Parkplätze, mit öffentlichen Verkehrsmitteln nicht zu erreichen)*

ROUTE: *Furth an der Triesting (422 m) – Krenn-Weg – Hocheck (Hocheck-Schutzhaus, Meyringer-Warte, 1.037 m) – Eberbach – Rehgras – Furth an der Triesting*

ATTRAKTIONEN: *facettenreiche Buchen- und Föhrenwälder, Ausblicke (besonders von der Meyringer-Warte)*

EINKEHRMÖGLICHKEIT: *Hocheck-Schutzhaus (www.outdooractive.com/de/hut/gutensteiner-alpen/hocheck-schutzhaus/13538841), in Furth etliche Einkehrmöglichkeiten, darunter die Gasthaus-Pension „Zum Kirchenwirt“*

WEITERFÜHRENDE INFOS: *www.furth-triesting.at*

32 Lorenzipechkogel

AM SCHNEEROSENWEG INS WANDERGLÜCK

Der „Lorenzi“ nördlich von Lilienfeld fristet neben den bekannteren Erhebungen wie dem Muckenkogel, der Kloster-Hinteralm und dem Hohenstein ein Aschenbrödel-Dasein – sehr zur Freude des Ruhe suchenden Wanderers! Aber es ist nicht nur die Einsamkeit, die besticht, sondern auch die herrliche Aussicht und die reichhaltige Flora. Ein besonderer Augenschmaus, wenn im Frühjahr Schneerosen den Weg säumen.

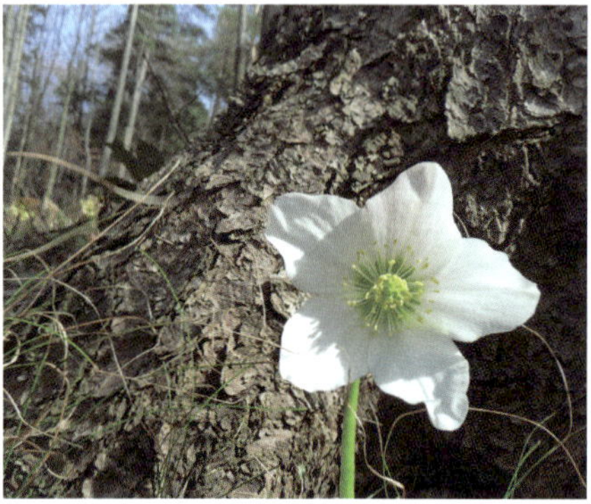

Wanderglück am Pechkogel

Abmarsch am Bahnhof von **Lilienfeld**. Die **Zdarskystraße** leitet uns über die Bundesstraße und die Traisen bis zum örtlichen Bezirksheimatmuseum, hier rechts auf den **Taurer Tarschbergweg**. Beim Taurer treten wir aus dem Wald auf offenes Terrain. Über dieses erreichen wir das Gehöft Sulzer und wenig später die alte **Taurer-Kapelle**.

Nun nach links und gleich durch den Wald, den Beginn des **Pechkogel Kammsteigs**. Schneerosen säumen den Weg, während wir langsam und genießend über den Kamm zuerst den **Osterkogel**, dann den Höhenberg überschreiten. Nachdem wir kurz in den **Zeitlhofsattel** abgestiegen sind, geht es auf der anderen Seite wieder hinauf zum 883 m hoch gelegenen Gipfel-

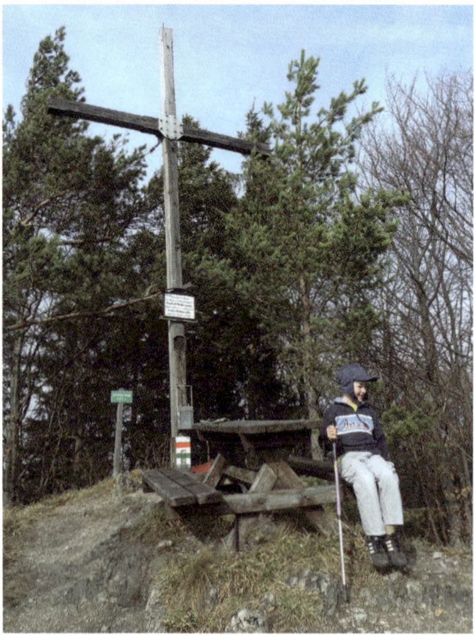

Am Gipfel des Lorenzipechkogels

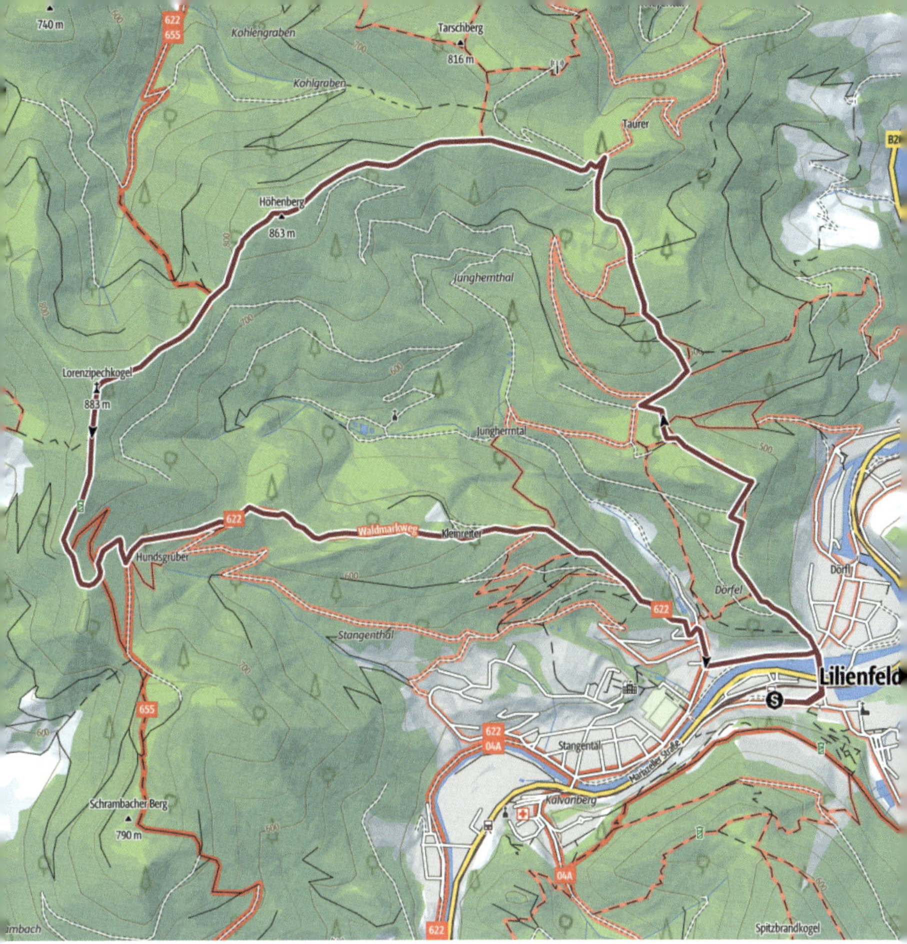

kreuz des **Lorenzipechkogels**. Ein großes Kreuz und ein Bankerl samt Tisch laden zur Rast, hochwachsende Bäume gestatten uns gerade noch einen Ausblick bis zum Ötscher.

Wir wandern am **Schneerosenweg** weiter, steigen abwärts und erreichen bald die **Schneerosenwarte**. Von diesem 1991 errichteten Salettl (Pavillon) erspäht man Gippel, Göller, einen Teil der Veitsch und auch der Tiefblick auf Stadt und Stift Lilienfeld beeindruckt. Den blumigen Namen haben Weg und Warte nicht umsonst: Im Frühjahr ist die ganze Gegend voll von den weißen Frühlingsboten.

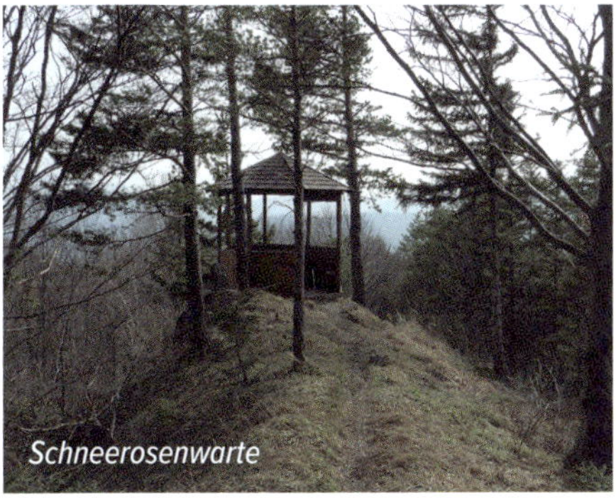
Schneerosenwarte

HÖHENPROFIL

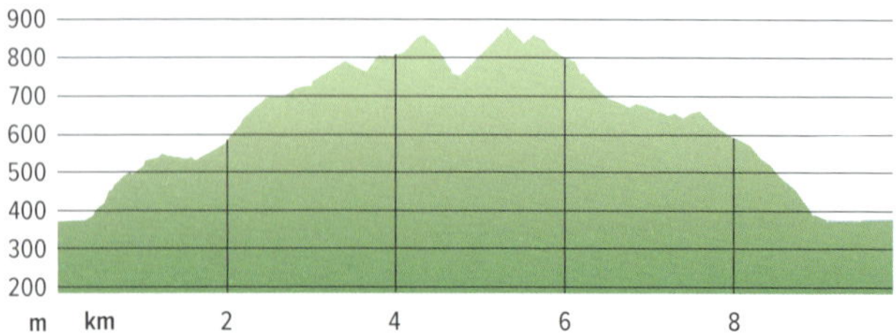

QR Link Tour 32

ANSPRUCH	STRECKE	DAUER	AUFSTIEG	ABSTIEG	HÖHENLAGE	EINKEHR
LEICHT	10,0	3:30	700 m	700 m	881 m / 374 m	NEIN

Durchs Jungherrntal nach Lilienfeld

Beim Abstieg über den **Hundsgruber** durch das luftig helle **Jungherrntal** genießt man die Sicht ins Gölsental und zu den westlichen Erhebungen des Wienerwalds. Der **Kleinreiter Waldweg** führt uns zum Kirchensteig, dieser wiederum zur **Jungherrntalstraße** von Lilienfeld. Auf der Dörflstraße schließlich wandern wir entlang der **Traisen** nach **Lilienfeld** zurück.

Als Ausklang empfiehlt sich die Besichtigung des Stiftes Lilienfeld. Das spirituelle Zentrum des Traisentals und die größte mittelalterliche Klosteranlage Österreichs wurde einst im Stil der Gotik erbaut, ehe man sie im 17. Jahrhundert um barocke

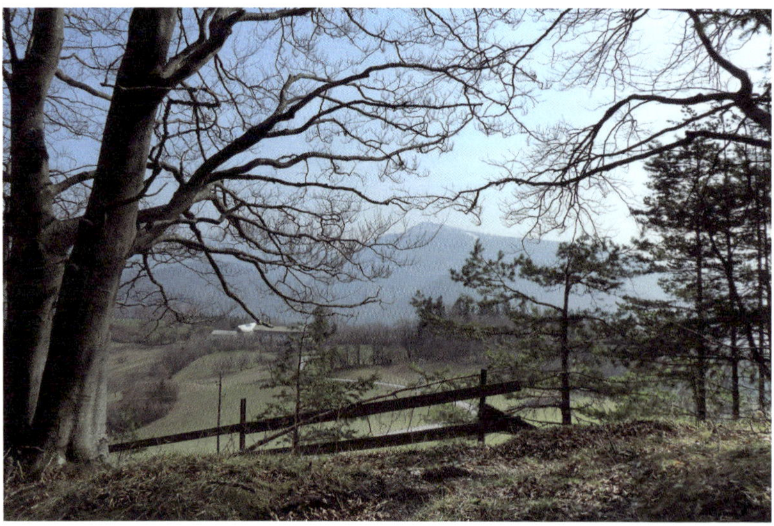

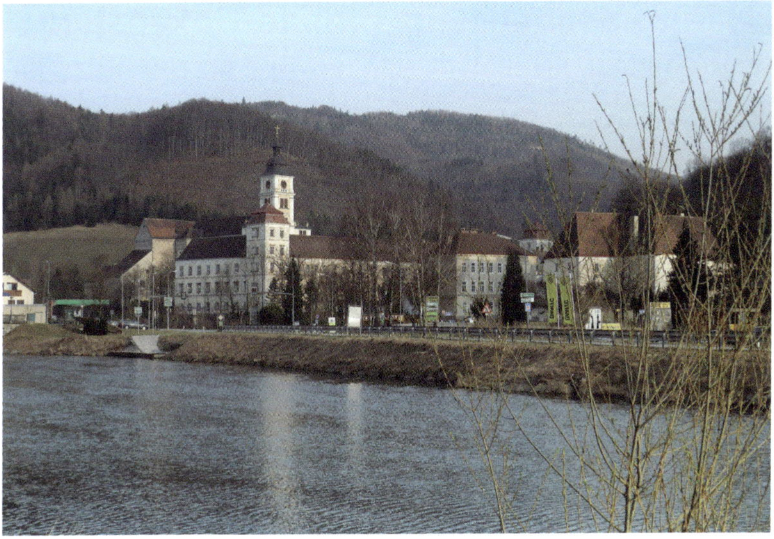

Stift Lilienfeld, davor die Traisen

Zubauten erweiterte. Hier wird auch das Siegel aufbewahrt, das erstmals die heutige österreichische Flagge zeigt. Einen Abstecher wert ist weiters das Bezirksheimatmuseum in Lilienfeld mit dem Zdarsky-Skimuseum, das einem der Pioniere des alpinen Skilaufs gewidmet ist.

3 ½ Stunden / 10 km / 700 Hm / leicht

Eignung für Kinder: ab 12

CHARAKTER: *eine stille Wanderung ohne jede Schwierigkeit*
Start- und Zielpunkt: Bahnhof Lilienfeld (mit öffentlichen Verkehrsmitteln zu erreichen)
ROUTE: *Bahnhof Lilienfeld (383 m) – Taurer – Osterkogel (778 m) – Höhenberg (863 m) – Zeitlhofsattel (742 m) – Lorenzipechkogel (883 m) – Schneerosenweg – Schneerosenwarte (811 m) – Hundsgruber – Jungherrntal – Lilienfeld*
ATTRAKTIONEN: *Stille, Weitblicke, reichhalte Flora, Schneerosenblüte im Frühjahr, Besichtigung des Stiftes Lilienfeld und des Bezirksheimatmuseums mit dem Mathias-Zdarsky-Skimuseum*
EINKEHRMÖGLICHKEIT: *unterwegs keine, mehrere in Lilienfeld*

33 Burg Seebenstein – Ruine Türkensturz

WANDERSCHMANKERL IM HERZEN DES PITTENTALES

Eine prächtige alte Burg, eine geheimnisvolle Ruine, eine finstere Höhle und eine sonnige Alm bilden die Ingredienzien dieser Wanderschmankerl am Rande der Buckligen Welt.

Über die Templerhöhle zur Burg Seebenstein

Ausgangspunkt ist der Bahnhof von **Seebenstein**, der „Perle des Pittentales", wie die Gemeinde ob ihrer idyllischen Lage zwischen der Pitten, ihrer Burg und stark bewaldeter Hügel gerne bezeichnet wird. Wir wandern an der Pizzeria „Zum Spitz" vorbei auf der Bahnstraße Richtung Ortszentrum. Prächtig thront die Burg über uns auf einer Felsterrasse. Nachdem wir das Burgcafé und eine Brücke über die Pitten passiert haben, können wir das **Alte Gemeindehaus** besichtigen. Es wurde um 1830 erbaut und fungierte einst als Liechtenstein'sches Amtshaus.

Gegenüber weist uns ein Wegweiser zur Burg hinauf. Nach einem Meierhof müssen wir uns entscheiden: entweder rechts über den Neuen Schlossweg oder links über den Alten Schlossweg zur Burg. Beide Wege sind mit 30 Min. veranschlagt und führen zum Türkensturz weiter. Wir wählen den Alten Schlossweg für den Aufstieg. Ein breiter Waldweg führt direkt zur **Templerhöhle**. Der etwa 10 m lange Schlurf soll der Sage nach einer Gruppe von Tempelrittern als Versteck gedient haben, als jene in ein Gefecht mit den hiesigen „Seebensteinern" verwickelt waren. Da der Eingang zur Höhle etwas weiter oberhalb des Weges liegt, müssen wir über einen steilen Hangpfad hinauf. Die Mühe lohnt sich, das besondere Höhlenfeeling ergibt ein erstes Abenteuer (nicht nur) für Kinder!

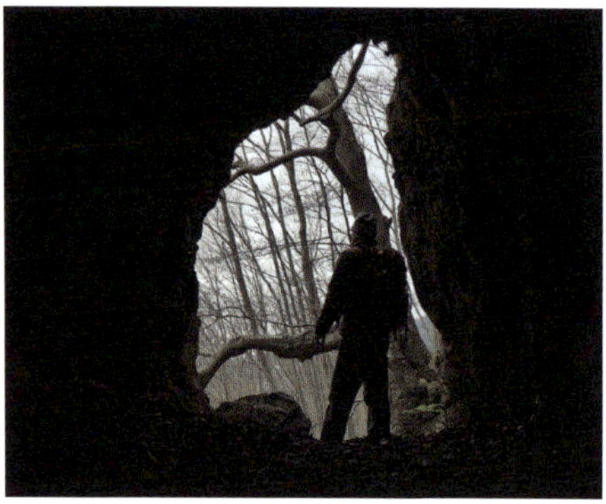

Die Templerhöhle soll einst Tempelrittern als Versteck gedient haben.

Nach weiteren 20 Minuten stehen wir schon vor dem alten Tor der **Höhenburg Seebenstein**, die um etwa 1180/1230 errichtet und 1380 erweitert wurde. Die ersten urkundlichen Erwähnungen der Bezeichnung „Seebenstein" datiert aus den Jahren 1159/64. Leider ist die gut erhaltene Burg nur an Wochenenden und Feiertagen um 14 und 15 Uhr zu besichtigen. Eine Führung zahlt sich aber aus, zumal

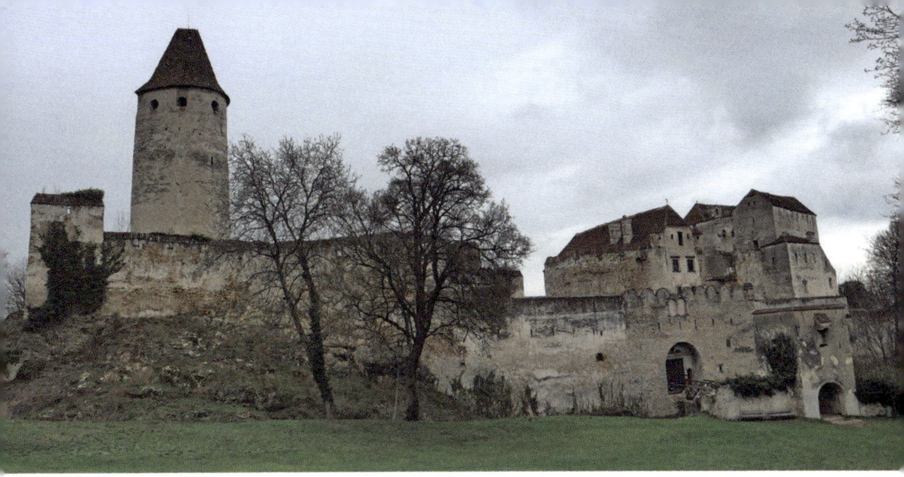

Die einst prachtvolle Burg Seebenstein liegt direkt am Weg und kann an Wochenenden besichtigt werden.

es in der romanischen Anlage den Burgfried, die Burgkapelle und ein Museum zu bewundern gilt. Aber auch von außen lässt sich die einstige Pracht und Imposanz der Burg erahnen (siehe auch Infoblock).

Die Ruine Türkensturz

Weiter geht es dem Wegweiser „Türkensturz" nach, der uns die Turnierwiese entlang und durch ein Waldstück bergauf führt. Sobald es nach links zur „Alm" geht, bleiben wir dem grün markierten Weg, dem **Oberen Türkensturzweg**, treu. Beschaulich wandern wir durch alten Wald. Bald mischen sich Föhren unter die Buchen, über deren Wipfeln wir dann auch schon die Mauerreste der **Ruine Türkensturz** erkennen. Kurz vor der Ruine passieren wir eine Unterstandshütte und nach

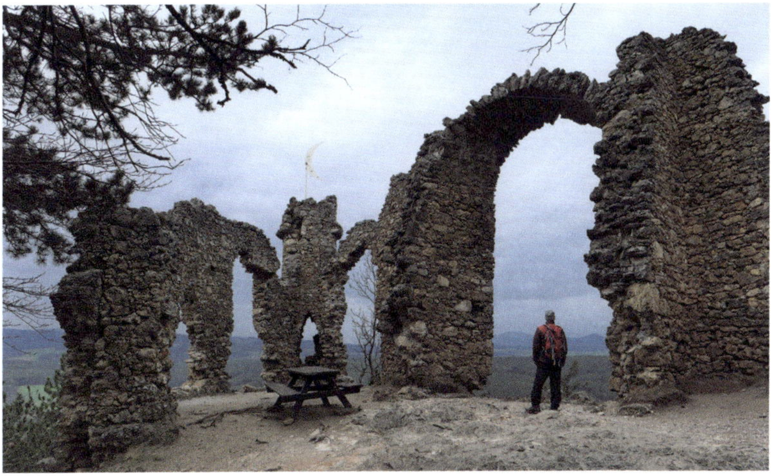

Bei den Mauerresten der künstlichen Ruine Türkensturz

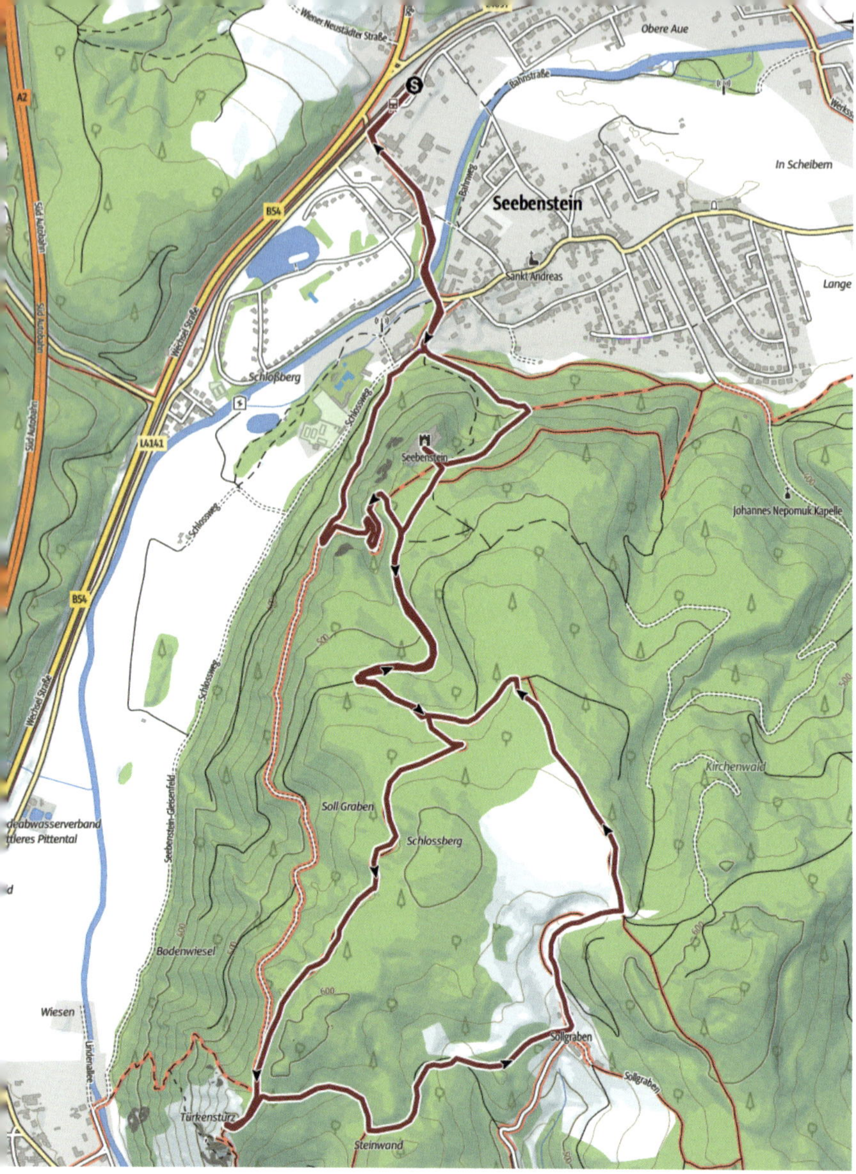

wenigen Minuten haben wir den Felsbalkon erreicht, wo uns nebst der bekannten Ruinenreste ein großartiger Ausblick über die hügelige Landschaft erwartet. Der Name „Türkensturz" bezieht sich auf eine Legende, der zufolge hier zur Zeit der Türkenbelagerung im Jahre 1532 türkische Soldaten von Bauern über den Rand des Kalkfelsens geworfen wurden. Fürst Johann von Liechtenstein ließ 1824 ebendort eine künstliche Ruine errichten. Sie umgibt ein Naturpark, wo bemerkenswerte Pflanzen wie Orchideen, Alpenveilchen, Kuhschellen und Diptam gedeihen.

HÖHENPROFIL

QR Link Tour 33

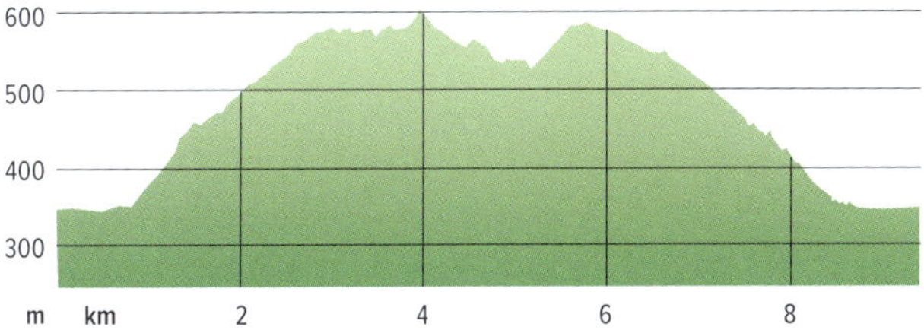

ANSPRUCH	STRECKE	DAUER	AUFSTIEG	ABSTIEG	HÖHENLAGE	EINKEHR
LEICHT	11,0	2:30	380 m	380 m	604 m / 344 m	NEIN

Über eine Alm zurück

Für den Rückweg wählen wir den **Erzherzog-Johann-Rundwanderweg**, der von der Unterstandshütte in östlicher Richtung bergab grün markiert auf breitem Waldweg abwärtsführt. Nach 10 Minuten lenkt uns ein Wegweiser nach links zur sog. „**Alm**“. Gemeint ist damit eine weitläufige Weide, an deren Rand uns der Weg zur **Siedlung Sollgraben** führt. Hier ein paar Schritte auf einer Asphaltstraße, dann auf Waldwegen durch eine malerische, hübsche Almlandschaft. Von nun an bleiben wir den Wegweisern zur **Burg** treu, bis wir auf den Aufstiegsweg treffen und auf diesem wieder zur Burg Seebenstein gelangen.

Für die Rückkehr nach Seebenstein wählen wir nun den **Neuen Schlossweg**, der unterhalb der Burg, aber oberhalb des Waldbads zum **Bahnhof** zurückführt.

2 ½ Stunden / 11 km / 380 Hm / leicht

Eignung für Kinder: ab 11

CHARAKTER: *gemütliche Familienwanderung auf guten Wegen*
Start- und Zielpunkt: Bahnhof Seebenstein (mit öffentlichen Verkehrsmitteln zu erreichen)
ROUTE: *Bahnhof Seebenstein (348 m) – Alter Schlossweg – Burg Seebenstein – Ruine Türkensturz (614 m) – Erzherzog-Johann-Rundwanderweg – Alm – Sollgraben (564 m) – Burg Seebenstein (482 m) – Neuer Schlossweg – Seebenstein*
ATTRAKTIONEN: *Templerhöhle, Burg Seebenstein, Ruine Türkensturz, die Almlandschaft bei Sollgraben*
EINKEHRMÖGLICHKEITEN: *unterwegs keine, mehrere in Seebenstein*
Weiterführende Infos: www.seebenstein.gv.at

***TIPP:** Die Wanderung am besten so anlegen, dass man auch das Innere der Burg besichtigen kann (möglich am Wochenende und feiertags zwischen 14 und 15 Uhr)*

Burg Seebenstein

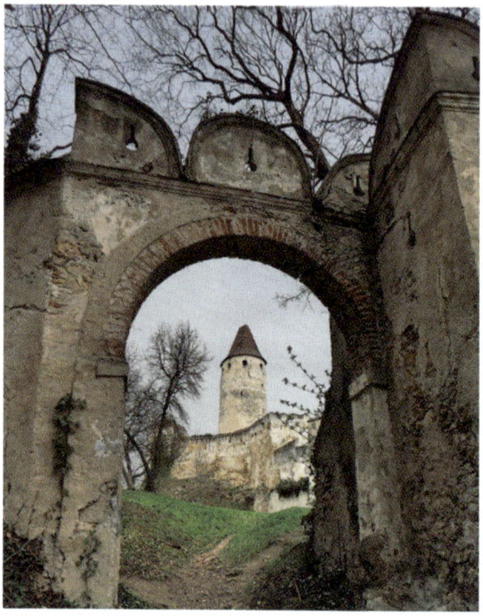

Nach der Erbauung in den Jahren 1180/1230 wechseln in den folgenden Jahrhunderten mehrmals die Besitzer, unter ihnen etwa die Liechtensteiner und ab 1432 die Königsberger. Letztere bauten das heutige Hochschloss der Burg, das 1683 erfolglos von den Türken belagert wurde. Seit 1942 ist die Burg in Privatbesitz.

Burgführungen von Karsamstag bis 26. Oktober: samstags, sonn- und feiertags um 14 und 15 Uhr. Weitere Infos zu Gruppenführungen, Kontaktmöglichkeiten und Eintritt unter www.seebenstein.gv.at/

34 Ödenkirchner Weg

GEMÜTSWANDERUNG FÜR RUHESUCHENDE

Wald- und Weidewege in lieblicher Umgebung, zahlreiche Flurdenkmäler und herrliche Aussichtspunkte machen den Reiz dieser abwechslungsreichen Rundtour aus.

Von Haßbach nach Ödenkirchen

Ausgangspunkt dieser kleinen, aber sehr feinen Tour ist das Zentrum von **Haßbach** im Gemeindegebiet von Warth. Unsere Aufmerksamkeit gilt der Martinskirche, die um 1200 im romanischen Stil errichtet und um 1500 zur Wehrkirche umgebaut wurde.

Die **Berggasse** (Burgweg) führt uns Richtung Ödenkirchen bergauf. Beim letzten Haus betreten wir eine Schotterstraße, die über Haßbach hinweg führt. Vor einem

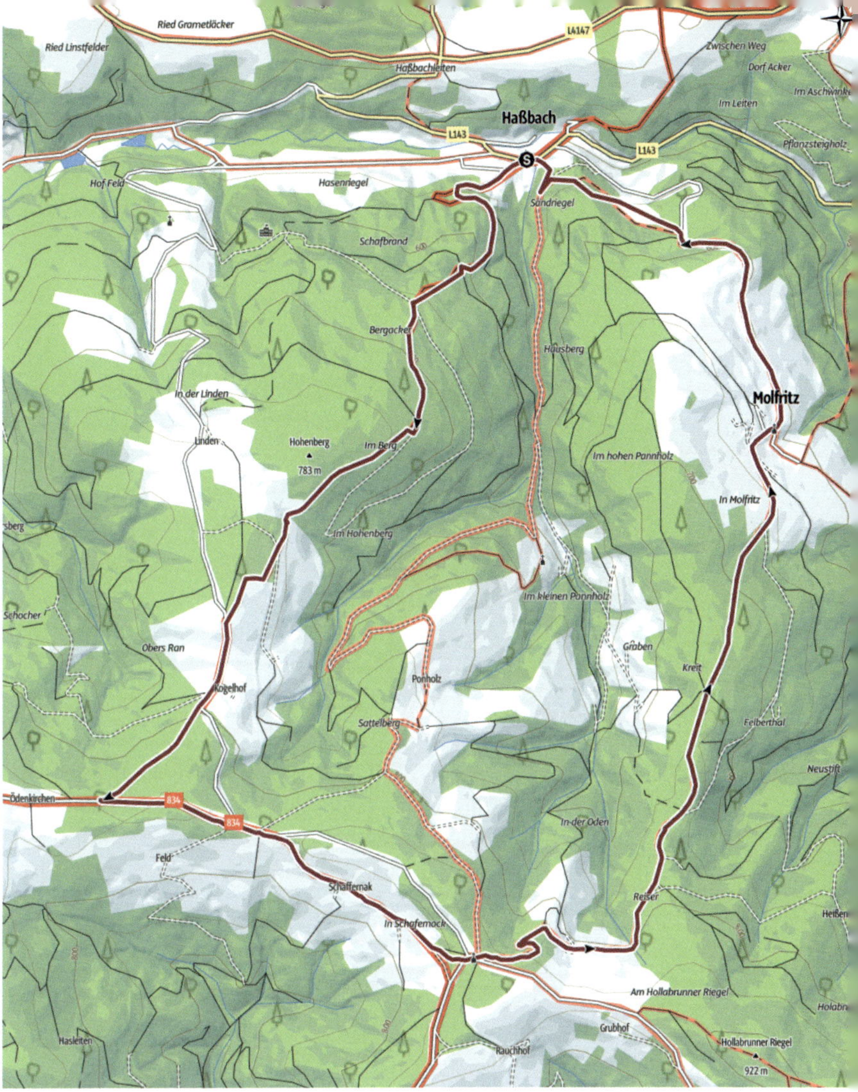

Kreuz biegen wir nach links auf ein Waldsteigerl ab, das uns wieder zu einer Forststraße leitet – auf dieser links. Von nun an einmal durch jüngeren, dann wieder durch älteren Wald über **Hohenberg**, von wo wir in der Ferne die Rax, den Schneeberg und die Hohe Wand erkennen. Nach rund 30 Minuten erreichen wir ein Marienmarterl und bald darauf das in einer Senke liegende **Kuntner Stüberl**. Nun gestaltet es sich sehr lieblich über eine Weide bis zum **Koglhof**, wo sich die Augen sattsehen dürfen an der welligen, saftig grünen Landschaft und am Panorama, das weit über die Bucklige Welt hinweg bis zu den Wiener Alpen reicht. Danach wandern wir wieder durch ein Waldstück bis zu einer Asphaltstraße. Während es links weiterginge, sollten wir unbedingt das rechts liegende **Landgasthof Zum Fally** anpeilen. Der nur wenige Minuten dauernde Umweg lohnt sich: Küchenchef Franz serviert saisonale, köstliche Landhausküche mit Zutaten aus der Region. Bloß nicht entgehen lassen!

Über Molfritz zurück

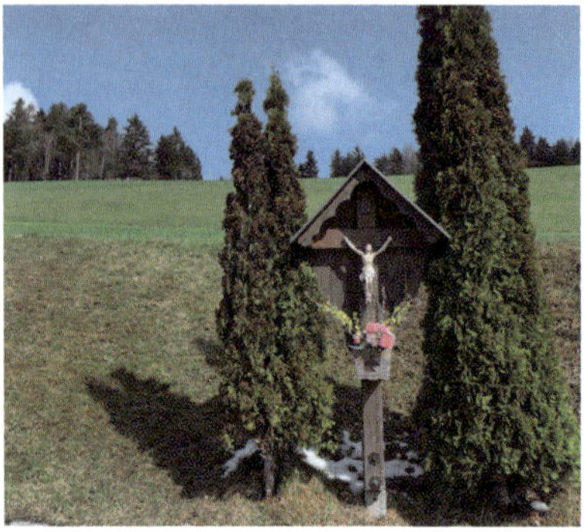

Den Marterlweg säumen viele Flurdenkmäler.

Wieder zurück wandern wir auf der **Ödenkirchner Straße** weiter Richtung Molfritz/Urbankapelle. Den Untergrund des weiteren Weges bildet zwar überwiegend Asphalt, was allerdings durch die Leichtigkeit des Gehens über die Hochfläche samt fulminantem Ausblick entschädigt wird.

Am nun folgenden **Marterlweg** Richtung **Schaffernak** säumen Muttergottesbilder, Marterln und sogar eine Miniatur-Lourdesgrotte den Weg. Die vielen Flurdenkmäler unterstreichen die Mariengläubigkeit der hiesigen Bevölkerung. Gerne nehmen wir daran teil, setzen uns auf eines der vielen Bankerl, um über das Wechselgebiet zu schauen und die friedliche Stille der Landschaft auf uns wirken zu lassen. Weiter, bis uns der Wegweiser durch ein Waldstück zur **Urbankapelle** lotst. Dieses im 19. Jahrhundert erbaute kleine Gotteshaus ist ein beliebter Gebets- und Rastort.

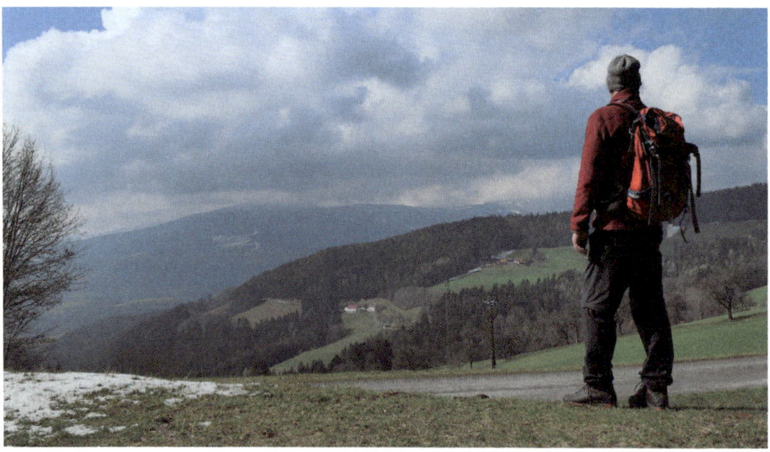

Wir lassen die friedliche Stille der Landschaft auf uns wirken.

Nun auf der Güterstraße weiter bergab bis zur nächsten aussichtsreichen Weide. Diese am Waldrand entlang und weiter abwechselnd durch Wald und über Wiesen bis **Hosendorf**. Malerische Ansichten säumen dabei den Weg; immer wieder winken uns Schneeberg und Rax zu und die bucklige Landschaft zeigt sich von ihrer schönsten Seite. Weiter auf breiten Wegen über das **Türkenkreuz** bis **Molfritz**, wo man sich ganz der Mosterzeugung verschrieben hat. Rund um diese adrette Siedlung reihen sich alte Obstbaumalleen, deren Früchte zur Erzeugung von Säften, Most und Schnäpsen verwendet werden.

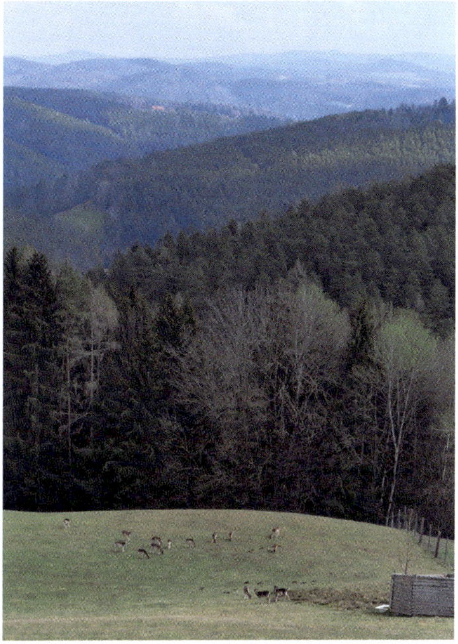

Ein Damwildgehege kurz vor Ende der Tour

Die Molfritzer Straße führt uns an einem **Damwildgehege** vorbei, wo eine kleine Aussichtsplattform einen guten Überblick über die vor sich hin äsenden Tiere bietet. Auch danach bleiben wir der Straße treu, bis wir nach einem Kreuz kurz auf einen Waldweg abzweigen, um über eine Wiese und schließlich durch ein Waldstück nach **Haßbach** zurückzukehren.

HÖHENPROFIL

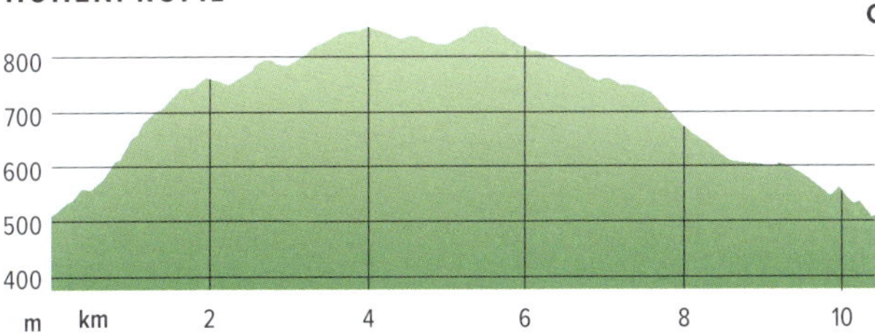

QR Link Tour 34

ANSPRUCH	STRECKE	DAUER	AUFSTIEG	ABSTIEG	HÖHENLAGE	EINKEHR
LEICHT	13,0	3:30	450 m	450 m	859 m / 507 m	JA

3 ½ Stunden / 13 km / 450 Hm / leicht

Eignung für Kinder: ab 11

CHARAKTER: *unschwierige Familienwanderung mit relativ hohem Asphaltanteil*
START- UND ZIELPUNKT: *Haßbach (mit öffentlichen Verkehrsmitteln erreichbar)*
ROUTE: *Haßbach (505 m) – Hohenberg – Koglhof – Landgasthaus Zum Fally (Ödenkirchen, 841 m) – Schaffernak – Urbankapelle (855 m) – Hosendorf – Türkenkreuz (746 m) – Molfritz (612 m) – Haßbach*
ATTRAKTIONEN: *viele Flurdenkmäler (darunter die Urbankapelle), aussichtsreiche Weidewege, Damwildgehege bei Molfritz, Burgruine Haßbach*
EINKEHRMÖGLICHKEIT: *Landgasthof Zum Fally (www.zum-fally.at/) sowie mehrere in Haßbach und Molfritz*
ANMERKUNGEN: *Im Anschluss an die Tour könnte die Burgruine Haßbach (errichtet im 12. Jahrhundert) besichtigt werden, so sie geöffnet ist (Im April 2023 fanden wir sie geschlossen vor)*

35 Burgweg Grimmenstein

RITTERWEGE ÜBERM PITTENTAL

Überaus beschauliche Waldpromenaden, uralte Mauerreste am Gipfel des Kulmriegels und die märchenhafte Ritterburg Grimmenstein über dem Pittental machen aus dieser Tour ein lohnendes Abenteuer für die ganze Familie.

Vom **Bahnhof Edlitz-Grimmenstein** setzen wir unsere ersten Schritte durch die **Feuerwehrstraße**, bis wir an die Schulgasse stoßen. Hier rechts und einige Minuten dem Kulmriegel entgegengewandert. Nachdem wir auf der **Riegerbrücke** die Pitten überquert haben, folgen wir einem Wegweiser nach links ins **Kunsttal**. Bei der folgenden Weggabelung bleiben wir links, bei der nächsten müssen wir uns entscheiden: entweder gleich über die Grotte zur Burg Grimmenstein oder zuerst durch den Kunstgraben und um den Kulmriegel herum. Wie man es anlegt, ist reine Geschmacksache.

Durch den Kunstgraben auf die Kulmriegel-Spitze

Wir gehen es gemächlich an und bleiben im beschaulichen **Kunstgraben** am Weg G1. Auf einer kaum befahrenen Straße verlassen wir Grimmenstein und wan-

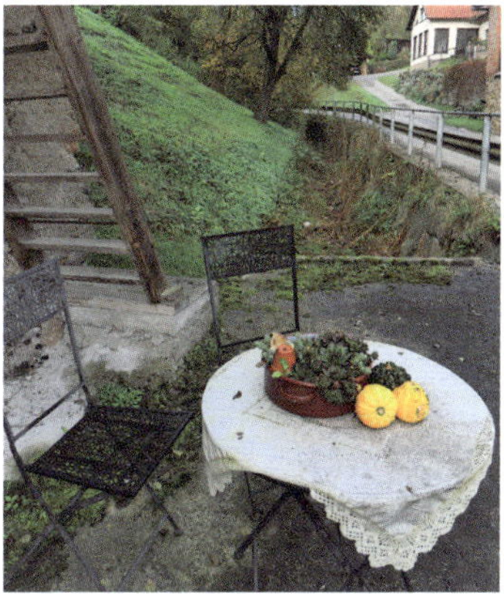

dern bis zu einem Kreuz (30 Min.). Hier wenden wir uns von der Straße ab und folgen einem Forstweg. Der Wald am Kulmriegel entpuppt sich als außergewöhnlich artenreich: Fichten, Hainbuchen, Föhren und sogar Feldahorn wachsen hier. Teils auf schmalem Pfad, teils auf breiterem Forstweg wandern wir weiter und bleiben dabei stets der roten Markierung treu. Nach einer Wiese folgen wir handgemalten Wegweisern zur Burg. Diese führen uns zu einer Waldstufe, wo wir uns entscheiden müssen: entweder geradeaus direkt zur Burg oder nach links zur Kulmriegel-Spitze. Weil letztere mit einer Überraschung aufwartet, nehmen wir den 30-minütigen Umweg gerne in Kauf. Also blau markiert in angenehmer Steigung aufwärts, bis linker Hand alte Ruinenmauern unsere Aufmerksamkeit erwecken. Siehe da, am **Gipfel des Kulmriegels** stehen wir vor den Resten der **Burg Hochgrimmenstein**, deren Anfänge auf das 12. Jahrhundert datieren. Mitten im ehemaligen Palas (zentraler, oft repräsentativer Gebäudeteil) steht eine Tischbank, an der Wand hängt ein kleines Gipfelkreuz. Bereits für die Kelten war dieser Hügel „kein Berg wie jeder andere", erklärt uns eine Infotafel. Im Mittelalter fungierte die Burg sogar als wichtiger Wohn- und Herrschaftssitz. Gerade noch erkennbar ist ein die Ruine umlaufender Wall.

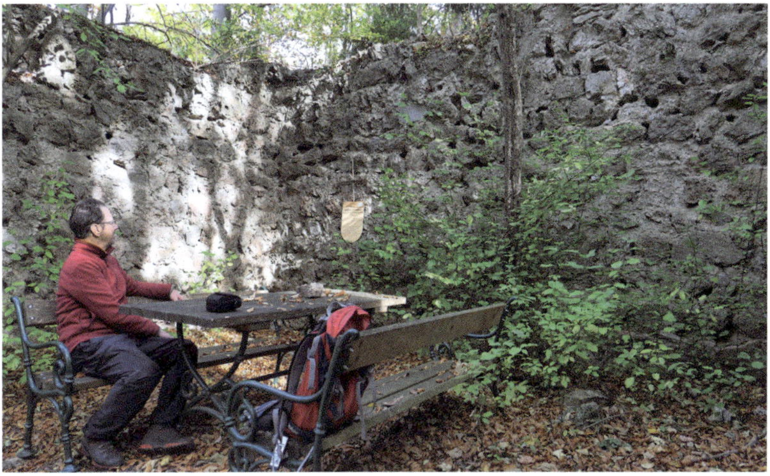

Rast im Palas der einstigen Burg Hochgrimmenstein am Kulmriegel

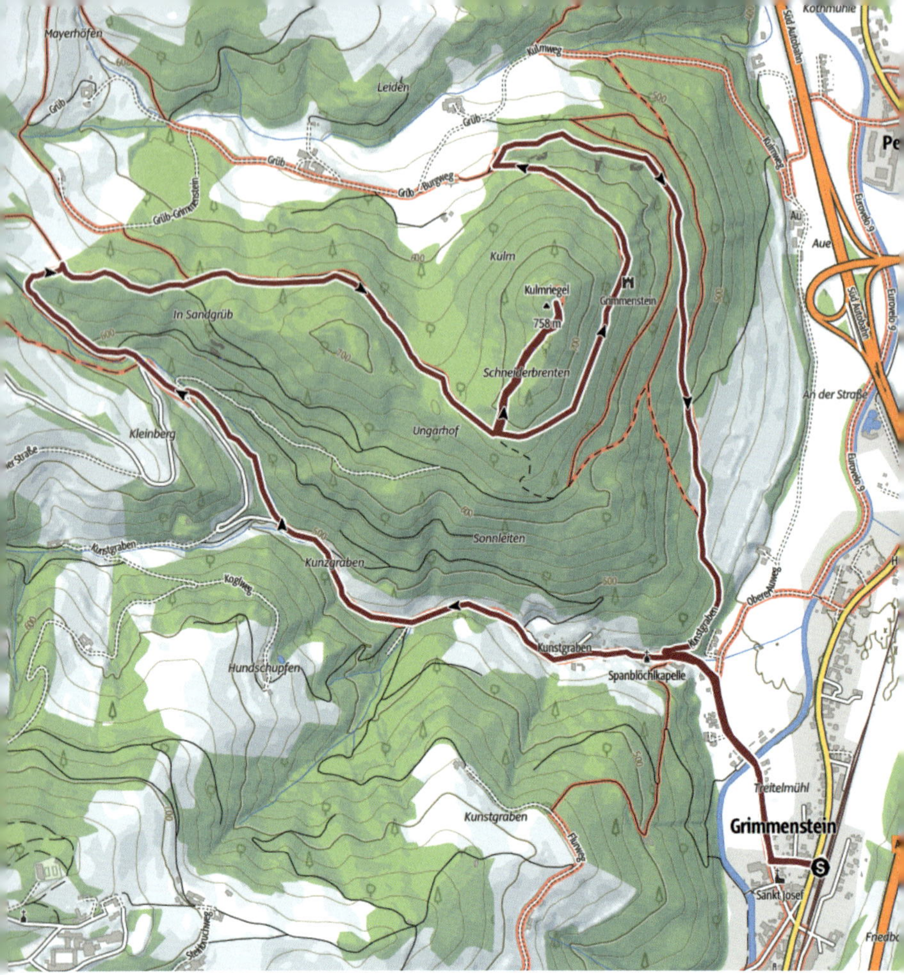

(Erlebnis-)Burg Grimmenstein

Nun zurück zur vorhin erwähnten Kreuzung und von dort rot markiert zur **Burg Grimmenstein**, die benachbarte Bäume gerade noch überragt. Dennoch macht sie einen stolzen Eindruck und erinnert an die aus Märchen und Harry Potter-Filmen bekannten Ritterburgen. Die Höhenburg ist eine von drei ehemaligen Wehranlagen auf dem Kulmriegel, deren Anfänge weit vor dem 12. Jahrhundert liegen, wie vermutet wird.

Zu sehen gibt es einen Keller samt schaurigem Verlies und Felsenzimmer, einen Rittersaal mit diversen antiken Gegenständen wie Speeren, Schwertern und Rüstungen sowie ein Turmzimmer. Zwei frei zugängliche Terrassen stehen für eine Kaffeepause mit Ausblick zur Verfügung. Wer noch höher hinaufsteigt, gelangt zum Burgfried mit großartigem Blick über das Pittental und die Bucklige Welt. Ja, die Burg ist absolut sehens- und erlebenswert – unbedingt besuchen!

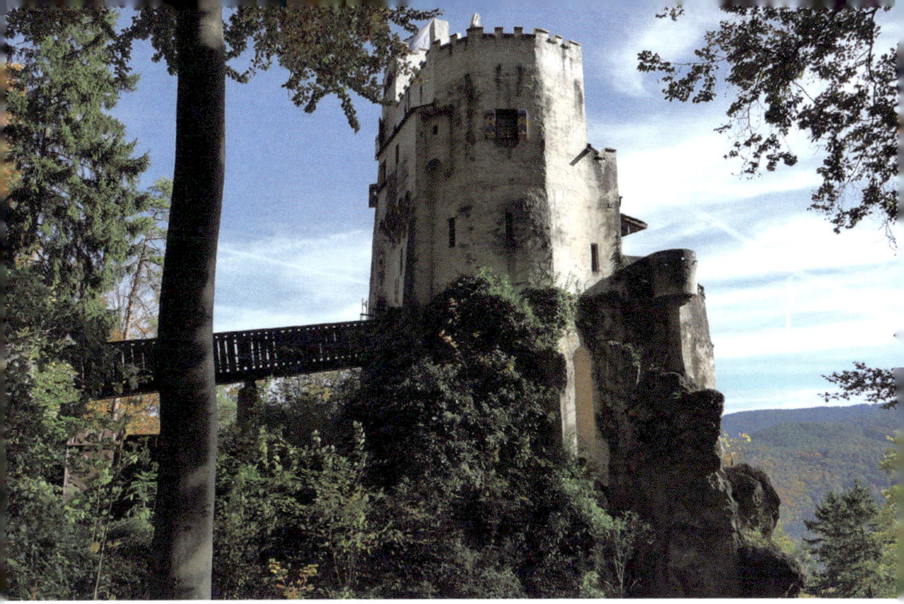

Die einstige Ritterburg Grimmenstein ist ein Erlebnis für Alt und Jung – unbedingt besuchen!

Über die Grotte zurück

Eine Sehenswürdigkeit wartet noch auf uns! Von der Burg weg steigen wir auf einem breiten Güterweg durch Wald abwärts. Bevor wir eine Wiese betreten, wenden wir uns auf einen rot markierten Waldpfad nach rechts (Wegweiser „Grimmenstein“). Kurz danach die nächste Sehenswürdigkeit: das **Naturdenkmal Grotte**. Die acht Meter hohe und zehn Meter tiefe Höhle ist die größte am Kulmriegel und dient heute als Marienandachtsort. Seitlich sieht man einen „Durchkriechstein“, an

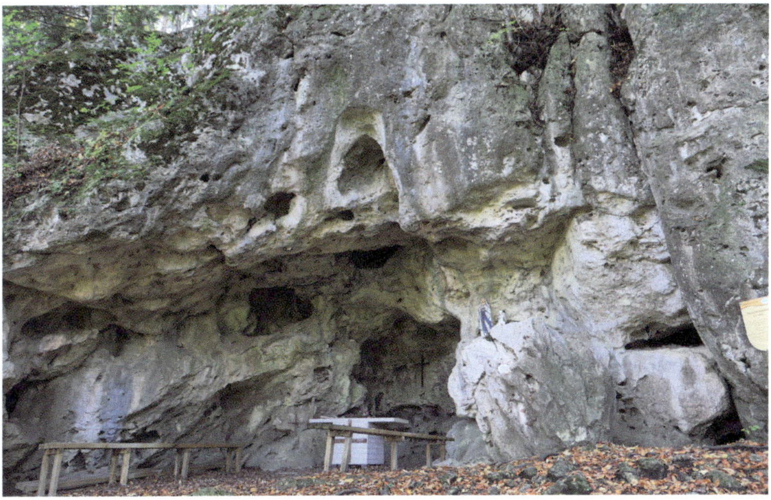

Das Naturdenkmal Grotte ist ein Marienandachtsort samt Durchkriechstein.

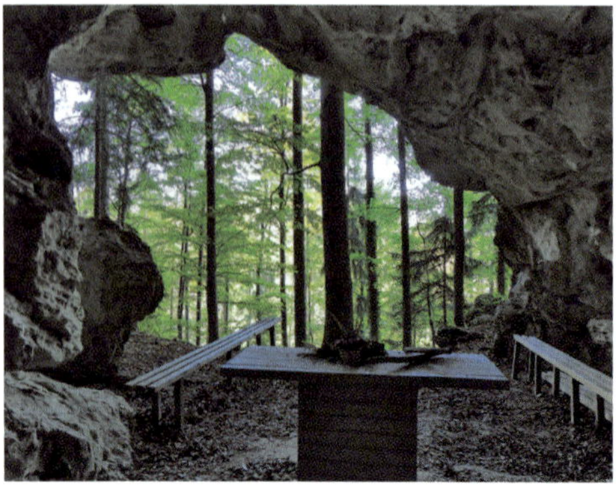

dem man nach altem Glauben Krankheiten und Sünden abstreifen konnte, wenn man hindurchkroch.
Danach auf einem rot markierten und von weiteren Felsformationen flankierten Weg weiter, dann durch Wiesen bzw. einen Waldsaum bis zur uns schon bekannten **Kunststraße**. Hier schließt sich der Kreis und wir wandern über die **Schulstraße** zum Bahnhof zurück.

3 ½ Stunden / 10 km / 400 Hm / leicht

Eignung für Kinder: ab 11

CHARAKTER: *unproblematische Tour auf guten Wegen*
START- UND ZIELPUNKT: *Bahnhof Edlitz-Grimmenstein*
ROUTE: *Bahnhof Edlitz-Grimmenstein (405 m) – Kunstgraben – Kulmriegel-Spitze (Burgruine Hochgrimmenstein, 758 m) – Burg Grimmenstein (660 m) – Naturdenkmal Grotte – Grimmenstein*
ATTRAKTIONEN: *sehr artenreicher Wald, Burgruinen am Kulmriegel, Burg Grimmenstein, Naturdenkmal Grotte*
EINKEHRMÖGLICHKEIT: *Taverne der Burg Grimmenstein (www.burg-grimmenstein.at/)*

HÖHENPROFIL

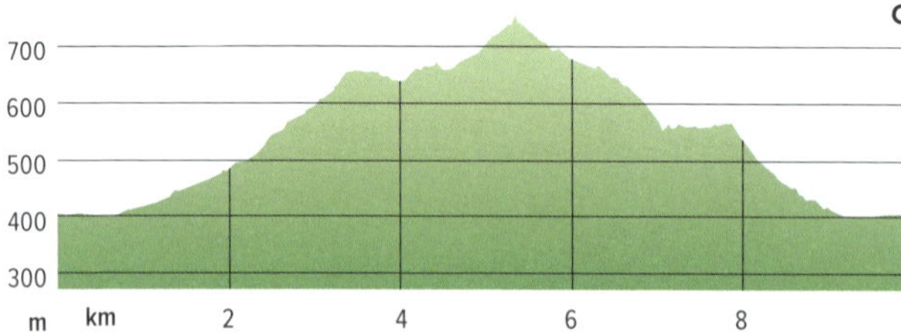

QR Link Tour 35

ANSPRUCH	STRECKE	DAUER	AUFSTIEG	ABSTIEG	HÖHENLAGE	EINKEHR
LEICHT	10,0	3:30	400 m	400 m	750 m / 401 m	JA

Burg Grimmenstein

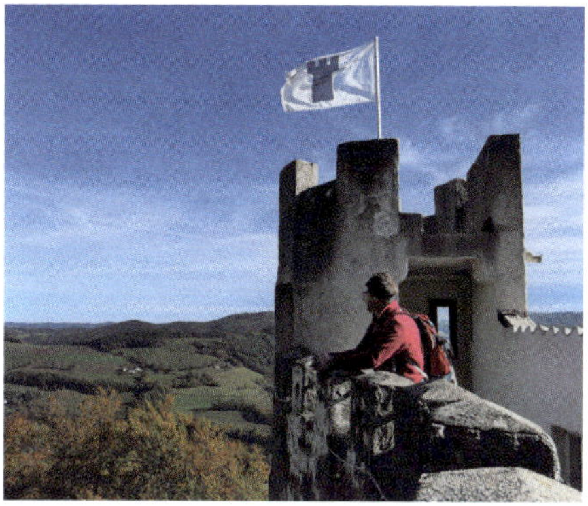

Dass die uralte Höhenburg vor dem Verfall gerettet wurde, ist dem neuen „Burgherrn“ Markus Albero Grimmenstein zu verdanken, der das Bauwerk in jahrelanger, liebevoller Arbeit vorwiegend in Eigenregie restauriert und der Öffentlichkeit zugänglich gemacht hat. Neben Führungen hat man auch die Möglichkeit, die Räumlichkeiten für private Veranstaltungen und Feiern zu mieten. Im mittelalterlichen Rittersaal können sogar Kindergeburtstage gefeiert werden. www.burg-grimmenstein.at/

36 Hochwechsel: Schwaigen Rundwanderweg

VON ALM ZU ALM

Der langgezogene Bergrücken des Wechselmassivs zwischen Feistritz-Sattel und Mönichkirchen bildet mit seinen Almen, Weiden und kleinen Wäldchen eine malerische und aussichtsreiche Sonnenterrasse, über die man am liebsten endlos lang wandern würde. Unsere Rundtour verbindet etliche „Schwaigen“ – urige Hütten, die zur gemütlichen Rast einladen.

Über die Kranichberger Schwaig zum Dreiländereck

Wir beginnen unseren Sonnenweg weit oben, nämlich auf der **Steyersberger Schwaig** auf 1.345 Metern Seehöhe. Durch eine liebliche, teilweise baumfreie Almlandschaft wandern wandern wir in sanfter Steigung aufwärts an der Talstation des Arabichllifts vorbei. Am Wegesrand prächtige Disteln, Schwalbenwurz-Enziane und Pestwurz. Bald auf breitem Weg teils durch Fichtenwald, teils über Weiden am **Hochwechselwanderweg** marschiert. Beim **Putzkreuz** müssen wir uns entscheiden: entweder direkt über den Wiesenhang zur Kranichberger Schwaig oder rechts auf einer Forststraße zur **Bärenlacke**, einen naturbelassenen, unterirdisch

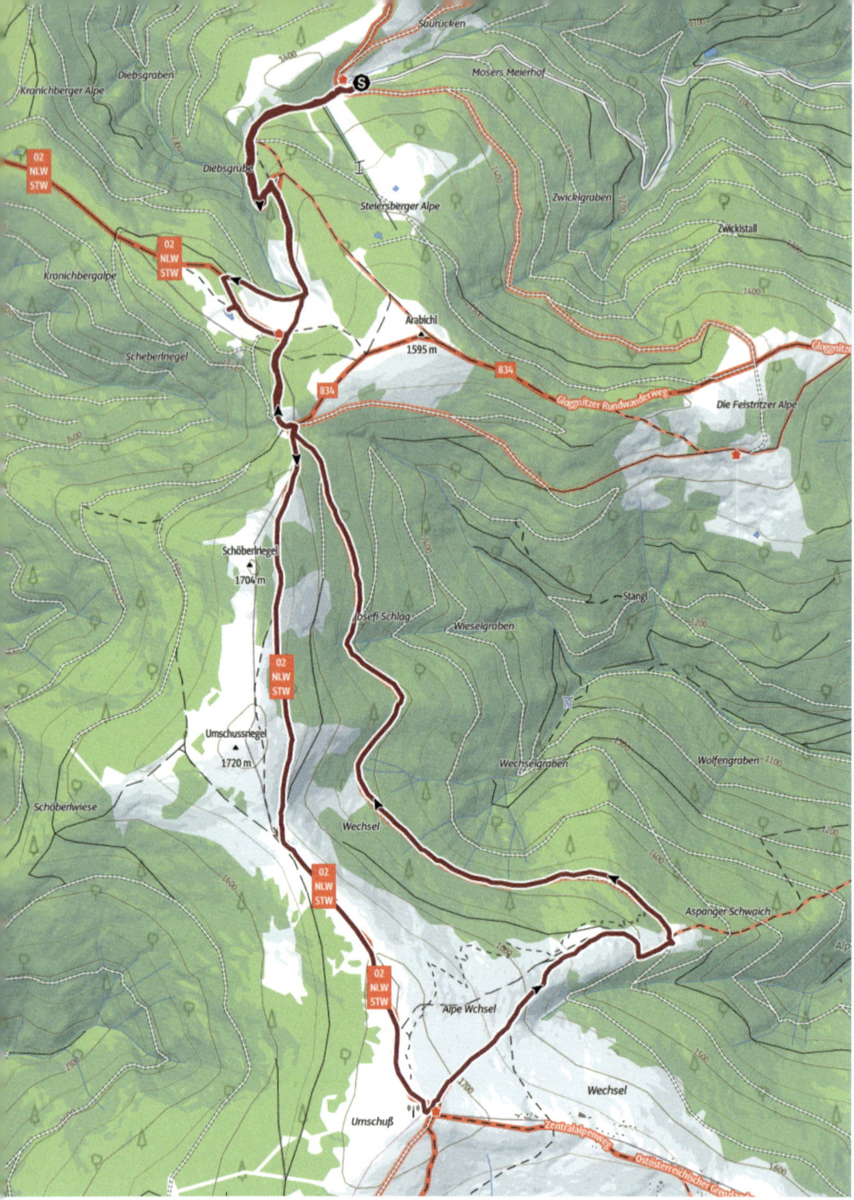

gespeisten Almsee samt Barfußparcours, Brunnen und Bankerln zum Seelenbaumeln. Nur wenige Minuten später gelangen wir zur urig-alten **Kranichberger Schwaig**, einer einfachen Halterhütte, wo selbstgemachte und regionale Produkte wie der beliebte Räucherspeck, echte Butter vom Bauern und zünftige „Almjausn“ inklusive Blick auf Schneeberg und Rax serviert werden. Die Bezeichnung „Schwaig“ (mhd. sweige, ahd. sweiga) steht übrigens für Alm- und Sennhütte mit zugehöriger Weide.

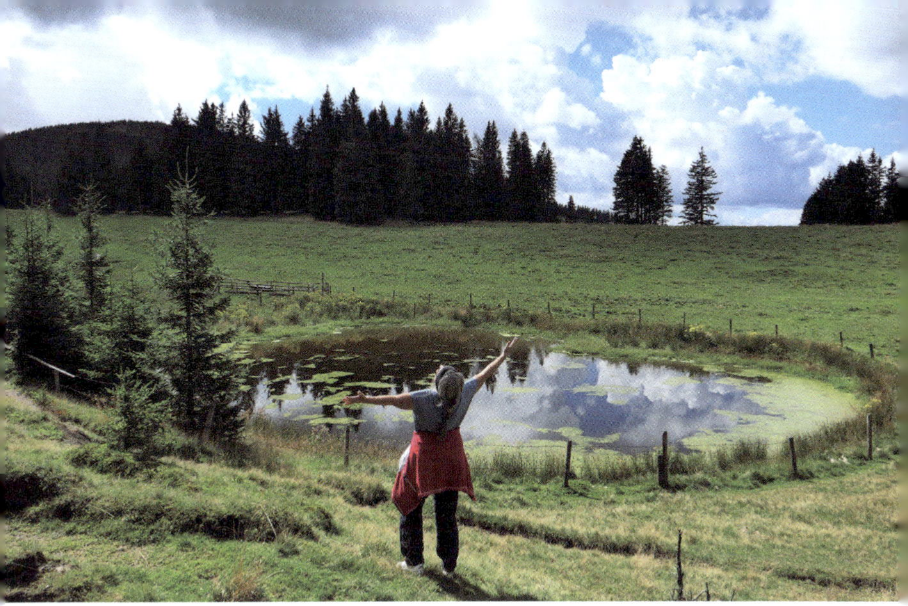

Freude über die Idylle bei der Bärenlacke vor der Kranichberger Schwaig

Der Weiterweg führt uns durch stillen Fichtenwald zum sog. **Dreiländereck**, wo sich die Steiermark, Niederösterreich – und sogar das Burgenland treffen.

Sonnenpromenade zum Hochwechsel

Nun folgt der sicherlich schönste Teil des Weges, der Aufstieg über den **Schöberl** und den **Umschussriegel** zum höchsten Punkt des Bergmassivs, dem 1.743 m hohen Hochwechsel. Zuerst durchqueren wir ein Wäldchen samt Heidel- und Preiselbeersträuchern – ein unerschöpfliches Selbstbedienungsbuffet für Naschkatzen! Dann lichtet sich der Wald und gibt den Blick auf die langgezogenen, sanften Bergrücken des Hoch- und Niederwechsels frei. Die nun folgende Panorama- und Sonnenpromenade gehört wohl zu den genussvollsten Etappen der niederösterreichischen Bergwelt. Nicht nur, dass es nie steil wird, auch der Blick über das Weite Land bleibt uns stets erhalten. Hier darf gemächlich gebummelt, geschaut und gerastet werden – ein Fest für Fernblickfetischisten. Die Stille endet auf dem 1.743 m hohen Gipfel des **Hochwechsels**, wo sich das hungrige Bergvolk im **Wetterkogler Haus** versammelt. Darunter auch viele Mountainbiker, die sich von hier aus auf den sog. Wexl-Trails zu Tal stürzen. Wer die Stille sucht, setzt sich in die kleine Kapelle neben dem Gipfelkreuz, die vom höchstgelegenen Soldatenfriedhof Österreichs umgeben wird.

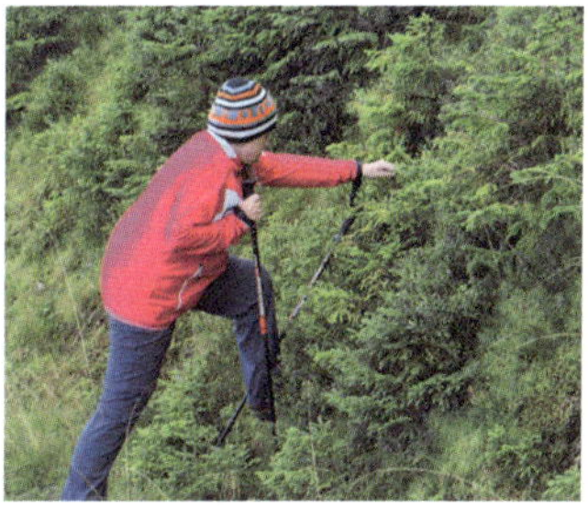

Ein Fest für Naschkatzen!

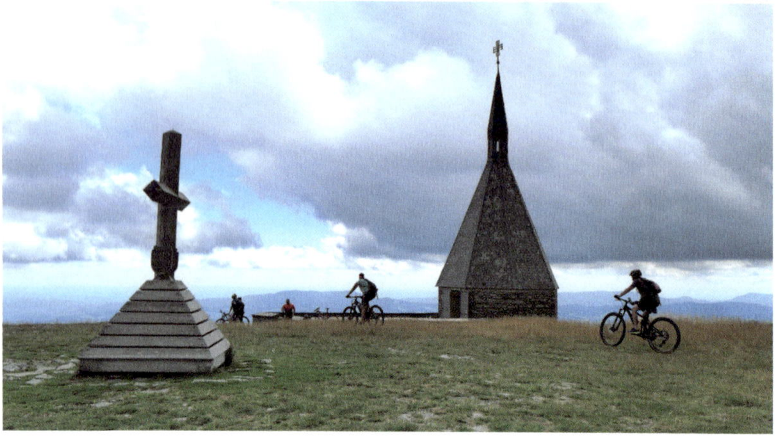

Rund um das Gipfelkreuz und die Kapelle am Gipfel des Hochwechsels herrscht ein reges Treiben.

Über die Marienseer Schwaig zurück

Über den Nordostrücken des Hochwechsels steigen wir über Kuhweiden zur rustikalen Hütte der **Marienseer Schwaig** ab, deren Geschichte bis zum Anfang des 19. Jahrhunderts zurückreicht. Auch hier sollte eine Rast samt Kaffee und hausgemachter Mehlspeise drin sein – ein unschlagbarer Gaumenschmaus ist der Topfenstrudel mit saisonalen Früchten!

Das Finale unserer Schwaigen-Runde führt uns von der Marienseer Schwaig auf einer nicht markierten Forststraße in südwestlicher Richtung teils über Weiden, teils durch Fichtenwald, immer aber an reich bestückten Heidel- und Himbeersträuchern vorbei zum **Dreiländereck** zurück.

HÖHENPROFIL

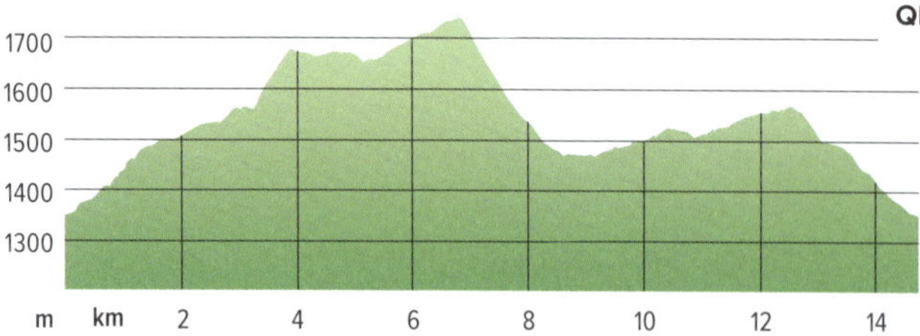

QR Link Tour 36

ANSPRUCH	STRECKE	DAUER	AUFSTIEG	ABSTIEG	HÖHENLAGE	EINKEHR
LEICHT	15,0	4:00	540 m	540 m	1.743 m / 1.348 m	JA

Variante: Wer noch nicht genug hat, könnte von hier aus über die **Feistritzer Schwaig**, das **Steinerne Kreuz** und den **Arabichl** noch eine Ehrenrunde einlegen (+1 ¼ Std.).

Vom **Dreiländereck** wandern wir auf bekanntem Weg über die **Kranichberger Schwaig** zum Ausgangspunkt auf der Steyersberger Schwaig zurück.

4 Stunden (Variante auf Feistritzer Schwaig + 1¼ Std.)

15 km / 540 Hm / leicht Eignung für Kinder: ab 11

CHARAKTER: *lange, aber leichte Tour auf guten Wegen mit vielen Rastmöglichkeiten*
START- UND ZIELPUNKT: *Steyersberger Schwaig (Parkplatz, mit öffentlichen Verkehrsmitteln nicht zu erreichen)*
ROUTE: *Steyersberger Schwaig (1.345 m) – Bärenlacke – Kranichberger Schwaig (1.530 m) – Dreiländereck (1.561 m) – Schöberl Riegel – Umschuss Riegel – Hochwechsel (1743 m, Wetterkogler Haus) – Marienseer Schwaig (1.478 m) – Dreiländereck – [Draufgabe: Feistritzer Schwaig – Steinernes Kreuz – Arabichl (1595 m) –] Kranichberger Schwaig – Steyersberger Schwaig*
ATTRAKTIONEN: *traumhafte und aussichtsreiche Landschaft, die Schwaigen und ihre Hütten, der panoramareiche Gipfelaufschwung des Hochwechsels, am Wegesrand viel Naschhaftes und botanische Raritäten*
EINKEHRMÖGLICHKEITEN: *Steyersberger Schwaig (www.steyersberger.at/), Kranichberger Schwaig (www.wieneralpen.at/alle-gastronomiebetriebe/a-kranichberger-schwaig), Wetterkogler Haus (www.alpenverein.at/wetterkoglerhaus/index.php), Marienseer Schwaig (www.wieneralpen.at/alle-gastronomiebetriebe/a-marienseer-schwaig)*

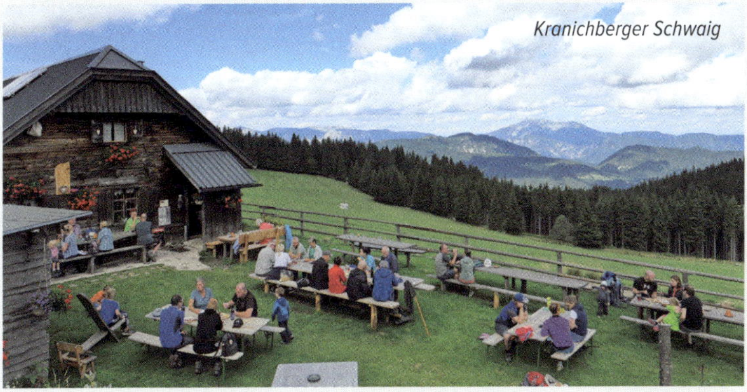

Kranichberger Schwaig

37 Kraxenberg

KUPPEN, KAPELLEN UND KRAXADOS

Die Wanderung auf den Kraxenberg garantiert ein stilles Natur- und Kulturerlebnis im Hügelmeer der Buckligen Welt. Auf dem Weg passiert man mehrere denkmalgeschützte Kapellen und Bildstöcke, aussichtsreiche Hochebenen und am Ende eine Reise in vergangene Zeiten.

Von Kapelle zu Kapelle

Start in **Krumbach** in der Buckligen Welt. Von der Bushaltestelle beim **Krumbacherhof** an der Bundesstraße folgen wir dem Schild „Kraxenbergwanderung“ auf die **Königseggstraße**. Diese leitet uns an einem Bauernladen vorbei leicht bergauf. Bald biegen wir nach rechts auf einen Forstweg ab. Dieser schwingt sich durch freies Wiesengelände bergauf, für den hübschen Blick nach Krumbach hinunter lohnt es sich, hin und wieder einen Schaustopp einzulegen. Am Ende des

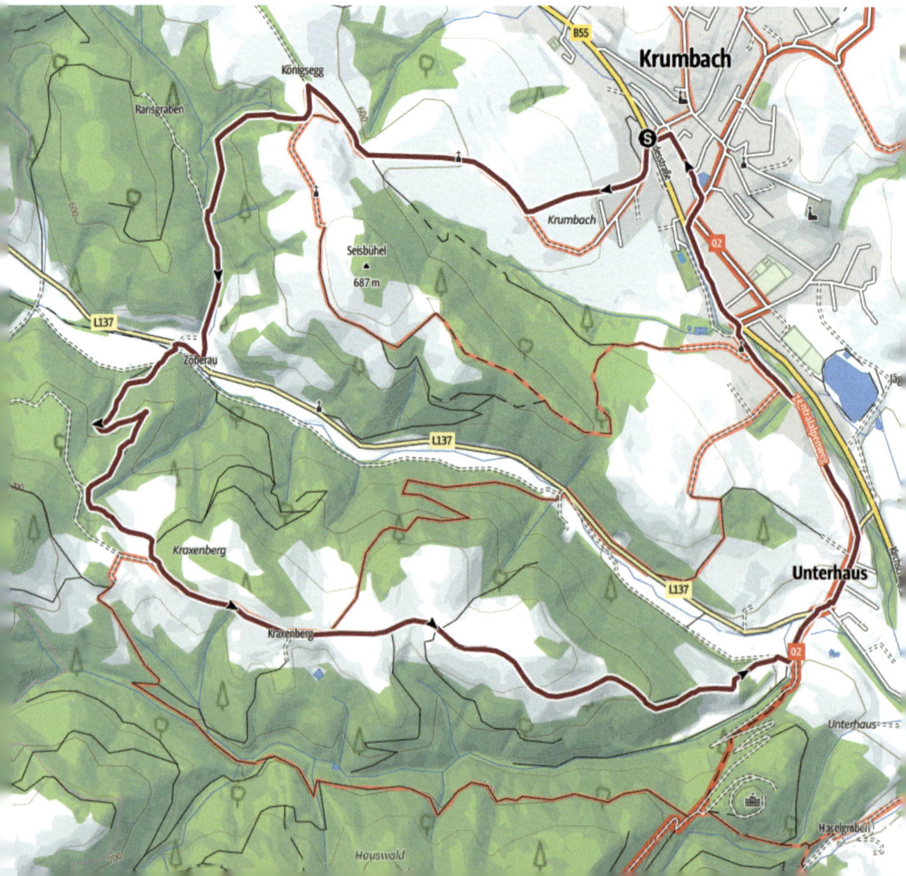

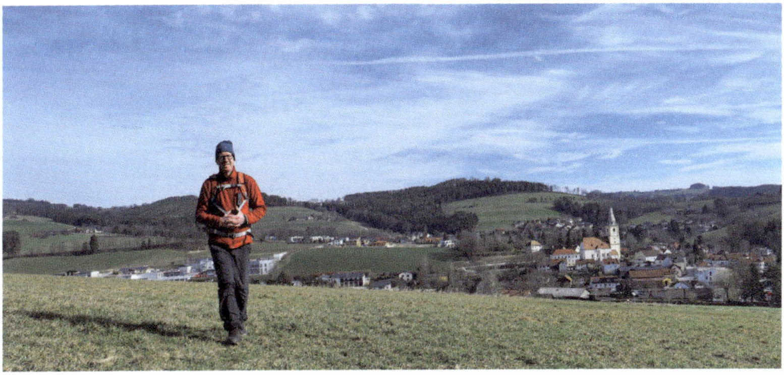

Der Auftakt der Wanderung mit Blick auf Krumbach

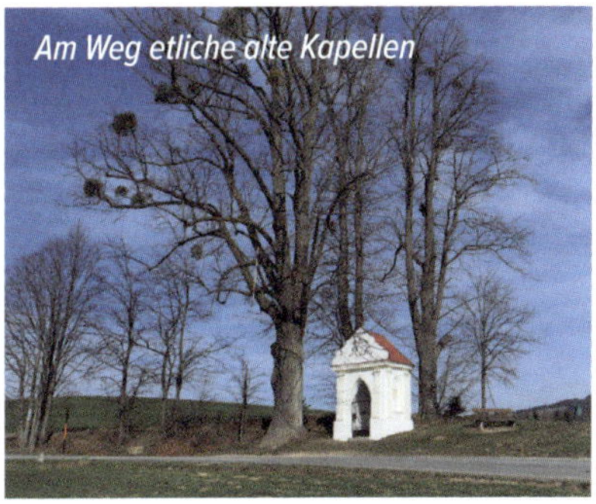

Am Weg etliche alte Kapellen

Wiesenwegs treffen wir wieder auf die **Königseggstraße**, auf der wir uns rechts haltend der ersten Kapelle der Tour nähern – der denkmalgeschützten, etwa 1870 erbauten **Holzbauer Kapelle**. Umringt von alten Bäumen und einem umfassenden Ausblick über die Bucklige Welt, empfiehlt sie sich als erstes nettes Rastplätzchen.

Nun auf der Straße weiter und am **Islandpferdestall Ljónshof** vorbei. Kurz darauf folgt das nächste Kulturjuwel, die Wagenhofer Kapelle am **Königsegg**. Unser Weg führt um die Kapelle herum und auf einem asphaltierten Güterweg bergauf. Nur kurz, dann zweigen vor einer Linkskurve zwei Pfade nach rechts in den Wald ab. Wir wählen den rechten, einen grün-blau markierten Hohlweg, der bergab durch dichten Wald in den **Ransgraben** führt. In der Grabensohle treffen wir auf ein Bacherl. Diesem folgen wir Richtung Osten. Sobald wir in der **Zöberau** eine Landstraße erreichen, lenken wir unsere Schritte auf dieser nach rechts, bis wir nach wenigen Metern links eine Brücke erkennen. Auf dieser über den Zöbernbach und den Wegweisern zum Kölbel am Kraxenberg folgend weiter. Schließlich

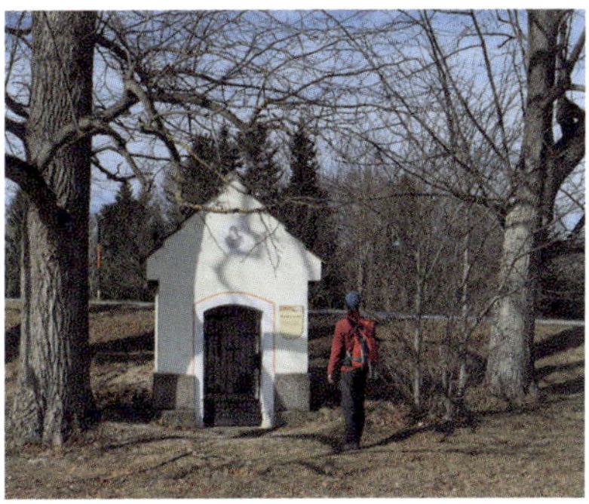

gelangen wir am Waldrand und durch Wald direkt zum **Bergbauernhof Kölbel** am **Kraxenberg**. Liebhaber hochprozentiger Säfte legen einen Stopp ein, zumal hier feinste Edelbrände und Liköre hergestellt werden. In Eichenfässern reift der erste Whisky der Buckligen Welt, der Kraxados, ein aromatischer Apfelbrand. Wer die Köstlichkeiten probieren oder erstehen will, muss sich vorankündigen.

Weiter Richtung Unterhaus durch Wald, dann über eine Wiese samt großartigem Ausblick über das Land der 1.000 Hügel, wie die Bucklige Welt auch bezeichnet wird. Nachdem wir die verlorenen Höhenmeter zurückgewonnen haben, folgt der sicherlich schönste Abschnitt der Tour: Mit der Sonne über uns und viel Ausblick um uns marschieren wir über Wiesen und Weiden zur **Riegelbauer Kapelle** am **Kraxenberg**. Weiter mit Panoramablick über das Hügelmeer der Buckligen Welt bis zu einem Gehöft und von dort auf eine Kuppe. Während wir über eine Wiese abwärts wandern, drängt sich das mächtige Schloss Krumbach ins Blickfeld. Die Anfänge der dreieinhalbgeschossigen Vierflügelanlage liegen im 13. Jahrhundert, heute beherbergt sie eine internationale Schule.

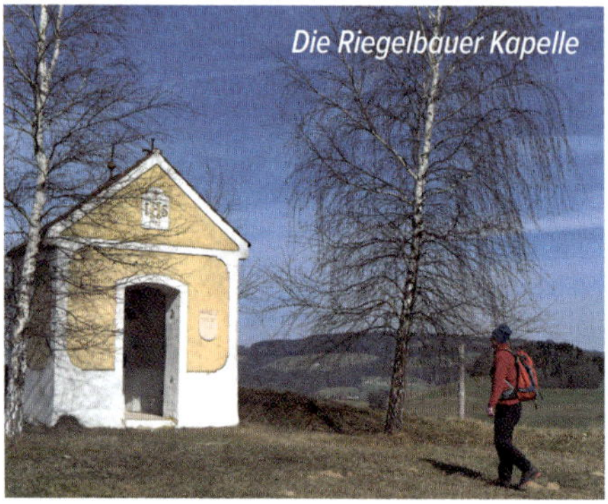

Die Riegelbauer Kapelle

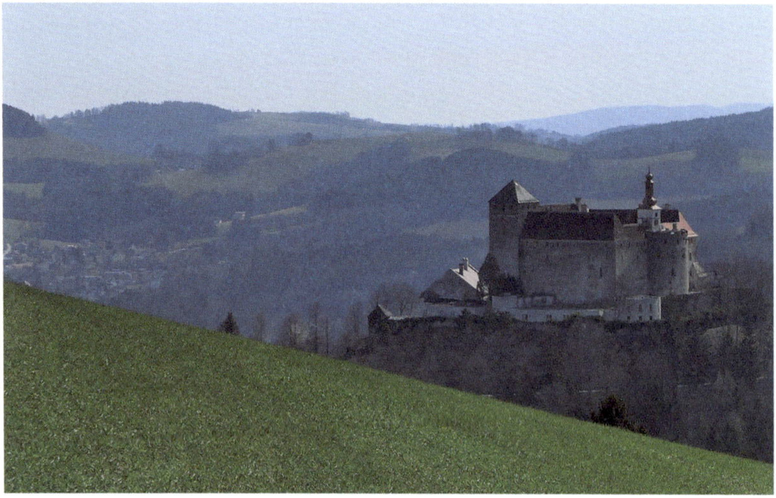

Beim Rückweg drängt sich das Schloss Krumbach ins Blickfeld.

HÖHENPROFIL

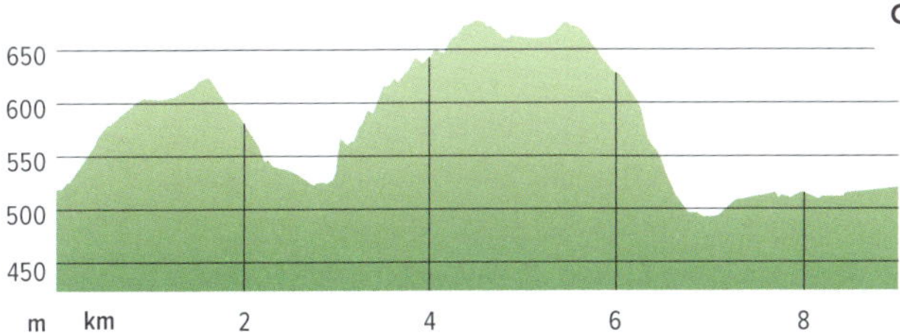

QR Link Tour 37

ANSPRUCH	STRECKE	DAUER	AUFSTIEG	ABSTIEG	HÖHENLAGE	EINKEHR
LEICHT	10,5	2:45	300 m	300 m	676 m / 492 m	NEIN

Am Gedankenweg ins Museumsdorf

Nach diesem Schau-Spiel geht es abwechselnd durch Wald und über Lichtungen in den Talgrund hinab, wo wir die ersten Häuser von **Unterhaus** passieren. Über einen Bach gelangen wir auf die Schlossstraße, die uns über den Lahmbach zur **Johannes-Nepomuk-Kapelle** führt – ein weiteres Flurdenkmal. Weiter an einem Alpakahof vorbei und den Wegweisern folgend auf der Alten Straße Richtung **Museumsdorf Krumbach**. Wir befinden uns dabei auch auf dem „Ernst-Ferstl-Gedankenweg", der mit Texttafeln des heimischen Autors versehen ist und zum Innehalten und Nachdenken einladen will (www.gedanken.at).

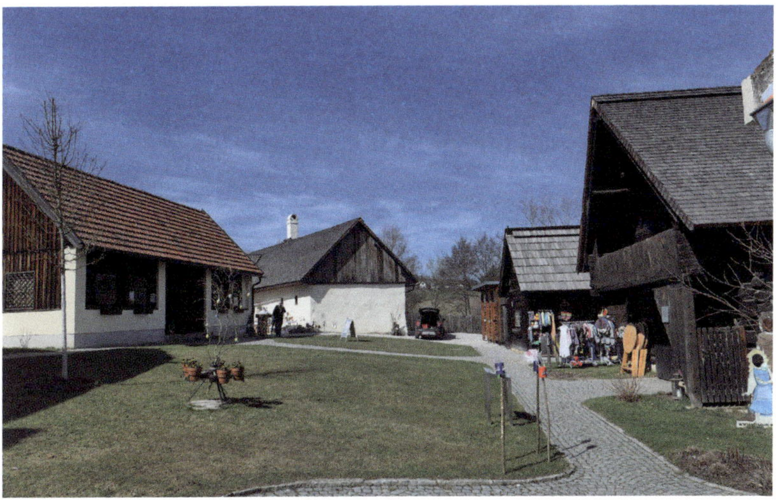

Im Museumsdorf Krumbach betritt man eine längst vergangene Welt.

Der Weg bringt uns direkt zum **Museumsdorf Krumbach**, dem letzten und wohl größten Highlight der Wanderung, ja der gesamten Umgebung. Einen kleinen Obolus entrichtet, betritt man hier eine längst vergangene Welt. Sieben historische Gebäude, darunter das frühere Bürgerspital, eine Mühle, ein Stadel und ein Bauernhof aus dem 16. Jahrhundert helfen, die Lebensumstände der hiesigen Bevölkerung in früheren Jahrhunderten nachzuempfinden.
Dem Ziel entgegen wandern wir neben oder der Bundesstraße entlang und biegen nach einem Supermarkt nach rechts in die **Marktstraße** ein. Ein paar Schritte weiter treffen wir auf den **Abrahamplatz** (Schul- und Kulturzentrum) und die **Promenade**, der wir bis zur Bundesstraße und somit dem Ausgangspunkt folgen.

2 ¾ Stunden / 10 ½ km / 300 Hm / leicht

Eignung für Kinder: ab 11

CHARAKTER: *familiengerechte Tour auf guten, zum Teil auch asphaltierten Wegen*
START- UND ZIELPUNKT: *Krumbach (Krumbacherhof, mit Bus erreichbar)*
ROUTE: *Krumbach (Krumbacherhof, 533 m) – Königseggstraße – Holzbauer Kapelle (605 m) – Islandpferdestall Ljónshof – Königsegg (Wagenhofer Kapelle) – Ransgraben – Zöberau (524 m) – Bergbauernhof Kölbel (644 m) – Riegelbauer Kapelle am Kraxenberg (665 m) – Unterhaus – Alte Straße – Museumsdorf Krumbach – Marktstraße – Abrahamplatz – Krumbach*
ATTRAKTIONEN: *religiöse Flurdenkmäler, aussichtsreiche Passagen, Edelbrände Kölbel (kraxados.at, Besichtigung oder Verkostung gegen Voranmeldung), Museumsdorf Krumbach (www.museum-krumbach.at)*
EINKEHRMÖGLICHKEITEN: *unterwegs keine, in Krumbach mehrere wie der Krumbacherhof (krumbacherhof.at/) oder der Gasthof Heissenberger (www.gasthof-heissenberger.at)*
WEITERFÜHRENDE INFOS: *www.krumbach-noe.at/*

38 Hutwisch

AM DACH DER WELT

Großmundig wird der Hutwisch von den Einheimischen als „Dach der Welt“ bezeichnet. Sie haben Recht, denn mit seinen 896 Metern bildet er die Spitze der (Buckligen) Welt, jener wunderbaren hügeligen Landschaft im Südosten Niederösterreichs. Zahlreiche Wanderwege führen von den attraktiven Talorten über fulminante Aussichtsbalkone zu der am Gipfel stehenden Warte. Einer davon ist der "Weg der Blicke" von Bad Schönau aus.

Durch Wald aufwärts

Vom Gemeindeplatz des Kurortes **Bad Schönau** aus folgen wir den Schildern des „Weges der Blicke“ zum „Blickpunkt Hutwisch“ und biegen in die **Kurhausstraße** ein. An einem Hotel vorbei gelangen wir in den **Kurpark**, wo kleine Sehenswürdigkeiten wie ein Musikpavillon, ein Teich oder die Rosaliakapelle unsere Aufmerksamkeit erregen.

Nachdem wir den Kurpark verlassen haben, passieren wir eine Sportanlage und tauchen in uralten Fichtenwald ein. Eine Forststraße leitet uns sanft, aber konsequent aufwärts. Bei einer Wegkreuzung halten wir uns geradeaus. Sobald wir wenig später aus dem Wald auf eine Weide treten, sehen wir rechts von uns das ehemalige Gasthaus Höhwirt und vor uns eine Straße. Stets den Wegweisern zum Hutwisch treu bleibend, steigen wir gelb markiert weiter bergan, bis wir auf eine

Die Kernstockwarte am Hutwisch gewährt einen Blick über die Bergwelt Niederösterreichs.

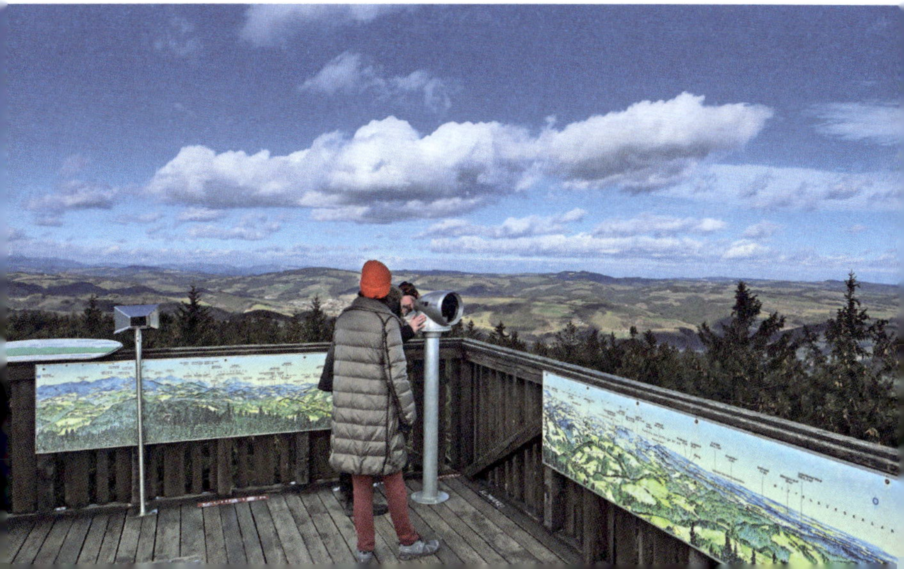

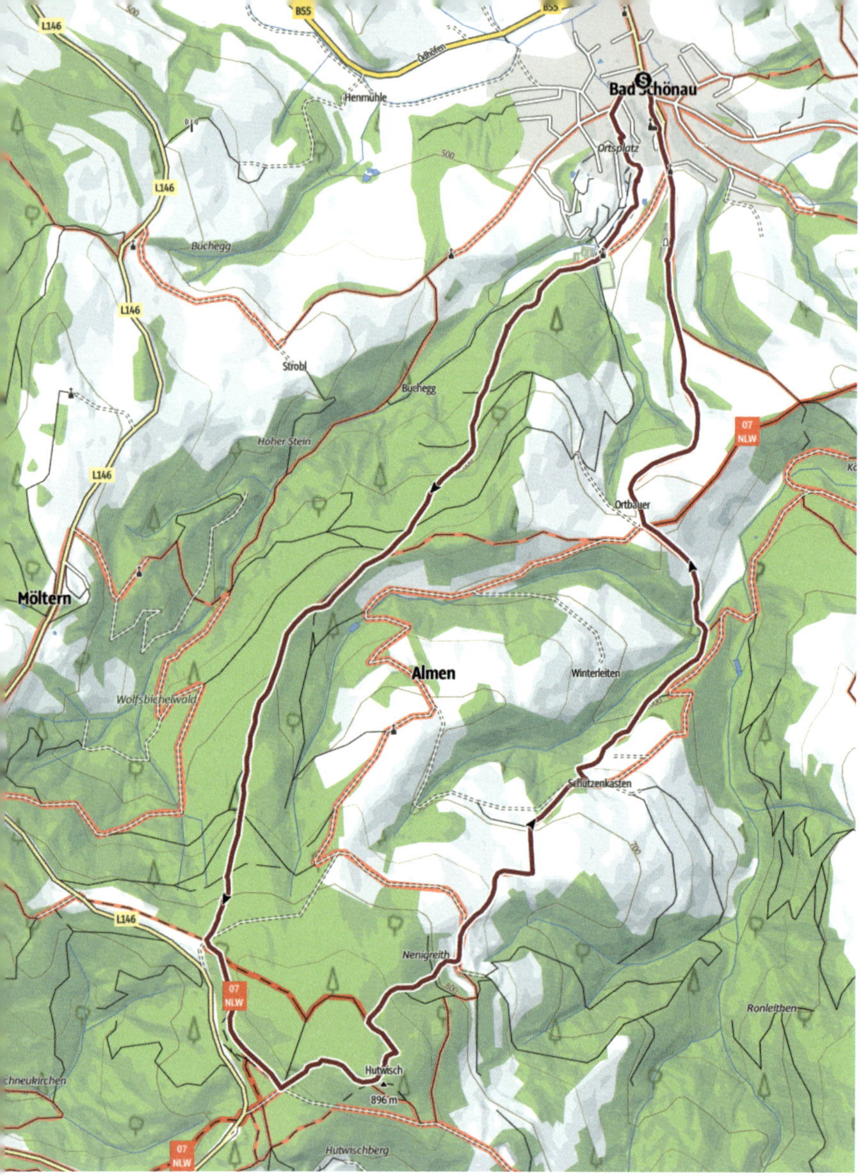

weitere Wegkreuzung stoßen. Hier rechts. Bei der letzten Weggabelung hat man dann die Wahl zwischen einem steileren Waldweg oder einer nur wenige Minuten längeren, gemütlicheren Forststraße. Wie auch immer, nach ca. 15 Minuten und insgesamt 2 Stunden stehen wir am „Dach der Welt“, dem 896 m hohen **Hutwisch**. Zum Gipfel gehören ein Gipfelkreuz, eine Unterstandshütte und die 22 m hohe **Kernstockwarte**, von deren obersten Plattform sich ein fulminanter Ausblick über die Bergwelt Niederösterreichs und des Burgenlands ergibt: Direkt umgeben sind

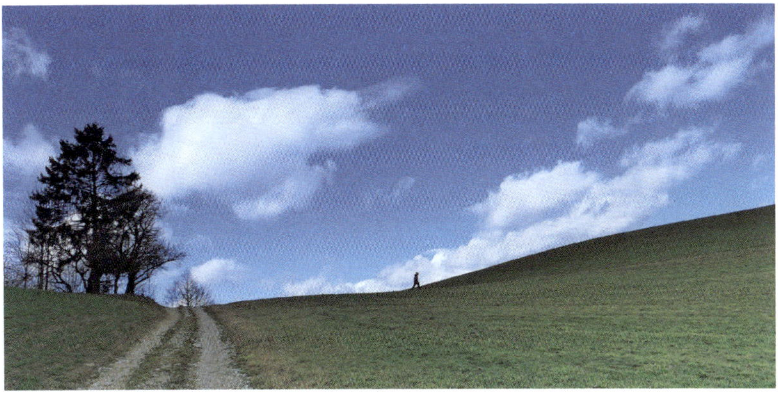

Unbewaldete Buckel gehören zu den Besonderheiten der Landschaft.

wir von der Buckligen Welt selbst, die ihren Namen vollkommen zu Recht trägt, reihen sich doch bis zum Horizont unzählige buckelförmige, oft unbewaldete Hügel aneinander, dazwischen eingewoben Felder und Wiesen, einsam gelegene Gehöfte und kleine Siedlungen.

Abstieg mit Ausblick

Für den Abstieg wählen wir den rot markierten Pfad nach Bad Schönau. Am Weg futuristisch anmutende Bänke und eine Tür, die einfach nur dasteht und die Frage aufwirft, warum sie da steht. Weiter auf breitem Weg abwärts durch einen Wald, gelangen wir wenige Minuten nach einem Gehöft auf eine Alm – vor uns ein grandioser Blick über das Hügelmeer der Buckligen Welt. In der Siedlung **Wenigreith** folgen wir kurz dem Güterweg, ehe uns der Wegweiser nach rechts auf eine Weide

HÖHENPROFIL

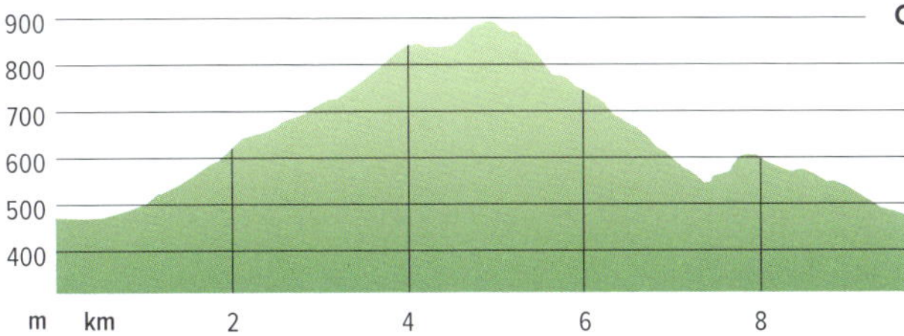

QR Link Tour 38

ANSPRUCH	STRECKE	DAUER	AUFSTIEG	ABSTIEG	HÖHENLAGE	EINKEHR
LEICHT	11,0	3:30	550 m	550 m	894 m / 469 m	NEIN

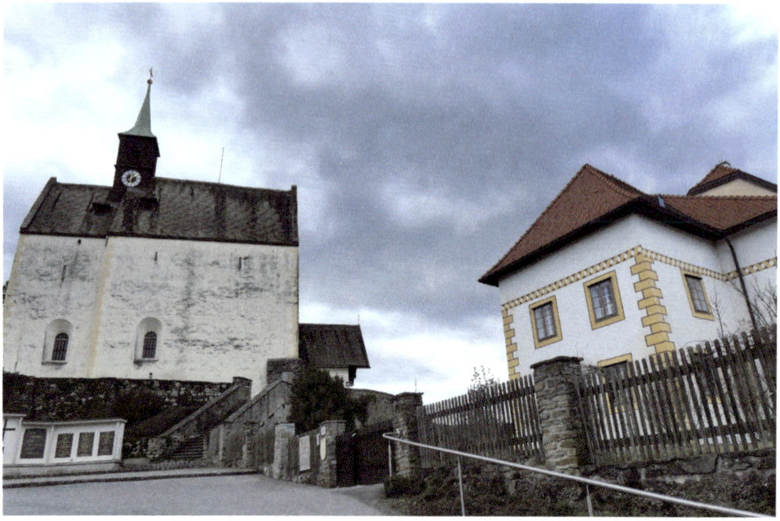

Die sehenswerte, 900 Jahre alte Wehrkirche St. Peter und Paul in Bad Schönau

lotst. Nun der sicher schönste Wegabschnitt der Tour. Von großartigem Weitblick begleitet, wandern wir über Weiden abwärts und kommen dabei auch an einer Kreuzgruppe vorbei. In der Ferne winken uns der Schneeberg und die Rax zu. Vor uns breitet sich eine anmutig geschwungene, weitläufige Kulturlandschaft aus, die an Lieblichkeit kaum zu übertreffen ist. Nach einem kleinen Wäldchen erreichen wir das Gehöft **Schützenkasten**. Wir passieren einen Güterweg und betreten eine Schotterstraße, die eine Schafweide quert. Gleich danach steigen wir in einen bewaldeten Graben ab, überqueren den Hollerbach und müssen auf der anderen Seite die verlorenen Höhenmeter wieder zurückgewinnen. Beim **Ortbauer** stoßen wir auf eine Straße, auf der wir durch die Siedlung **Groß-Buchegg** und über eine weitere Kuppe wandern, von der aus wir einen Blick ins Tal nach Bad Schönau haben. Wir passieren den Ortsfriedhof und nähern uns oberhalb des Kurparks dem Ausgangspunkt. Auf der Hauptstraße sollten wir bei der sehenswerten, knapp 900 Jahre alten **Wehrkirche St. Peter und Paul** am **Kirchenriegel** stehenbleiben, die zu den ältesten Kirchen der Region zählt. Im Inneren befinden sich bemerkenswerte Fresken aus der Erbauungszeit, an der Außenfassade ein Christophorusfresko aus dem ausgehenden 14. Jahrhundert. Die Hauptstraße bringt uns ins Zentrum von Bad Schönau zurück.

3 ½ Stunden / 11 km / 550 Hm / leicht

Eignung für Kinder: ab 12

CHARAKTER: *Der konsequent ansteigende Aufstieg erfordert etwas Kondition, ansonsten weist der Weg keine Schwierigkeiten auf*
START- UND ZIELPUNKT: *Bad Schönau (mit öffentlichen Verkehrsmitteln zu erreichen)*
ROUTE: *Bad Schönau (490 m) – Hutwisch (896 m, Kernstockwarte) – Wenigreith – Schützenkasten (660 m) – Groß-Buchegg – Bad Schönau*
ATTRAKTIONEN: *traumhafte Weitsicht besonders von der Kernstockwarte am Hutwisch; Bad Schönau mit der alten Wehrkirche, dem Kurpark und dem reichhaltigen kulinarischen Angebot*
EINKEHRMÖGLICHKEIT: *unterwegs keine, mehrere in Bad Schönau*
WEITERFÜHRENDE INFOS: *www.badschoenau.at, www.dachderwelt.at/hutwisch/*

Der Hutwisch

Der Name „Hutwisch“ bedeutet so viel wie „auf der Hut sein“, was darauf schließen lässt, dass der Berg dank seiner exponierten Lage zwischen Niederösterreich und dem Burgenland seit frühen Zeiten tatsächlich eine militärische „Späh“-Funktion innehatte. Bereits 1882 gab es am Gipfel einen 8,5 m hohen Turm, der einen guten Überblick über die benachbarten Regionen bis nach Ungarn gewährte. Im Jahr 1930 nach dem Heimatdichter Ottokar Kernstock benannt, wurde er 1978 zum letzten Mal neu erbaut.

39 Großer und Kleiner Pfaff

DURCH DAS JAGDREVIER DES KARDINALS

Ein Geheimtipp aus den Fischbacher Alpen: Aus der Überschreitung des Großen und Kleinen Pfaffen und dem vergessenen Reitsteig des Kardinals Nagl ergibt sich eine perfekte Tagesrundtour. Mit dabei zahlreiche verträumte Almwiesen, ein Waldweg wie aus dem Bilderbuch – und eine spannende Kletterstelle.

Losmarschiert wird am **Feistritzsattel**, einem prägnanten Scheitelpunkt zwischen Hochwechsel und Fischbacher Alpen. Als Warm-up geht es auf unsteilem Weg bis zu einer typisch steirisch-niederösterreichischen „Alm-Koproduktion“, wo der Gipfel des **Harterkogels** einen feinen Blick auf unser nächstes Ziel – den Großen Pfaffen, aber auch seine bekannten Nachbarn Schneeberg, Rax und Hochwechsel

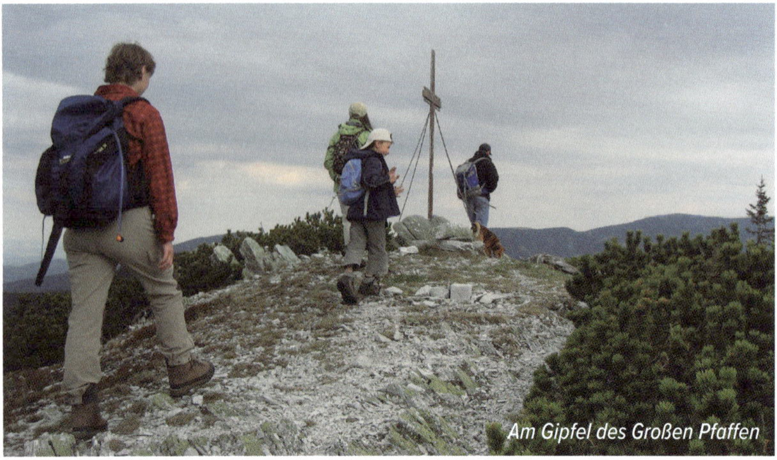
Am Gipfel des Großen Pfaffen

gewährt. Nun gemächlich über Wiesenflächen und mehrere Auf und Abs weitergeschlendert, bis die Markierung in leicht sumpfigem Gelände einen Rechtsdrall nicht AUF, sondern UM den Gipfel des **Großen Pfaffen** vollführt. Den Aufstieg dorthin müssen wir uns dürftigen Steigspuren nach zwischen Latschen, Geröll und Felsen regelrecht erkämpfen. Entlohnt wird die Anstrengung mit einer großartigen Aussicht bis zum Grazer Bergland und dem Tiefblick nach Rettenegg. Leider umgeht der markierte Weg auch den kleinen Pfaffenbruder! Wir steigen trotzdem hinauf und von seinem Gipfel etwas steiler hinab bis zu einem Bildstock, wo der Waldweg auf eine Forststraße trifft, die uns zum **ehemaligen Pfaffensattelhaus** führt.

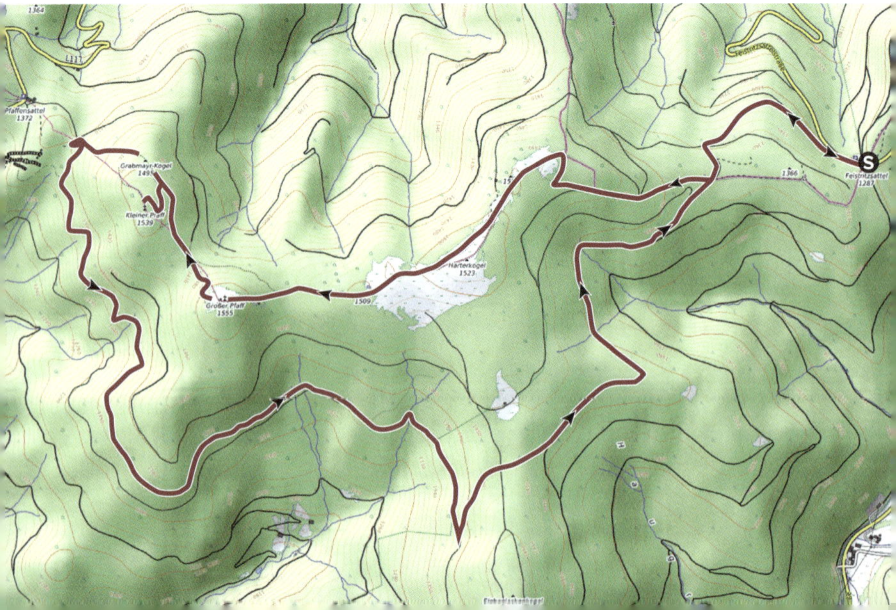

Kardinal-Nagl-Steig

Pure Wanderwonne verspricht nun der (unmarkierte) Kardinal-Nagl-Steig, das Missing Link zu einer perfekten Rundtour! Anstatt nämlich mühsam über den hügeligen Pfaffenweg zurückzusteigen, wählen wir diese ideale Variante, um ohne viel Anstrengung, aber mit umso mehr Naturerlebnis zum Ausgangspunkt zurückzugelangen. In den Karten als punktierte Linie eingezeichnet, ist der ehemalige Reitsteig des jagdbegeisterten Kardinals Nagl (Franz Xaver Kardinal Nagl war Erzbischof von Wien und starb am 4. Februar 1913) zu Unrecht in Vergessenheit geraten. Dabei sucht er in seiner Wegführung und Schönheit seinesgleichen! In fast ebener Linie nämlich umkreist er die Pfaffen und führt abwechslungsreich zum Feistritzsattel zurück.

Der Weg: Gleich gegenüber vom ehemaligen Pfaffensattelhaus, wo nach einem Schranken der Steig beginnt, öffnen sich zwei etwa 4–5 m tiefe **felsige Gräben**, die in leichter Kletterei (I) überwunden werden müssen (Kinder und Anfänger sollten dabei gesichert werden). Die Stelle kann allerdings über den vorher erwähnten Bildstock umgangen werden. Dann aber Wanderwonne pur! Auf pferdebreitem und in die Waldhänge eingearbeitetem Pfad wandern wir genussvoll durch lauschige Wäldchen,

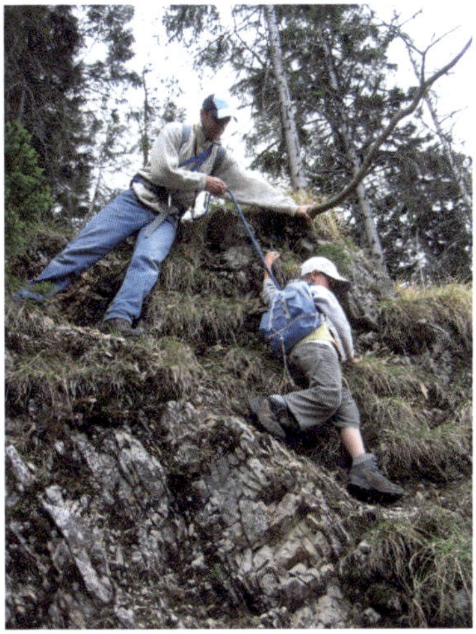

Felsige Gräben müssen in leichter Kletterei überwunden werden.

QR Link Tour 39

HÖHENPROFIL

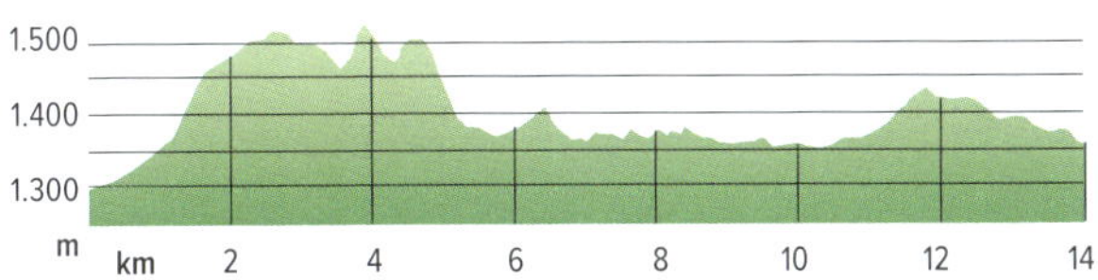

★★ ANSPRUCH	STRECKE	DAUER	AUFSTIEG	ABSTIEG	HÖHENLAGE	EINKEHR
MITTEL	14,0	3:00	500 m	500 m	1.555 m / 1.290 m	NEIN

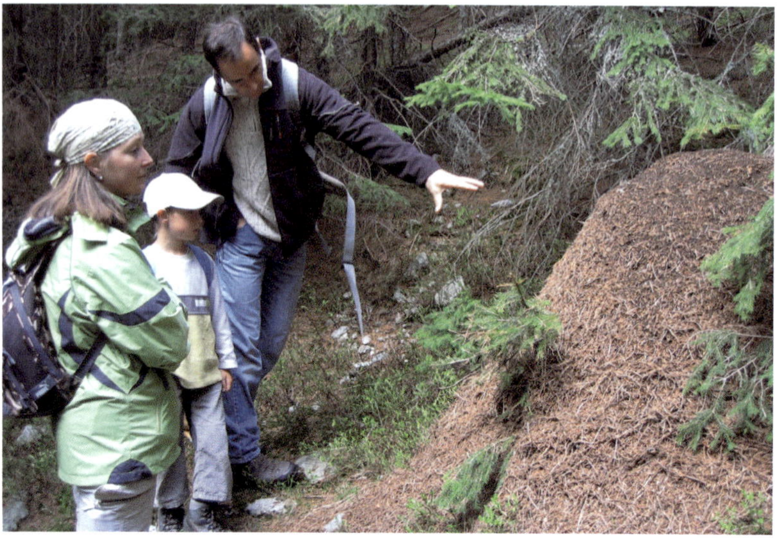

Papa erklärt die Welt eines Ameisenhaufens.

Beerenbeete, über helle Lichtungen und begleitet von Stuhleck und Pretul um die Pfaffen herum. Nach 1,5 Stunden und einer Bachquerung verliert sich der Steig im Gehölz. Dann heißt es, den Orientierungssinn hochfahren, auf die rechts nebenher verlaufende Forststraße wechseln, bei der ersten Gabelung in scharfer Linkskurve einschwenken und ohne nennenswerten Höhenverlust den **Feistritzsattel** ansteuern.

3 Stunden / 14 km / 500 hm / mittel

Eignung für Kinder: Ab 10 Jahren

CHARAKTER: *unschwierige Wanderung mit kleinen Kletterstellen (I)*
START- UND ZIELPUNKT: *Feistritzsattel (mit öffentlichen Verkehrsmitteln zu erreichen)*
ROUTE: *Feistritzsattel (1.290 m) – Harterkogel (1.523 m) – Großer Pfaff (1.555 m) – Kleiner Pfaff (1.539 m) – Pfaffensattel (1.372 m) – Kardinal-Nagl-Steig – Feistritzsattel*
ATTRAKTIONEN: *drei Gipfel, ein Waldweg wie aus dem Bilderbuch, spannende Kraxeleien, nette Almen und ein romantischer historischer Steig*
AUSRÜSTUNG: *Seilsicherung für Kinder und Anfänger*
EINKEHR: *keine (das Pfaffensattelhaus ist zurzeit geschlossen)*

40 Stuhleck – Pretul

STERNSTUNDEN FÜR PLANETENWANDERER

Kosmische Dimensionen machen die Stuhleck-Pretul-Überschreitung zu einem Ausflug durch unser Sonnensystem. Doch damit nicht genug: Es warten zwei Berghütten, eine großartige Plateaupromenade und das Hochmoor Schwarzriegelmoos auf uns Planetenwanderer.

Der **Planetenweg** von **Rettenegg** aufs Stuhleck wurde als wissenschaftlich-touristisches Projekt vom Institut für Astronomie der Universität Wien geschaffen und soll das Gefühl für kosmische Dimensionen wecken. Entlang des Weges sind die neun Planeten so dargestellt, dass deren Größe und Abstände zueinander dem Maßstab 1:1 Milliarde (1 km auf dem Weg = 1 Milliarde km im Sonnensystem) entsprechen. In identischer Entfernung zur Sonne folgt man nun Merkur, Venus, Erde, Mars, Jupiter, Saturn, Uranus und Neptun bis aufs Stuhleck.

Durchs All aufs Stuhleck

Ausgangspunkt ist der sog. **Sternenpavillon** am Ortsrand von **Rettenegg**, der sehr plastisch unser Himmelszelt darstellt. Wir folgen ab nun den grünen Schildern des Planetenwegs über die Pfaffensattelstraße auf den nach links abzweigenden **Sticklbergweg**. Durch Wiesen gelangen wir zu gepflegten Bauerngehöften, ehe wir beim **Hansl in Hof** das in einer Glaskugel hängende Jupitermodell vorfinden. Eine Tafel informiert über wissenschaftliche, mythologische und astrologische Details des Planeten. Der rot markierte Weiterweg leitet an einem Wasserspeicher vorbei auf Asphalt und bald wieder durch adrette Kulturlandschaft. Nach zwanzig Minuten geht es an einem Gehöft vorbei und über Weiden in einen alten Hochwald, wo der *Saturn*, der sechste von der Sonne aus gezählte Planet, auf uns wartet. Anschließend reisen wir an einer Quelle vorbei zum Uranus. Ab hier führt ein en-

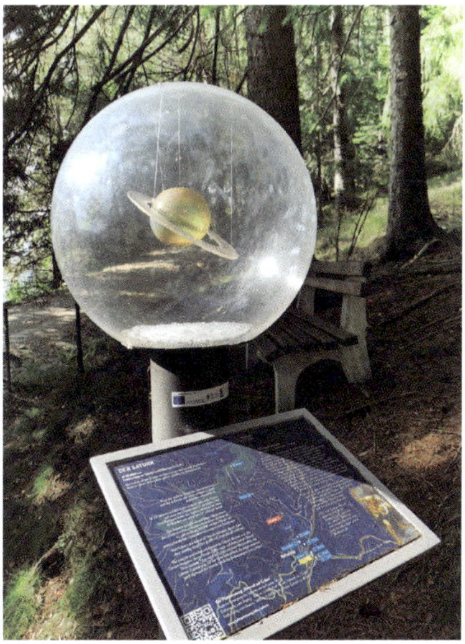

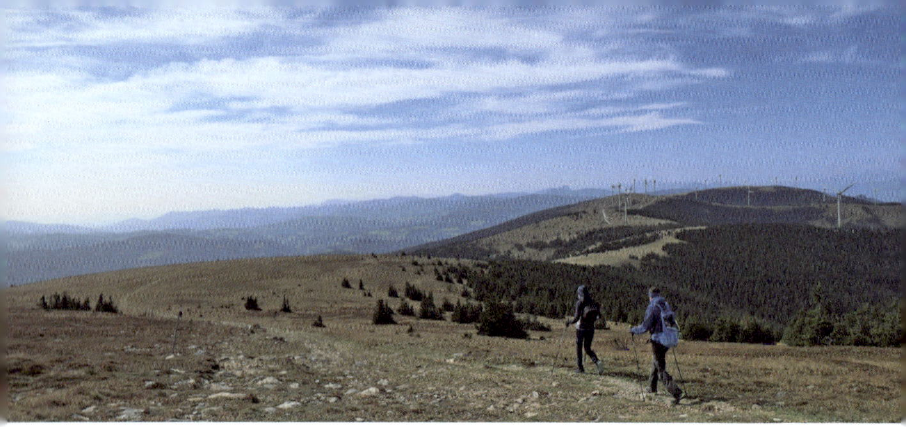

Auf Planetenwanderer wartet eine großartige Plateaupromenade über Stuhleck und Pretul.

ger Pfad steil einen Waldhang hinauf. Oben angelangt wieder eine Forststraße, auf der wir einige Rinnsale überqueren, darunter der Zwieselbach. Bald danach lichtet sich der Wald. Die Landschaft wird heller, freier, schließlich betritt man nach fast 2 Stunden den baumfreien Rücken des **Südstuhlecks**.

Stangen leiten bis zum **Schwarzriegel**, einer Senke zwischen Pretul und Stuhleck. Trotz des sich hier nie beruhigenden Windes gehört der Gang über den baumfreien Hochrücken des Stuhlecks zum Schönsten, was uns die niederösterreichischen Berge bieten. Ringsum nichts als Himmel, Freiheit und die unendliche Weite des niederösterreichischen Bergalls mit dem Stuhleck und der Rax als Planeten weit über allen Niederungen. Am Gipfel des **Stuhlecks** erwarten uns das **Alois-Günther-Haus** und das Planetenmodell des Pluto, 5.899 Millionen Kilometer von der Sonne und 2 ½ Stunden von Rettenegg entfernt.

Über das Schwarzriegelmoos zur Pretul

Weil der Marsch über die Stuhlecker Hochfläche zum reizvollsten Teil der Tour gehört, wandern wir zum **Schwarzriegel zurück** und weiter über die **Schwarzriegel**

HÖHENPROFIL

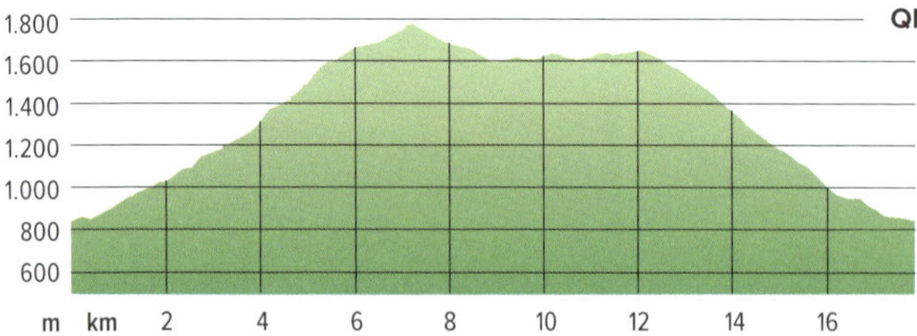

QR Link Tour 40

ANSPRUCH	STRECKE	DAUER	AUFSTIEG	ABSTIEG	HÖHENLAGE	EINKEHR
★★ MITTEL	18,0	5:00	1.050 m	1.050 m	1.780 m / 845 m	JA

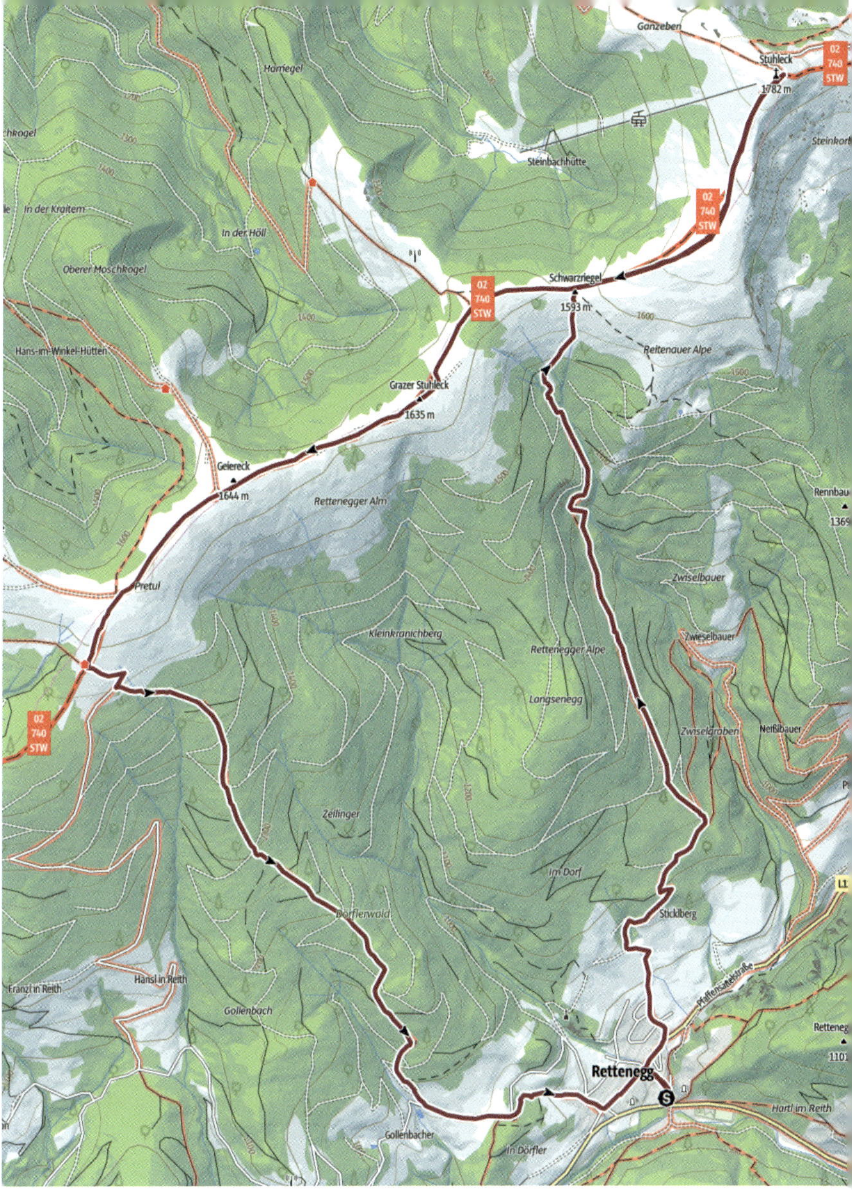

Alm zum eindrucksvollen **Naturerlebnis Schwarzriegelmoos**, dem östlichsten Hochmoor der Zentralalpen. Holzstege führen durch das Biotop, eine Aussichtsplattform gewährt eine ungewöhnliche Perspektive über die Naturbesonderheit, auf Infotafeln erfahren Besucher Wissenswertes über deren Geschichte und ökologische Besonderheiten. In seiner Einzigartigkeit bietet das Schwarzriegelmoos vielen teilweise vom Aussterben bedrohten Arten wie Bergmolchen, Birkhähnen, Torfmoosen oder Wollgräsern einen unersetzlichen Lebensraum.

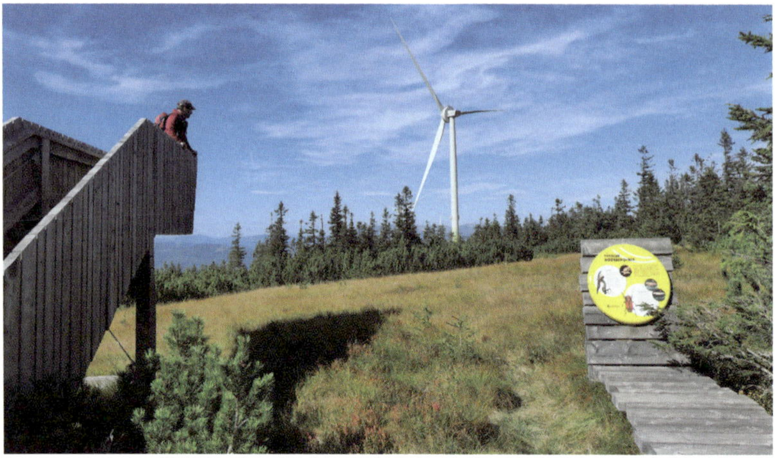

Schauen und staunen am Schwarzriegelmoos, dem östlichsten Hochmoor der Zentralalpen

Weiter auf einer Almstraße über das **Grazer Stuhleck**, das **Geiereck** und den **Öko-Windpark Pretul**, wo unser Blick – und unser Gehör – von den Windrädern vereinnahmt wird. Wem gelebte Nachhaltigkeit und eine schonende Energiewende ein Anliegen sind, wird die lärmenden Ungetüme wohlwollend in Kauf nehmen.
Ein letzter Aufschwung führt uns zur **Peter-Bergner-Warte** auf der Pretul, die mit einer eindrucksvollen Aussicht auf Schneeberg, Rax und Schneealpe aufwartet. Kurz danach erreichen wir auch das **Roseggerhaus**, dessen Wirtsteam vorzügliche Gerichte mit regionalen Zutaten auf den Teller zaubert.

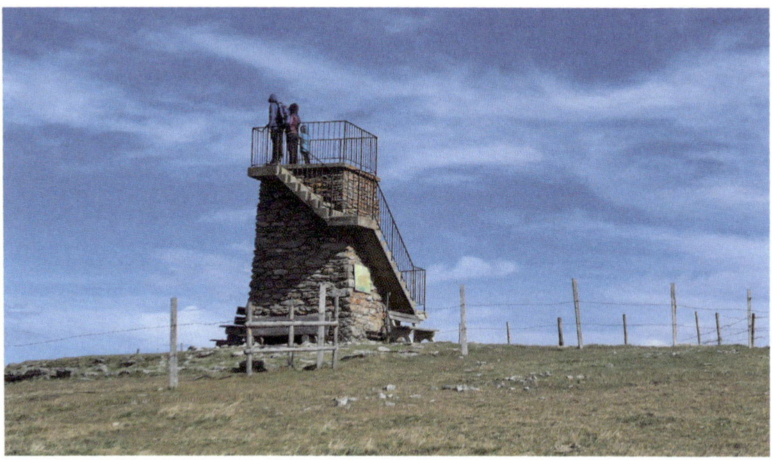

Von der Peter-Bergner-Warte überblickt man Schneeberg, Rax und Schneealpe.

Auf der Joglland Roas nach Rettenegg zurück

Vom Roseggerhaus folgen wir dem Weg 741 über den Rücken der **Pretulalpe** Richtung Rettenegg. Zuerst auf einer Forststraße, dann über eine Wiese und schließlich auf der rot markierten „**Joglland Roas**" steil durch uralten Nadelwald bergab. Sobald sich der Weg verflacht, betreten wir Weideland und ein Gehöft, wo wir eine Straße und den sog. **Panoramaweg** begehen. Nun an weiteren Bauernhäusern vorbei und über Wiesen bis zu einem hübschen Rastplatz am Beginn eines Waldstücks. Durch dieses hindurch und über Weiden kehren wir nach **Rettenegg** zurück.

5 Stunden / 18 km / 1.050 Hm / mittel

Eignung für Kinder ab 14

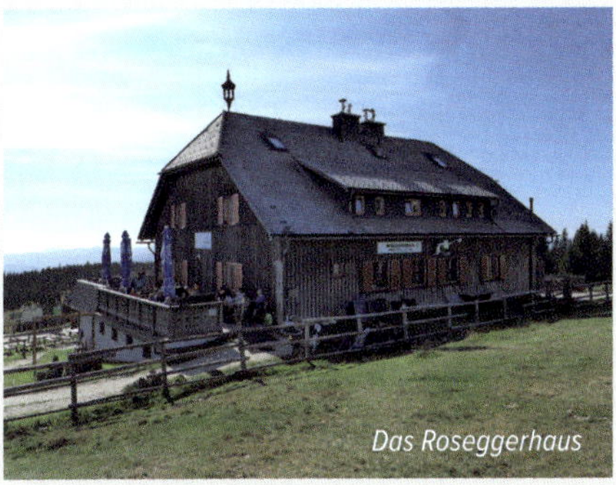

Das Roseggerhaus

CHARAKTER: *Bei Nebel oder Schneefall ist von dieser Tour abzuraten; am Plateau können zudem eisige und stürmische Verhältnisse herrschen – ein guter Blick auf die Wetterprognosen schützt vor Überraschungen; Achtung im Winter: Der Eisfall von den rotierenden Windrädern kann lebensgefährlich sein*

START- UND ZIELPUNKT: *Rettenegg (mit öffentl. Verkehrsmitteln erreichbar)*

ROUTE: *Rettenegg (Sternenpavillion, 862 m) – Planetenweg – Schwarzriegel (1.593 m) – Stuhleck (Alois-Günther-Haus, 1.782 m) – Schwarzriegel – Schwarzriegelmoos – Grazer Stuhleck (1.635 m) – Geiereck (1.644 m) – Pretul (Peter-Bergner-Warte, 1.656 m) – Roseggerhaus (1.588 m) – Jogelland Roas – Panoramaweg – Rettenegg*

ATTRAKTIONEN: *Planetenweg, Marsch über das aussichtsreiche Hochplateau des (Grazer) Stuhlecks und der Pretul, Naturerlebnis Schwarzriegelmoos, Alois- Günther-Haus, Roseggerhaus*

EINKEHRMÖGLICHKEITEN: *Alois-Günther-Haus (www.aloisguentherhaus.at), Roseggerhaus (www.roseggerhaus.at/)*

WEITERFÜHRENDE INFOS: *www.rettenegg.at*

41 Schneeberg: Fadensteig – Schauerstein

HAUSMANNSKOST AM HÖCHSTEN

Dem Schneeberg, dem höchsten Niederösterreichs und östlichsten Zweitausender der Alpen, ist – außer per Zahnradbahn – nicht leicht beizukommen. Der kürzeste, aber auch beliebteste und spannendste Anstieg verläuft über den äußerst abwechslungsreichen Fadensteig. Wir verbinden ihn mit einem wunderschönen Abstieg über den Schauerstein. G'schmackige Hausmannskost für Bergfexe.

Eines vorweg: Der Fadensteig ist zwar kein echter Klettersteig, verlangt aber dennoch Trittsicherheit und ein wenig Geschick beim Überwinden von Felsstufen und Geröllhängen. Bei den wenigen versicherten Stellen braucht es ein wenig „Handarbeit" (Klettern bis 1-).

Am Fadensteig

Wir starten nach der Devise: Wenn es schon einen Sessellift gibt, dann benützen wir ihn auch. Also setzen wir uns in **Losenheim** in die Schneeberg Sesselbahn und schaukeln langsam zur **Edelweißhütte** am **Fadensattel** hinauf. Alternativ könnte man den steilen Wanderweg entlang der Lifttrasse in Angriff nehmen (+1 Std.).
Natürlich sind wir an sonnigen Wochenenden nicht die Einzigen, die dem Höchsten Niederösterreichs über den **Fadensteig** zu Leibe rücken wollen. Also reihen wir uns brav in die Karawane der Schneebergaspiranten ein und folgen dem Wegweiser Richtung Fischerhütte. Der markierte Weg, ursprünglich ein alter Jagdsteig, führt

Imposant bauen sich die Fadenwände, der felsige „Vorbau" des Schneebergs, über uns auf.

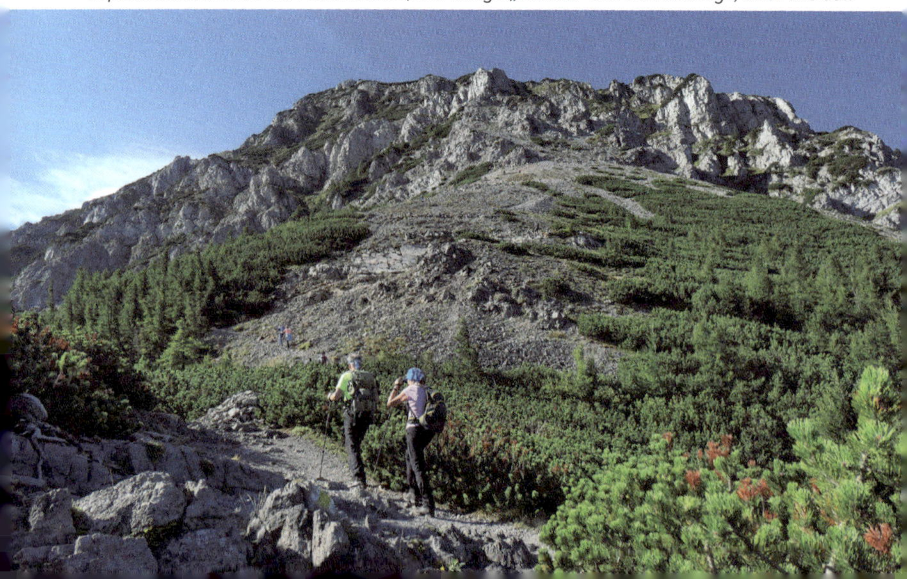

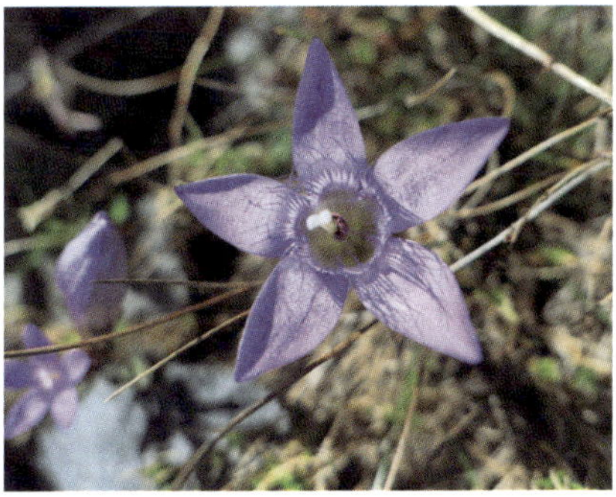

nun konsequent und steil durch Mischwald bergauf. Nach 20 Minuten wechselt die Kulisse auf beeindruckende Weise von Zirbenwald auf Felslandschaft. Imposant bauen sich die Fadenwände, der felsige „Vorbau“ des Schneebergs, über uns auf. Durch diese unbezwingbar scheinende Felsmauer müssen wir nun. Der Weg entpuppt sich aber als harmlos, im Zickzack schlängelt er sich durch Geröll und über kleine Felsstufen bergauf, die Atempausen nützen wir, um zurückzuschauen und den Blick über die Voralpenlandschaft schweifen zu lassen.

Bald wird das Terrain anspruchsvoller. Nach einer steileren Rampe, wo wir doch hin und wieder die Hände zur Hilfe anlegen müssen (1-), können wir auf der Wiesenschulter am Oberrand der Fadenwände verschnaufen, ehe wir über Geröll weiter hinaufsteigen. In Serpentinen hanteln wir uns höher und höher, während sich der Blick über die Landschaft weitet, aber auch die Alpenflora zu unseren Füßen unsere Aufmerksamkeit auf sich zieht. Kenner werden etwa verschiedene Enzianarten und den seltenen Weißen Alpen-Mohn entdecken.

Weiter oben müssen wir ein Geröllfeld queren, zur Sicherheit ist ein Drahtseil gespannt, trittsicher sollten wir also unbedingt sein und gutes, griffiges Schuhwerk anhaben. Nach einer letzten Steilstufe haben wir es geschafft und stehen am Rand des Schneeberg-Plateaus.

Am Klosterwappen

Die felsigen Fadenwände liegen hinter uns, wir dürfen nun vom konzentrierten Steig- auf gemütlichen Wandermodus umschalten und den Markierungsstangen durch Latschengassen Richtung Süden folgen. Allerdings: Flacher wird’s nicht, dafür aber windiger. Nach insgesamt zwei Stunden erreichen wir eine Kreuzung, die wir uns merken sollten, da hier unser Abstiegsweg über den Schauerstein zurück zur Edelweißhütte abzweigt.

Die **Fischerhütte** mit dem dahinter liegenden **Kaiserstein** erreichen wir wenig später. Die traditionsreiche und höchstgelegene Bergunterkunft Niederösterreichs wurde in Form einer kleinen Holzhütte am 19. Juli 1885 eröffnet. Geld- und somit Namensgeber war der Bergsteiger Fischer von Röslerstamm. Weitere 10 Minuten später stehen wir am **Klosterwappen**, dem Hauptgipfel des Schneebergs, dessen Gipfelkreuz ein wenig zwischen den Sendeanlagen und Menschenmengen unter-

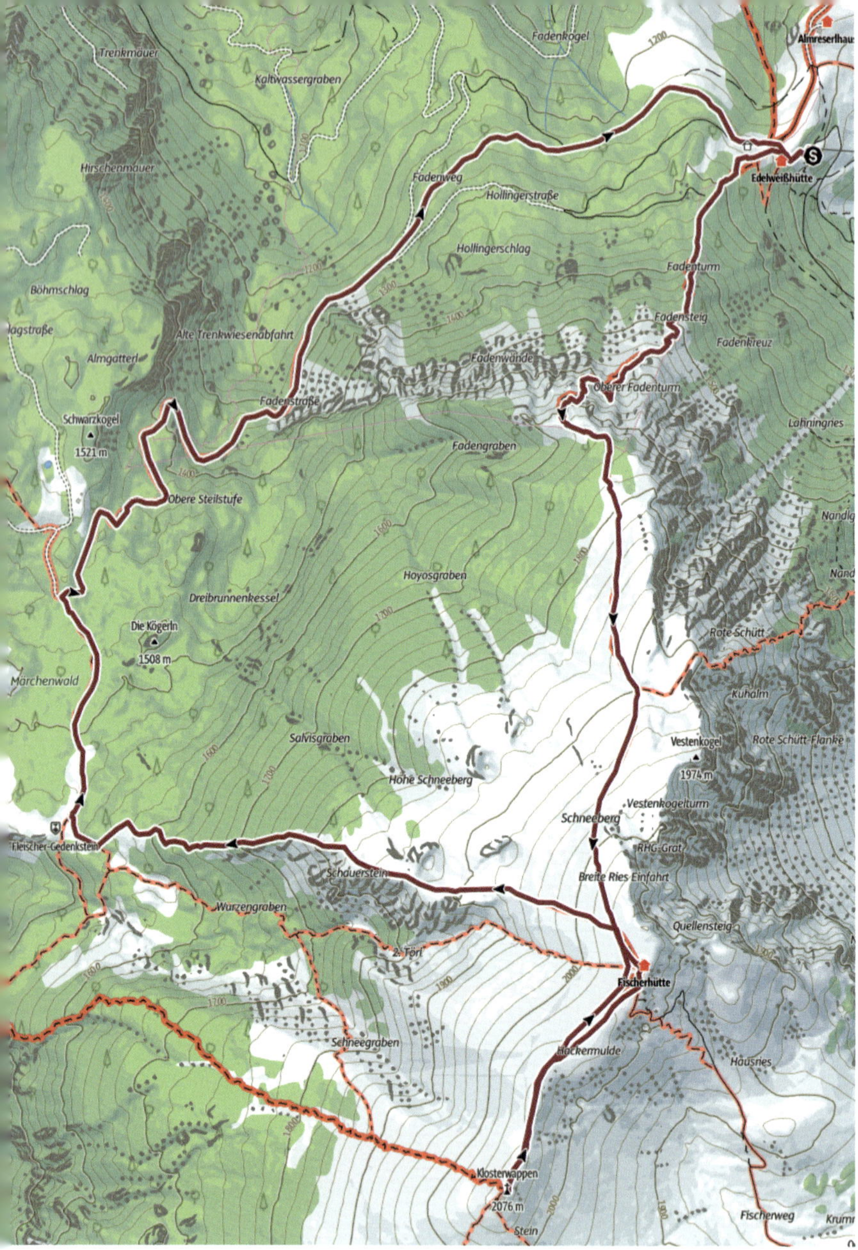

geht. Umso beeindruckender ist der Rundumblick, der von der Hochfläche des Schneebergs über das Puchberger Becken, den Hochschwab und Ötscher bis ins Gesäuse und das Tote Gebirge reicht. An klaren Tagen erkennt man sogar den Neusiedler See.

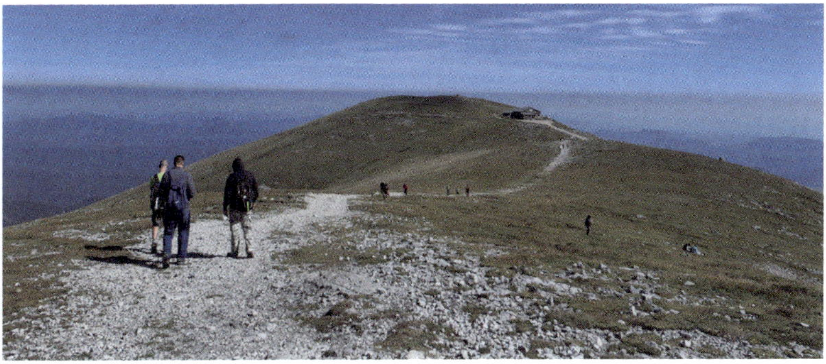

Über das sonnige Schneeberg-Plateau zur Fischerhütte

Über den Schauerstein zurück

Wieder zurück zur vorhin erwähnten Abzweigung, lenkt uns das Schild „Über Schauerstein zur Edelweißhütte" nach Westen. Von nun an folgen wir der grünen Markierung direkt über den felsigen, 1.870 m hohen **Schauerstein**. Der wunderschöne Steig leitet durch Grasmatten zum **Fadenweg**, der wiederum durch steilen Latschenwald und steinige, aber gut überwindbare Passagen zu Tal führt. Wer Glück hat, hört die Warnrufe der Murmeltiere, die im Wurzergraben unter uns ihre Höhlen haben. Unweit der **Heinrich-Krempel-Rettungshütte** treffen wir im Talgrund des Ochsenbodens auf den Weg zum Wurzergraben. Nun führt ein flacherer, gelb markierter Waldpfad durch schönen Fichtenwald zum **Rossgrabensattel**. Danach treffen wir auf eine Forststraße, auf der wir zuerst über das **Almgatterl** und dann im Schatten der Fadenwände nordostwärts wandern. Im Anschluss an die Forststraße müssen wir noch durch ein kurzes Waldstück, ehe wir das **Almreserlhaus** erkennen. Auch dieses nur wenige Minuten von der Edelweißhütte entfernte

HÖHENPROFIL

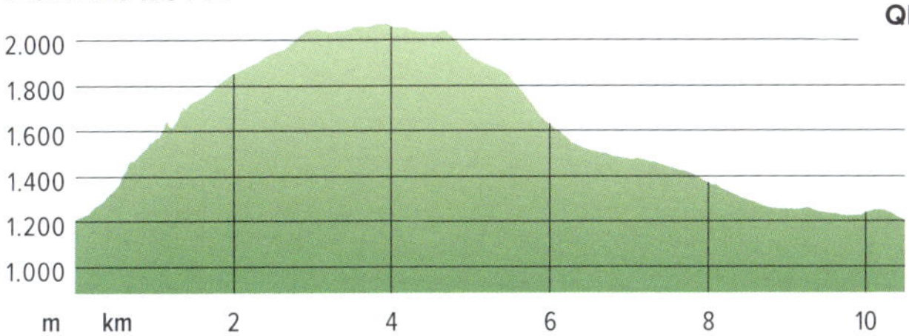

QR Link Tour 41

ANSPRUCH	STRECKE	DAUER	AUFSTIEG	ABSTIEG	HÖHENLAGE	EINKEHR
★★ MITTEL	11,0	4:30	900 m	900 m	2.073 m / 1.206 m	JA

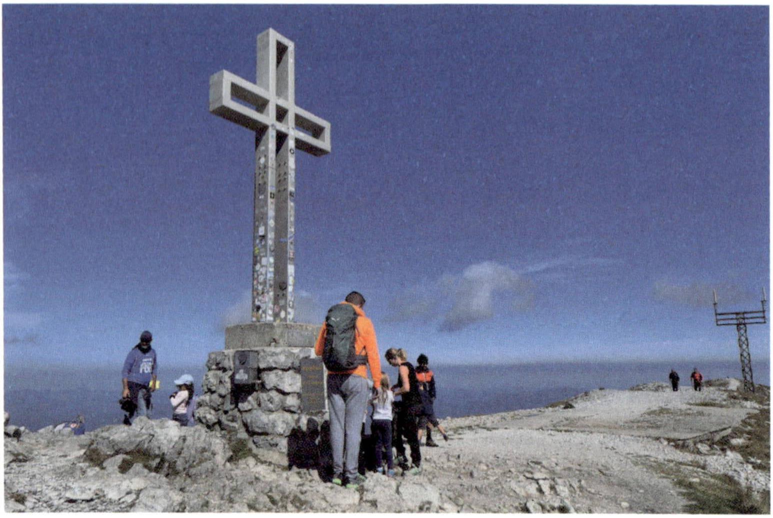

Am Klosterwappen, dem höchsten Punkt des Schneebergs, wird man selten alleine sein.

Berggasthaus empfiehlt sich als Einkehrstation, wo das engagierte Hüttenteam regionale Hausmannskost bis hin zu selbstkreierten Schmankerln kredenzt. Noch eine kurze Waldpassage, ehe wir die alte (und geschlossene) **Sparbacherhütte** passieren und wenig später bei der **Edelweißhütte** und der **Lift-Bergstation** anlangen.

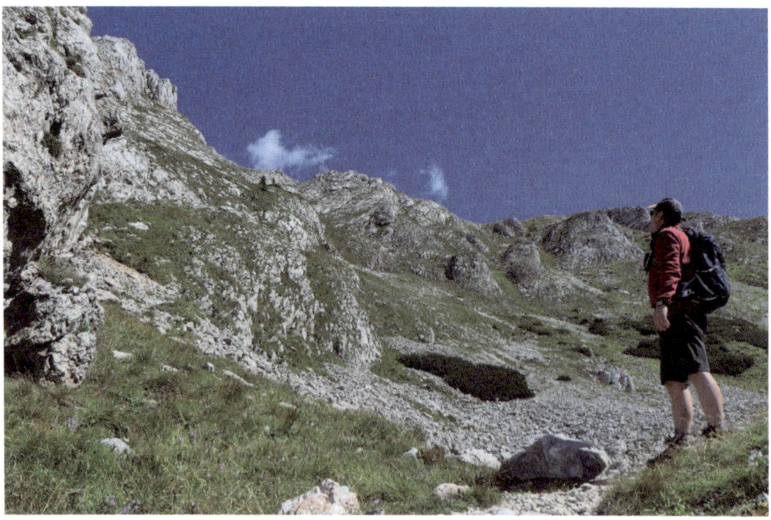

Beim Abstieg über den Schauerstein kann man die Pfiffe von Murmeltieren hören.

4 ½ Stunden / 11 km / 900 Hm / mittel

Eignung für Jugendliche: ab 15

***CHARAKTER**: Am Fadensteig hat man es mit Kletterschwierigkeiten bis 1- zu tun, an den wenigen neuralgischen Stellen sind Drahtseile gespannt. Obligatorisch: Trittsicherheit, festes Schuhwerk und Kondition. Der Steig ist nicht für den Familienausflug mit kleinen Kindern geeignet. Der Weiterweg über das Schneeberg-Plateau wie auch der Steig über den Schauerstein sind problemlos zu bewältigen*

***START- UND ZIELPUNKT:** Losenheim, Talstation des Schneeberg Sessellifts (www.puchis-welt.at, mit öffentlichen Verkehrsmitteln zu erreichen)*

***ROUTE:** Per Sessellift zur Edelweißhütte (1.235 m, oder zu Fuß: + 1 Std. und 400 Hm) – Fadensteig – Fischerhütte (2.049 m, Kaiserstein, 2.061 m) – Klosterwappen (2.076 m) – Schauerstein (1.870 m) – Fadenweg – Rossgrabensattel (1.473 m) – Almgatterl – Edelweißhütte (Almreserlhütte, 1.222 m, 5 min.)*

***ATTRAKTIONEN:** der Abwechslungsreichtum, Kletterspaß und die Schönheit des Fadensteigs; die alpine Landschaft des Schneeberg-Plateaus, das Panorama und der einsame Abstieg über den Schauerstein*

***EINKEHRMÖGLICHKEITEN:** Edelweißhütte (www.edelweisshuette.at), Fischerhütte (www.wieneralpen.at/alle-unterkuenfte/a-fischerhuette-des-oetk), Almreserlhaus (http://almreserlhaus.at)*

Der Schneeberg

Der Schneeberg ist mit seinen 2.076 Metern nicht nur der höchste Berg Niederösterreichs, sondern auch der östlichste und nördlichste 2000er der Alpen und Teil der Rax-Schneeberg-Gruppe. Die erste dokumentierte Besteigung gelang Charles de l'Ecluse (Karl Clusius), der diesen Berg aus naturwissenschaftlichen Gründen bestiegt, nämlich um die österreichische Flora zu erkunden. Das einschneidende Ereignis für die massentouristische Erschließung des Schneebergs war die Eröffnung der Schneebergbahn von Wr. Neustadt nach Puchberg und der Zahnradbahn von Puchberg auf den Hochschneeberg im Jahre 1897. Der Name „Klosterwappen" rührt vom Wappen der geistlichen Herren von Reichenau her, das einst im Gipfelfelsen eingeschlagen war. Vorher wurde der Gipfel „Hoher Schneeberg" genannt.

42 Schneeberg: Höllental – Weichtalklamm

HAUSMANNSKOST FÜR ALPINE FÜNFKÄMPFER

Wer den Schneeberg in seiner Ganzheit erwandern will, dem sei diese landschaftlich sehr eindrucksvolle Tour aus dem romantischen Höllental durch die tiefe Felsschlucht der Weichtalklamm über die Almmatten des Hochplateaus bis zum breiten Gipfeltisch des Klosterwappens empfohlen. Auf dieser Wanderung zeigt der Schneeberg all seine Gesichter – allerdings nicht zum Nulltarif: 1.500 Höhenmeter, 7–8 Stunden Gehzeit und einige Kletterkriterien sind zu überwinden – ein Feinschmeckermenü für alpine Fünfkämpfer!

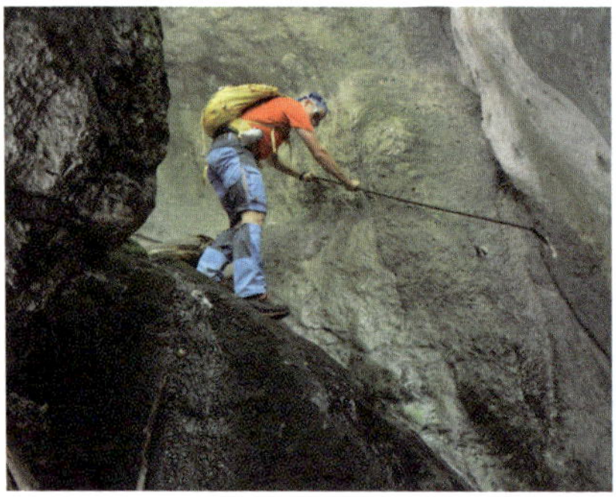

Manche Abschnitte in der Weichtalklamm erfordern Trittsicherheit. © Foto: Oskar Pavelka

Die Weichtalklamm, der Mittelpunkt der hier vorgestellten Tour, gehört zu den eindrucksvollsten Landschaften des Wiener Voralpengebietes: enge Spalten, senkrechte Kalkwände, schier unüberwindbare Steilstufen – die Hinterlassenschaft eines Flusses, der die etwa drei Kilometer lange Schlucht des Weichtals an der Südostseite des Schneebergs aus dem Felsen gefressen hat. Die Klamm wurde erstmals im Jahre 1880 touristisch begangen. Vorher diente sie Jägern als Durchstieg, den man damals auch als „halb Drachenschlund – halb Blumengrund“ bezeichnete; an seinem Eingang war auf einer Tafel zu lesen: „Weichtalklamm – der das Genick brechende Aufstieg zum Schneeberg beginnt!“ Heute gehört die Felsschlucht zu den beliebtesten Touren im Höllental und kann auch als Aufstiegsweg zum Schneeberg genutzt werden. Aber Achtung: Hier geht es sprichwörtlich über Stock und Stein, Fels und Schlucht. Einzelne Abschnitte mit der Schwierigkeit A/B sind mit Leitern, Ketten und Stahlseilen versichert und erfordern Trittsicherheit. Dazwischen führt der Weg auch durch Gehgelände. Aufpassen muss man bei Nässe bzw. rutschigen Stellen und – wie in jeder Klamm – auf Steinschlag.

Durch die Klamm zur Kienthaler Hütte

Wir starten bei der Bus-Haltestelle „**Höllental/Abzweigung Weichtalhaus**“ und gelangen zum rund 100 Jahre alten **Weichtalhaus der Naturfreunde** am Ufer der glasklaren Schwarza. Weiter der roten Markierung nach durch ein ausgetrock-

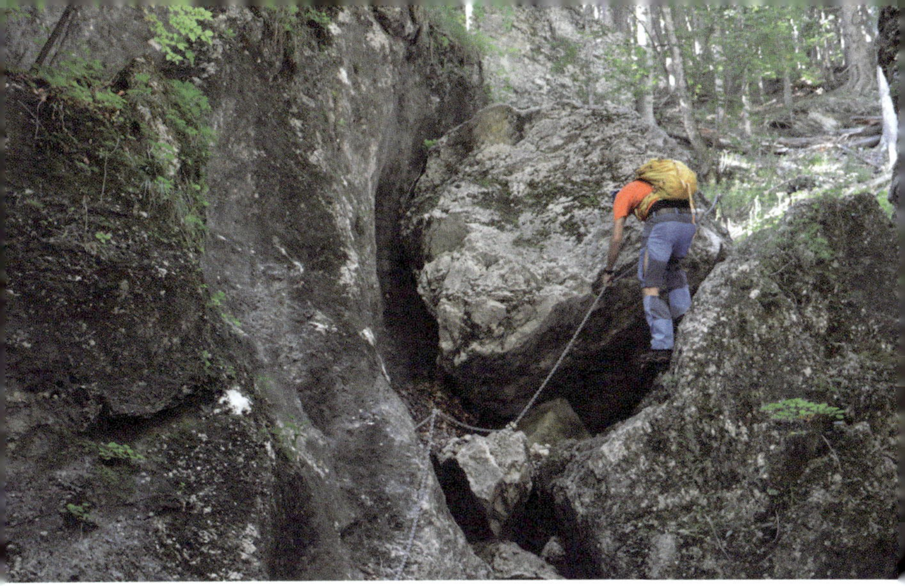

In der Weichtalklamm macht es einfach Spaß, sich Stufe um Stufe hinaufzuhanteln.
© Foto: Oskar Pavelka

netes Bachbett aufwärts. Nach einer Talverflachung gelangen wir zu einer etwa 80 m hohen Felswand, die wir durch einen nur wenige Meter breiten Spalt durchsteigen (Leiter). Wir erreichen den eigentlichen Beginn und eindrucksvollsten Teil der **Weichtalklamm**. In der von hohen Felswänden eingefassten engen Schlucht sind einige Wandstufen mit Leitern oder Ketten gesichert. Es macht hier – auch Kindern und wenig Geübten – einfach Spaß, sich Stufe um Stufe hinaufzuhanteln. Nachdem sich der Canyon wieder weitet, gelangt man durch Wald zu einer Forst-

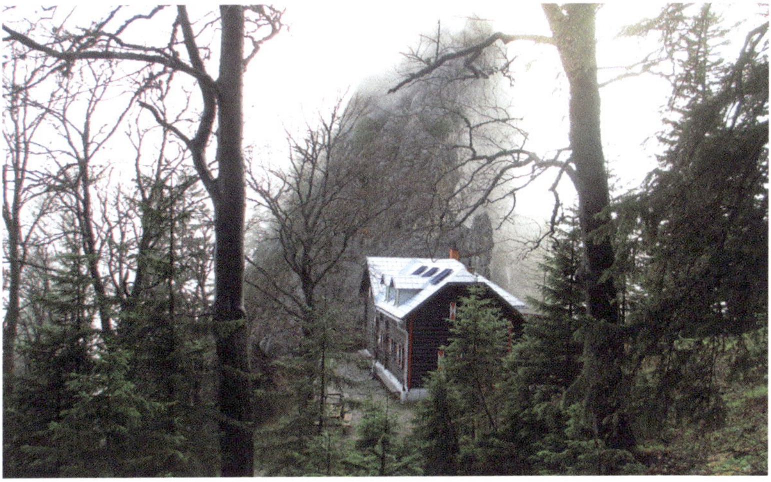

Die Kienthalerhütte am Fuß des Turmsteins. © Foto: Oskar Pavelka

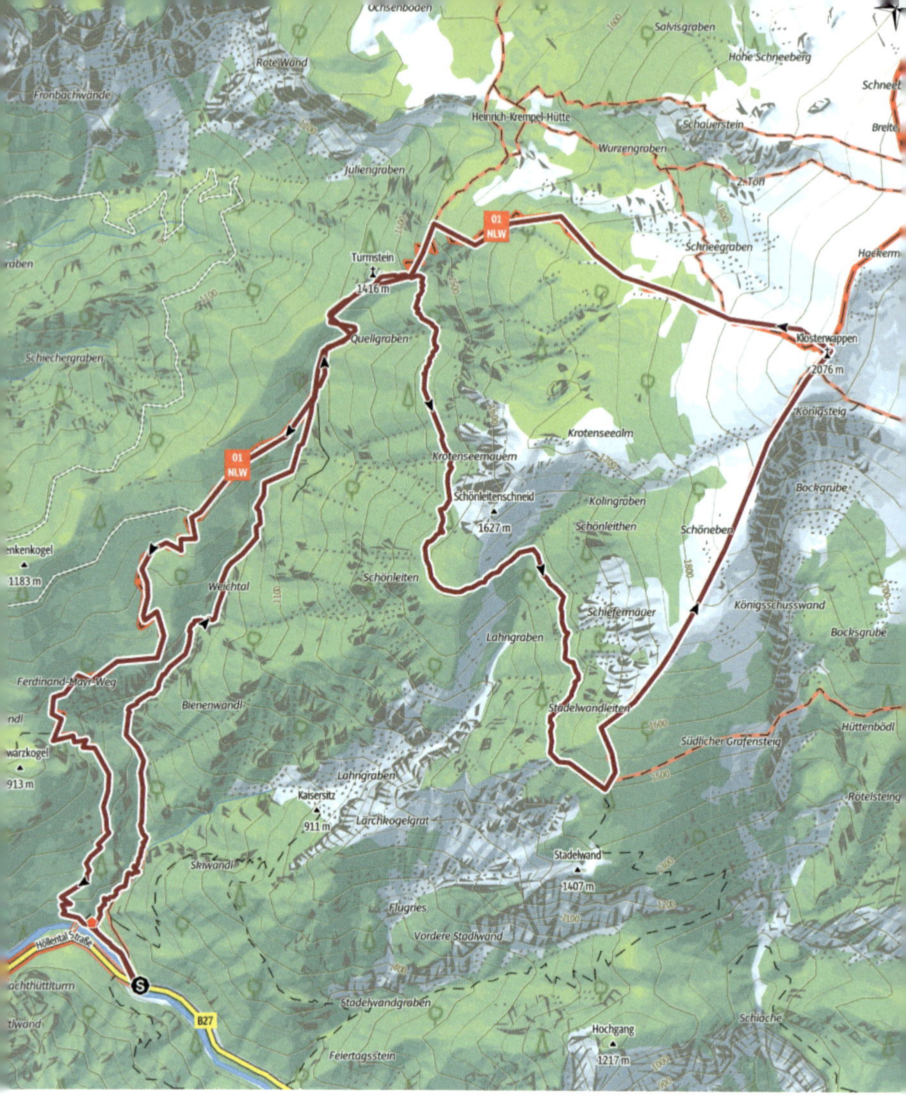

straße und damit zum Ende der Weichtalklamm. Nun gleich rechts in den Wald, zur nahen **Jakobsquelle** und zügig zur **Kienthalerhütte**. Diese am Fuß des Turmsteins (Klettersteig B) gelegene Hütte wird von einzelnen Familien geführt, die sich bei der Bewirtschaftung abwechseln. Eine Rast zahlt sich hier auf jeden Fall aus, folgt doch noch ein gehöriges Stück Weg.

Durch die Stadelwandleiten aufs Klosterwappen

Auch der nächste Wegabschnitt: beeindruckend! Von der Hütte wenden wir uns in südöstliche Richtung und schlängeln uns am **Südlichen Grafensteig** zunächst durch Wald, Geröllrinnen, dann unter den Felsaufschwüngen der Schönleitenmau-

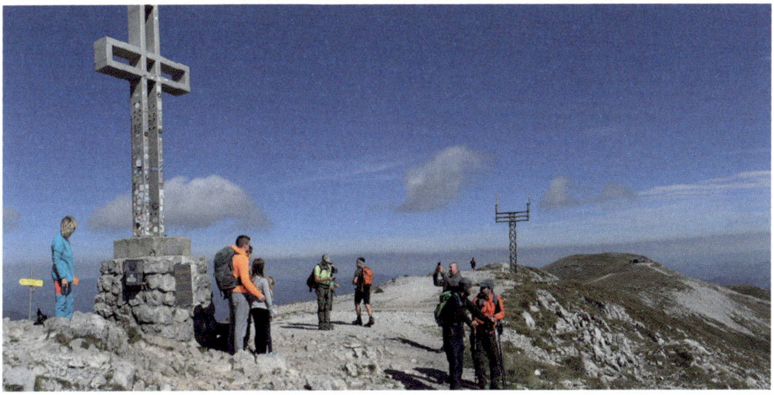

Am Klosterwappen, dem höchsten Punkt des Schneebergs

er zur Lichtung der Schönleiten. Wir vollziehen einen Linksbogen um den Rücken der **Schönleiten Schneide** und peilen fast eben den Kolingraben an. Hier sieht man auch schon das Pottschacher Kreuz am Gipfelgrat. Durch Latschenfelder zu einer Kehre am oberen Ende des Lärchkogelgrates. Auf diesem Abschnitt des Weges gilt es zu schauen, zu genießen und Kraft zu sammeln für den nun folgenden Schlussanstieg. Dorthin, in nordöstliche Richtung, lenkt uns ein Wegweiser. In Serpentinen bergan steigen wir über den latschenbedeckten Aufschwung der **Stadelwandleiten**, dann über Geröll zu einem schrofigen Abschnitt. Endlich unseren Gipfel vor Augen flanieren wir durch die mit Enzianen übersäten Rasenflächen des Schneeberg-Hochplateaus, passieren das **Pottschacher Kreuz** und bewältigen den letzten Steilaufschwung auf das **Klosterwappen**, den höchsten Punkt des Schneebergs. Die Tour ist damit aber lange nicht zu Ende, noch warten 1.500 Hö-

HÖHENPROFIL

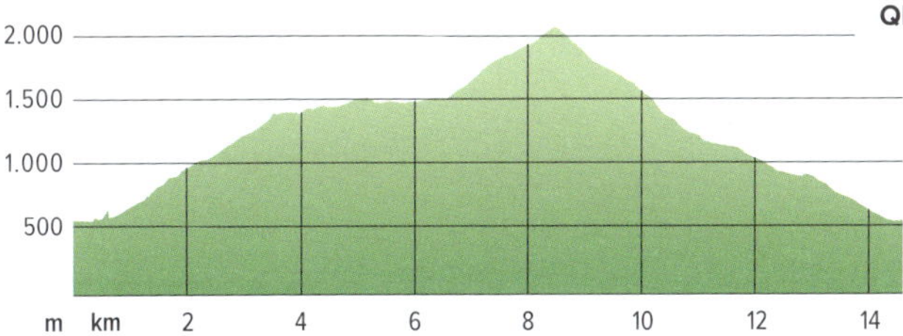

QR Link Tour 42

ANSPRUCH	STRECKE	DAUER	AUFSTIEG	ABSTIEG	HÖHENLAGE	EINKEHR
★★★ SCHWER	16,0	7:30	1.550 m	1.550 m	2.071 m – 540 m	JA

henmeter Abstieg! Zunächst über den blau markierten „Normalweg“ (801) westwärts den steinigen und rutschigen Westrücken des Schneebergs bergab, dann durch Latschengassen und Almmatten in dichter werdenden Wald, ehe man nach etwa 1 ¼ Stunden die **Kienthalerhütte** erreicht. Von hier heißt es zurück zu jener Forststraße, wo sich die Weichtalklamm und der **Ferdinand-Mayr-Weg** kreuzen. Diesen wählen wir als unseren finalen Abstiegsweg und wandern in Serpentinen durch schönen Laubwald und über Lichtungen talwärts. Kurz vor dem Tal das **Innerthalerkreuz**. Nach etwa 2 ½ Stunden findet die Expedition durch das alpine Universum des Schneebergs beim **Weichtalhaus** ihr Ende.

7 ½ Stunden / 16 km / 1550 Hm / schwer

Jugendliche ab 15

CHARAKTER: *Diese Wanderung ist nur konditionsstarken, trittsicheren Bergsteigern vorbehalten. Sämtliche Teilabschnitte können allerdings auch einzeln und mit Kindern absolviert werden: vor allem die Weichtalklamm mit ihren kurzen, aber zünftigen Kletterstellen birgt unvergessliche Genüsse für kleine Abenteurer. Die Kletterstellen sind sehr gut mit Leitern, Seilen und Ketten versichert. Trotzdem sollte man den Miniklettersteig nicht unterschätzen, zumal er bei Nässe etwas heikel wird. Achtung auf der Hochfläche: Bei Nebel kann die Orientierung äußerst schwerfallen.*
START- UND ZIELPUNKT: *Höllental, Bus-Haltestelle „Höllental/Abzweigung Weichtalhaus“*
ROUTE: *Höllental (522 m) – Weichtalhaus (563 m) – Weichtalklamm (B) – Kienthaler Hütte (1.380 m) – Südlicher Grafensteig – Stadelwandleiten – Klosterwappen (2.076 m) – Kienthalerhütte – Ferdinand-Mayr-Weg – Weichtalhaus*
EINKEHRMÖGLICHKEITEN: *Weichtalhaus (https://weichtalhaus.at), Kienthalerhütte (www.kienthaler.at)*

Weichtalhaus

Das Weichtalhaus liegt dort, wo das Höllental am schönsten ist: am Ufer der Schwarza und am Eingang in die Weichtalklamm. Das Naturfreunde Schutzhaus fungiert auch als beliebtes Ausbildungs- und Kletterzentrum, wo überdies genächtigt und – vorzüglich – gespeist werden kann. Kredenzt werden regionale Hausmannskost, vegetarische und sogar vegane Spezialitäten. Das Weichtalhaus ist immer einen Zwischenstopp wert!
https://weichtalhaus.at

RAX-TRILOGIE

Nicht weit von Wien entfernt liegt die Rax – Hausberg und Sehnsuchtsort des Wiener Wandervolks. Über ihr weitläufiges Karstplateau zu wandern, hat einen eigenen, nur für diesen Berg typischen Flair. Die folgenden drei Touren können dazu beitragen, das „Rax-Feeling“ zu verspüren.

RAX-TRILOGIE 1

43 Rudolfsteig – Großer Kesselgraben

AUF DER STILLEN SEITE DER RAX

Zu den stillsten und beeindruckendsten Anstiegs- und Abstiegswegen an der Rax zählen der Rudolfsteig zum Klobentörl und der canyonartige Große Kesselgraben. Beide Wege lassen sich in einer tagesfüllenden, fordernden Tour vereinen. Für die Mühe entlohnt ein unschlagbares Naturerlebnis – und die dazwischen liegende Gloggnitzerhütte.

Wer mit Öffis unterwegs ist, verlässt beim Ein- bzw. Ausstieg in den Kesselgraben (nahe dem Weichtalhaus) den Bus und marschiert, begleitet von der tosenden Schwarza, in 15 Minuten zum Ausgangspunkt: dem Einstieg in den Rudolfsteig. Ein Schild sagt 4 Stunden Gehzeit bis zur Gloggnitzer Hütte voraus.

Am Rudolfsteig zum Klobentörl

Nach 10 Minuten lenkt uns der Wegweiser von der Schotterstraße auf einen Waldsteig, der von nun an mehr oder weniger steil – und still – bergauf führt. In engen Serpentinen steigen wir auf wurzeligem und steinigem Untergrund bergan. Wenn wir uns ein wenig umschauen, sehen wir unter uns den Kesselgraben, durch den wir absteigen werden. Immer öfter auch flankieren Felsen mit geländetypischer Vegetation unseren Weg – Gelegenheiten, stehenzubleiben und die Naturkostbarkeiten zu betrachten.

Bald öffnet sich ein Blick auf die faszinierende Felsarena des Großen Höllentals, das von der Blechmauer und der Oberen Klobenwand umschlossen wird. Letztere spielt für uns anfangs eine große Rolle, müssen wir doch deren zackigen Nordrücken überwinden. Aber keine Angst. Der Weg wählt immer die leichteste, für trittfeste Wanderer geeignete Variante. Dennoch: An manchen Felsstufen muss man im wahrsten Sinne des Wortes „handgreiflich“ werden, also beherzt zupa-

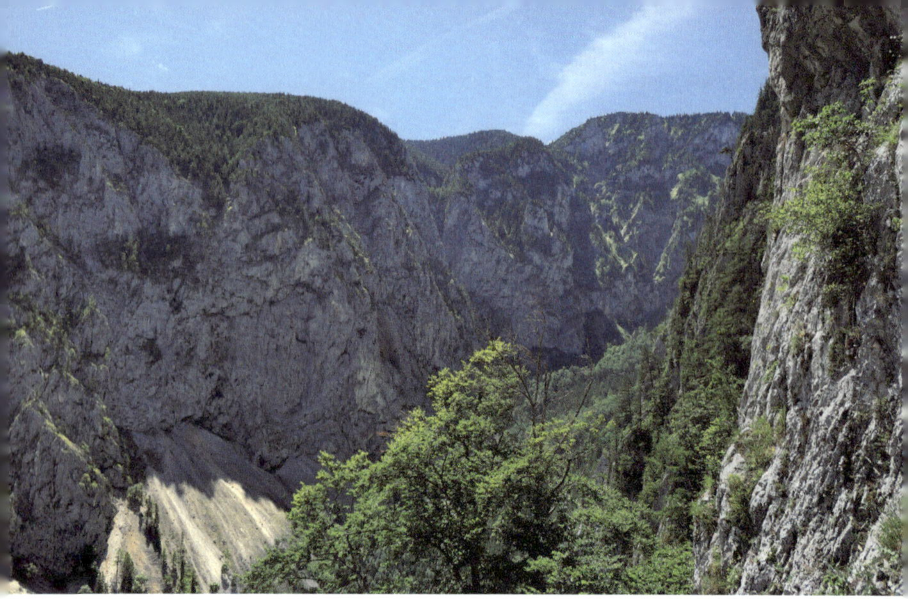

Am Rudolfsteig bietet sich oft ein Blick auf die Felsarena des Großen Höllentals.

cken. Dabei gilt es unbedingt auf die Markierung zu achten! Diese führt uns einmal aus dem Wald heraus, dann wieder hinein, manchmal um felsige Kämme oder gar über kleine Grate. Immer wieder wechseln wir auch die Seite der Klobenwand. Der Weg lässt keine Langeweile, aber auch kein Verschnaufen zu.

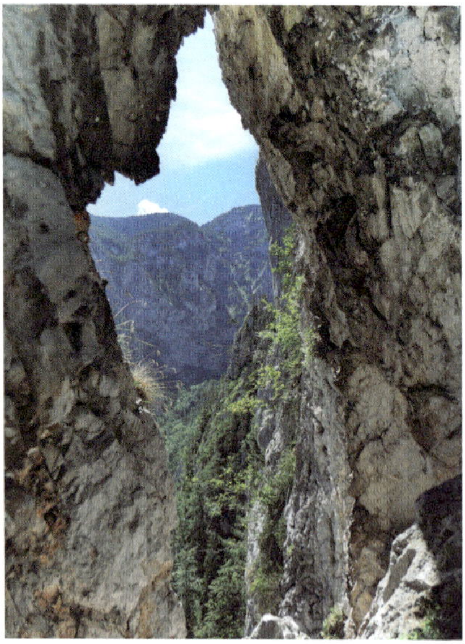

Zum Stehenbleiben motiviert der Blick zum Ottohaus und zum Jakobskogel auf der Ostseite der Rax, aber auch ein markanter Felsspalt, das sog. „Fenster“, bei dem in großen Lettern der Befehl „Stopp!“ aufgemalt ist. Also bloß nicht hindurchgehen, sondern nur hindurchschauen! Was man sieht, raubt einem den Atem: Senkrecht fällt die Klobenwand hunderte Meter in die Tiefe des Höllentals. Wenig später passieren wir drei gesicherte Stellen – die ersten führen über abschüssige Felsstufen, die letzte über einen rutschigen Geröllhang. Bald danach lässt die Steilheit nach und flankieren Lärchen unseren Weg. Sie verraten, dass wir uns dem Raxplateau nähern. Der Weg bleibt ab nun großteils einfach, flach und beschaulich.

Über das Raxplateau zur Gloggnitzer Hütte

Bei einer Wegkreuzung folgen wir dem Weg zum Klobentörl und zur Gloggnitzer Hütte. Die Schwierigkeiten liegen nun hinter uns und wir dürfen über Wiesen und durch kleine Wälder schlendern. Bald weitet sich der Blick – zuerst auf die Scheibwaldhöhe, schließlich sogar bis zum Ottohaus. Nun geht es über die mit reichhaltiger Flora bedeckte Dachterrasse der Rax Richtung Klobentörl. Am Weg Enziane, Glockenblumen, Steinnelken und viele andere, für diesen Berg typische Pflanzen – die Rax kleidet sich hier oben in ihr schönstes Kostüm.

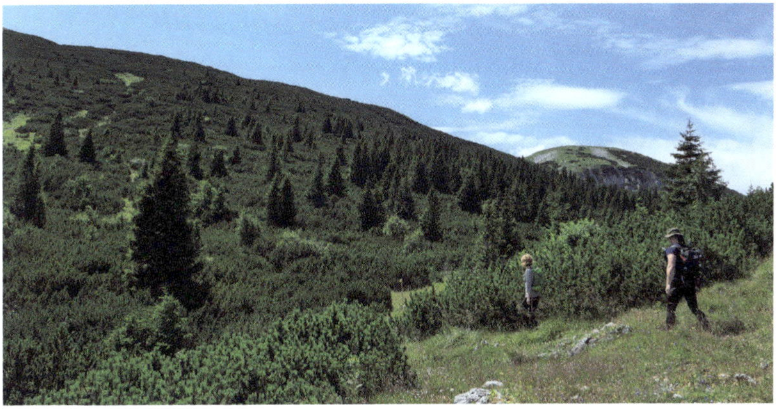

Über die Dachterrasse der Rax Richtung Klobentörl (links die Scheibwaldhöhe)

Wir kommen zu einer Wegkreuzung, die uns einlädt, noch die Scheibwaldhöhe mitzunehmen (zusätzlich ca. 1 ½ Stunden). Wir jedoch peilen die Gloggnitzer Hütte an und wandern weiter den Markierungsstangen nach zur Wegkreuzung am **Klobentörl**. Von hier weiter durch Latschengassen und eine Waldschneise zur Gloggnitzer Hütte hinunter, wobei die Augen immer wieder von den gewaltigen Hängen und Abgründen der Lechnerwände abgelenkt werden.

Es empfiehlt sich eine Pause in der einfach bewirtschafteten und gemütlichen **Gloggnitzer Hütte**, die aber leider nur am Wochenende und feiertags geöffnet hat.

Tipp: Von der Hütte könnte man in 10 Minuten den mit einer Stange markierten **Edelweißkogel** (1.581 m) besteigen. Der fulminante Fernblick auf Rax und Schneeberg lohnt diesen Abstecher.

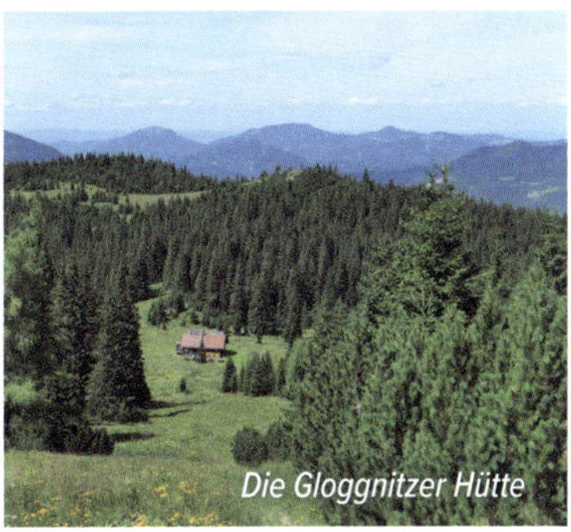

Die Gloggnitzer Hütte

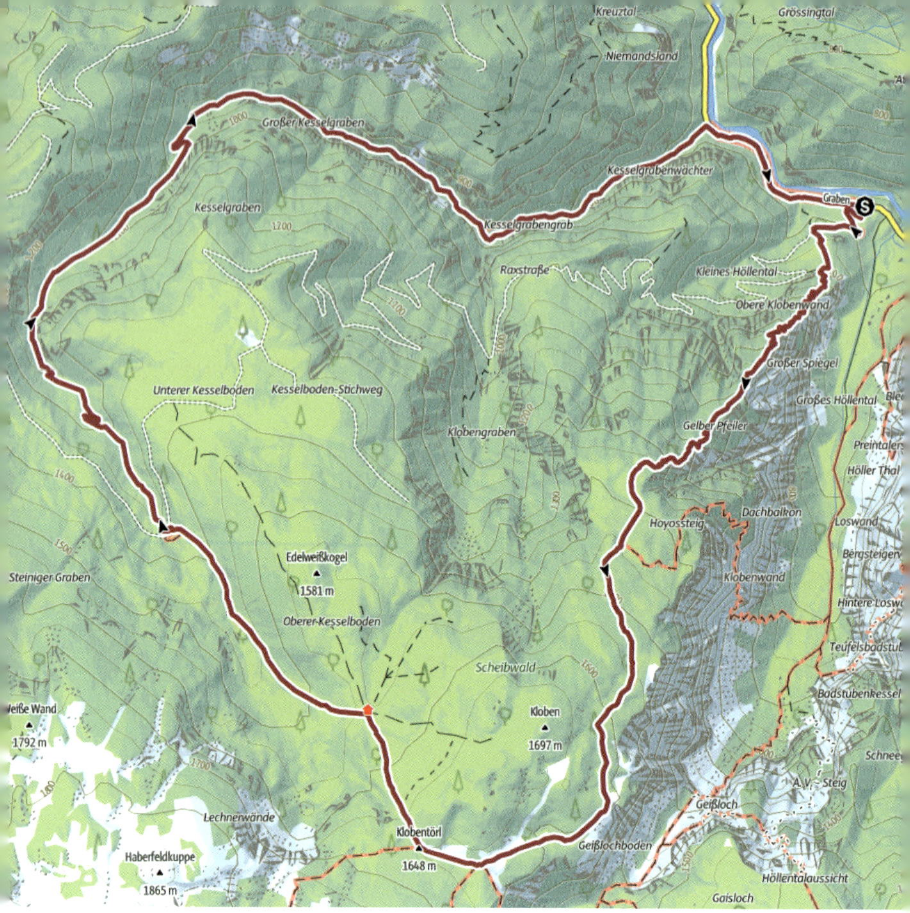

Durch den Großen Kesselgraben ins Höllental

Nun heißt es, die Schuhbänder festschnüren und auf den Abfahrtsmodus zu schalten, denn es geht fast 2 Stunden abwärts. Auf 7 Kilometern führt der gewaltige Canyon des Kesselgrabens in weitem Bogen von der Nordseite der Rax in das wildromantische Höllental rund 1.000 Höhenmeter hinab und gräbt sich tief durch den Nordrücken der Raxalpe. Der Weg beschert dem Genusswanderer ein selten eindrucksvolles Erlebnis! Während hier im Winter die Skitourengeher abfahren, bieten sich auch in den schneefreien Jahreszeiten landschaftlich eindrucksvolle, ursprüngliche Szenarien. Außerdem wartet der Graben mit jeder Menge seltener Flora und Stille auf, während sich überall anders die Massen stauen. Selbst an schönen Maitagen begegnet man hier außer Gämsen kaum anderen Lebewesen. Ein Fest für Einsamkeitssucher!

Der Reihe nach: Wir folgen dem Weg von der Gloggnitzer Hütte weg zunächst unspektakulär durch eine Waldschneise, dann durch dichten Fichtenwald. Sobald sich das Tal zu einer engen Schlucht verengt, wird es spektakulär: links und

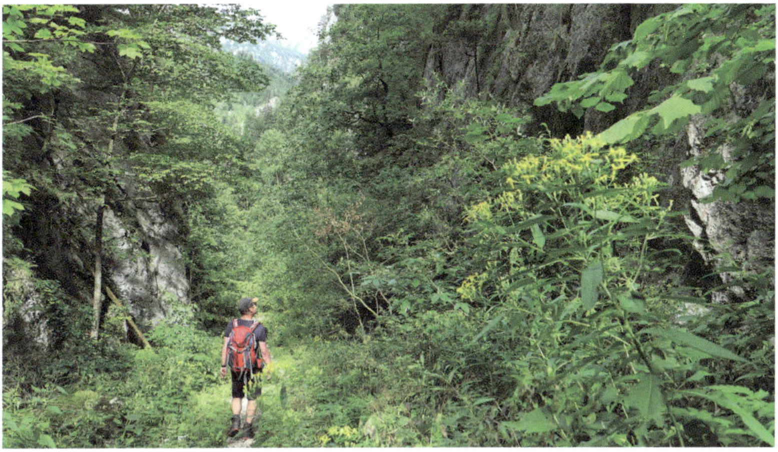

Im „Grand Canyon“ der Rax, dem Großen Kesselgraben

rechts Felswände, wir mitten hindurch! Dann abwechslungsreich: teils durch ein gerölliges ehemaliges Bachbett, teils auf Wald- oder Güterwegen durch Fichten- und Föhrenwald, bis es im letzten Drittel des Abstiegs durch den eigentlichen „Grand Canyon“ der Rax geht. Hier verengt sich der Graben zu einer reizvollen und wildromantischen Felsschlucht. Nah am Weg liegende Schächte, Höhlen und Grotten laden zu kleinen Klettereien und Forschungsexkursionen ein, der vor uns aufragende Schneeberg zum staunenden Verweilen. Aber auch der Nahblick lohnt: um uns reichhaltige, ob der Feuchtigkeit üppig sprießende Flora. Der Boden über und über bedeckt mit einer Vielzahl botanischer Raritäten und Klassiker, ja selbst aus den Felsen scheinen Bäume zu wachsen. Am Weg zeugen Geröllzungen und Schutthalden von gewaltigen Felsstürzen und Lawinen.

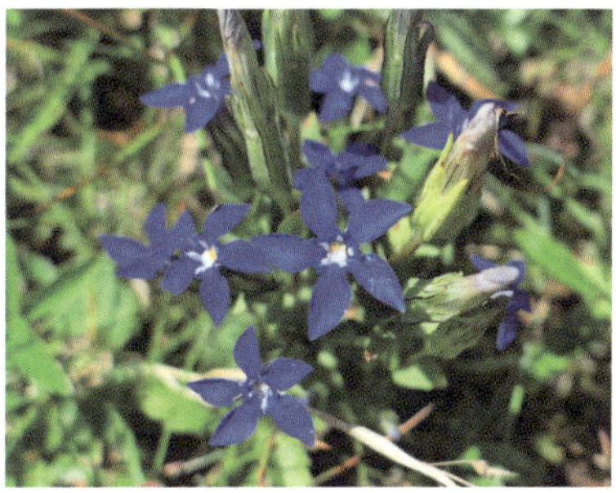

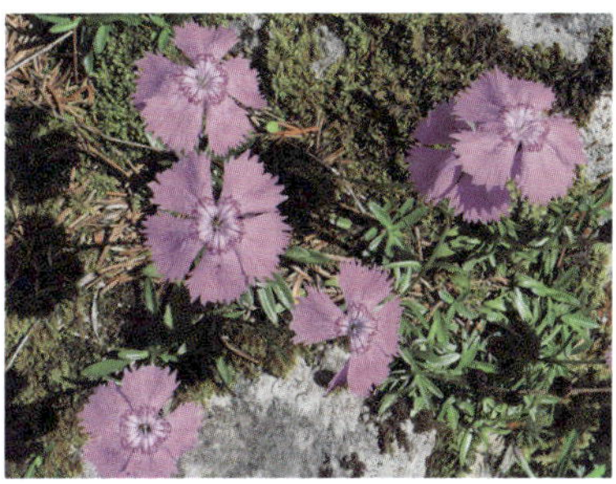

Der Kesselgraben mündet ins **Höllental**, wo wir bequem in den Bus steigen können. Achtung: Man sollte sich vorher genau über die Fahrzeiten informieren, da der Bus nicht allzu oft fährt.

HÖHENPROFIL

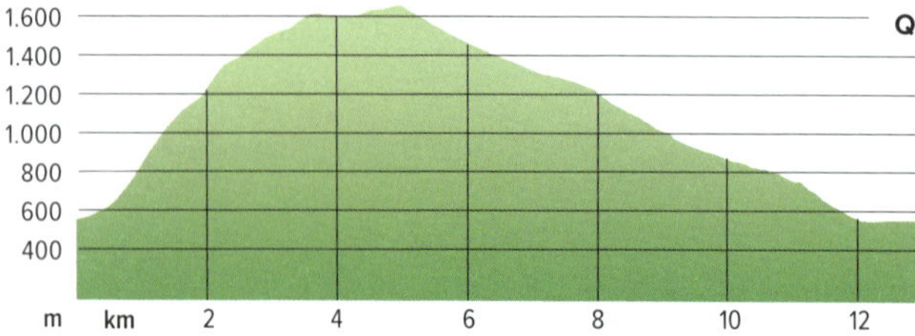

QR Link Tour 43

ANSPRUCH	STRECKE	DAUER	AUFSTIEG	ABSTIEG	HÖHENLAGE	EINKEHR
★★★ SCHWER	15,0	6:00	1.100 m	1.100 m	1.654 m / 557 m	JA

6 Stunden / 15 km / 1100 Hm / schwer

Der Rudolfsteig ist für Jugendliche ab 15 geeignet, der Kesselgraben auch für Kinder ab 11

CHARAKTER: *Eine Tour für routinierte Alpinisten mit Orientierungssinn und Allroundqualitäten. Unbedingt vonnöten sind auch Kondition und Trittsicherheit. Die Tour umgekehrt anzugehen, ist nicht ratsam, da der Rudolfsteig wegen mancher Geröll- und Wurzelpassagen (vor allem bei Regen) gefährlich rutschig werden kann. Außerdem: Unbedingt viel zu trinken mitnehmen, da keine Wasserstellen unterwegs zu finden sind (leider gibt es auch auf der Gloggnitzer Hütte unter der Woche keinen Notvorrat).*

START- UND ZIELPUNKT: *Höllentalstraße (Zustieg Kesselgraben, mit öffentlichen Verkehrsmitteln zu erreichen)*

ROUTE: *Höllentalstraße (Zustieg Kesselgraben, 560 m) – Zustieg Rudolfsteig – Rudolfsteig – Klobentörl (1.648 m) – Gloggnitzer Hütte (1.550 m) – [Edelweißkogel, 1.581 m –] Großer Kesselgraben – Höllentalstraße*

ATTRAKTIONEN: *beeindruckende Landschaft beim Auf- und Abstieg, seltene Flora am Hochplateau, viele großartige Panoramaplätze, Gloggnitzer Hütte, wildromantische Schluchtlandschaft im Kesselgraben*

EINKEHRMÖGLICHKEIT: *Gloggnitzer Hütte (www.alpenverein.at/gloggnitzerhuette/)*

WEITERFÜHRENDE INFOS: *www.raxalpe.com*

RAX-TRILOGIE 2

44 Jakobskogel – Preinerwand – Höllentalaussicht

RAXWANDERN ÜBER DEN WOLKEN

Die Rax ist auch ein ideales Wandergebiet für Sonnenhungrige, die schnell Nebel und Wolken aufs sonnige Karstplateau entkommen wollen. Ein Leckerbissen für die ganze Familie ist die Runde entlang der Kante der Rax-Hochfläche über den Jakobskogel, die Hohe Kanzel und die Preinerwand. Schließlich beeindruckt noch die Höllental-Aussicht mit ihrem fulminanten Tiefblick.

Wenn sie schon da ist, benützen wir sie auch: die Rax-Seilbahn. Mit ihr gondeln wir von der Talstation in Hirschwang auf das sog. Gsohlhirn, wo sich an schönen Tagen das Wiener Wandervolk beim Raxalm-Berggasthof versammelt.

Über das Ottohaus auf den Jakobskogel

Vom Berggasthof folgen wir dem breiten, rot markierten Karrenweg durch schütteren Fichtenwald. Bald lichtet sich dieser und wir betreten das malerische hochalpine Obergeschoss der Rax. Linker Hand drängt sich ihr großer Bruder, der Schneeberg, ins Blickfeld. Vor lauter Weitschauen übersieht man vielleicht das nahe **Gatterl-Kreuz** mit einer Postkartenansicht auf das Klosterwappen.

Wir wandern den Stangen nach und überblicken bald den östlichen Teil der Raxhochfläche mit dem Trinkstein und der Scheibenwaldhöhe als markante Begren-

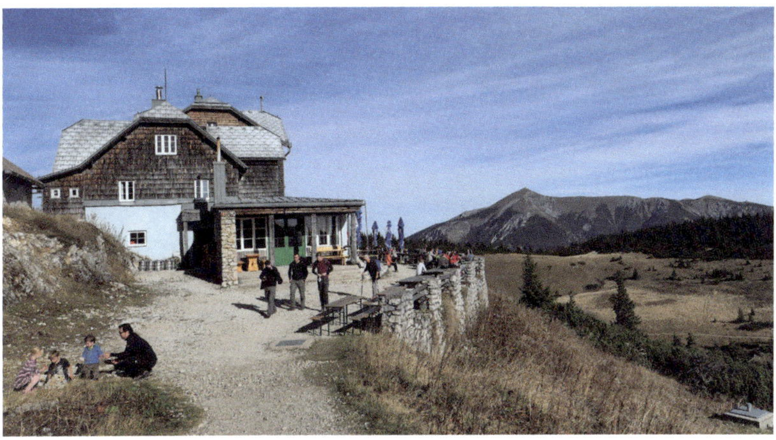

Das Ottohaus schätzte schon Sigmund Freud.

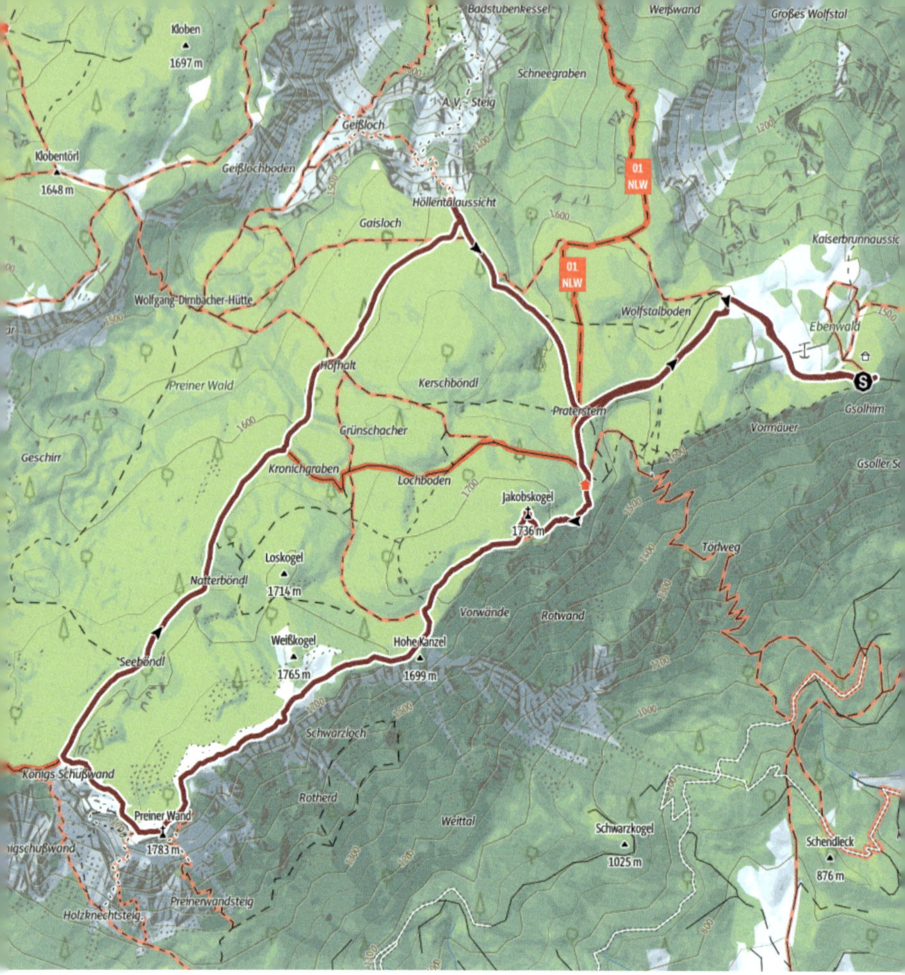

zungswälle, etwas vorgelagert befinden sich der Jakobskogel und das Ottohaus. Als nächster Markierungspunkt fungiert der **Praterstern**, wo sich viele Wege kreuzen. Wir wenden uns nach Süden und erreichen das altehrwürdige Erzherzog-Otto-Schutzhaus, kurz **Ottohaus**. Die Bergunterkunft besteht seit 1893 und ist nicht nur aufgrund ihres großteils erhaltenen Jahrhundertwendeflairs erlebenswert. Ihre beeindruckende Lage wusste auch Sigmund Freud zu schätzen, der gerne von Reichenau aus über den Törlweg zur Schutzhütte wanderte. Beliebtes Schmankerl: der Holzfällerbraten.

Von der Aussichtsterrasse wandern wir weiter durch Latschengassen und erreichen nach wenigen Minuten die **Vilma-Haid-Aussichtsplattform** (dort befindet sich auch ein Denkmal für Fritz Benesch, den Erschließer von Rax und Schneeberg) mit großartigem Blick Richtung Osten bis ins Wiener Becken. Weiter am sog. Kammweg über die latschenbedeckte Ostflanke des Jakobskogels und nahe der

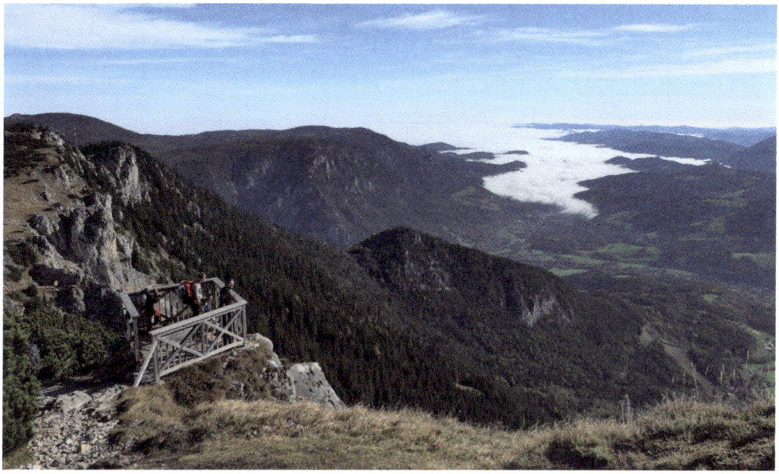

Großartiger Blick von der Vilma-Haid-Aussichtsplattform

Felsabstürze des Raxplateaus bis zu einer Kreuzung. Da der Gipfel des Jakobskogels nicht direkt am Weg liegt, zweigen wir nach rechts ab und erreichen das Gipfelkreuz in wenigen Minuten. Fantastische Aussicht bietet sich nach Payerbach-Reichenau hinunter und über das Raxplateau zur Heukuppe.

Über die Preinerwand zur Seehütte

Zurück zum markierten Kammweg und zwischen Latschen hindurch mehr oder weniger nah entlang der Abbruchkante der Rax-Hochfläche Richtung Südwesten. Bald erweitert sich unser Blickfeld und wir gelangen über ein paar harmlose Fels-

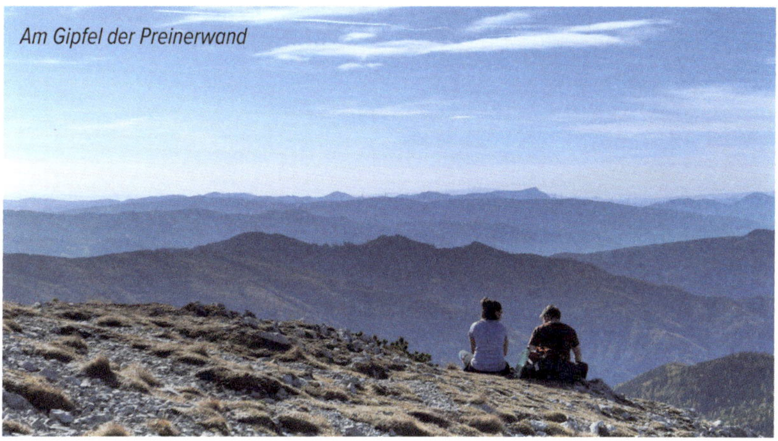

Am Gipfel der Preinerwand

HÖHENPROFIL

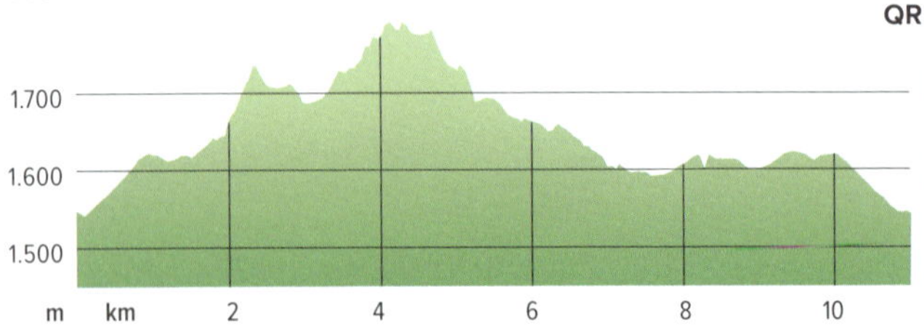

QR Link Tour 44

ANSPRUCH	STRECKE	DAUER	AUFSTIEG	ABSTIEG	HÖHENLAGE	EINKEHR
LEICHT	11,5	4:00	400 m	400 m	1.792 m – 1.543 m	JA

stufen zur **Hohen Kanzel** – rasten, schauen, staunen! Nun wieder ein Stück bergab und ohne große Höhenunterschiede, aber mit umso mehr Weitsicht zum bekreuzten Gipfel der **Preinerwand**. Die Rundumsicht vom Semmering über das Stuhleck bis zur Fischbacheralpe und das Wechselgebiet lässt nichts zu wünschen übrig. Nun hinunter zur **Neuen Seehütte** am Sattel zwischen Dreimarkstein und Preinerwand. Am gerölligen Weg dorthin ein paar harmlose, aber steile Felsstufen. Etwa 10 Minuten vor der Seehütte treffen wir auf eine Kreuzung, die uns vor die Wahl stellt: zuerst links auf einen Happen einkehren oder rechts gleich auf dem **Seeweg** Richtung Dirnbacherhütte weiterwandern. Die Namen „Seehütte" und „Seeweg" stammen übrigens von einem mittlerweile versickerten See, der sich ursprünglich in der Nähe der alten Seehütte befand.

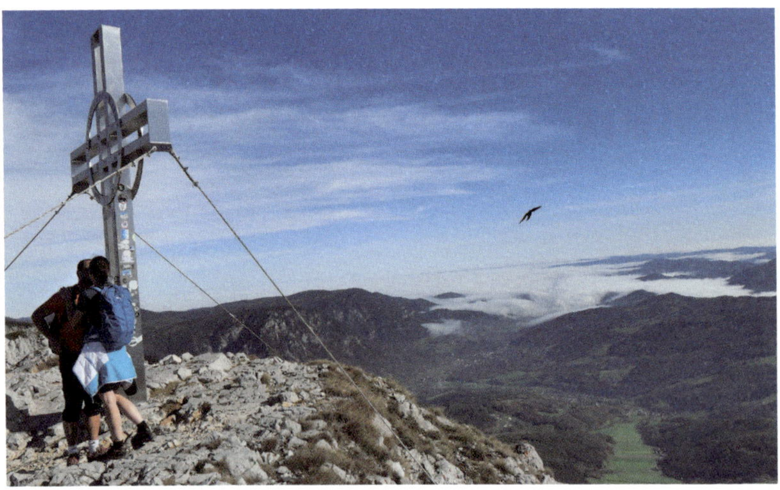

Das Gipfelkreuz der Preinerwand

Raxwandern zur Höllental-Aussicht

Nun folgt ein kaum zu toppendes Schau- und Wandervergnügen – raxwandern in Reinkultur! Teils flach, teils sanft abwärts, aber stets begleitet vom Schneeberg vor uns und den Lechnermauern neben uns, marschieren wir über sonnenhelle Ebenen – der sicherlich beSCHAUlichste Teil der Wanderung heute. Je weiter hinunter wir kommen, desto mehr Fichten mischen sich unter die Latschen. Bei der Abzweigung Dirnbacherhütte/Gaislochsteig/Großes Höllental lenken wir unsere Schritte nach links, weil wir ja noch zur Höllental-Aussicht wollen (wer direkt zum Ottohaus zurückwill, bleibt am Weg). Nun über eine Wiese, dann auf einem wurzeligen Pfad durch Wald bzw. über einen Waldhang – sicher der stillste Wegabschnitt heute. Bei der nächsten Abzweigung, dem **Hofhalt-Kolar-Platzl** (Sitzgruppe), folgen wir nicht mehr dem Weg zur Dirnbacherhütte, sondern marschieren geradeaus weiter über eine almartige Wiesenfläche. Bald mündet der Weg in eine Fichten-Latschenstraße. Nur kurz und wir betreten wieder eine Wiese mit freier Sicht auf den Schneeberg, wo wir auf den blau markierten Weg zur **Höllental-Aussicht** treffen. Von einem auf eine Felsnase gebauten Balkon fällt der atemberaubende Tiefblick in den zerklüfteten, 1.000 Meter tiefer liegenden Canyon des Großen Höllentals – beeindruckend!

Die Schlussetappe unserer Wanderung über den Wolken ist einfach: Auf blau markiertem Weg steuern wir über eine Wiese und durch Latschenfelder den **Praterstern** bzw. das **Ottohaus** an. Von hier auf bekanntem Weg zurück zur **Bergstation der Rax-Seilbahn**.

Vom Balkon der Höllental-Aussicht fällt der atemberaubende Tiefblick in den zerklüfteten Canyon des Großen Höllentals.

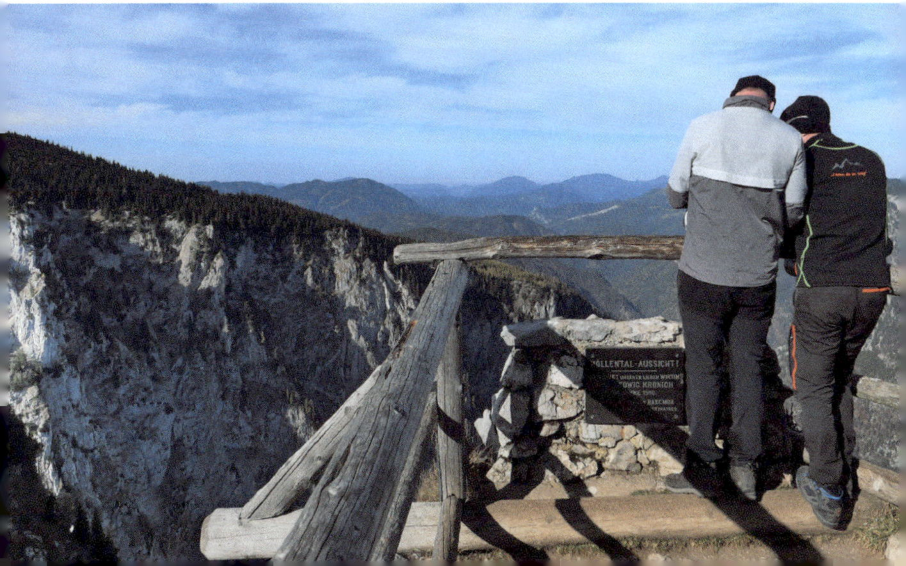

4 Stunden / 11,5 km / 400 Hm / leicht

Kinder: ab 11

CHARAKTER: *sehr aussichtsreiche Tour auf gerölligen bzw. wurzeligen Wegen*
Start- und Zielpunkt: Bergstation der Rax-Seilbahn (Hirschwang an der Rax, erreichbar mit dem Bus)
ROUTE: *Bergstation der Rax-Seilbahn am Gsohlhirn (1.547 m) – Praterstern – Ottohaus (1644 m) – Jakobskogel (1.737 m) – Hohe Kanzel (1.699) – Preinerwand (1.783 m) – Neue Seehütte (1.648 m) – Seeweg – Höllental-Aussicht (1.620 m) – Praterstern – Bergstation der Rax-Seilbahn*
ATTRAKTIONEN: *wunderschöne panoramareiche Passagen, mehrere Gipfel und Hütten, Tiefblick von der Höllental-Aussicht*
EINKEHRMÖGLICHKEIT: *Raxalm-Berggasthof und Ottohaus (www.raxalpe.com/gastronomie-huetten), Neue Seehütte (www.neue-seehuette.at/)*
WEITERFÜHRENDE INFOS: *www.raxalpe.com*
ANMERKUNGEN: *Feste, griffige Wanderschuhe gehören auch für die Wege auf der Rax zur Pflichtausrüstung; bei Nebel, Regen oder Schneelage ist große Vorsicht geboten*

Die Rax

Die Bezeichnung „Rax“ ist auf das Adjektiv „rau“ zurückzuführen, was die Natur dieses Berges mehr als treffend charakterisiert: Bei Schlechtwetter und Nebel herrschen hier heroben sehr raue Verhältnisse.

Die Raxalpe galt auch als Geburtsstätte der Wiener Alpinschule, zudem war sie durch viele Jahrzehnte hindurch Refugium und Klettergebiet des Neurologen und Psychiaters Viktor Frankl. Mehrere Klettersteige sowie eine Straße in Reichenau tragen seinen Namen.

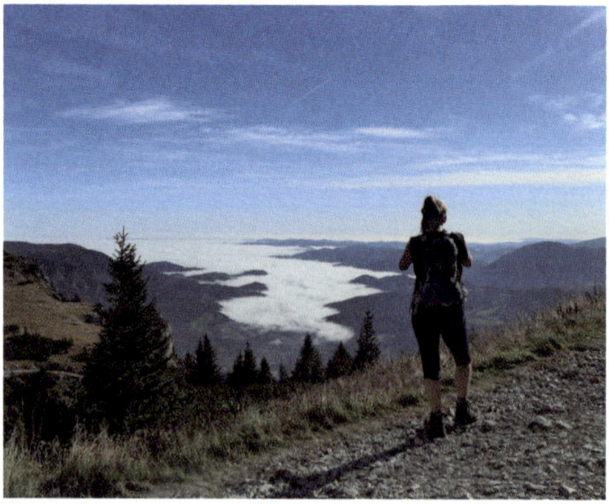

www.raxalpe.com

RAX-TRILOGIE 3

45 Westliche Plateaurunde

HÖHENWANDERUNG MIT KLETTEREINLAGE

Die Tour über den westlichen Teil der Raxplateaus lässt uns viele Gesichter des Berges erleben: eine vielgestaltige Karstlandschaft, hochalpine Höhenpromenaden mit umfassenden Ausblicken und etliche einladende Hütten. Und wer noch eins drauflegen will, klettert über den Reißtalersteig wieder zurück.

Über das Waxriegelhaus zur Seehütte

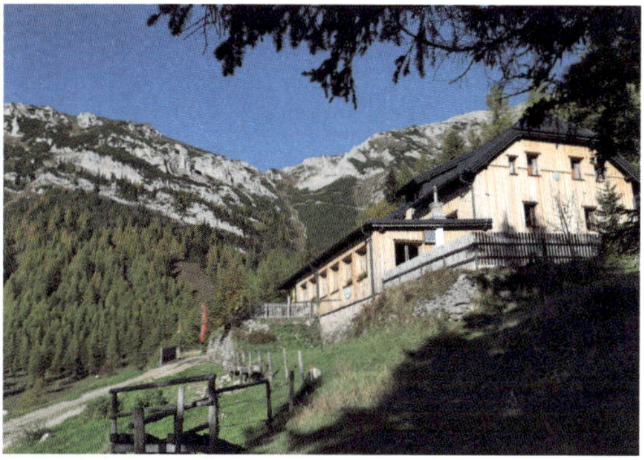

Den Rucksack schultern wir am **Preiner Gscheid**, dem beliebtesten Ausgangspunkt für Rax-Touren. Wir lenken unsere Schritte Richtung Waxriegelhaus und steigen über eine Waldschneise bergwärts. Von Anfang an erfreut uns die Aussicht auf die mächtige Preiner Wand und den Nordrücken der Rax. Am Weg ein in Niederösterreich selten anzutreffender Zirbenhain. Sobald wir den **Siebenbrunnenkessel** und wenig später die fast baumfreie **Siebenbrunnenwiese** betreten, öffnet sich ringsum eine imposante Felsarena. Wir kreuzen eine Forststraße, auf der wir uns rechts halten, um in stetem Auf und Ab zum bald 100 Jahre alten **Waxriegelhaus** zu gelangen – der ersten Einkehrmöglichkeit unserer Tour.

Noch vor der Bergunterkunft folgen wir dem nach rechts abzweigenden, gelb markierten **Göbl-Kühn-Steig**. Er wird uns romantisch über den Rand der Blechmauern direkt zum Raxplateau hinaufführen. Dieser Steig gehört ob seiner eleganten Wegführung und des einzigartigen Panoramas zu den absoluten Geheimtipps im Raxgebiet. Außerdem wird es nun stiller, einsamer, da die Karawanen der Raxaspiranten andere Wege einschlagen. Auf engem, wurzeligem, später steinigem Waldpfad marschieren wir zuerst durch Zirben-Fichten-Wald, dann durch Latschen. Bald weitet sich der Blick auf die Preiner Wand und zum Semmering hinüber. Sobald wir die Baumgrenze überschritten haben, umgibt uns nichts anderes mehr als der Himmel, die Weite und die kalkweiße Felskulisse der Rax. Leichtfüßig

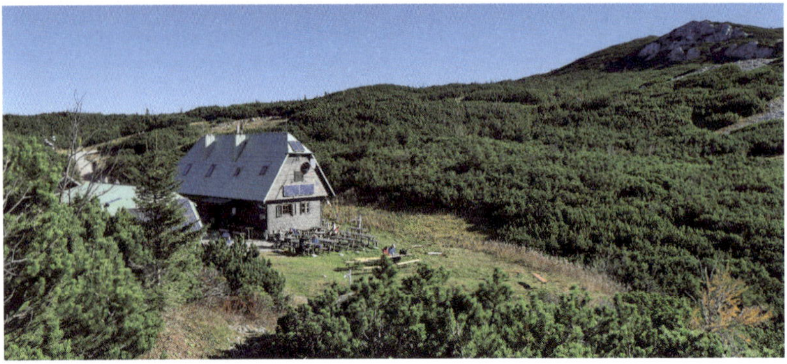

Die Neue Seehütte bietet g'schmackige Hausmannskost und Gegrilltes.

ob der grandiosen Atmosphäre steigen wir durch Latschengassen empor und gewinnen schnell an Höhe. Sobald wir zu einer Felsschulter kommen, ist es nicht mehr weit bis zum Raxplateau. Dort wird der Weg flacher und wir erreichen die in einer Mulde unter dem Seesattel liegende **Neue Seehütte**. Die Schutzhütte der Höllentaler Holzknecht-Sektion des ÖTK bietet g'schmackige Hausmannskost, bei Schönwetter wird am Wochenende sogar gegrillt. Das spricht sich herum, weshalb hier Schluss mit still ist.

Über den Trinksteinsattel zum Habsburghaus

In derselben Tonart wie vorher steigen wir auf rot markiertem Weg (44) durch Latschengassen zum **Seesattel** hinauf. Wir sollten die Verschnaufpausen immer dazu nutzen, uns umzudrehen und zur Preiner Wand zurückzuschauen. Bei einer Kreuzung halten wir uns rechts. Bald taucht über uns die am **Trinksteinsattel** liegende, unbewirtschaftete **Raxgmoa-Hütte** (Hans-Nemecek-Hütte) auf. Diese steuern wir über leicht ansteigendes Gelände um eine Mulde herum an.

Nun der sicher panoramareichste Abschnitt der Tour: Der Himmelsweg über die Dachterrasse der Rax zum Habsburghaus hinüber. Uns an der weitreichenden Berglandschaft satt sehend, wandern wir den Stangen und der roten Markierung nach über Wiesenmatten die Abhänge des Dreimarksteins entlang, bis wir Punkt 1895 m erreichen. Links die Heu-

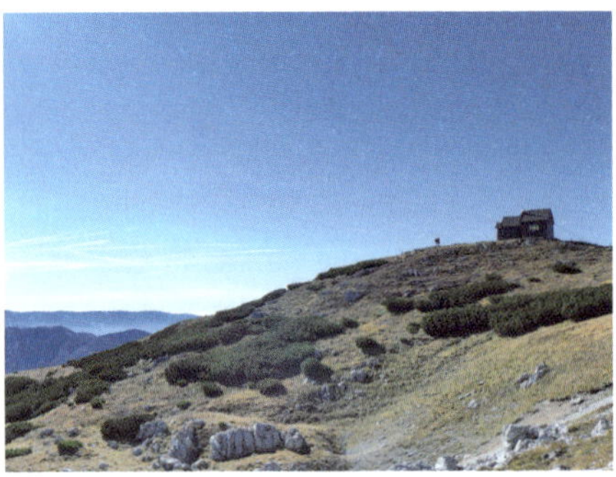

Die Raxgmoa-Hütte (Hans-Nemecek-Hütte)

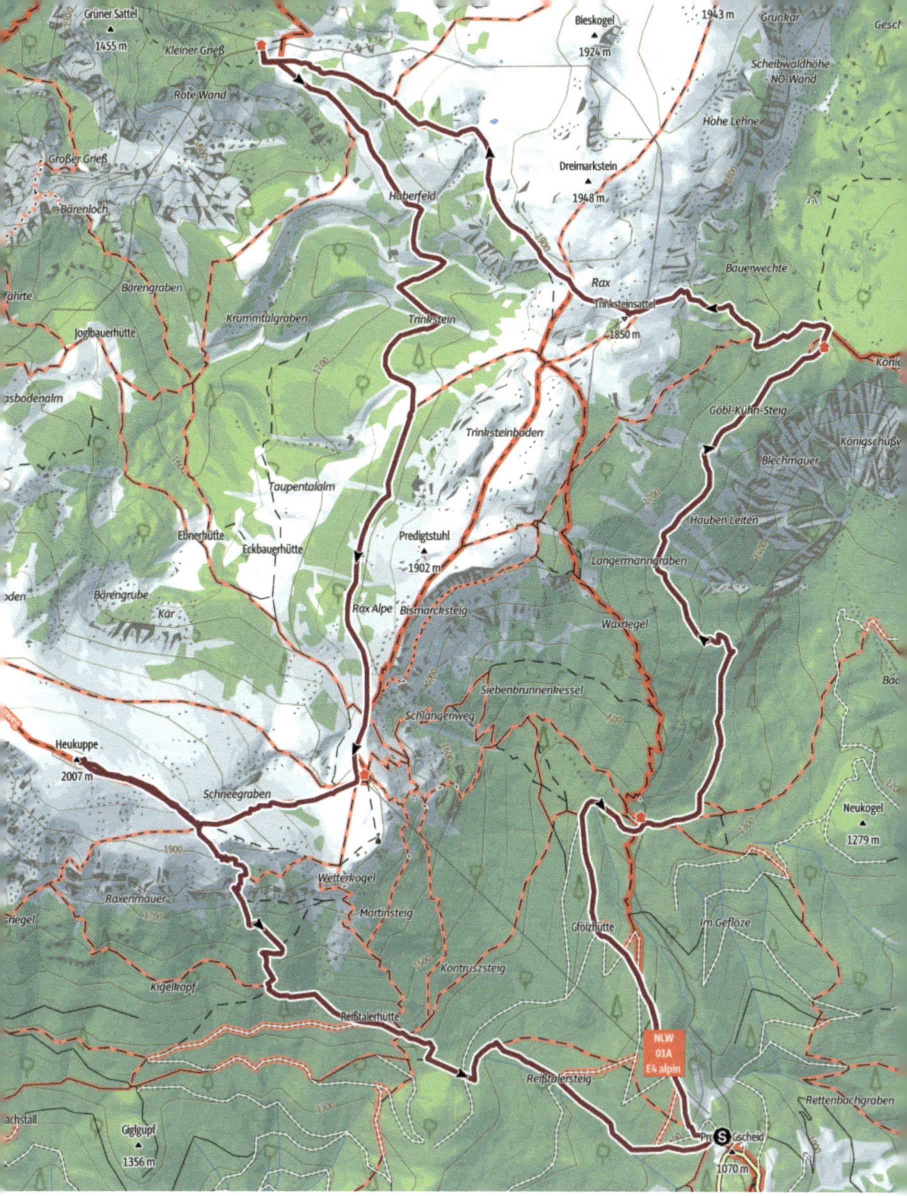

kuppe, vor uns der Ötscher, der Dürrenstein und viele andere liebe Bekannte der Wiener Alpen. Nach einer Senke rückt das auf dem Gipfel des Grießkogels thronende **Habsburghaus** ins Blickfeld. Bis auf eine harmlose Felsstufe finden wir hier traumhafte Wanderbedingungen über felsig-begrüntes Karrengelände vor. Nach insgesamt 3 Stunden haben wir das Habsburghaus erreicht, das aufgrund seiner exponierten Lage und der magischen Sonnenuntergänge gerne auch als die „Akropolis der Rax“ bezeichnet wird (Übernachtungsmöglichkeit).

Über den Schneekogel zum Karl-Ludwig-Haus

Vom Habsburghaus ausgehend schlagen wir den blau markierten Karrenweg Richtung Karl-Ludwig-Haus ein. Eine Ebene tiefer als vorhin queren wir fast eben den Westrücken des Dreimarksteins, des Schneekogels und des Pedigtstuhls. Begleitet werden wir dabei stets von grandiosen Ausblicken, lange winkt uns auch das Habsburghaus nach. Es wird auch nicht anstrengend, wenn wir zwei Rinnen ausgehen müssen. Immer näher rückt auch die Heukuppe, die höchste Erhebung der Rax. Schließlich steigen wir über die Grasbodenalm und den Bärengraben hinweg sanft aufwärts in das sog. **Törl** unterhalb des **Karl-Ludwig-Hauses**. Genau hier, auf der Schulter zwischen Predigtstuhl und Heukuppe, lenkt uns ein Wegschild zum **Schlangenweg**. Dieser bietet sich als leichte Abstiegsvariante über den **Siebenbrunnenkessel** zum Preiner Gscheid (1 ¼ Std.) an.

Abstieg über die Heukuppe und den Reißtalersteig

Die zweite Variante verlangt noch etwas Kondition und vor allem Trittsicherheit, etwas Klettervermögen und Schwindelfreiheit. Zuerst wollen – müssen! – wir noch der Heukuppe, dem mit 2.007 m höchsten Punkt der Rax, einen Besuch abstatten. Der Weg dorthin ist breit, einfach und panoramareich. Am **Karl-Ludwig-Haus** und dem berühmten Raxkircherl vorbei, geht es zunächst etwas steiler über den Schneegraben bis in den **Schneegrubensattel** (diesen merken wir uns für den Abstieg), dann leicht ansteigend und Markierungsstangen folgend zum gemauerten Gipfeldenkmal der **Heukuppe** (30 Min.). Der Ausblick ist fulminant: Mächtig der Schneeberg im Osten, das Stuhleck im Süden und an klaren Tagen erkennt man über viele Gipfel der Wiener Alpen hinweg sogar den Dachstein.

Vom Reißtalersteig blickt man ins Raxen und Preiner Tal.

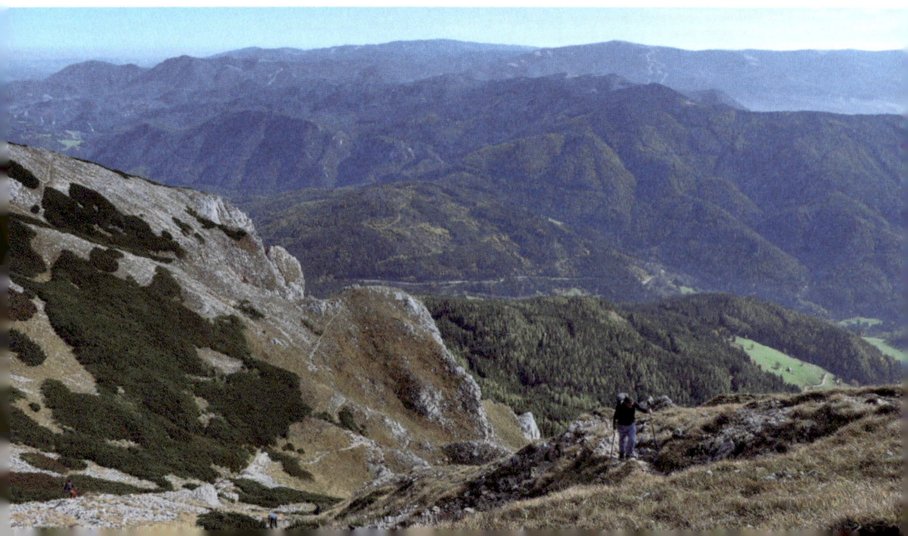

HÖHENPROFIL 2 Varianten

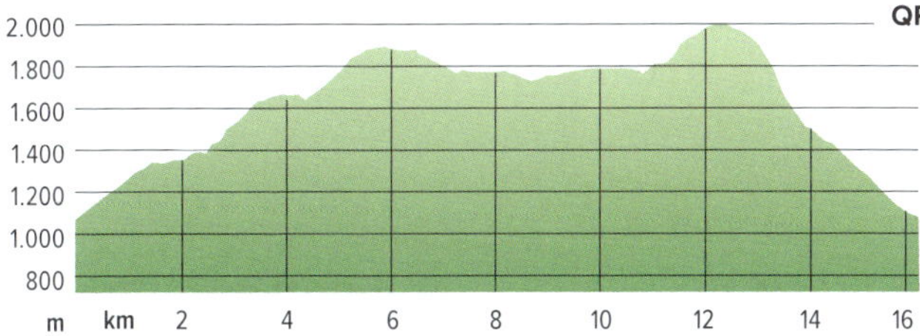

QR Link Tour 45

ANSPRUCH	STRECKE	DAUER	AUFSTIEG	ABSTIEG	HÖHENLAGE	EINKEHR
★★★ SCHWER	16-17,5 km	6-7 Std.	ca. 1.150m	ca. 1.150 m	2.006 m / 1.073 m	JA

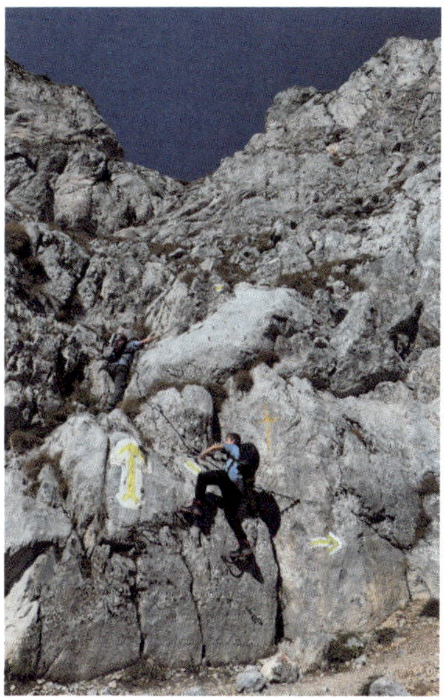

Zurück zum vorhin erwähnten Sattel, biegt hier nach Süden hin der gelb markierte **Reißtalersteig** (Schwierigkeit A/B) durch die Raxmäuer ab. Diesen begehen wir aber nur, wenn wir mit Klettersteigen vertraut sind; Anfänger sollten mit einem Klettersteigset ausgerüstet sein. Im Gegensatz zum Schlangenweg herrscht auf dieser Abstiegsroute Ruhe und Beschaulichkeit, es dauert allerdings etwa eine Stunde länger (2 ¼ Std. bis zum Preiner Gscheid). Wunderschön und vor atemberaubender Naturkulisse angelegt, bildet dieser typische Rax-Ferrata eine einfache, aber konditionell nicht zu unterschätzende Unternehmung, die lange in Erinnerung bleibt.

Zuerst harmlos, aber sehr panoramareich in Serpentinen über einen gerölligen Hang abwärts. Der Ausblick ins Raxen und Preiner Tal hinunter beeindruckt. Bei einem markanten Block befindet sich ein Kreuz mit dem Steigbuch. Nach einer Rinne erwartet uns das erste Kriterium des Steigs: zwei Leitern, darunter eine lange, senkrecht über eine Felswand gespannte, auf der man möglichst schwindelfrei sein sollte. Dann folgen Drahtseile und Bügel, die durch die wildschöne Szenerie der Raxmäuer helfen. Am Ende müssen wir noch über eine nicht hohe, aber doch senkrechte Felsplatte, wo sich Kleingewachsene nach manchen Bügeln strecken müssen.

Im Anschluss an den Steig geht's noch eine Weile durch Geröll, dann durch Latschen, bald auf steilem, nicht einfachem Pfad durch Wald zur unbewirtschafteten **Reißtaler Hütte**. An dieser vorbei und weiter auf Waldwegen zum Preiner Gscheid hinunter.
Tipp: Wer lieber bergauf klettert, begeht den Steig und also die gesamte Tour umgekehrt.

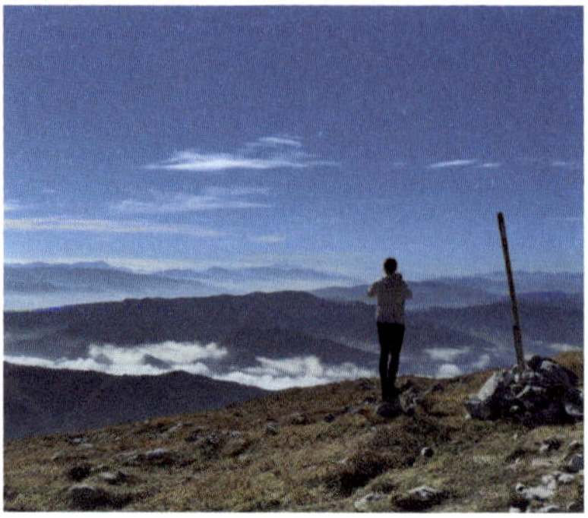

Variante 1: Abstieg über den Schlangenweg:

6 Stunden / 16 km / 900 Hm / schwer

Eignung für Jugendliche: ab 15

Variante 2: Mit Heukuppe und Abstieg über den Reißtalersteig:

7 Stunden / 17,5 km / 1.150 Hm / schwer

für Kinder nicht geeignet

CHARAKTER: *lange Tour auf vorwiegend guten Wegen, die Ausdauer, Orientierungsvermögen und Trittsicherheit verlangt; am Reißtalersteig (A/B) sind Trittsicherheit, Schwindelfreiheit und, besonders für Anfänger, ein Klettersteigset vonnöten; bei Nässe, Nebel und Schneelage ist von der gesamten Tour abzuraten*
START- UND ZIELPUNKT: *Preiner Gscheid (mit öffentlichen Verkehrsmitteln zu erreichen)*
ROUTE: *Preiner Gscheid (1.070 m) – Siebenbrunnenwiese – Waxriegelhaus (1.361 m) – Göbl-Kühn-Steig – Neue Seehütte (1.646 m) – Raxgmoa Hütte (Hans-Nemecek-Hütte, 1.858 m) – Trinksteinsattel (1.850 m) – Habsburghaus (1.785 m) – Karl-Ludwig-Haus (1.804 m) – Schneegrubensattel (1.935 m) – [Schlangenweg – Siebenbrunnwiese – Preiner Gscheid] Heukuppe (2.007 m) – Schneegrubensattel (1.935 m) – Reißtalersteig (Klettersteig A/B) – [Gretchensteig (Klettersteig A) –] Reißtaler Hütte (1.445 m) – Preiner Gscheid*
ATTRAKTIONEN: *sehr schöne panoramareiche Passagen und Höhenwege, Hütten, hochalpiner Flair; Fauna, Flora und Geologie einer Karstlandschaft*
EINKEHRMÖGLICHKEITEN: *Waxriegelhaus (https://waxriegelhaus.naturfreunde.at), Neue Seehütte (www.neue-seehuette.at), Habsburghaus (www.habsburghaus-rax.at), Karl-Ludwig-Haus (www.karlludwighaus.at)*

46 Luckerte Wand

KLEINOD ÜBER DEN ADLITZGRÄBEN

Über den Schluchten der Adlitzgräben erhebt sich die Felsformation der Luckerten Wand. Ihre Erkundung zählt zu den Perlen unter den Hausberge-Wanderungen, reihen sich doch jede Menge Abenteuer, Überraschungen und Naturkostbarkeiten aneinander, darunter kraxelbare Höhlen, beeindruckende Schau-Plätze und ein sehr meditativer Andachtsort. **Prädikat: absolut empfehlenswert für die ganze Familie!**

Von Orthof zur Falkensteinhöhle

Wir beginnen unsere Erlebnistour auf einem kleinen Parkplatz in **Orthof** nahe Breitenstein an der Reichenauer Straße. Dieser folgen wir nun zu Fuß bergab (Schild „Breitenstein Bahnhof“, wenig später „Falkensteinhöhle, Gaiskirchlein“). Sobald wir markante Felsmauern sehen, lenken uns die Schilder von der Straße weg auf einen Wanderweg. Die vielen Haken bestätigen, dass die **Falkenstein-Südwände** ob ihrer Festigkeit und Griffigkeit gerne von Kletterern als Trainingsarena benutzt werden. Staunend marschieren wir den Wandfuß entlang, bis wir oberhalb des Wanderwegs eine hölzerne Stiegenkonstruktion erkennen, die wir hinaufsteigen und den ersten Knüller der Wanderung erreichen: **die Falkensteinhöhle**. Diese verzweigte Karsthöhle stellt ein Abenteuer für sich dar. Um etwa 20 Meter in das Höhleninnere eindringen und die versinterten Wände betrachten zu können, sollten wir unbedingt eine Stirnlampe dabeihaben.

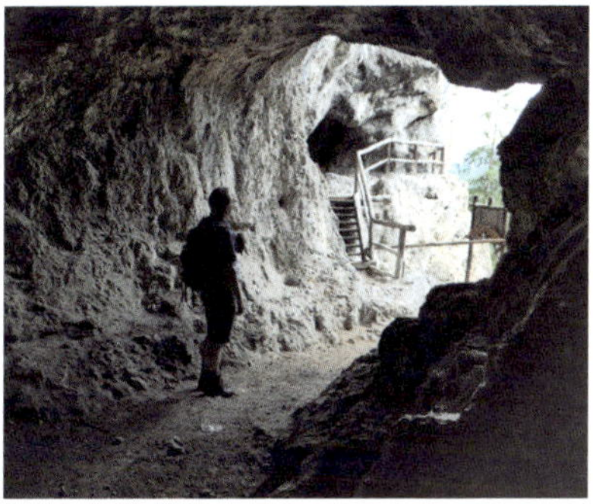

Zur Falkensteinhöhle führt eine hölzerne Stiegenkonstruktion (siehe Bild unten).

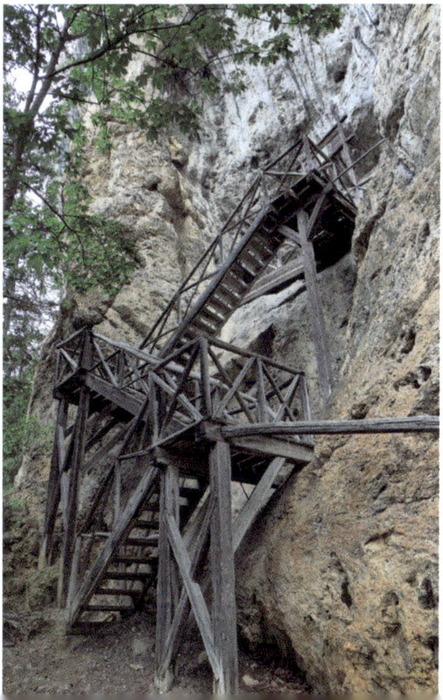

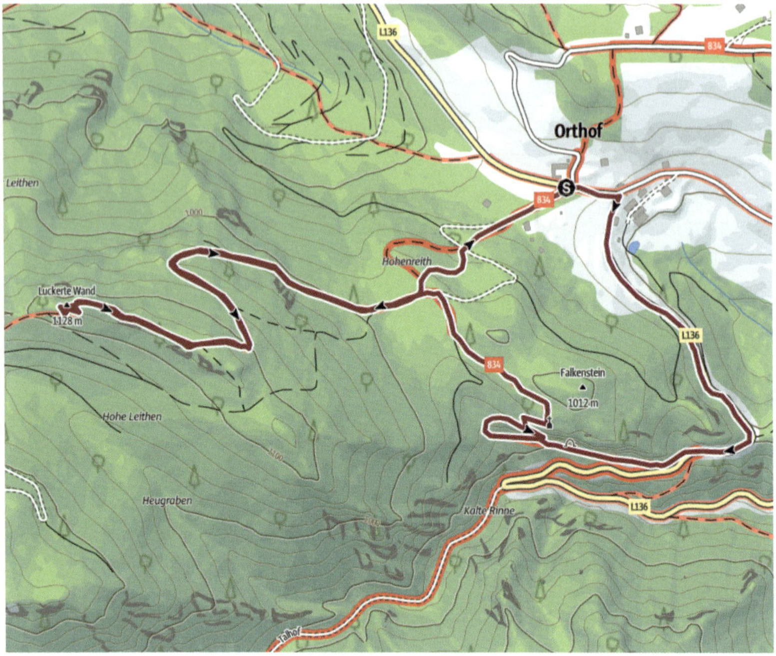

Das Gaiskircherl

Nun weiter und zusehends steiler durch Wald. Eine Hangquerung finden wir mit einem Geländer versehen vor. Sobald der Weg eine Linkskurve vollzieht, die nächste Überraschung: das in einer Durchgangsgrotte gelegene **Gaiskircherl**. Gläubige Frauen haben sie im Jahre 1913 zum „Gotteshaus" gemacht, indem sie hier eine Marienstatue platzierten und weihen ließen. Ausgestattet mit einem kleinen Altar, verschiedenen Votivgaben und Devotionalien und einem Tisch samt Bank, lädt das Felsenkapellchen zum stillen Gebet. Ein selten berührender und besinnlicher Andachtsort, wo es sich gerne verweilen lässt. Auf den Felsen können sich verschiedene Farne behaupten, in den Felsspalten hausen Eidechsen.

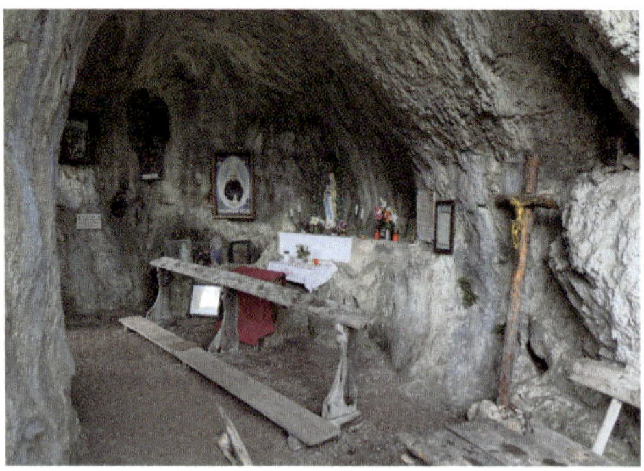

Das in einer Durchgangsgrotte gelegene Gaiskircherl

HÖHENPROFIL

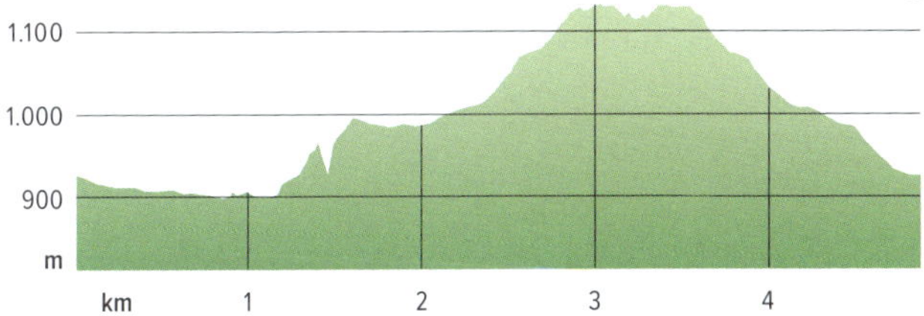

QR Link Tour 46

★ ANSPRUCH	STRECKE	DAUER	AUFSTIEG	ABSTIEG	HÖHENLAGE	EINKEHR
LEICHT	4,5	2:30	280 m	280 m	1.132 m – 898 m	NEIN

Zum Gipfel der Luckerten Wand

Wieder am Hauptweg folgen wir ab nun den Wegweisern zum „Blickplatz Luckerte Wand". Die grüne Markierung leitet uns in einen Wiesensattel, zu dem wir wieder zurückkommen werden.

Jetzt bleiben wir aber auf dem Karrenweg, bis uns die Markierung nach einer Wildfütterungsstelle auf ein Waldsteigerl nach links lenkt. Nun in steileren Serpentinen zu einem Aussichtsbalkon mit Bank. Noch sind wir aber nicht am Ziel! Wir wenden uns nach rechts und folgen der grünen Markierung auf und ab über einen Waldkamm, bis sich die Fichten lichten und wir plötzlich am **„Blickpunkt Luckerte Wand"**, einer Felsklippe hoch über den Adlitzgräben, stehen. Ein Tisch, ein Bankerl, ein Gipfelbuch und ein winziges Kreuz laden zur Schau-Pause ein. Großes Kino, da sich uns stolz und majestätisch die Supermodels der Wiener Hausberge, Schneeberg und Rax, präsentieren. Nun fragen wir uns, woher die Luckerte (auch

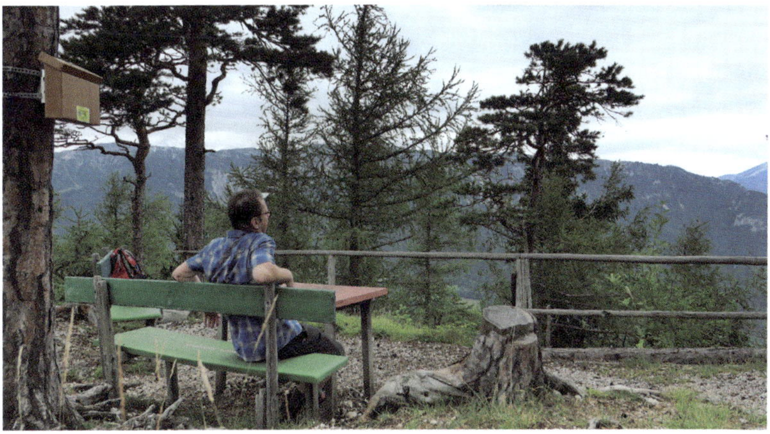

Schau-Pause am Gipfel der Luckerten Wand

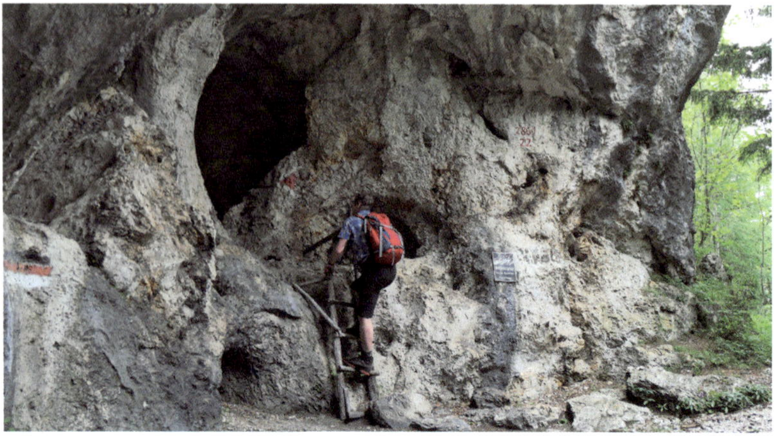

Die „Lucken" unterhalb der Luckerten Wand können begangen und erkundet werden. Spaßig!

„Luckete") Wand ihren Namen hat. Wo sind nun die „Lucken", also Löcher? Die Antwort liegt genau unter uns! Wir brauchen nur einem kleinen Steigerl bergab zu folgen und stehen schon vor einer mit Löchern und Grotten versehenen Wand. Welch eine Überraschung! Durch die größte „Luckn", eine gut begehbare Durchgangshöhle, können wir sogar auf die andere Seite des Felsturms hindurchklettern und auf einem Wegel außerhalb wieder zurückgelangen. Spaßig!
Der Rückweg ist leicht erklärt: Wir steigen am grün markierten Wald wieder in den vorher erwähnten Waldsattel ab und folgen von dort aus der roten Markierung durch Wald und am Ende über eine Forststraße zum Ausgangspunkt zurück.

2 ½ Stunden / 4 ½ km / 280 Hm / leicht

Eignung für Kinder: ab 10

CHARAKTER: *Außerhalb der Höhlen harmloses Gehgelände, in den Höhlen bekommt man es mit rutschigen und steileren Felsstufen zu tun. Unbedingt mit stark profilierten Schuhen und Stirnlampe einsteigen!*
START- UND ZIELPUNKT: *Orthof (bei Breitenstein, mit öffentlichen Verkehrsmitteln nicht zu erreichen)*
ROUTE: *Orthof (928 m) – Falkensteinhöhle – Gaiskircherl (975 m) – Waldsattel – Luckerte Wand (1.128 m) – Waldsattel – Orthof*
ATTRAKTIONEN: *Gaiskircherl, Falkensteinhöhle, Blickplatz Luckerte Wand und Höhlen darunter, Ausblicke*
EINKEHRMÖGLICHKEIT: *unterwegs keine*

47 Schneealpe: Große Rundtour

ALLE REIZE DER KLEINEN SCHWESTER

Still liegt sie zwischen ihren Schwestern Rax und Veitsch und dem großen Bruder Schneeberg – die Schneealpe an der steirisch-niederösterreichischen Grenze. Wer alle ihre Reize – etwa ihre weiten Almplateaus, panoramareichen Grasgipfel und gemütlichen Hütten – in einem Aufwasch erleben will, dem empfiehlt sich eine tagesfüllende Rundtour von Altenberg weg.

Ein besonderer Reiz der Schneealpen-Landschaft liegt im kontrastreichen Wechselspiel ihrer einzelnen „Stockwerke“: ausgedehnte Wälder im Erdgeschoss, wilde Felsen in den steilen Aufgängen, weite Blumen- und Rasenmeere im Penthaus und der schroffe Karst im Dachbereich. Und es ist still auf der Schneealpe (auch „Schneealm“). Weil sich das Wiener Wandervolk lieber auf der Rax und dem Schneeberg versammelt – und die kleine Schwester übersehen. Gut so..

Durch den Lohm- und Almgraben aufs Plateau

Der Ausgangspunkt dieser Tour ist leider nur per Auto zu erreichen: der **Lohmgraben**. In diesen biegen wir von **Altenberg an der Rax** ein, fahren bis zum Lurgbauern und von dort noch ein Stück auf einer Schotterstraße bis zu einem kleinen Parkplatz.

Zunnächst auf der flachen Lohmgrabenstraße bis zum Beginn des eigentlichen Lohmgrabens, wo Schluss mit lustig ist! Der etwa zweistündige Aufstieg auf einem bis zum Plateaurand steilen Kurvensteig bringt selbst trainierte Wanderer schnell

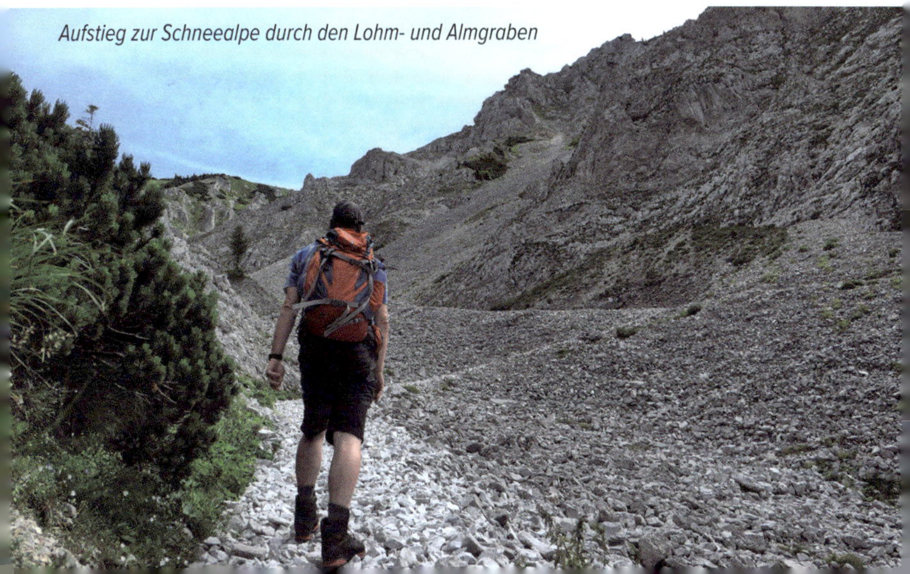

Aufstieg zur Schneealpe durch den Lohm- und Almgraben

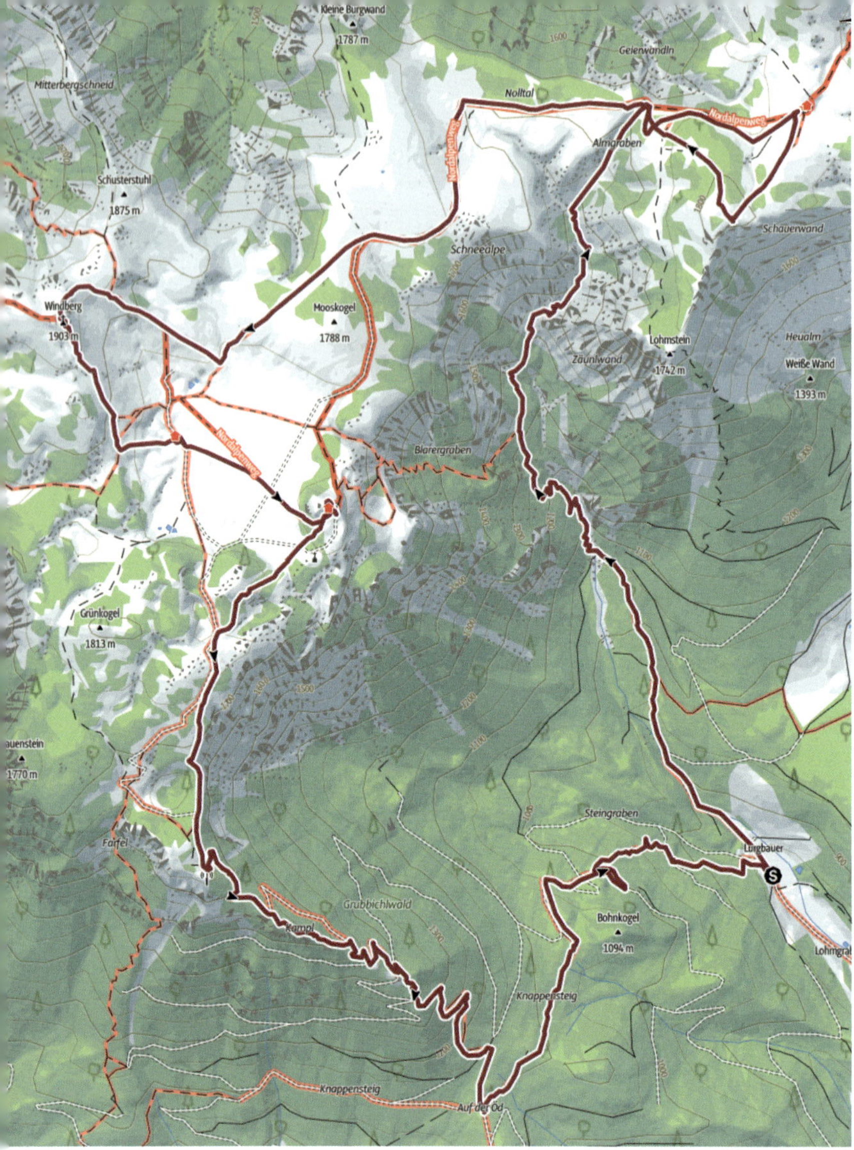

ins Schwitzen. Für die Anstrengung entlohnt wird man allerdings vom Blick auf die imposante Lohmstein-Westwand rechter Hand und auf das Stuhleck und den Semmering hinter uns. Die Umgebung wird immer alpiner, der Baumwuchs immer spärlicher, das Panorama prächtiger.

Wir steigen durch den **Almgraben** Richtung Lurgbauerhütte bergauf. Statt Fichten begleiten uns nun Lärchen und Gämsen, die sich von uns nicht stören lassen. Das Blickfeld weitet sich. Sobald sich nur mehr Wiesen um uns ausbreiten, bestimmen der fels- und grasdurchsetzte Südostrücken der Schneealpe und die alpine Flora zu unseren Füßen die Landschaft. Durch Felsgassen und blumenreiche Wiesen geht es langsam ins Dachgeschoss der Schneealpe. Eine Bank samt Tisch und Wegweisern (1.710 m) markiert nach rund 2 ½ Stunden das Ende der Anstrengungen und den Anfang des reizvollsten und mühelosesten Teils unserer Tour. Um uns nichts als Gipfel und Almen – weiter weg das Schneealpenhaus und der Windberg, ganz nah die Schauerwand. Dieser wenden wir uns nun zu.

Von der Lurgbauerhütte auf die Schauerwand

Die nun folgend beschriebene Schleife über die Lurgbauer Hütte und den Gipfel der Schauerwand ist eine Draufgabe – aber sie lohnt sich. Vom Ausstieg aus dem Almgraben folgen wir dem Wegweiser zur **Lurgbauerhütte**, die entweder über eine Schotterstraße oder einen parallel davon verlaufenden Weg in 10 Minuten zu erreichen ist. Die auf der Ameisbühelalm gelegene Bergrast setzt voll auf Bio und hochwertige Speisen. Nach einer schmackhaften „Brettljausn" wenden wir uns dem nächsten Ziel zu, nämlich dem Gipfel der **Schauerwand** (auch Ameisbühel). Dazu folgen wir der Stangenmarkierung über Kuhweiden, bis

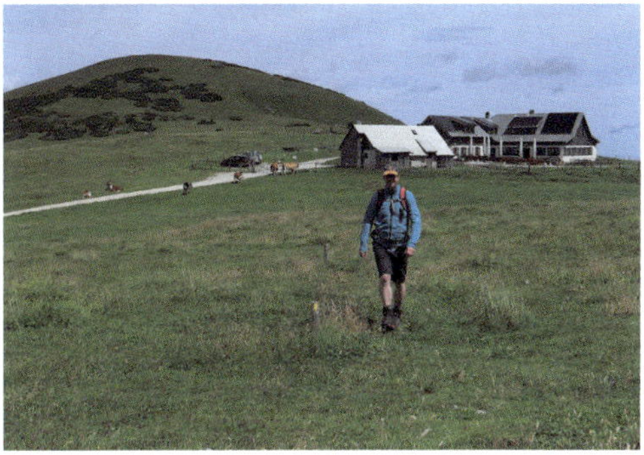

In der Lurgbauerhütte bietet sich eine erste Hüttenrast an.

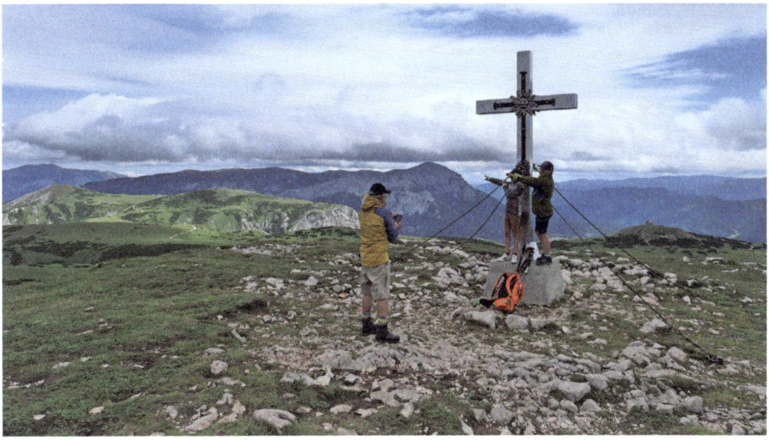

Am Gipfel des Windbergs, dahinter Schauerwand und Schneeberg

wir nach 15 Minuten auf dem bekreuzten ersten Aussichtsbalkon des Tages stehen. Von hier lässt sich die gesamte Schneealpe überblicken, aber auch deren Geschwister Rax und Schneeberg sowie die weiten Verwandten Semmering und Veitsch. Nun leiten uns wieder Stangen über den Nordwestrücken der Schauerwand zum Ausstieg aus dem Almgraben zurück, womit sich unsere kleine Zusatzrunde schließt.

Almwanderung auf den Windberg

Unser nächstes Ziel heißt Windberg, die höchste Erhebung der Schneealpe. Der Gang über die Hochfläche zum schon weithin sichtbaren und auf einer Felskanzel thronenden Schneealpenhaus und zum Windberg gehört zu den absoluten Highlights der Tour. Unter uns das Mürztal, ringsum die Wiener Hausberge, über uns die Sonne – Wanderer, was willst du mehr? Zunächst über Weiden, dann auf einer Almstraße immer mit Blick auf Schneealpenhaus und Windberg dahinpromeniert. Bei einer Linkskurve (Wegkreuzung) verlassen wir die Almstraße und steuern über Weidewiesen direkt den Windberg an. Sobald wir unter uns die Michlbauerhütte sehen, schwenken wir nach rechts und nähern uns auf einem blumenreichen Almweg dem Gipfel über dessen Ostrücken. Beachtenswert ist die prächtige Flora zu unseren Füßen. Während Almrausch und Enzian öfter vorkommen, muss man das seltene Kohlröserl länger suchen.

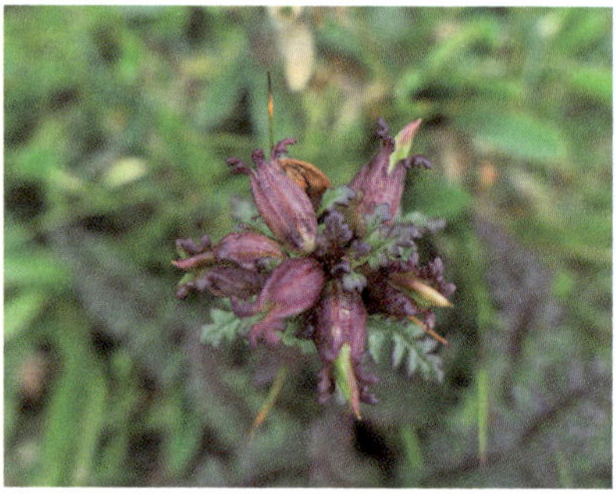

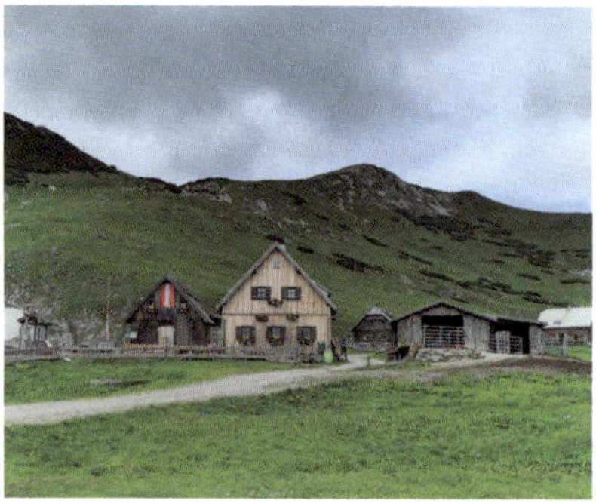

In der Michlbauerhütte am Fuß des Windbergs werden sogar frische Forellen serviert.

Dann der **Windberg** mit seinem markanten Gipfelkreuz. Nomen est omen – der Wind dort oben legt sich nie. Beeindruckend der 360°-Blick, der von der nahen Donnerwand über die Rax, den Semmering und den Schneeberg bis zum Hochschwab reicht.

Jetzt der gemütliche Teil der Tour: Vom Gipfel aus steuern wir zuerst die einladende **Michlbauerhütte** an. Auch dort werden regionale Bio-Speisen angeboten,

HÖHENPROFIL

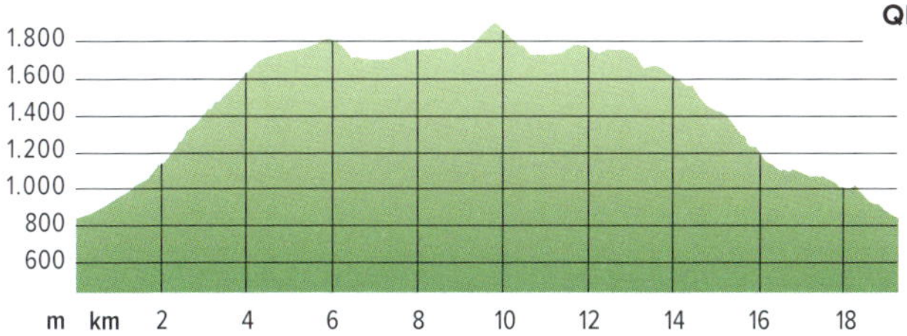

QR Link Tour 47

ANSPRUCH	STRECKE	DAUER	AUFSTIEG	ABSTIEG	HÖHENLAGE	EINKEHR
★★★ SCHWER	21,0	6:30	1.400 m	1.400 m	1.903 m – 839 m	JA

auf Wunsch sogar frische Forellen direkt vom Michlbauern. Kaffee und Kuchen könnten wir uns im **Schneealpenhaus** munden lassen, das nach einer Almtraverse und einen kurzen Aufstieg auf den Felsthron des Schauerkogels zu erreichen ist.

Abstieg über die Kutatschhütte und den Knappensteig

Für den Abstieg bieten sich zwei Möglichkeiten an: entweder über den sehr steilen und bei Feuchtigkeit riskanten Blarergraben oder gemütlicher, aber länger über die Kutatschhütte an der Farfel und den Knappensteig in den Lohmgraben. Wir wählen die zweite Variante, weil wir das Wandererlebnis ausdehnen und den besonderen Flair der Schneealm noch länger genießen wollen. Vom Schneealpenhaus folgen wir dem bezeichnetem Weg Richtung Farfel bzw. **Kutatschhütte** (Unterstand). Diese erreichen wir über den sog. **Panoramaweg** entlang des Nordabbruchs der Schneealpe – den fulminanten Ausblick bis zum Semmering gibt's gratis dazu. Den Weiterweg bestimmt eine Bergstraße, der wir mehrere Kurven folgen. Sobald wir auf eine Bank und einen Waldweg treffen, der von der Straße wegführt, müssen wir uns entscheiden: entweder auf der Bergstraße weiter oder auf diesem Weg über das sog. Kampl. Dieser lohnt sich allerdings nicht, denn er führt steil, eng und rutschig zwischen kleinen Felsgraten und Waldstücken in ständigem Auf und Ab durch nicht ungefährliches, weil senkrecht abfallendes Terrain. Deshalb bleiben wir lieber auf der Straße und wandern gemütlichen Schrittes abwärts, bis wir zu einem Parkplatz gelangen. Nach ein paar weiteren Kurven erreichen wir noch einen Parkplatz, wo wir allerdings von der Bergstraße weg dem Wegweiser nach Altenberg folgen. Auf einem rot markierten Waldweg abseits der Straße kommen wir zum Kreuzungspunkt **Auf der Öd**. Hier halten wir uns am **Knappensteig** Richtung Altenberg. Die finale Etappe der großen Rundtour führt durch üppig gedeihenden Wald zum **Lurgbauern** zurück.

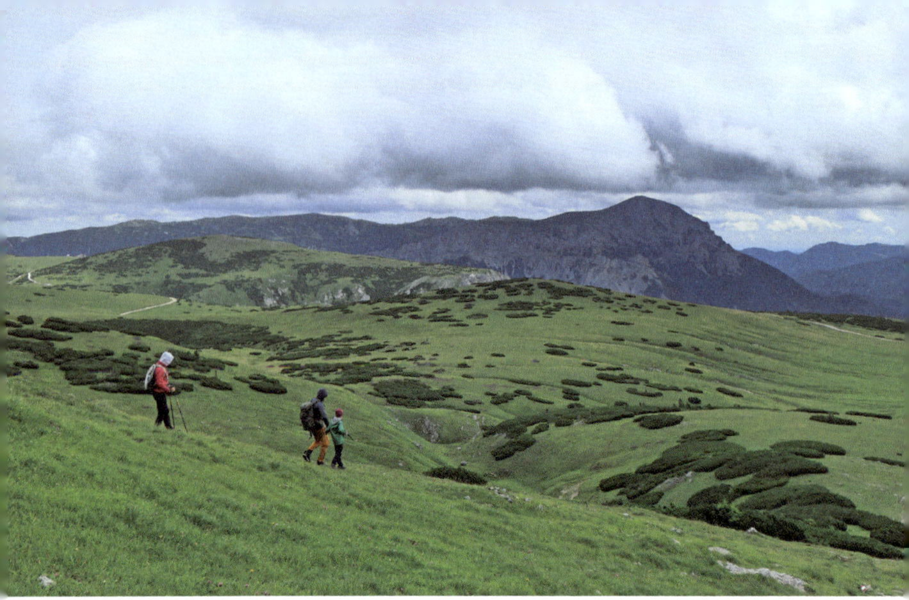

Die weiten Almplateaus der Schneealpe erfreuen Wanderer und Kühe gleichermaßen.

6 ½ Stunden / 21 km / 1400 Hm / schwer

Eignung für Jugendliche: ab 15

CHARAKTER: *Die Tagestour wird ausdauernden Alpinisten keine Probleme bereiten. Der Aufstieg aus dem Lohmgraben ist mühsam, weil konsequent steil. Wer über den Blarergraben absteigt, muss bei nassen Verhältnissen aufpassen, da sehr rutschig. Familien mit Kindern rät es sich, die Tour auf zwei Tage aufzuteilen und in einer der gastlichen Hütten zu übernachten – auch ein besonderes Abenteuer!*
START- UND ZIELPUNKT: *Altenberg an der Rax (Lohmgraben, Parkplatz nach dem Lurgbauern, nicht mit öffentlichen Verkehrsmitteln zu erreichen)*
ROUTE: *Lohmgraben Parkplatz (924 m) – Lohmgraben – Almgraben – Almgraben Ausstieg (1.710 m) – Lurgbauerhütte (1.764 m) – Schauerwand-Gipfel (1.819 m) – Windberg (1.903 m) – Michlbauerhütte (1.744 m) – Schneealpenhaus (1.788 m) – Kutatschhütte (1.700 m) – Auf der Öd (1.105 m) – Knappensteig – Lohmgraben – Lurgbauer – Parkplatz*
ATTRAKTIONEN: *das weite Almplateau, panoramareiche Grasgipfel, gemütliche Hütten; vielfältige, alpine Flora auf den Almwiesen*
EINKEHR- UND ÜBERNACHTUNGSMÖGLICHKEITEN: *Lurgbauerhütte (www.lurgikas.at/), Michlbauerhütte (www.ich-informiere.de/michlbauerhuette/), Schneealpenhaus (www.alpenverein.at/schneealpenhaus/)*

48 Obersberg

KASNOCKERL MIT AUSSICHT

Beim Obersberg über Schwarzau im Gebirge zählt nicht nur das Gipfelerlebnis. Es sind vielmehr seine Ursprünglichkeit und Stille, seine blumen- und kräuterreichen Wiesen, seine gemütliche Hütte am höchsten Punkt und die phänomenale Aussicht, derentwegen man die rund 1.000 Höhenmeter auf sich nimmt. Wir planen eine Rundtour mit einer reizvollen Kammbegehung.

Über die Obersberg Alm zur Waldfreundehütte

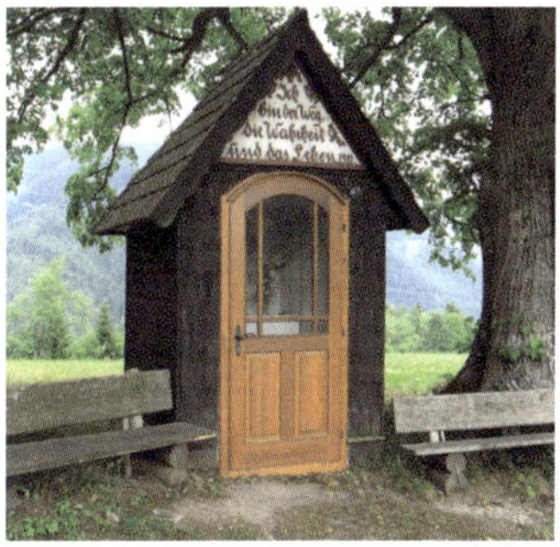

Die Obersberger Linden umringen eine Kapelle.

Obwohl der übliche Aufstiegsweg zum Obersberg in Schwarzau im Gebirge seinen Ausgang nimmt (2,5 Std. bis zum Obersberg-Gipfel), starten wir vom **Gehöft Eckbauer** (Schild: „Zur Obersberglinde") **im Preintal**, weil wir eine Rundtour geplant haben und der finale Straßenmarsch zurück nicht allzu lang ausfallen soll. Vom Parkplatz gut bezeichnet und rot markiert abwechselnd über Forstwege und Waldsteige am Gehöft **Haselecker** vorbei bis zu einer sehr schmucken Kapelle, die von den alten „Obersberger Linden" umringt ist. Ein ergreifender Andachtsort. Bald darauf verschwindet der Weg endgültig im Wald, um erst wieder auf der **Obersberg Alm** (kleine Jagdhütte) in

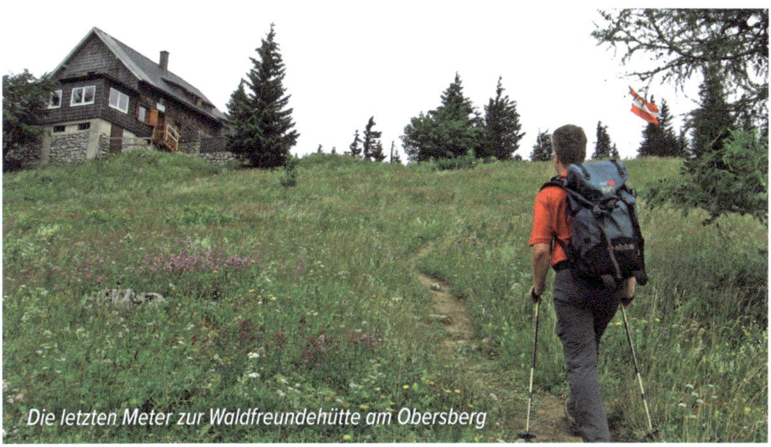

Die letzten Meter zur Waldfreundehütte am Obersberg

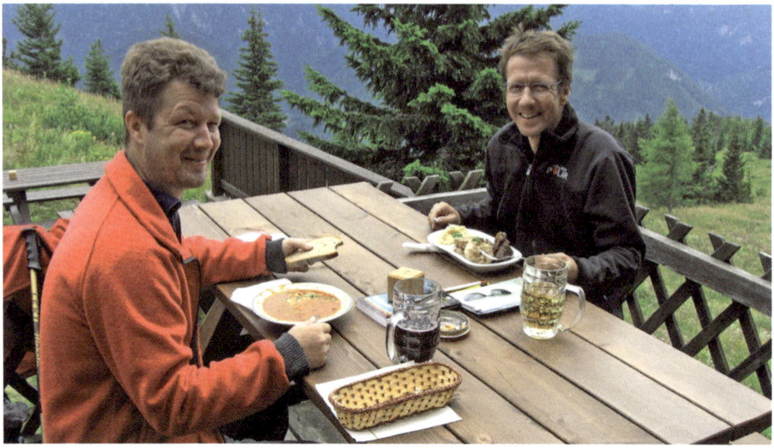

Gut gelaunte Bergfreunde auf der Terrasse der Waldfreundehütte

baumfreies Gelände zu gelangen. Nun über unsteile, blumen- und schmetterlingsreiche Wiesen zur weithin sichtbaren **Waldfreundehütte**. Diese Hütte wird nur am Wochenende abwechselnd von verschiedenen „Waldfreunden" bewirtschaftet, das aber großartig: Die köstlichen Kasnocken, das noch köstlichere Schweinsbratl und die selbst gebackenen Torten sind ein Gedicht, wie man hierorts solche Gaumenfreuden zu nennen pflegt. Dazu noch die freundliche Bedienung und der Rundblick vom Schneeberg bis zur Rax und vom Gippel bis zum Göller – was will man mehr! Auffallend die vielen Ahornbäume im nahen Gipfelbereich, weshalb unser Berg früher auch „Ahornsberg" genannt wurde.

Am Kamm ham

Die folgende Kammüberschreitung gehört zu den reizvollsten Wanderetappen der Gegend. Im ständigen Auf und Ab, aber auch mit reichlich Weitblick versorgt, schlendert es sich genussvoll über den teilweise bewaldeten Kammscheitel der **Mistelbauer Höhe**. Manche Erhebungen wird man fälschlicherweise für den **Preineckkogel** halten, der aber folgt erst nach gut einer Stunde nach dem **Bärenköpfl**. Apropos: Einem Gerücht nach soll im Jahre 1829 genau hier der letzte Bär Niederösterreichs erlegt worden sein.

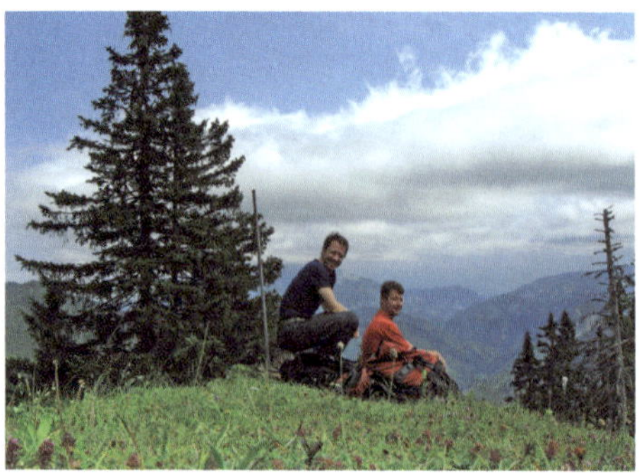

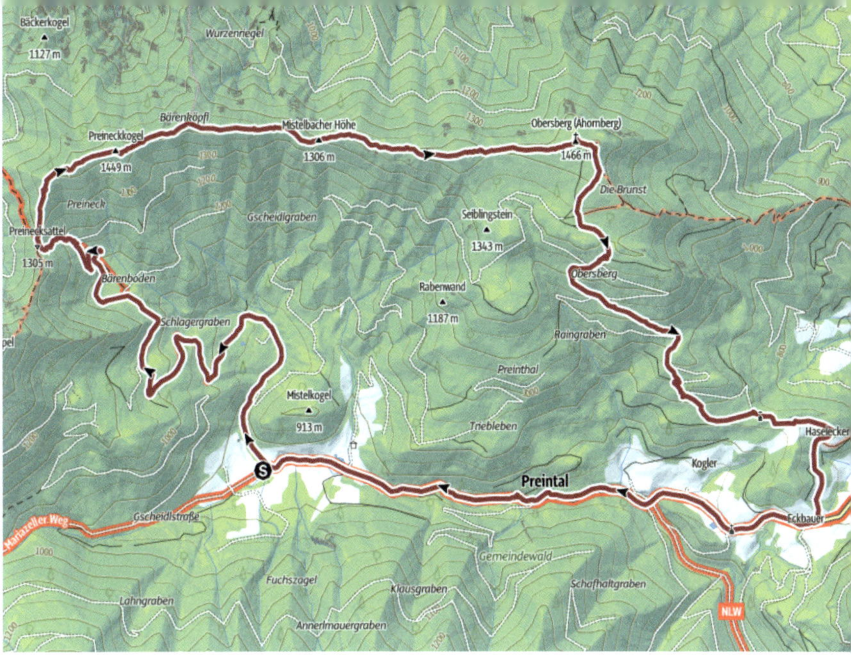

Vom **Preineckkogel** wandern wir weiter über den panoramareichen und malerischen Rasenkamm. Nun flott und steil in den **Preinecksattel** hinunter, wo noch eine Exkursion auf den **Schwarzauer Gippel** angehängt werden könnte (+200 Hm, 1 Std.). Vom Sattel steil hinab bis zum **Bärenboden** und zu einer Forststraße, die nach etlichen Kehren beim Haus **Triebl** auf die Preintaler Straße trifft. Auf dieser entlang des Preinbachs zum **Eckbauer** zurück (ca. 1 Std.).

6 Stunden / 18 km / 1.000 Hm / mittel

Eignung für Jugendliche: ab 15

HÖHENPROFIL

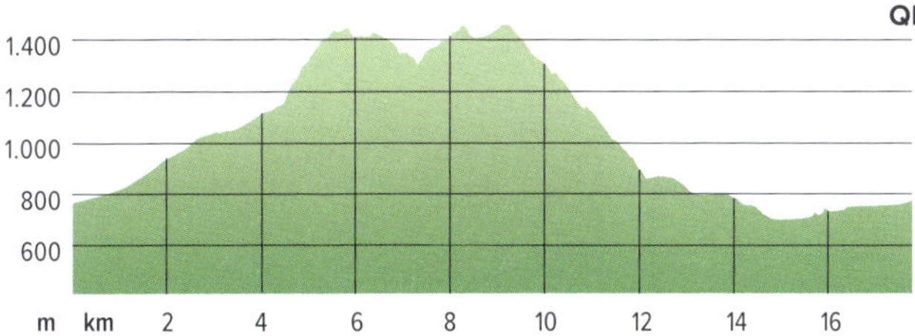

QR Link Tour 48

★★ ANSPRUCH	STRECKE	DAUER	AUFSTIEG	ABSTIEG	HÖHENLAGE	EINKEHR
MITTEL	18,0	6:00	1.000 m	1.000 m	1.465 m / 694 m	JA

CHARAKTER: *lange Tour auf guten Wegen, die Ausdauer verlangt. Um den finalen Straßenmarsch zu vermeiden, empfiehlt es sich, ein zweites Auto oder ein Rad beim Triebl abzustellen. Ansonsten werden die 1.000 Hm mit viel Naturerlebnis, einer kinderfreundlichen Hütte und den grandiosen Kammweg belohnt*
START- UND ZIELPUNKT: *Gehöft Eckbauer im Preintal (Parkmöglichkeit, mit öffentlichen Verkehrsmitteln nicht zu erreichen)*
ROUTE: *Eckbauer (804 m) – Obersberg Alm – Obersberg (Waldfreundehütte, 1.467 m) – Mistelbauer Höhe – Bärenköpfl (1.416 m) – Preineckkogel (1.449 m) – Preinecksattel – [Schwarzauer Gippel, 1.624 m –] Triebl (763 m) – Eckbauer*
ATTRAKTIONEN: *stille Wege, weite Blicke und eine gemütliche Hütte mit vorzüglichem Speiseangebot*
EINKEHRMÖGLICHKEIT: *Waldfreundehütte (www.wieneralpen.at/beherberger/a-waldfreundehuette-obersberg)*

49 Gippel – Göller

DIE MÜRZSTEGER HAUTE ROUTE

Die Überschreitung der beiden Mürzsteger Berg-Stars Gippel und Göller gehört zu den eindrucksvollsten Kammwanderungen der Voralpen und sollte in keinem Gipfeltagebuch fehlen. Nicht von ungefähr wird dieser Klassiker als „Mürzsteger Haute Route“ bezeichnet. Allerdings sind gute Kondition und Improvisationsgabe vonnöten.

Das gegensätzliche Gipfelpaar Gippel und Göller bildet den gebirgigen Talschluss des Traisentals. Konträr die „Bausubstanz“ der beiden Berge: Während der Gippel aus Dachsteinkalk besteht, ist der Göller aus Hauptdolomit gebaut. Gemeinsam ist ihnen hingegen die Vielfalt an Fauna und Flora und ein großartiges Panorama. Dennoch wird die Überschreitung selten unternommen, was wohl vor allem daran liegt, dass sie nicht als

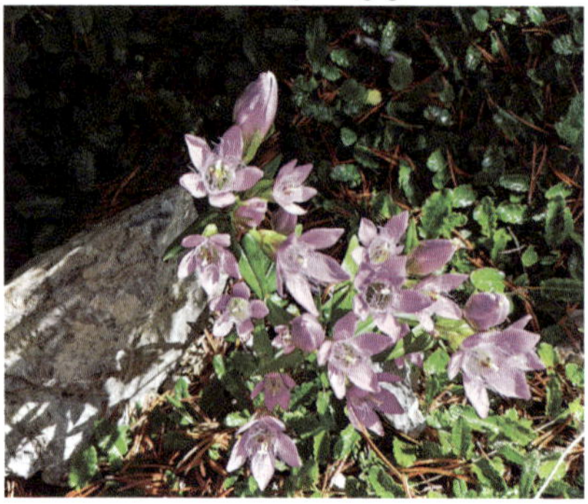

Rundtour zu konzipieren und die öffentliche Verkehrsverbindung zwischen dem Gscheid und St. Ägyd mäßig ist. Hier ist Improvisationstalent gefragt (entweder mit zwei PKW oder per Wander- und Rad-Shuttlebus, Infos siehe „Tipp“ am Ende).

Durch die Gippelmauer auf den Gippelgipfel

Die ersten Schritte setzen wir beim **Zögernitzer**, einem Gehöft im hintersten **Weißenbachtal**. Von dort marschieren wir etwa 100 m taleinwärts, ehe bei einem Gedenkstein rechts eine Forststraße abzweigt. Dieser kurz gefolgt, bis links auf einer Böschung der gut markierte **Gippelweg** beginnt. Wir folgen dem alten Treibsteig abwechselnd durch Hoch- und Jungwald mäßig steil bergauf, bis der Weg nach einigen Kehren die Baumgrenze erreicht. In Serpentinen die steiler werdende nordseitige Gippelmauer hinauf, ehe man kurz nach einem Marterl das **Gippeltörl** erreicht, eine schmale Scharte mit Almgatter und wunderbarem Blick zum Sonnleitstein und auf die Nordseite der Schneealpe. Zugleich überschreiten wir damit auch eine markante Grenze zwischen dem abweisenden Nordabbruch und dem sanfthügeligen, von Almwiesen bedeckten Südhang des „Güwis“, wie ihn die Einheimischen auch nennen. Hier teilt sich auch der Weg: Der eine zweigt zu den

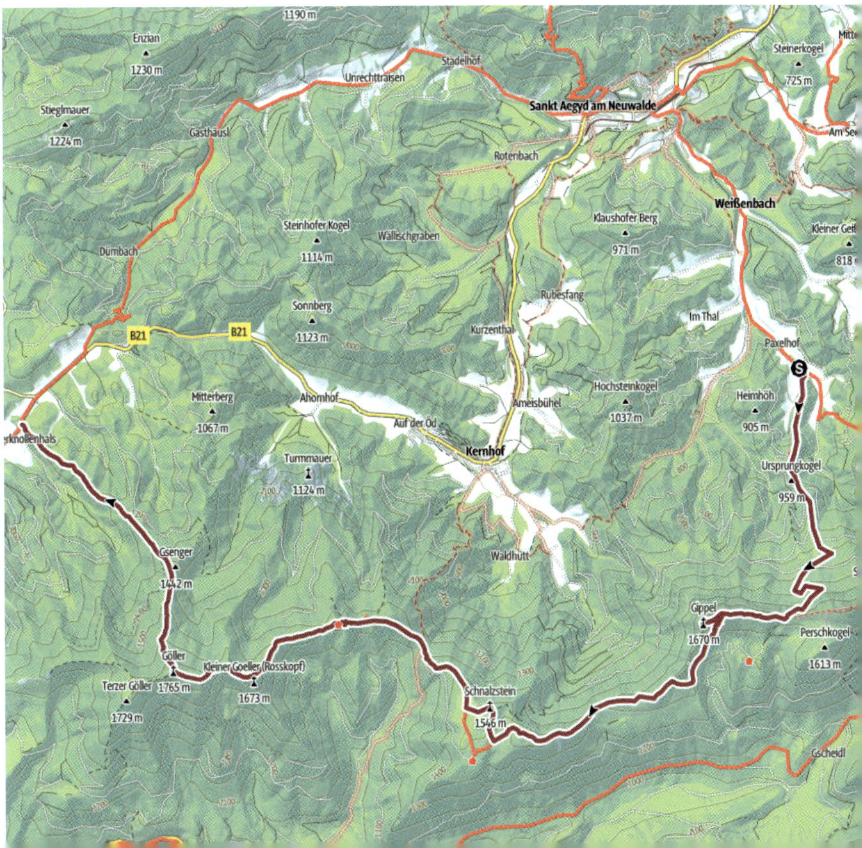

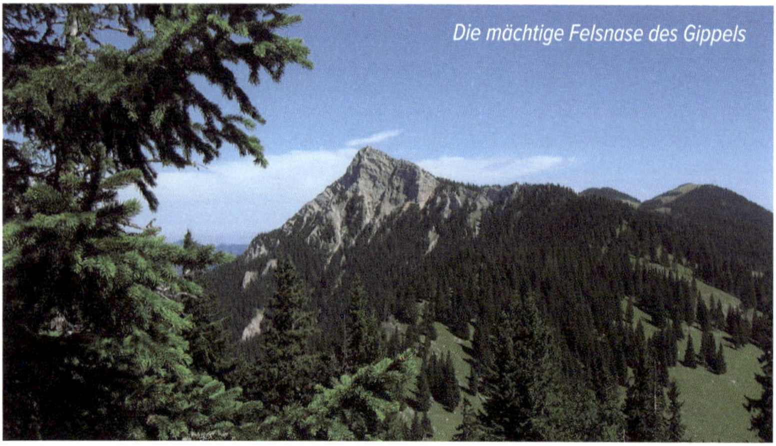

Die mächtige Felsnase des Gippels

Halterhütten der Gippelalm (Einkehr an schönen Wochenenden fallweise möglich) ab, der andere führt bis fast auf die Kammhöhe und schließlich nach einigen Aufs und Abs zum Gipfelkreuz des **Gippels**. Herrliche Sicht auf Göller und die Wiener Alpen mit Schneealpe, Rax und Schneeberg.

Über die Gamsmauer auf den Schnalzstein

Nun ein Stück zurück, bis wir uns dem **Roman-Majewski-Steig** anschließen können. Dieser quert das Südkar des Gippels nach Westen bis zum Sattel der **Pollwischalm**. Weiter durch steiles, teils schrofiges Gelände zum felsigen Grat der **Gamsmauer**, wobei auf diesem Wegabschnitt mitunter Trittsicherheit und „Hand-

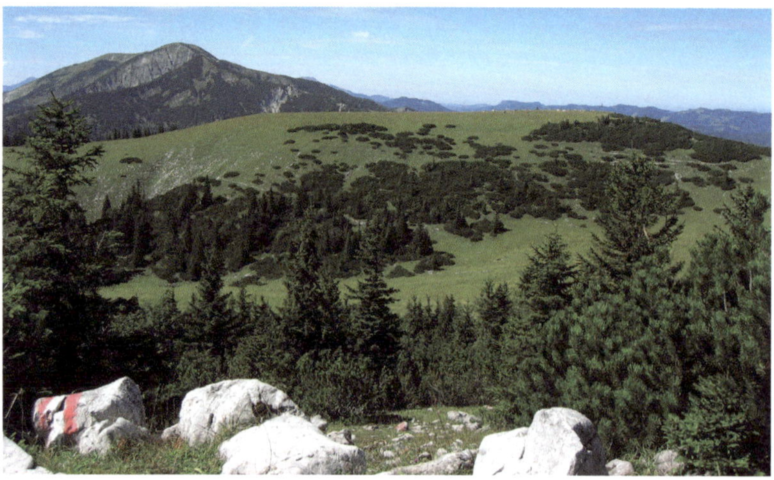

Blick zum Göller vom Schnalzstein aus

HÖHENPROFIL

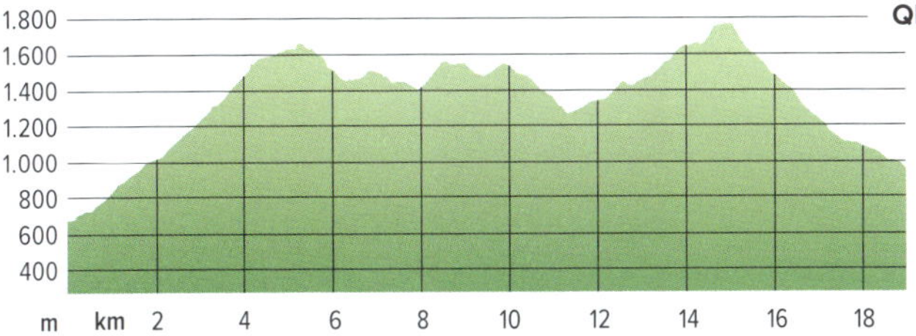

QR Link Tour 49

★★★ ANSPRUCH	STRECKE	DAUER	AUFSTIEG	ABSTIEG	HÖHENLAGE	EINKEHR
SCHWER	19,0	9:30	1.920 m	1.500 m	1.765 m / 681 m	JA

arbeit“ vonnöten sind. Auf den Weiden der **Hofalm** ist wieder angenehmeres Gehgelände angesagt. Der weglose Umweg über den höchsten Punkt, den **Schnalzstein**, dauert nur wenige Minuten, lohnt aber ob der grandiosen Rundumsicht. Von hier entweder in freier Interpretation über den Kamm Richtung Westen oder wieder am gleichen Weg zurück zur regulären Route, die zur **Kohlröserlhütte** führt, welche nur zu Almzeiten geöffnet ist.

Vom Waldhüttsattel auf den Göller

Ob Schnalzstein oder Hütte – alle Wege führen in den **Waldhüttsattel** hinunter, einer großen Wanderwegkreuzung. Ab hier auf einem Fahrweg durch die bewaldete Südflanke des Schwarzkogels bergauf bis zu einer Wiesenschulter, dann in steilen

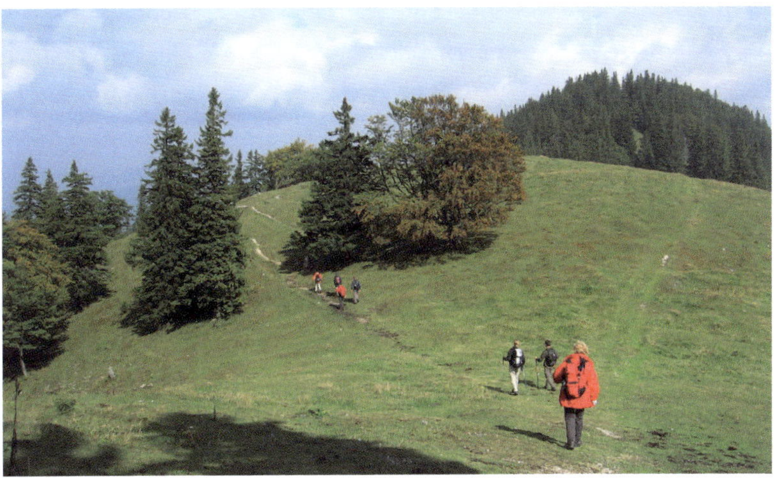

Die Göllerwiese

Kehren zur kleinen, idyllisch an den Hang geduckten **Göllerhütte** der Naturfreunde (Übernachtungsmöglichkeit). Wer hier pausiert, darf dem Gippel, Unterberg, Jochart, Reisalpe und Türnitzer Höger zuprosten. Gestärkt geht es kurz hinab durch ein Waldstück, dann über die **Göllerwiese** bergan durch dichte Latschen auf den schmalen, teilweise scharfen Gipfelgrat des **Kleinen Göller** (auch Roßkopf, teilweise Seilgeländer). Dessen höchsten Punkt umgehend setzen wir zum Endspurt über den breiten Ostrücken des **Göllers** an. Bei der Gipfelrast im Schatten eines großen Kreuzes genießen wir die prachtvolle Aussicht vom Dachstein über den Gippel bis zum Wienerwald.

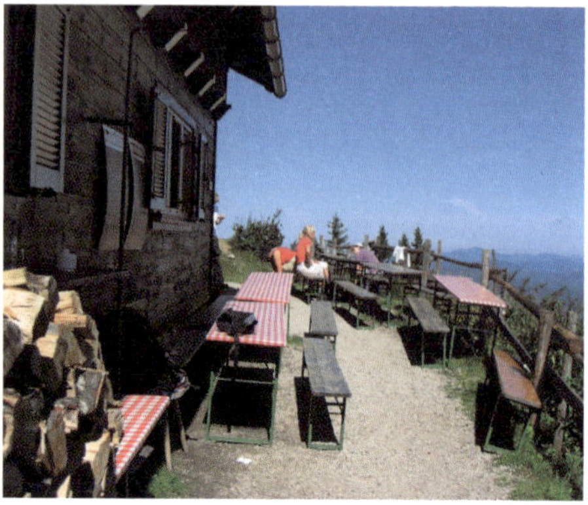

Auftanken auf der Terrasse der kleinen, urigen Göllerhütte

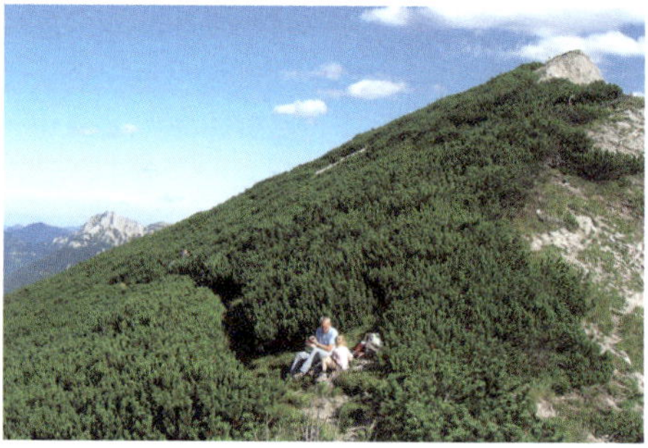

Rast am Kleinen Göller

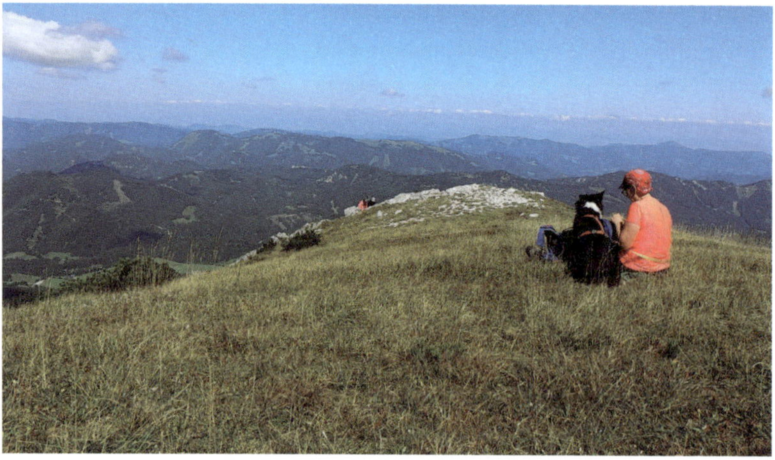

Die Seele baumeln lassen am Gipfel des Göllers

Vom Göller nach Gscheid

Abgestiegen wird über den anfangs steilen, dann flacheren Nordkamm des Göllers – zunächst durch Geröll, dann durch Latschengassen und über eine Wiese auf die Schulter des **Gsenger**. Weiter auf rot markiertem Weg über den Gsengerkamm und durch den Wald des Andre- und Feichtenbachgrabens einmal steiler, dann flacher zum Kircherl **Maria am Gscheid** hinunter (Bushaltestelle beim Gasthaus „Gschoadwirt“, wenige Gehminuten entfernt).

9 ½ Stunden / 19 km / 1.920 Hm / schwer

Eignung für Jugendliche: ab 16

CHARAKTER: *lange Tour, die Ausdauer, Trittsicherheit, alpine Erfahrung und Orientierungsfähigkeit verlangt*
STARTPUNKT: *Gehöft Zögernitzer im Weißenbachtal bei Kernhof (mit öffentlichen Verkehrsmitteln nicht zu erreichen)*
ENDPUNKT: *Maria am Gscheid (Kirche, Bushaltestelle ein paar Gehminuten entfernt beim Gasthof „Gschoadwirt“)*
ROUTE: *Zögernitzer (640 m) – Treibsteig – Gippeltörl (1.535 m, Gippelalm 15 min, 1.500 m) – Gippel (1.669 m) – Pollwischalm (1401 m) – Hofalm (Kohlröserlhütte, 1.483 m, und/oder Schnalzstein, 1.546 m) – Waldhüttsattel (1.266 m) – Göllerhütte (1.440 m) – Göller (1.766 m) – Gsenger (1.442 m) – Maria am Gscheid (963 m)*
ATTRAKTIONEN: *sehr schöne panoramareiche Passagen mit unglaublichem Weitblick, zwei der beliebtesten und markantesten Gipfel der Voralpen, vielfältige Fauna, Flora und Geologie*
EINKEHRMÖGLICHKEIT: *Gippelhütte (bewirtschaftet während der Weidezeit ca. Mitte Juni bis Mitte September, Nächtigung möglich (16-Personen-Lager), Kohlröserlhütte (Jausenstation in der sommerlichen Almsaison), Göllerhütte (www.goellerhuette.net/), Gasthof „Gschoadwirt“ (www.gschoadwirt.at)*

TIPP: *Wer dieses große Bergunternehmen in Angriff nimmt, sollte früh unterwegs und gut trainiert sein. Alternativ kann die Tour in zwei Tagesetappen geteilt und eine Übernachtung in der Göller- oder Gippelhütte eingeplant werden. Transporthilfe zwischen Start- und Endpunkt: Wander- und Rad-Shuttlebus, www.schweiger-reisen.at*

50 Tirolerkogel – Eibl

HÖHENWEG VON ALM ZU ALM

Als ein Geheimtipp gilt die Überschreitung des Tirolerkogels und des Eibls ausgehend von Annaberg bei Mariazell nach Türnitz. Zurecht, denn nirgendwo finden sich so nah beieinander sonnenhelle Hochalmen, eine reichhaltige Flora und Fauna und sogar ein kleiner, aber feiner Bestand an Ahornbäumen. Und nicht zuletzt warten am Beginn und am Ende der Tour zwei einladende Gipfelhütten.

Für die Überschreitung des Tirolerkogels empfiehlt es sich, von Annaberg aus zu starten und nicht vom tiefer gelegenen Türnitz, von wo im Aufstieg etwa 500 Höhenmeter mehr zu absolvieren wären. Zwischen Türnitz Ortsmitte und Annaberg verkehrt zudem ein Postbus, der das Unternehmen entscheidend vereinfacht.

Von Annaberg auf den Tirolerkogel

Die Wanderschuhe geschnürt im Zentrum von **Annaberg**, von wo wir am Friedhof vorbei dem Wegweiser „Waldlehrpfad" nachfolgen. Bei einer Straßenkreuzung rechts, am „Gamsjäger-Malplatz" und an einer Holzknechthütte vorbei, wo wir über uns schon unser Ziel, die freie Hochfläche des Tirolerkogels, erkennen. Wenn sich nach einer Stunde die Straße gabelt, hat man die Wahl zwischen einem längeren Forststraßen-Marsch oder einer Abkürzung durch Wald zum **Gscheid** hinauf, wo Bänke und ein Marterl zum Rasten einladen. Von hier links weiter unsteil auf einer Forststraße, bis bei einem Jagdhaus der sanft geneigte Gipfelhang des Tirolerkogels erreicht ist. Nun lenken wir unsere Schritte links hinauf, passieren eine Halterhütte und wandern über eine weite, von Kühen bewohnte Almwiese. Mit etwas Glück werden wir ringsum auch Gämsen ansichtig werden.

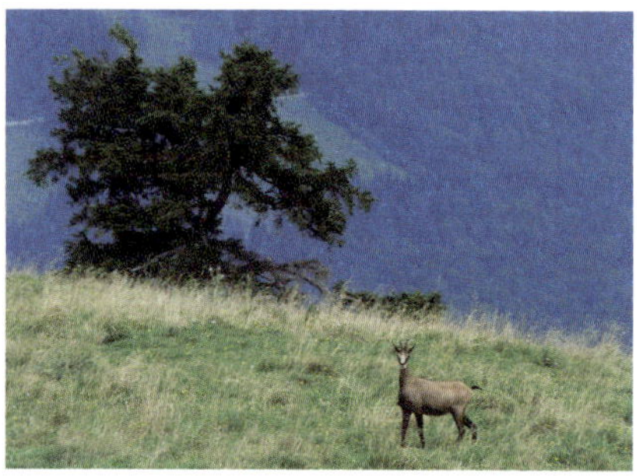

Seltene Fauna und Flora am Tirolerkogel

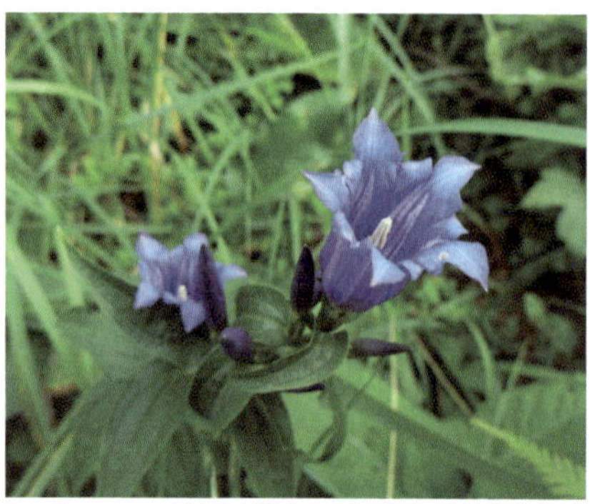

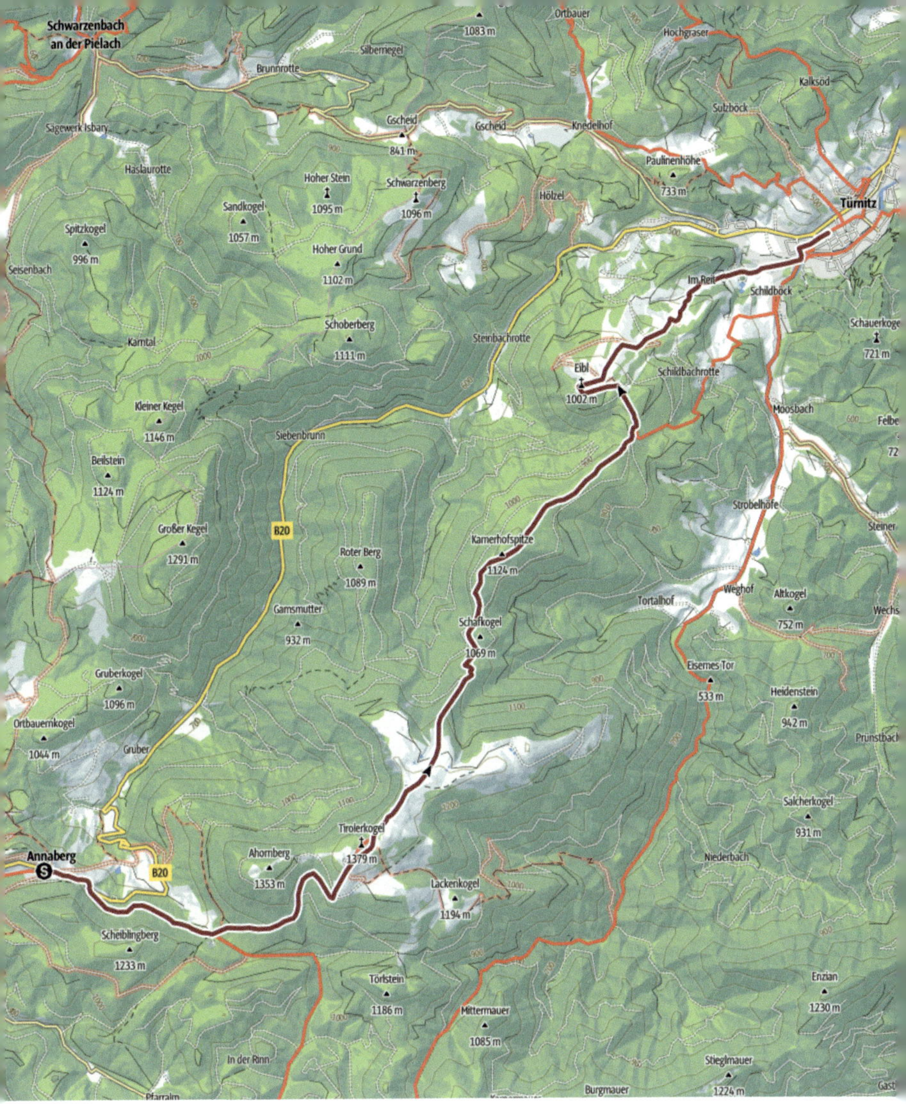

Die letzten Meter auf dem grasbewachsenen Gipfelhang geben eine Vorausschau auf die traumhafte Überschreitung des Eibls. Vom höchsten Punkt des **Tirolerkogels** und dem dort stehenden **Annaberger Haus** bietet sich dem Wanderer ein prächtiger Rundblick auf Niederösterreichs Berggranden: Ötscher, Dürrenstein, Gippel, Göller und Schneeberg. Bei klarem Wetter lässt sich auch der Hochschwab erkennen.

Es lohnt sich, den Blick auf das Nahe zu richten, denn sehenswert ist auch die üppige subalpine Flora, darunter selten gewordene Pflanzen wie Enzian, Fetthenne, Aurikel und Himmelschlüssel.

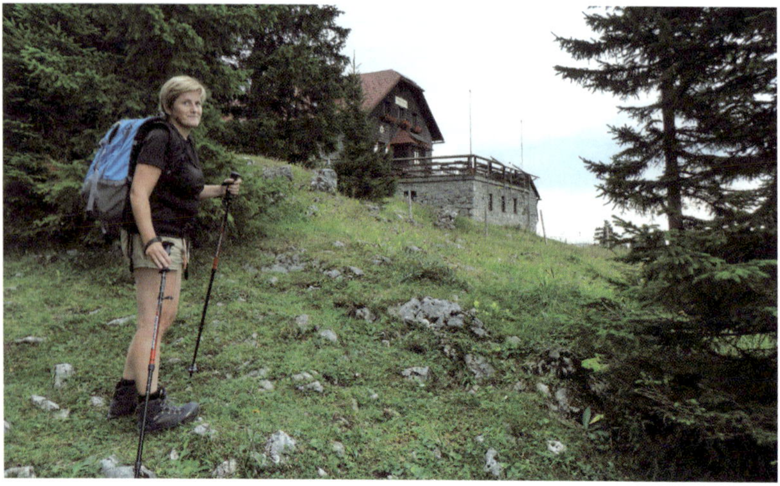

Die liebste Bergfreundin kurz vor dem Annaberger Haus

Über die Karnerhofspitze nach Türnitz

Zurück zu unserer Almpromenade: Vom Gipfel des Tirolerkogels erwartet uns „Gehgenuss pur", da wir mehrere Stunden lang über sonnige Almen und durch kleine Wälder dahinwandern, nein flanieren, und mit Herz und Seele genießen! Zuerst wandern wir auf dem almartigen Kammrücken zu den Felsabbrüchen der „Ödhofmäuer" und auf schmäler werdendem Pfad durch zuletzt steilen Fichtenwald hinunter zur Bergrettungshütte **Österleinbrunn**. Der großartige Höhenweg führt nun in leichtem Wellen teils durch Wald, teils über aussichtsreiche Lichtungen (Schneeberg und Gippel im Osten, Eisenstein im Westen) über die **Karnerhof-**

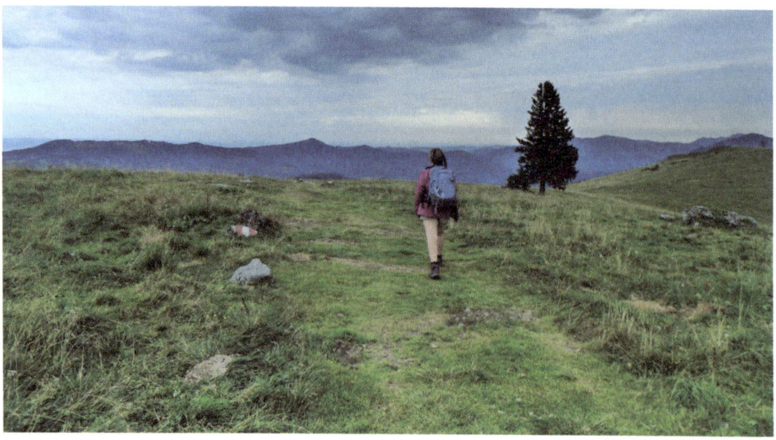

spitze. In deren Umkreis sollte man die Schrittfrequenz verlangsamen und die beachtlichen Ahornbestände bestaunen.

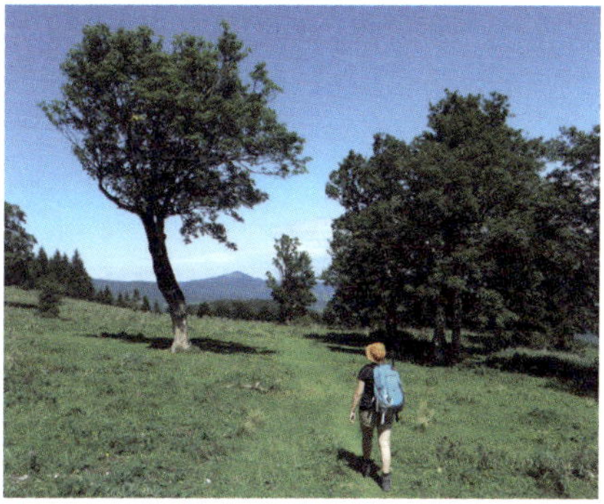

Ahornbäume am Weg über die Karnerhofspitze

Beim verfallenen ehemaligen **Eiblhaus** müssen wir uns links halten, denn der rechte Weg führt direkt hinab nach Türnitz. Wir aber wollen ja noch einer zweiten Einkehrstation unsere Aufwartung machen – der Eibl-Teichhütte. Dazu müssen wir ein Stück durch Wald bergauf, dann über eine ehemalige Skipiste nordwestwärts und vorbei an einer Hütte des St. Pöltner Polizeisportvereins zur bereits sichtbaren **Wichtelalm** neben der ehemaligen Bergstation des Eibl-Sessellifts. Umdrehen! Den schönen Tiefblick auf Türnitz hinunter und zur Klosteralpe und Reisalpe hinüber sollte man sich nicht entgehen lassen. Der bekreuzte Eibl-Gipfel befindet sich wenige Meter südwestlich; in unmittelbarer Nähe erwartet uns die sehr engagierte Wirtsfamilie Tröstl vom **Schutzhaus Eibl-Teichhütte**. Unbedingt einkehren, denn auf der Speisekarte finden sich hauptsächlich Produkte vom eigenen Bio-Bauernhof bzw.

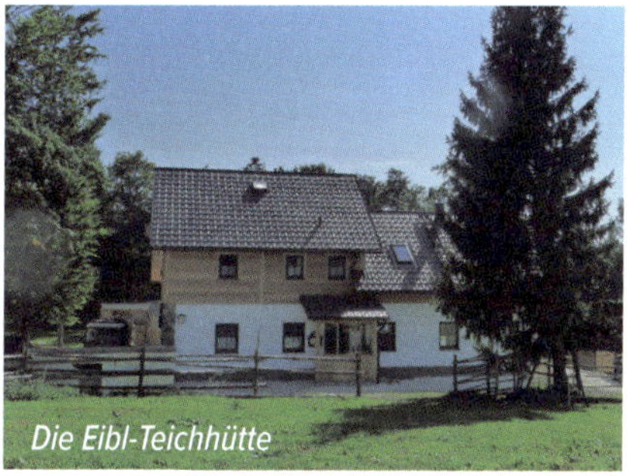

Die Eibl-Teichhütte

HÖHENPROFIL

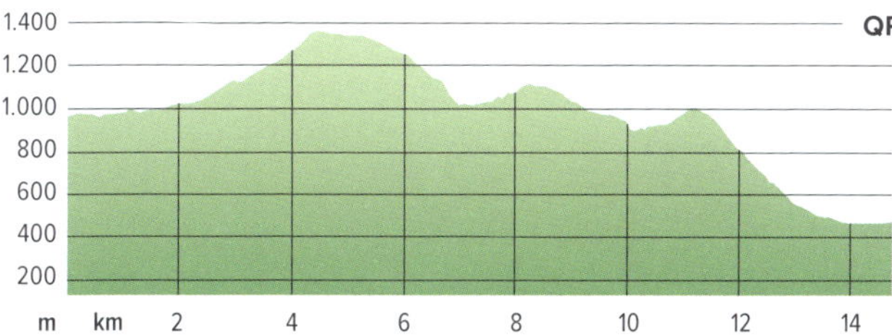

QR Link Tour 50

★★ ANSPRUCH	STRECKE	DAUER	AUFSTIEG	ABSTIEG	HÖHENLAGE	EINKEHR
MITTEL	15,0	4:30-5:00	600 m	1.100 m	1.358 m / 464 m	JA

aus der Region. So werden Apfel- und Holunderblütensaft, Most und Schnäpse der eigenen Streuobstwiesen serviert. Das Bauernbrot wird selbst gebacken, das Rindfleisch stammt von Charolais-Rindern, die die Almweiden des Eibls im Sommer pflegen, und die Mehlspeisen sind – natürlich! – selbst gemacht. Ins Tal nach Türnitz hinunter wandern wir, immer mit Blick aufs Traisental, in freier Interpretation über die Pisten bzw. die sie umkurvenden Forststraßen.

4 ½ – 5 Stunden / 15 km / 600 Hm / mittel

Eignung für Kinder: ab 13

CHARAKTER: *problemlose Familienwanderung auf gut erkennbaren, leichten Wegen*
STARTPUNKT: *Annaberg (mit öffentlichen Verkehrsmitteln zu erreichen)*
ZIELPUNKT: *Türnitz (mit öffentlichen Verkehrsmitteln zu erreichen)*
ROUTE: *Annaberg (976 m) – Waldlehrpfad – Am Gscheid – Tirolerkogel (Annaberger Haus, 1.377 m) – Österleinbrunn – Karnerhofspitze (1.124 m) – Wichtelalm (960 m) – Eibl (Schutzhaus Eibl-Teichhütte, 1.002 m) – Türnitz (466 m)*
ATTRAKTIONEN: *sehr schöne panoramareiche Passagen über mehrere Gipfel, zwei gemütliche Hütten mit ausgezeichnetem Speiseangebot, seltene subalpine Flora, Ahornbestände, Gämsen*
EINKEHRMÖGLICHKEIT: *Annaberger Haus (www.alpenverein.at/annabergerhaus/) am Tirolerkogel, Schutzhaus Eibl-Teichhütte (www.troestl.info/)*

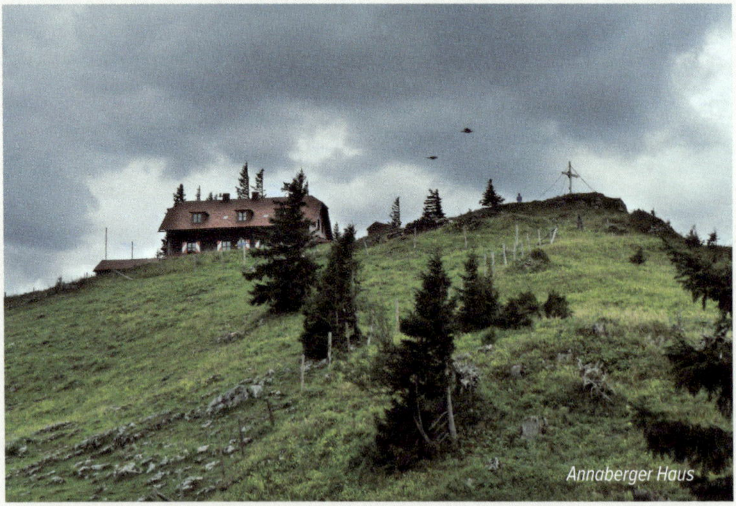

Annaberger Haus

51 Türnitzer Höger

D'BERG UND A URIGE HÜTT'N

Der Türnitzer Höger zählt zu den versteckten Schätzen der niederösterreichischen Berge. Hier kommen Wanderer auf ihre Rechnung, die das Naturerlebnis und die Ruhe mehr schätzen als den Trubel und ausgetretene Trampelpfade. Am stillen Gipfel erwartet sie eine ganz besondere „Hütt'n" ...

Man merkt es überall, den Traisentalern bedeutet ihre Landschaft mehr als „Hoamat", für sie ist sie „d'ganze Welt". Und mittendrin liegt der Türnitzer Höger. „D'Berg", dessen Flanken sich mächtig über das Tal erheben und dessen Kämme sich lang hinunterziehen zu den Ortschaften im „Grabn". Die im Quellgebiet der Traisen gelegene Erhebung ist in Wahrheit so weitläufig, dass es einer ordentli-

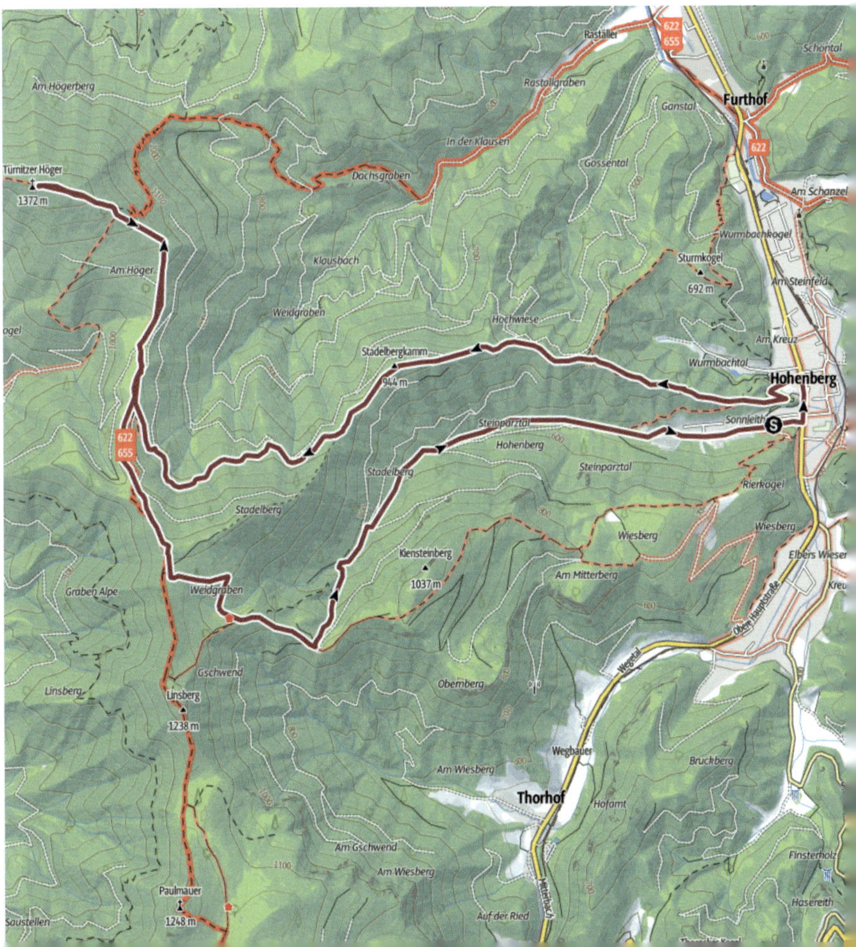

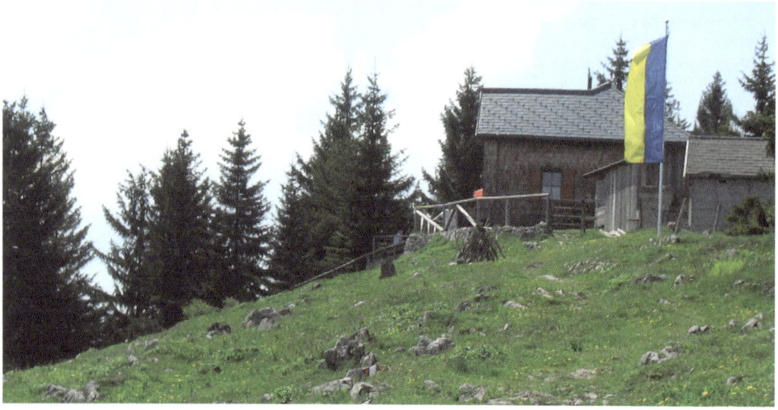

Die überaus gastfreundliche Türnitzer Hütte wird von Bergfreunden ehrenamtlich betreut.

chen Portion Kondition bedarf, um seinen Gipfel – und die dort gelegene Türnitzer Hütte – zu erreichen. Unter drei Stunden Aufstiegszeit spielt sich hier gar nichts ab!

Aufstieg über den Stadelbergkamm

Eine verhältnismäßig „kurze" Variante hat in **Hohenberg** ihren Ausgangspunkt. Von der Kirche marschieren wir gleich rechts den **Pfarrer-Richard-Desch-Weg** nach in Richtung „Türnitzer Hütte". Vorbei an der Hubertus-Kapelle bis zur Abzweigung ins Steinparztal. Wir bleiben geradeaus und wandern nun sehr genussreich über den bewaldeten **Stadelbergkamm**. Fast unbemerkt gewinnt man an Höhe.

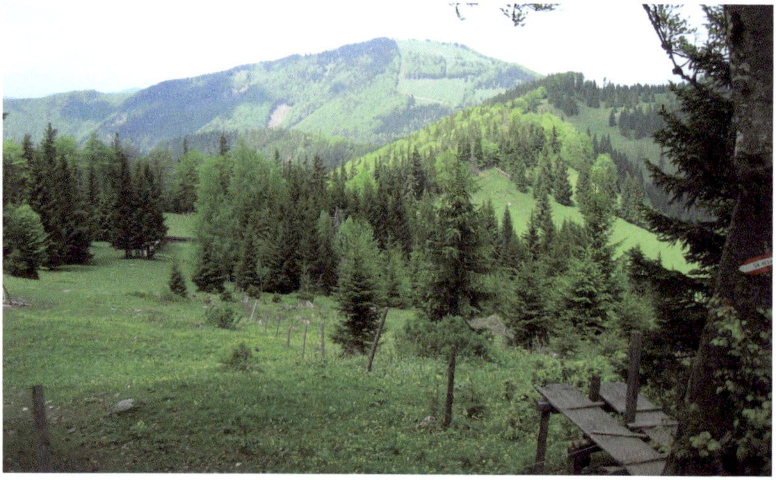

HÖHENPROFIL

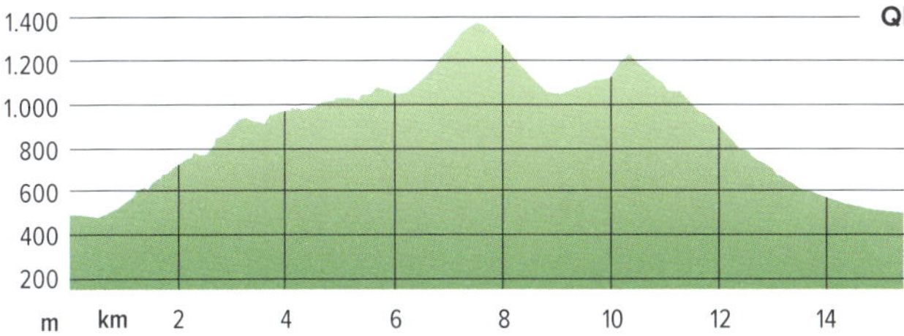

QR Link Tour 51

★★ ANSPRUCH	STRECKE	DAUER	AUFSTIEG	ABSTIEG	HÖHENLAGE	EINKEHR
MITTEL	15,0	5:30-6:00	1.200 m	1.200 m	1.368 m / 482 m	JA

Sobald nach etwa 1 ½ Stunden eine Forststraße erreicht ist, rückt auch schon das Tagesziel, der Höger und seine Hütte, in den Blickpunkt. Ein Stück die Forststraße entlang, dann nach einer Rechtsschleife links hinauf in den Wald und durch einen Jungwald zum **Türnitzer Sattel**. Bei der Abzweigung „Gschwendt" (unser Abstiegsziel) geht es nach Norden und etwas bergab über freie Almflächen. Kurz folgen wir einer Straße – die allerdings nicht zur Hütte führt! – bis zur ersten Linkskurve. Gleich danach biegen wir rechts auf einen Waldsteig, der sich in Serpentinen bis zu einer Wegkreuzung (Furthof, Traisenbachrotte) hinaufwindet. Dort geradeaus und über den baumfreien Kamm zum Gipfel des **Türnitzer Högers** samt **Hütt'n** und Gipfelkreuz. Die AV-Einkehr wurde 1895 als eine der ersten Berghütten Niederösterreichs errichtet und 2001 nach ökologischen Standards renoviert. Bis heute ist sie ein wahres Schmuckkastl, das von Mitgliedern der St. Pöltner Ortsgruppe an den Wochenenden und Feiertagen vom Frühjahr bis in den Herbst ehrenamtlich (!) und überaus gastfreundlich bewirtschaftet wird. Die Wirtsleute sehen ihre Hütte als Liebhaber-Projekt, was man auch spürt: alles mit Leidenschaft gepflegt und hergerichtet – und bist du angekommen, setzt sich schon der „diensthabende" Wirt bzw. die Wirtin an deinen Tisch und erzählt dir aus dem reichhaltigen Fundus der Hüttengeschichte. Bewundernswert erscheint die Tatsache, dass die Laien-Wirtsleut die Zutaten selbst hinauftragen, zumal

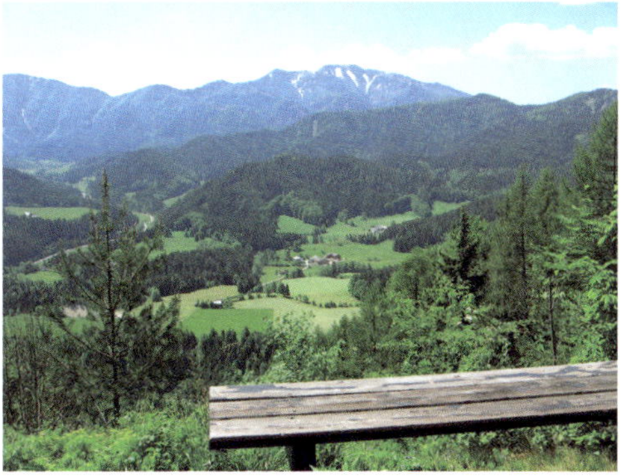

zur Schutzhütte kein Fahrweg führt – auch das ist einzigartig in Niederösterreich! Umso besser munden das „Kaffeetscherl", der Most und das „Schnapserle" nach einem Speckbrot oder einer würzigen Gulaschsuppe. Das Bergsteigermenü vervollständigt ein traumhafter Ausblick zu Schneeberg und Rax, Hochschwab, Gippel und Göller; ja auch einige Erhebungen des Toten Gebirges und des Gesäuses lassen sich erkennen.

Abstieg über die Gschwendthütte

Retour wandern wir über den **Türnitzer Sattel** zur Abzweigung „Gschwendthütte". Von dort auf dem markierten Weg in südlicher Richtung bis fast auf den höchsten Punkt des **Stadelbergs**. Nun über den lieblichen Waldkamm zwischen Paulmauer und Stadelberg etwas bergauf und über die freien Flächen der **Grabenalpe** zur **Hohenberger Gschwendthütte**. Auch diese ganzjährig an Wochenenden und Feiertagen geöffnete Bergunterkunft wartet mit familiärer Atmosphäre und vielfältiger Speisekarte auf.

Weiter zu einem Parkplatz. Hier heißt es aufpassen: Weg 1 führt etwas mühevoller über den Kiensteinberg, Weg 2 durch das **Steinparztal** nach Hohenberg. Weil wir schon genug Höhenmeter in den Beinen haben, halten wir uns nordöstlich und schließen uns am **Zimmerlweg** dem Steinparztalbach an. Ihm folgen wir ins **Steinparztal**, wo wir durch waldeinsames, liebliches Gelände an einem Marterl und der **Bilinski-Quelle** vorbei bis zu einer Forststraße gelangen. Auf dieser marschieren wir nach Hohenberg zurück.

5 ½ – 6 Stunden / 15 km / 1.200 Hm / mittel

Eignung für Kinder: ab 14

CHARAKTER: *Diese mittelschwere Familientour verlangt ein wenig Kondition für den Aufstieg. Sonst ist mit keinen Schwierigkeiten zu rechnen*

START UND ZIELPUNKT: *Hohenberg (mit öffentlichen Verkehrsmitteln zu erreichen)*

ROUTE: *Hohenberg (Kirche, 480 m) – Stadelbergkamm (944 m) – Türnitzer Sattel (1.044 m) – Türnitzer Höger (Türnitzer Hütte, 1.372 m) – Türnitzer Sattel (1.044 m) – Stadelberg (1.226 m) – Gschwendthütte (1.072 m) – Steinparztal – Hohenberg*

ATTRAKTIONEN: *stille Wege und urige Hütten, schöne Mischwälder und eine große Vielfalt an Alpenblumen*

EINKEHRMÖGLICHKEIT: *Türnitzer Hütte (www.alpenverein.at/tuernitzerhuette/), Hohenberger Gschwendthütte (https://hohenbergergschwendt.naturfreunde.at)*

52 Hohenstein

EIN PARADIES FÜR NASCHKATZEN

Der Hohenstein bei Lilienfeld gleicht von Westen her gesehen tatsächlich einem unnahbaren „Hohen Stein“, dem schwer beizukommen ist. Dabei führt eine für Wanderer ideale Linie auf seinen Gipfel. Mit dem sonnenüberfluteten Almplateau des „Himmels“, der Hütte am Gipfel und jeder Menge Naschereien am Weg weist er alle Vorzüge eines traumhaften Wanderbergs auf.

Aufstieg zum Otto-Kandler-Haus

Wir steigen am **Bahnhof Schrambach** kurz nach Lilienfeld aus dem Zug aus. Über die Alte Poststraße erreichen wir die Schrambacher Straße. Auf dieser links und bis zu einer Brücke über die Traisen. Eine Straße führt uns schließlich ins **Zögersbachtal**, ein feucht-frisches Refugium für heiße Sommertage, wo nichts anderes zu vernehmen ist als der uns begleitende, vor sich hin gurgelnde Zögersbach. Nach der kleinen, lieblich gelegenen Kirche von **Niederhof** durchqueren wir die Siedlung **Zögersbach**. Nach **Oberhof** geht der Asphalt in Kies über. Wer die Tour im Sommer ansetzt, durchwandert im **Engleitengraben** einen riesigen natürlichen Selbstbedienungsladen, wo es Vitaminreiches zum Nulltarif und in feinster Bio-Qualität gibt: Dirndln (Kornelkirschen), Brom- und Himbeeren – man kommt vor Naschen kaum

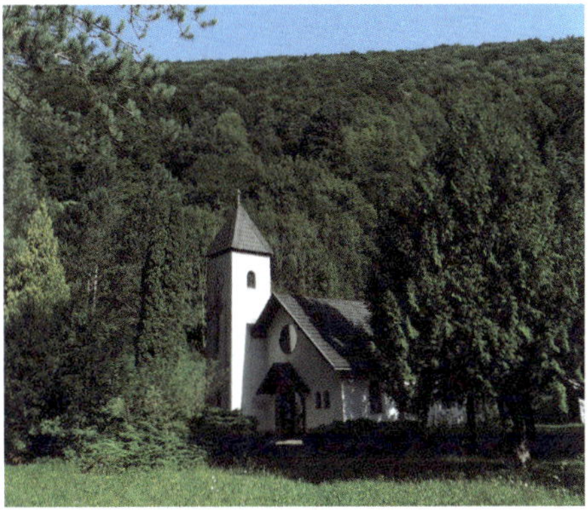

Die lieblich gelegene Kirche von Niederhof

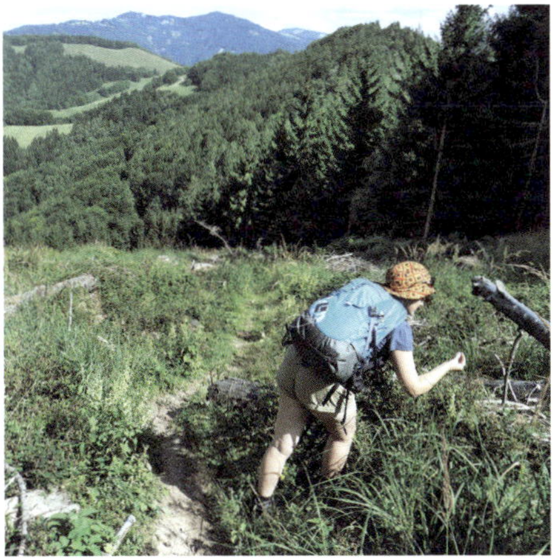

Naschkatzen finden am Weg reichlich Futter

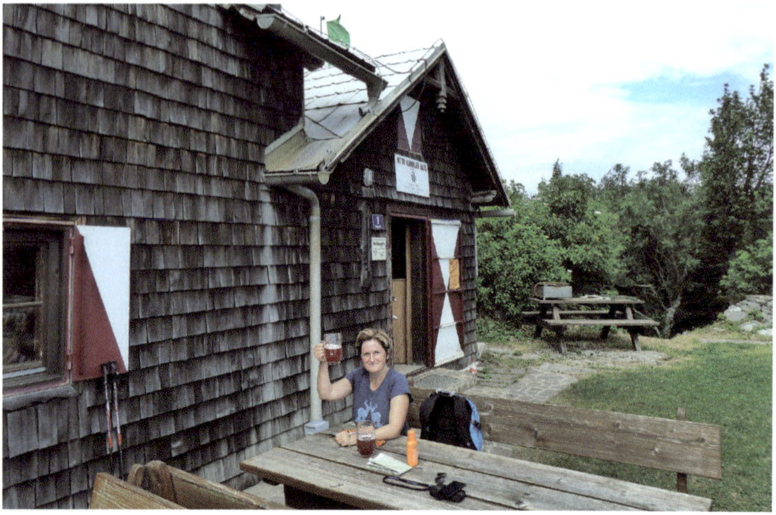

weiter. Lange folgen wir dem Engleitenbach, bis wir ihn im Talschluss auf dem **Prinz-Leo-Steg** überqueren – und verlassen. Bald darauf wird es steiler und waldiger. Am **Norbert-Mader-Weg** steigen wir in weiten, schön angelegten Kehren bergauf, durchqueren immer wieder helle Lichtungen, ducken uns unter Felswände hindurch und wandern stellenweise durch eine wild anmutende Landschaft.

Am **Engleitensattel** gelangen wir zu einer Wegkreuzung, wo wir auf den Voralpenweg 04 treffen. Weiter durch schattigen Wald, dann etwas steiniger und offener durch einen reichhaltigen Brombeer-Schlag, wo man bei aller Nascherei nicht vergessen sollte, sich umzudrehen, um den Traumblick über das Traisen- und Pielachtal nicht zu versäumen.

Nach 4 ½ Stunden erreichen wir das **Otto-Kandler-Haus** am **Gipfel des Hohensteins**. Die „Nascherei" geht weiter: Wohlverdientes Nachtanken mit Dirndlsaft, Kaffee und jeder Menge Geschichten, brühwarm vom Wirt erzählt, auf der sonnigen, panoramareichen Himmels-Terrasse. Ehrenamtliche Hüttenwarte führen hier mit Herz und guter Laune das Haus und roden die Wege, die Jahr für Jahr aufs Neue zuwachsen. Immer frei bleibt der Blick vom Gipfelkreuz hinter der Hütte auf Reisalpe, Klosteralpe, Schneeberg, Rax, Göller, Veitsch, Hochschwab, Ötscher, an klaren Tagen sogar Dachstein und Totes Gebirge.

Rückkehr über die Himmel-Alm

Gut aufgetankt steigen wir zum **Engleitensattel** ab und wenden uns Richtung Südosten zur Himmelalm. Kurz folgen wir der Forststraße, bis ein schmaler Pfad in einen lichten Wald abzweigt, der schön angelegt und fast eben verlaufend be-

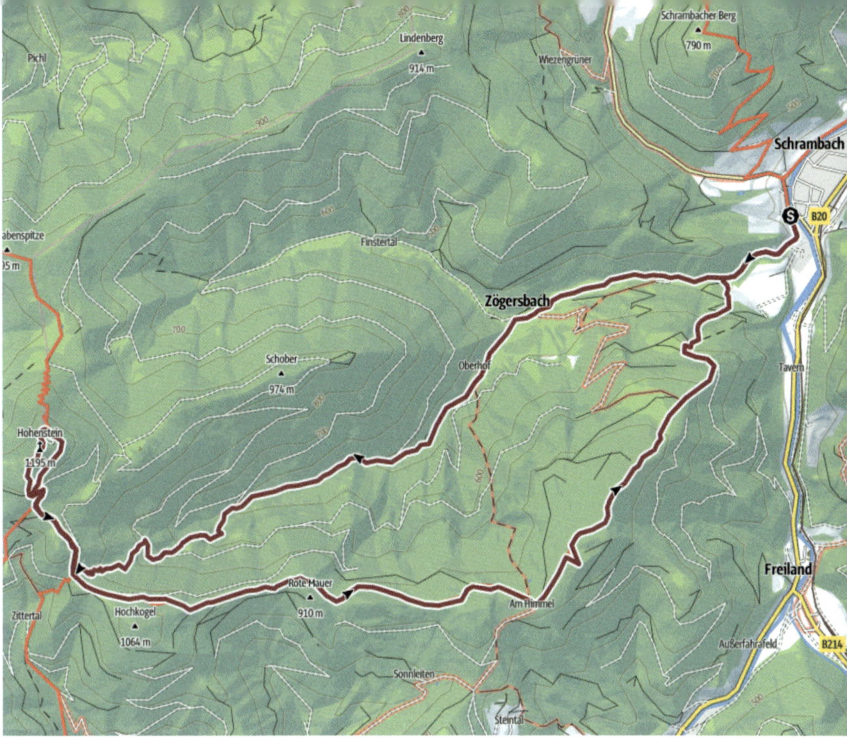

schaulich den Bergrücken des **Hochkogels** entlangführt. Brombeeren-Alarm! Wieder stecken wir unweigerlich fest. Nach einer Stunde treten wir aus dem Wald auf die **Himmelalm**: Nomen est omen, gelangt man hier aus der Schummrigkeit des Waldes auf ein großes, sonnenüberflutetes Almplateau samt uriger **Almwirtschaft**, die über den Sommer Speis und Trank anbietet. Verhungern wird man am Hohenstein nicht!

Weiter wandern wir über Almwiesen an einzelnen Birnbäumen vorbei und genießen den Traumblick ins Traisental und auf den Tirolerkogel gegenüber. Hier breitet

HÖHENPROFIL

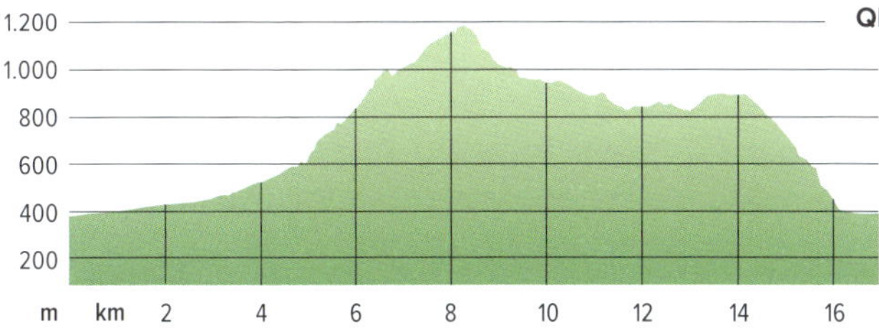

QR Link Tour 52

★★ ANSPRUCH	STRECKE	DAUER	AUFSTIEG	ABSTIEG	HÖHENLAGE	EINKEHR
MITTEL	18,0	6:00	1.100 m	1.100 m	1.189 m / 387 m	JA

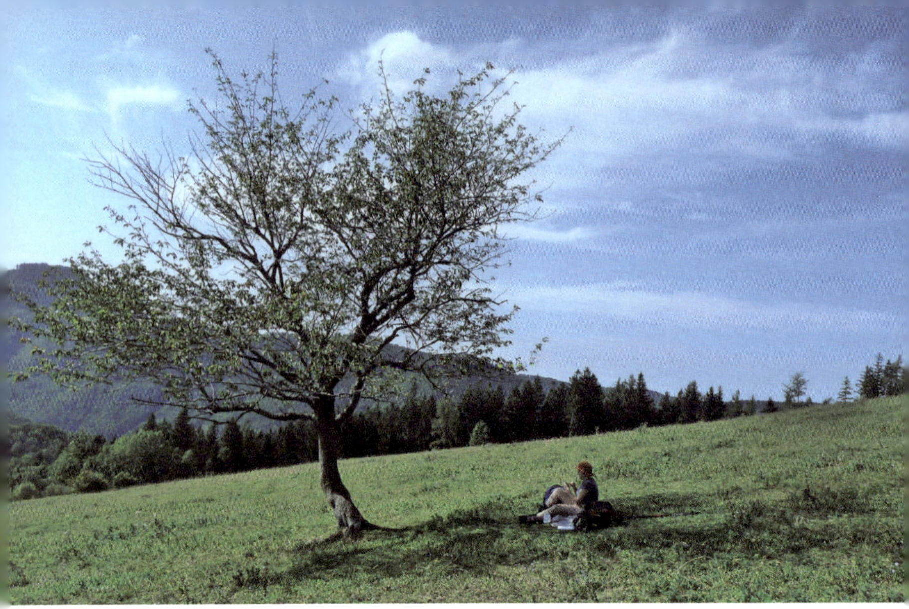

Rast im Schatten eines Birnbaums

sich alles vor uns aus, was den Hohenstein und seine Umgebung so unvergesslich macht: eine reizvolle Landschaft, liebevoll angelegte Wege – und Stille. Der nun folgende **Ratzenecksteig** (Weg 655) leitet in Serpentinen ins **Zögersbachtal**, von wo wir schnell nach **Schrambach** zurückkehren.

6 Stunden / 18 km / 1100 Hm / mittel

Eignung für Jugendliche: ab 15

CHARAKTER: *lange Tour auf guten Wegen, nur der stellenweise steile Ratzenecksteig ist nach Regenfällen und bei Schneelage rutschig – also mit Bedacht zu begehen*

START- UND ZIELPUNKT: *Bahnhof Schrambach (mit öffentlichen Verkehrsmitteln zu erreichen)*

ROUTE: *Schrambach (388 m) – Zögersbachtal – Niederhof (433 m) – Oberhof – Engleitengraben – Norbert-Mader-Weg – Engleitensattel – Hohenstein (Otto-Kandler-Haus, 1.195 m) – Engleitensattel (966 m) – Himmelalm – (Almhaus, 820 m) – Ratzenecksteig – Zögersbachtal – Schrambach*

ATTRAKTIONEN: *Traumausblicke, liebevoll gepflegte Wege, die Hütten am Gipfel und auf der Himmelalm, viele Beeren am Weg*

EINKEHRMÖGLICHKEIT: *Otto-Kandler-Haus (www.alpenverein.at/ottokandlerhaus), Almhaus am Himmel (www.himmelalm.at)*

53 Michelbacher Sternwarteweg

FREIE SICHT BIS ZUR MILCHSTRASSE

„Das ganze ist ja ein ungeheurer Garten“, schwärmt der Dichter Hugo von Hofmannsthal über den Wiesenwienerwald, die sanft geschwungene Region zwischen Wien und dem Mostviertel. Der Michelbacher Sternwarteweg führt über den Höhenrücken des Michelbach-Talschlusses und eröffnet dabei Aussichten in alle Himmelsrichtungen – und sogar bis in die Weiten des Alls …

Viele Generationen an Waldbauern erschufen im Wiesenwienerwald eine harmonische, der Natur angepasste, liebliche Kulturlandschaft. Einzelgehöfte mit Streuobstwiesen, kleine Dörfer sowie durch Baumgruppen und Hecken gegliederte Weiden, Felder und Wiesen prägen diese anmutige Landschaft am Eingang des Mostviertels.

Im Folgenden sei die längere Variante des Michelbacher Sternwarteweges (2) vorgestellt, die ihren Ausgang im Ortszentrum von Michelbach nimmt. Hier gedeiht übrigens auch der derzeit größte bekannte Kornelkirschenbaum, die Sigrid-Dirndl. Mit einer Höhe von 8 Metern, einem Kronendurchmesser von 11 Metern und einem Stammumfang von 2,8 Metern beschattet sie fast 100 Quadratmeter. Die sog. „Dirndln“, die leuchtend roten Kornelkirschen, gehören neben der Elsbeere, der „Königin der Wildfrüchte“, zu den charakteristischen Spezialitäten der Region.

Über den Alpenblick zur Kukubauerhütte

Unsere Wanderung führt zunächst zur Südhang-Siedlung und über eine Wiese bis zum dekorativ auf einer Wiesenkuppe gelegenen **Hinterleitner-Kapellchen** – eines von vielen, die wir heute passieren werden. Schon bei diesen ersten Schritten wird klar, dass wir eine durch und durch liebliche Gegend erwandern, wo allein der Weg das Ziel ist. Gelb-blau markiert geht es entlang einer Baumgruppe zum **Gehöft Kaiblinger** und zu einer weiteren Kapelle, danach durch ein Waldstück und über einen hübschen Wiesenkamm. Von einer Anhöhe rücken St. Pölten und der Ötscher ins Blickfeld. Bei einer

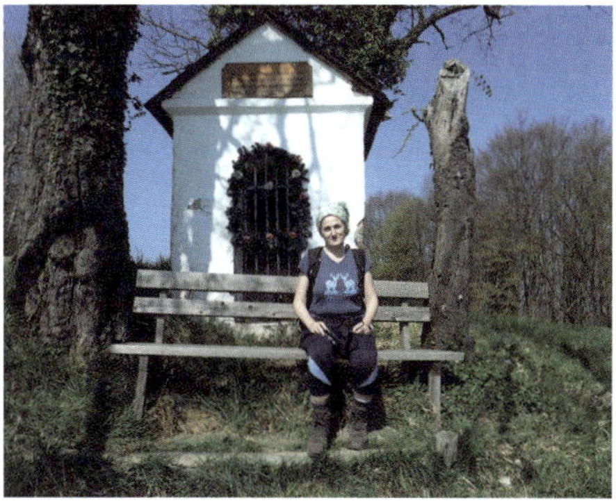

Rast beim Hinterleitner-Kapellchen

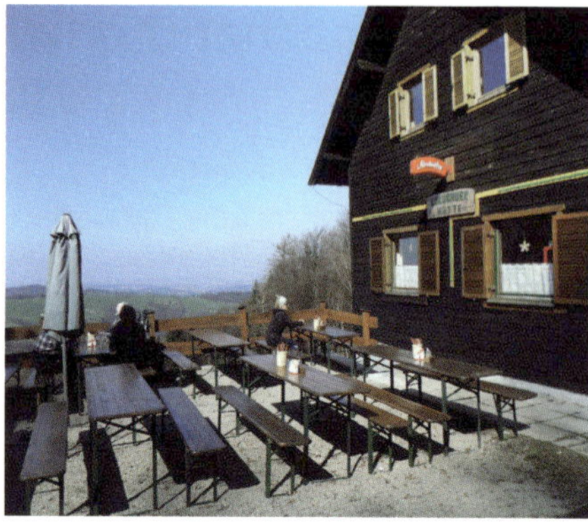

Die Kukubauerhütte bietet neben guter Kost auch eine fulminante Aussicht.

Wegkreuzung lenken wir unsere Schritte dem Schild „Kukubauerhütte" nach links folgend durch ein Hainbuchenwäldchen. Weiter über eine Weide zum **Gaishofsattel** hinunter, auf der anderen Seite zum Unterhacker-, dann zum Oberhackerbauer und schließlich über einen verträumten Wiesenweg bis zum sog. **Windkreuz**, einem uralten Grenzpunkt. Durch Fichten- und Föhrenwald weiter zum **„Föhrenbigl-Alpenblick"** und zur **Kukubauerhütte**, die nebst guter Kost eine fulminante Aussicht bis Göttweig und das Waldviertler Massiv bietet. Eine nicht minder beeindruckende Fernsicht auf die andere Seite hält die kleine Himmelsloge beim sog. **Heimkehrerkreuz** bereit – mit 782 m die höchste Erhebung Michelbachs. Hier reicht die Sicht bis zu den Kalkalpen, den Ötscher und zum Schneeberg.

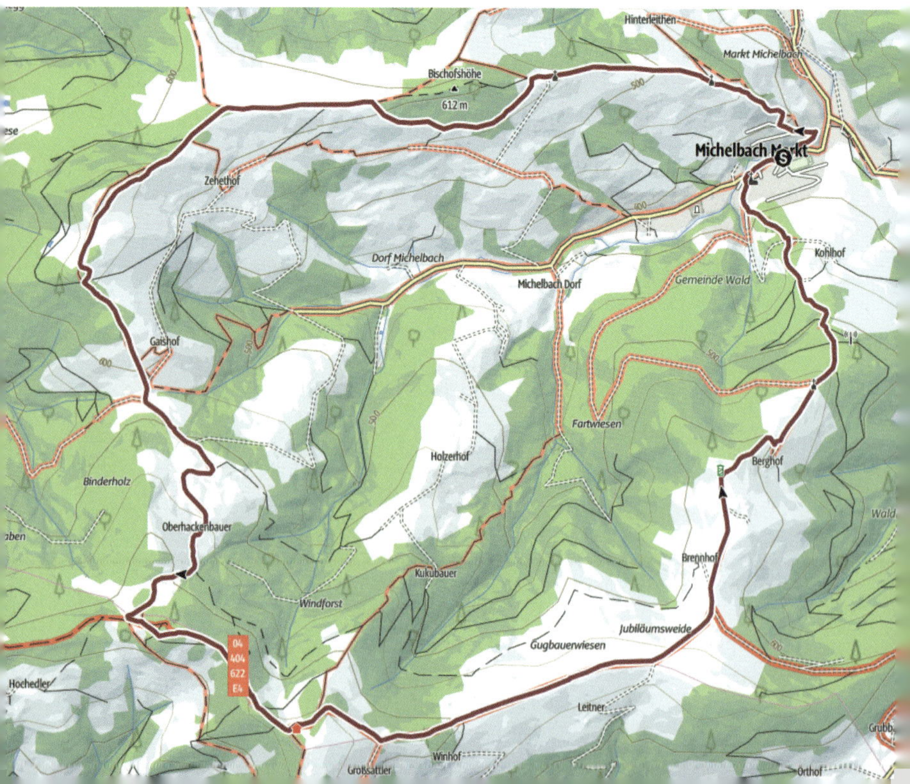

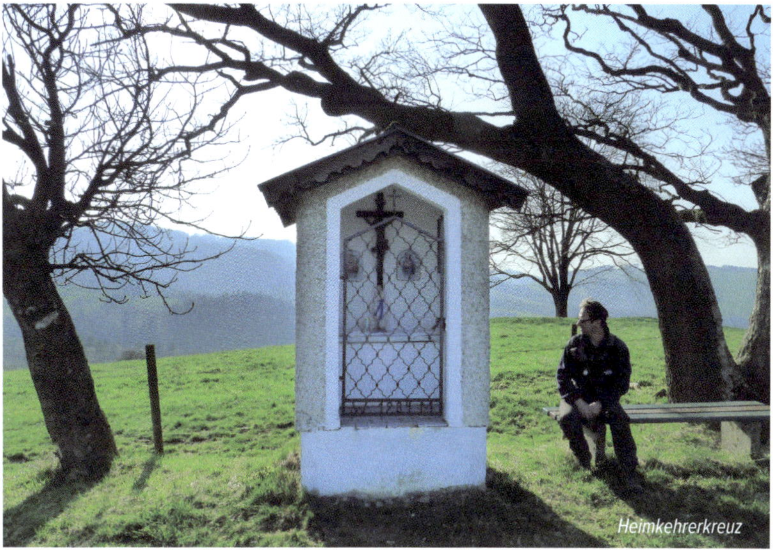

Heimkehrerkreuz

Blick in ferne Galaxien

Wir marschieren weiter auf rot markiertem Waldpfad bis zu einem Höhenrücken und über die weite Jubiläumsweide und einem Windrad vorbei zur „NÖ Volkssternwarte", die vom Verein „Antares NÖ Amateurastronomen" gebaut und öffentlich zugänglich gemacht wurde. Mittels modernster Technik können Besucher von einer kleinen Kuppel aus einen tiefen Blick auf den Mond, die Milchstraße und in ferne Galaxien werfen.

Der Endspurt unserer Tour verläuft abwechselnd durch Wald und Wiesen bis zum Berghof samt Kapelle, dann an der **Tarnhofkapelle** vorbei durch alte Hohlwege zum Anwesen Griessler und durch den **Pfarrwald** zu den ersten Häusern von **Michelbach**. Bei der Pfarrkirche, einer alten Wehrkirche, gelangen wir ins Zentrum der Stadt.

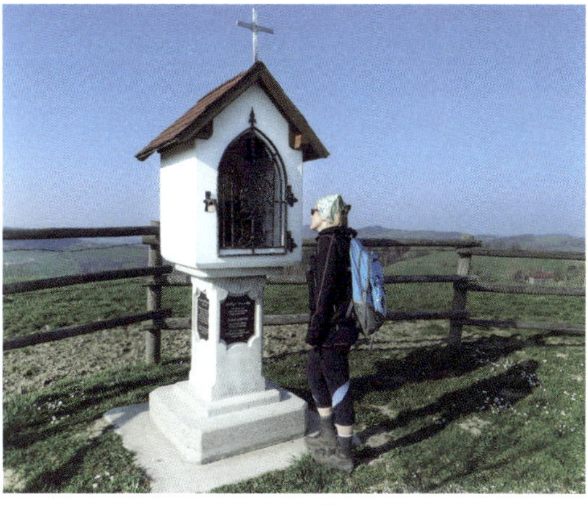

Viele Flurdenkmäler säumen den Weg.

HÖHENPROFIL

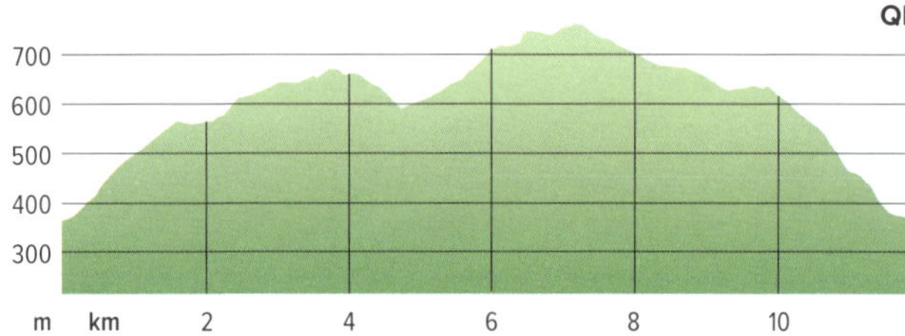

QR Link Tour 53

★★ ANSPRUCH	STRECKE	DAUER	AUFSTIEG	ABSTIEG	HÖHENLAGE	EINKEHR
MITTEL	12,5	5:00	540 m	540 m	762 m / 365 m	JA

5 Stunden / 12 ½ km / 540 Hm / mittel

Eignung für Kinder: ab 12

CHARAKTER: *ausgedehnte Wanderung ohne Schwierigkeiten*
START UND ZIELPUNKT: *Michelbach (mit öffentl. Verkehrsmitteln erreichbar)*
ROUTE: *Michelbach (370 m) – Hinterleitner-Kapelle – Gaishofsattel – Windkreuz – Kukubauerhütte (Heimkehrerkreuz, 782 m) – Jubiläumsweide – Volkssternwarte – Tarnhofkapelle – Michelbach*
ATTRAKTIONEN: *viele liebliche Plätze mit toller Aussicht, zahlreiche Flurdenkmäler, Kukubauerhütte, Volkssternwarte (www.noe-sternwarte.at)*
EINKEHRMÖGLICHKEITEN: *Kukubauerhütte*
HILFREICHE LINKS: *www.elsbeerreich.at*

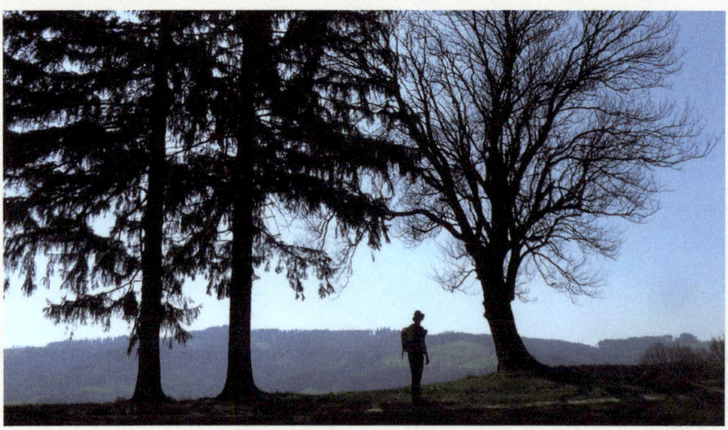

54 Sagensteinweg: Rudolfshöhe

EINE SAGENHAFT SCHÖNE HÖHENWANDERUNG

Über dem Kreisbachtal zwischen der Rudolfs- und Katzelhofer Höhe haben Sagen und Märchen das Wort, aber auch die sagenhaft schöne Landschaft am Eingang ins Mostviertel. Kaum an Höhe verlierend, wandert man stundenlang über weitgehend baumfreie Kämme. Darüber hinaus kommt man bei einer beliebten Labstation vorbei: der Ochsenburger Hütte.

Von der Rudolfshöhe …

Direkt vom **Kreisbacher Bahnhof** weisen Pfeile und Markierungen deutlich zur Ochsenburger Hütte auf der Rudolfshöhe, dem Hausberg von Wilhelmsburg. Wir biegen in die **Dingelbergstraße** ein und müssen uns dann entscheiden zwischen dem Weg 622 bzw. Voralpenweg 04 geradeaus weiter und dem „Galgenweg", auf den wir nach wenigen Minuten nach links abbiegen müssten. Wir entscheiden uns für letzteren, da es hier ein Unikum zu erleben gibt. Bald tauchen wir in Wald ein, vollziehen eine scharfe Rechtskurve und stehen kurz danach bei den gruseligen „**Drei Galgen**", einer etwa um 1800 erbauten Hinrichtungsstätte.

Sobald wir die freien Wiesen der **Rudolfshöhe** betreten, finden wir eine idyllische Szenerie vor: die sog. **Vierbrüderbuche** und die erste von vielen „Sagensteinen", die spannende Geschichten aus dem Mythen- und Sagenreichtum der Region wie-

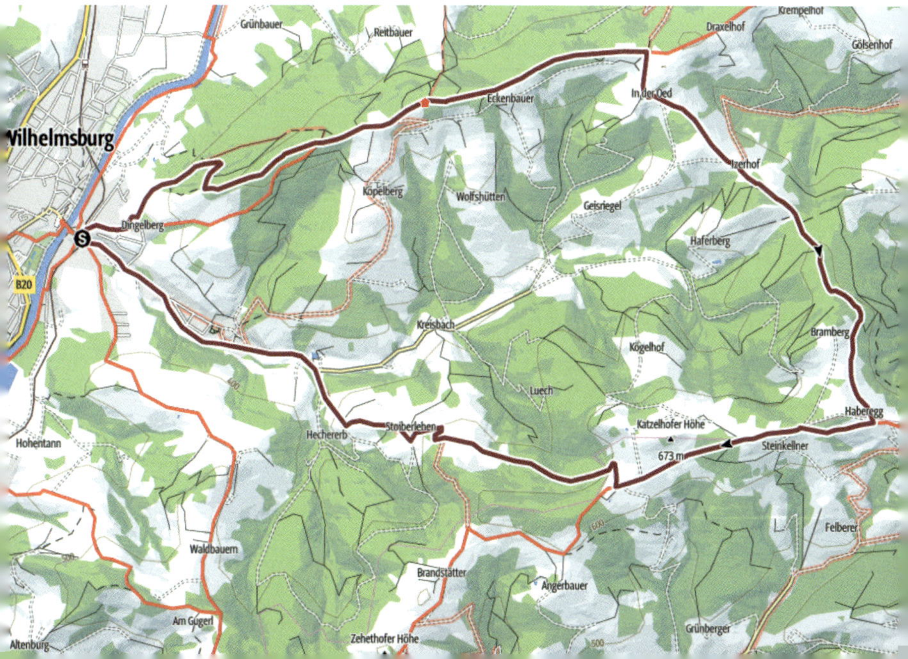

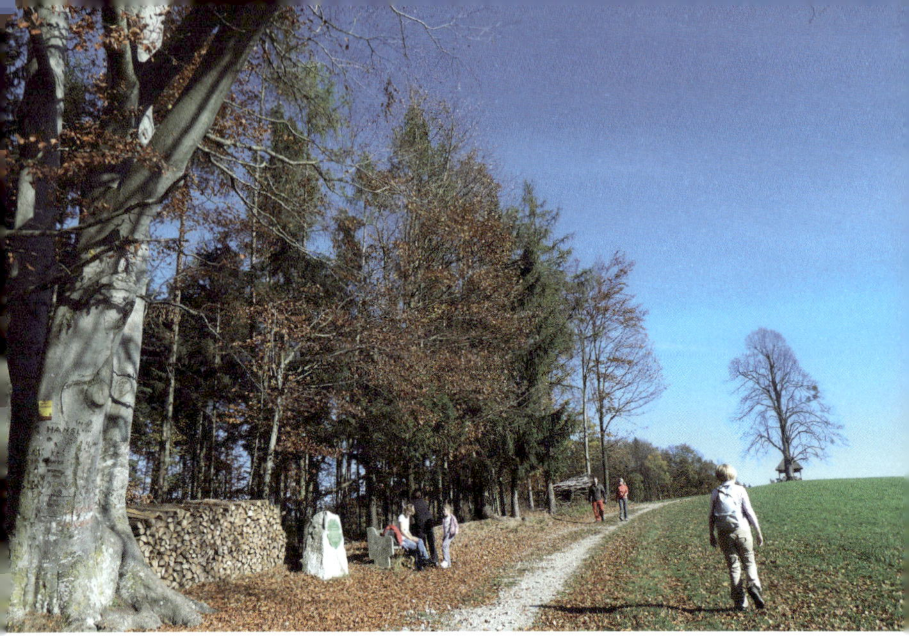

Das Naturdenkmal der vierstämmigen Buche

dergeben. Man glaubt es kaum, wie viele Feuermandln und Kobolde hierorts ihr Unwesen getrieben haben, und wie oft der Teufel seine Hand im Spiel gehabt hat. Nach dem **Naturdenkmal der vierstämmigen Buche** folgt ein märchenhaft schöner Logenplatz: ein Salettl (Pavillon) mit umfassendem Blick vom Wald- übers Weinviertel bis hin zu Ötscher und Schneeberg. Ja, diese malerische „Beletage" über dem Mostviertler Gölsen- und Traisental gefällt uns.

Weiter über Wiesen, die vor allem im Frühling mit einem gelb-violetten Flor aus Löwenzahn und blühenden Obstbäumen bedeckt sind. Je höher wir kommen, desto freier wird der Blick, desto welliger, weiter und weicher die Landschaft. Über allem: Ruhe und Harmonie. Das Wechselspiel zwischen Wald und Wiese, Hügeln und Tälern, kleinen Kostbarkeiten und großem Panorama gefällt, man verliebt sich schnell in die anmutige Gegend.

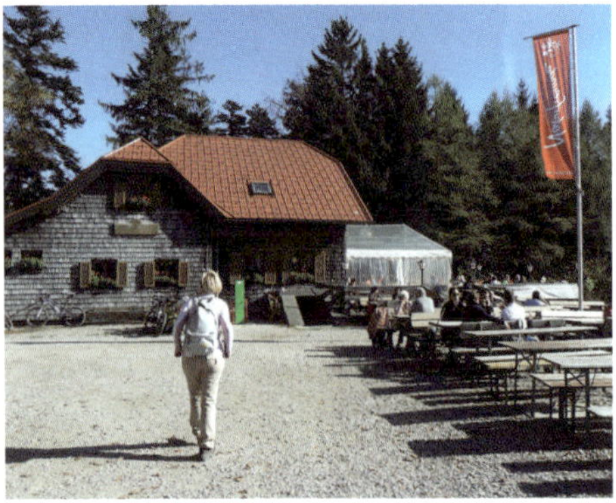

Schon nach weniger als einer Stunde Gehzeit erreichen wir die **Ochsenburger Hütte**, ein gemütliches, liebevoll eingerichtetes Refugium für das bunte Mischvolk, das sich hier einfindet: Radfahrer, Wanderer,

Die gemütliche Ochsenburger Hütte

HÖHENPROFIL

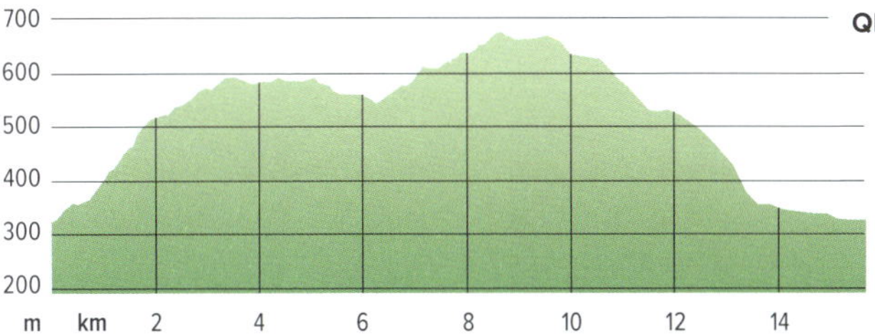

QR Link Tour 54

★★ ANSPRUCH	STRECKE	DAUER	AUFSTIEG	ABSTIEG	HÖHENLAGE	EINKEHR
MITTEL	16,0	5:00	500 m	500 m	674 m / 322 m	JA

Familien mit Kleinkindern – alles, was Beine und Räder hat, strebt dieser Labstation zu.

… auf die Katzelhofer Höhe

Gesättigt verlassen wir die Hütte wieder und schlendern weiter über flache und helle Wiesenplateaus. Die nächste Sage, die von der „Bekehrung des Jägers", wartet bei einer kleinen Kapelle. Von dieser Geschichte wie von allen weiteren soll hier nichts verraten werden – am besten selbst lesen und staunen –, auch darin besteht ein Reiz dieser Wanderung. Bei einer Wegkreuzung lenken wir die Schrit-

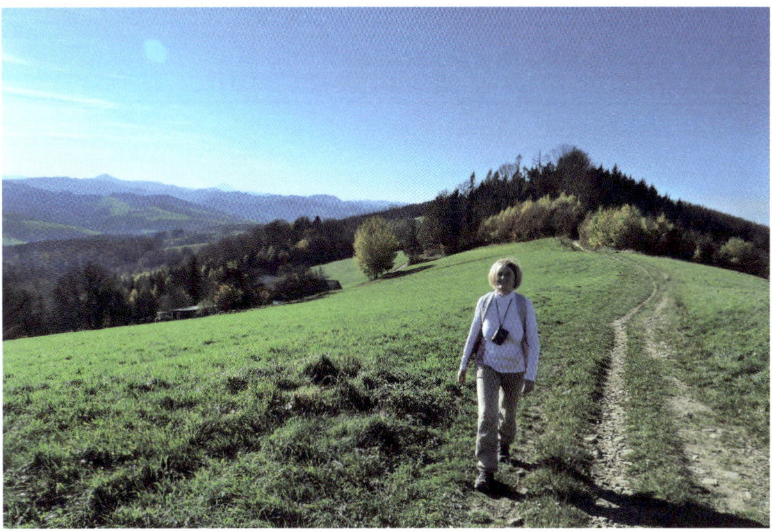

Die malerische „Beletage" über dem Mostviertler Gölsen- und Traisental gefällt uns.

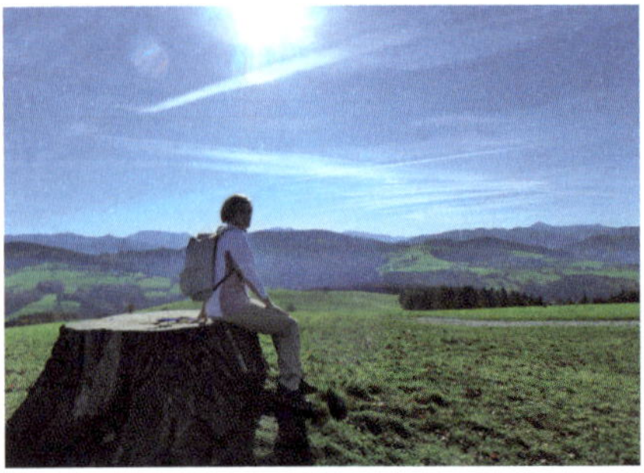

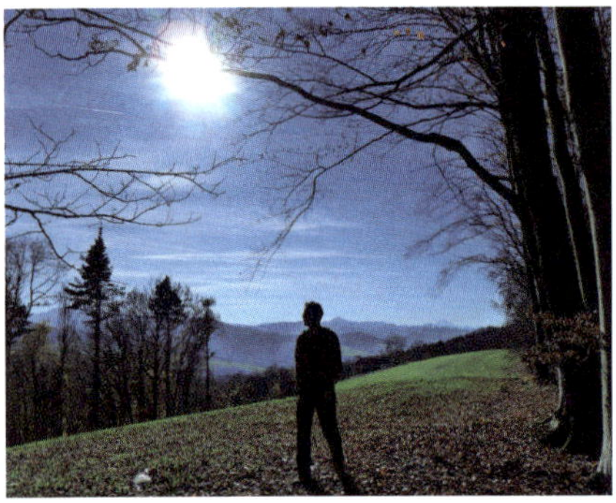

te nach rechts Richtung Haberegg bzw. Kukubauerwiese, wobei es **In der Öd** ganz und gar nicht öde ist. „Die Kartenspieler am Geißriegel" titelt der nächste Sagenstein, der spannender zu lesen ist als jedes Social-Media-Posting.

Abwechselnd marschieren wir durch Wald und Wiesen, zwischen Feldern und durch vereinzelte Gehöfte zum **Haberegg** hinauf. Ab nun dominiert bäuerliche Kulturlandschaft, geht es doch auf Güterwegen über Weiden, Felder und an mehreren liebevoll gepflegten Bauernhöfen vorbei auf die **Katzelhofer Höhe**. Von hier steigen wir rot markiert über die Stoiberlehen ins **Kreisbachtal** hinunter und erreichen nach etlichen Wald- und Wiesenpassagen die **Kreisbacher Straße**. Dieser folgend wandern wir in westlicher Richtung am **Schloss Kreisbach** vorbei zum Bahnhof **Kreisbach** zurück.

5 Stunden / 16 km / 500 Hm / mittel

Eignung für Kinder: ab 12

CHARAKTER: *längere, aber technisch unschwierige Wanderung*
AUSGANGSPUNKT: *Kreisbach Bahnhof bei Wilhelmsburg (mit öffentlichen Verkehrsmitteln zu erreichen)*
ROUTE: *Kreisbach (321 m) – Galgenweg – Ochsenburger Hütte (594 m) – Rudolfshöhe – In der Oed – Haberegg (693 m) – Katzelhofer Höhe (613 m) – Kreisbachtal – Kreisbacher Straße – Schloss Kreisbach – Kreisbach*
ATTRAKTIONEN: *Drei Galgen am Dingelberg, Sagensteine, Ochsenburger Hütte, die anmutige, panoramareiche Landschaft*
EINKEHRMÖGLICHKEITEN: *Ochsenburger Hütte (https://ochsenburgerhuette.naturfreunde.at), Schlosstaverne Lampl, Gasthof Voitiech (beide Kreisbach)*

55 Ehrenecker Kogel – Kaiserkogel

DIE BLÜTE DER MOSTBIRNBÄUME

Lieblich – eine passendere Beschreibung für eine Frühlingswanderung durch das Mostviertel mag einem nicht in den Sinn kommen. Die Region zwischen Traisental und Ötscher bietet schon aufgrund ihrer sanft geschwungenen Landschaftsform einen reizvollen Anblick – umso schöner wird er aber, wenn die blühenden Mostbirnbäume ihre ganze Pracht entfalten.

Wie Perlenketten überziehen Birnbäume das Hügelland des Mostviertels. Insekten, Bienen und Kleinlebewesen dienen sie als wertvolles Refugium, uns Menschen als Symbol natürlicher Schönheit. Zudem sind viele Bäume stumme Zeugen längst vergangener Ereignisse und wüssten viel zu erzählen, zumal manche von ihnen weit über 100 Jahre alt sind.

Von Rotheau zum Ehrenecker Kogel

Wir wählen eine Route, die durch Alleen von Mostbirnbäumen führt und uns den ganzen Reiz der Blütezeit erfahren lässt. Von **Rotheau** wandern wir auf der **Bergstraße** Richtung Kaiserkogel (Schilder). Sobald wir das Siedlungsgebiet verlassen haben und eine Wiese erreichen, folgen wir links der Asphaltstraße und steuern auf ein Gehöft zu. Danach beginnt das Mostviertel, wie wir uns es wünschen und vorstellen – mit saftig grünen Wiesen und weiß-rosa blühenden Mostbirnbäumen. Diese verleihen den sanft geschwungenen Hügeln mit ihren Wiesen, Feldern und Waldstücken eine unvergleichliche Anmut.

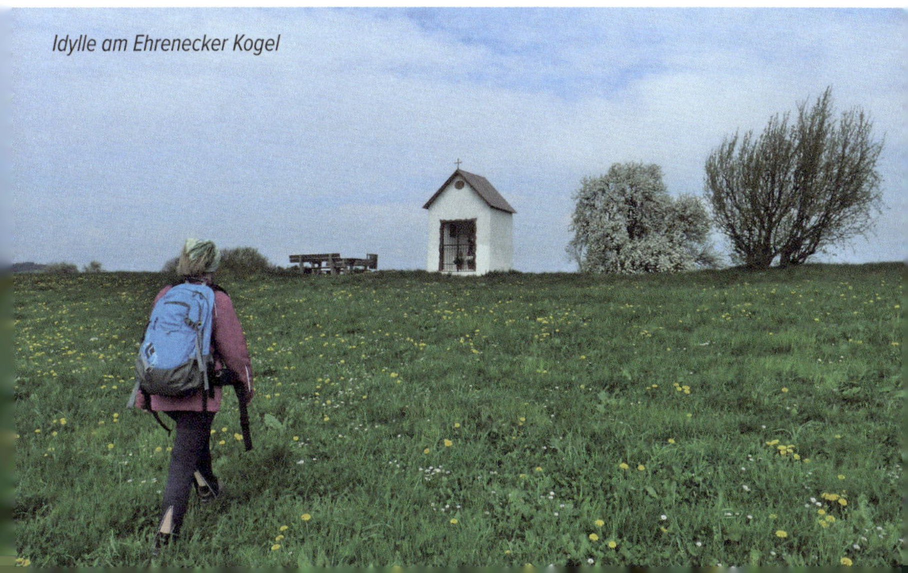

Idylle am Ehrenecker Kogel

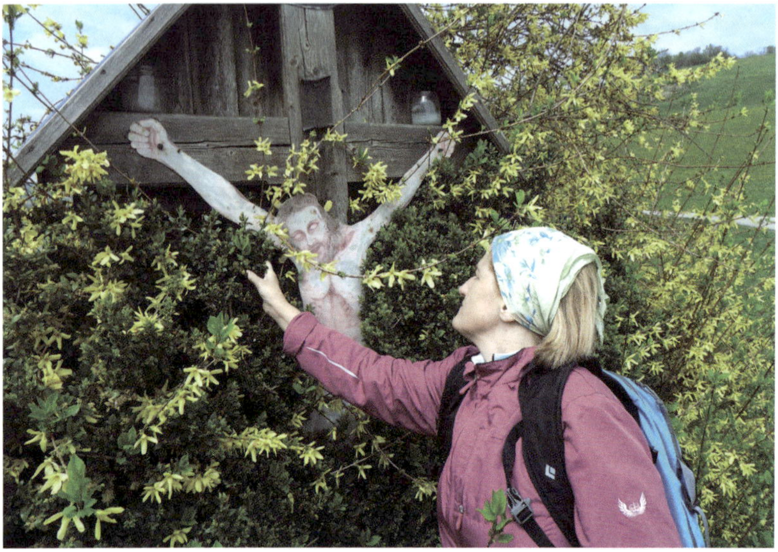

Auf der Meiselhöhe

Nach dem **Gehöft Hubköberl** erreichen wir bald den **Ehrenecker Kogel** mit seinem am Kamm gelegenen und gepflegten Marterl, das vor über 200 Jahren errichtet wurde. Aus der Nähe winken uns die Reisalpe und der Hohenstein zu. Weiter auf einem Asphaltweg, der wenig später in ein Wäldchen mündet, geht's gleich danach entlang eines Zauns bergab zur malerischen **Meiselhöhe** (Kreuz). Von hier

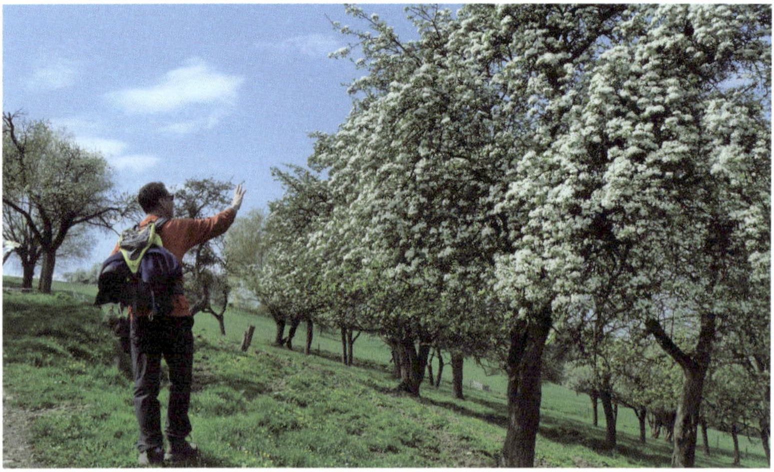

Die Farbenpracht der blühenden Birnbäume muss man erlebt haben!

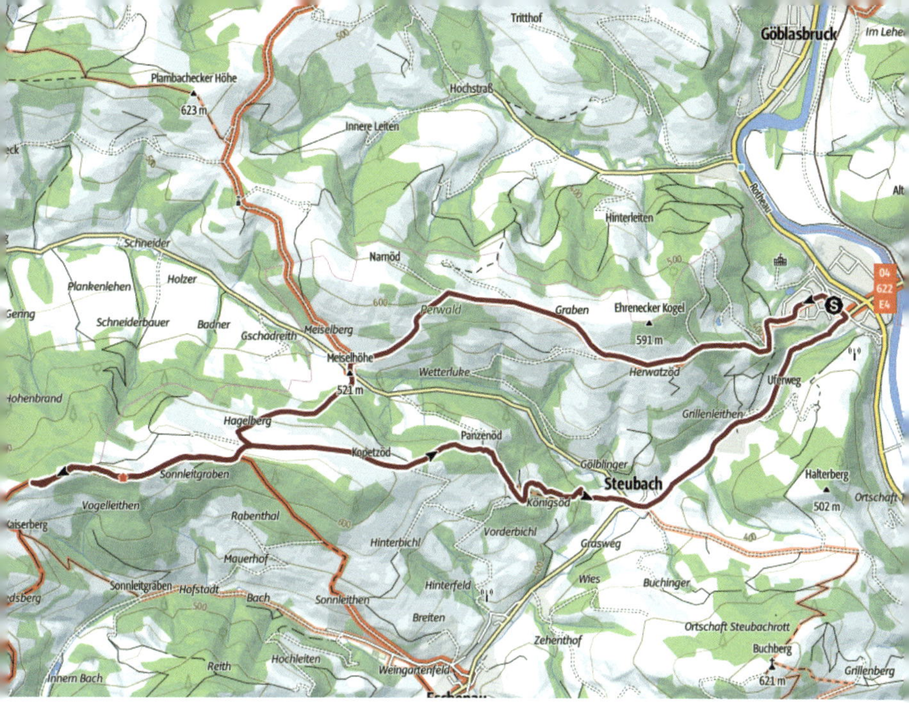

auf einer Forststraße kurz durch Wald, bis wir wieder eine dieser lieblichen freien Flächen betreten, die uns hier so gefallen. Auch beim **Hagelbauern** gedeihen wunderschöne Birnbäume, schneit es weiße Blütenblätter, wenn der Wind hindurchfährt und verliert sich der Blick im welligen Hügelmeer der Landschaft.

Kulturgut Mostbirne

Mostbirnbäume mit ihrem landschaftsprägenden charakteristischen Erscheinungsbild gelten als bäuerliches Kulturgut mit langer Geschichte. Schon in der Jungsteinzeit wurde im Mostviertel der Anbau von Äpfeln und Birnen betrieben – und daraus ein heute noch überaus beliebter Saft hergestellt. Die Kelten nannten ihn „Cider“, die Germanen „Lith“, die Römer prägten den Namen „most“ (von lat. „mustum“ = frisch, jung), womit wir heute noch den nach uralten Regeln vergorenen Obstwein bezeichnen. Der schmeckte schon vor Urzeiten so gut, dass selbst der Minnesänger Neidhart von Reuental um 1240 den „birnenmost“ rühmte. Zurück zu unserer Wanderung: Die Asphaltstraße nach Steubach hinunter merken wir uns für den Rückweg.

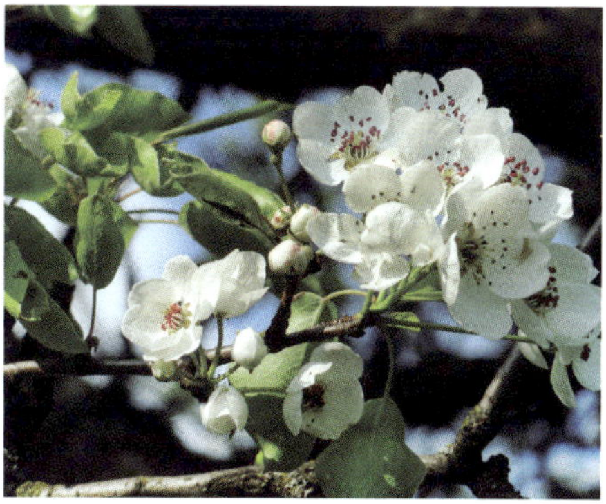

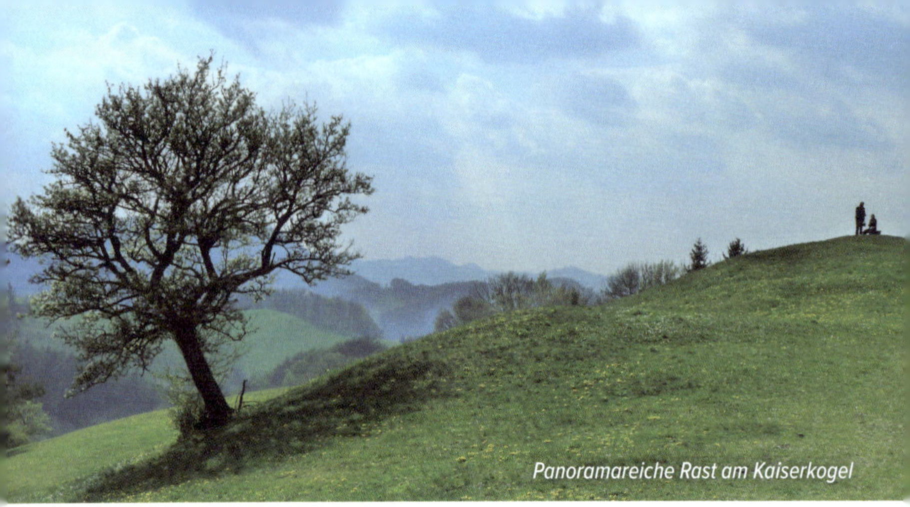
Panoramareiche Rast am Kaiserkogel

Wir marschieren weiter Richtung **Kaiserkogelhütte**, die wir auf einer Güterstraße schnell erreichen. Die Hütte, eine beliebte Raststation für Wanderer und Radfahrer, bietet in alpin anmutendem Ambiente einen schönen Weit- und Tiefblick

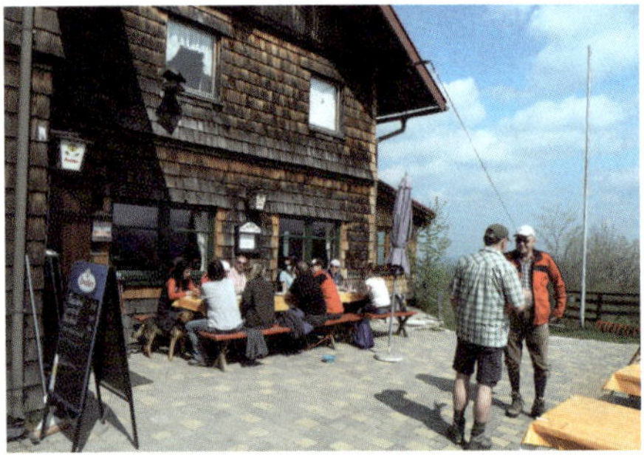

nach St. Pölten, zum Jauerling, Peilstein und sogar der Ötscher winkt aus der Ferne herüber.

Nach der Rast rät es sich, ein paar Schritte zu tun auf einer überaus reizvollen Wiese mit einem Kreuz am Rand, Bankerl und großartigem Panorama bis ins tiefere Mostviertel hinein.

Genusspromenade zurück

Für den Rückweg müssen wir zur Hütte und zur vorhin beschriebenen Kreuzung zurück, wo wir die Schritte Richtung Steubach hinunterlenken. Auf einer verkehrsarmen Straße wandern wir durch eine Allee von Birnbäumen, von denen es überraschend viele Arten gibt, wie Schilder dies kundtun. Unsere Route ist eine Genusspromenade für alle, die sich Zeit nehmen können und wollen, um die gepflegte Landschaft mit allen Sinnen zu genießen.

Am Weg befindet sich weiters ein altes **Dörrhaus**, ein Kulturerbe, das man hierorts öfter antrifft. In diesen „Diaheisln" wurden früher Birnen und Zwetschken getrocknet. Auf der **Kopetzöd** verlassen wir bei einer mit einem Kreuz und einem Bankerl versehenen Gabelung die Straße und betreten einen Waldpfad, der uns rot markiert nach **Steubach** hinunterführt. Von hier sind es dann noch zwei Kilometer auf der Straße bzw. stellenweise auch neben der Straße auf einem Uferweg nach **Rotheau** zurück.

HÖHENPROFIL

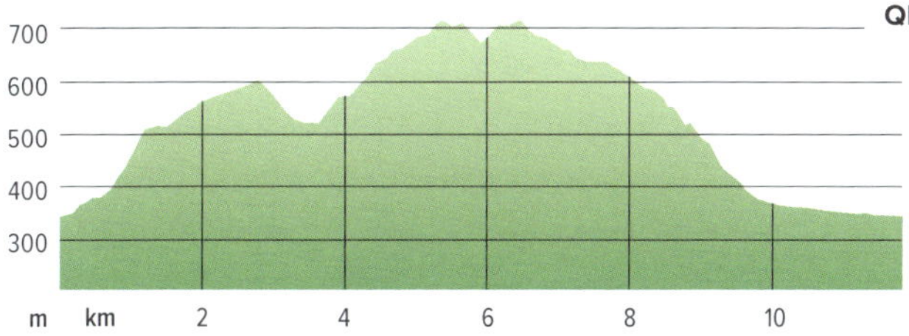

QR Link Tour 55

★★ ANSPRUCH	STRECKE	DAUER	AUFSTIEG	ABSTIEG	HÖHENLAGE	EINKEHR
MITTEL	12,0	4:00	500 m	500 m	715 m / 344 m	JA

4 Stunden / 12 km / 500 Hm / mittel

Eignung für Kinder: ab 12

CHARAKTER: *eine problemlose Wanderung für die ganze Familie*
START- UND ZIELPUNKT: *Rotheau (mit öffentl. Verkehrsmitteln zu erreichen)*
ROUTE: *Rotheau (350 m) – Ehrenecker Kogel – Meiselhöhe (521 m) – Kaiserkogelhüttte (716 m) – Steubach – Rotheau*
ATTRAKTIONEN: *Birnbaumblüte im Frühling, Most im Herbst, panoramareich und malerisch gelegene Rastplätze, urige Kaiserkogelhütte, Dörrhaus*
EINKEHRMÖGLICHKEIT: *Kaiserkogelhütte (https://kaiserkogelhuette.at)*
Weiterführende Infos: www.mostviertel.at

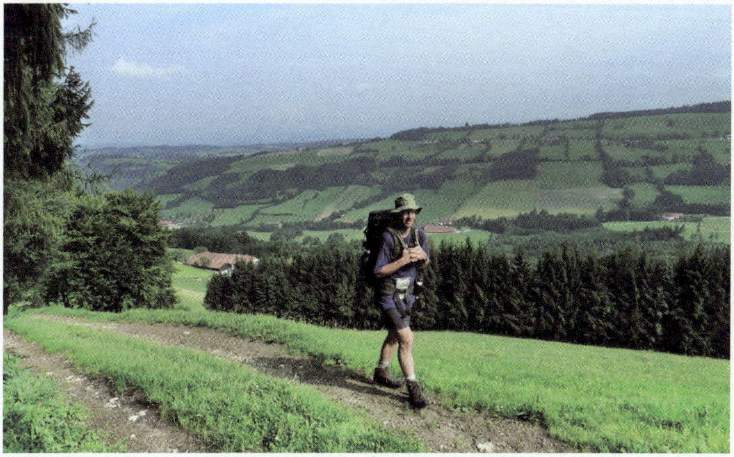

56 Rabenstein: Geißbühel

DER 1.000-DIRNDL-BERG

Der „1.000-Dirndl-Berg“ Geißbühel bei Rabenstein schmückt sich nicht nur mit „Dirndln“ (ugs. für Kornelkirschen), sondern auch mit Birnbäumen und einer erlebnisreichen Ruine. Und mittendrin lädt die Josef-Franz-Hütte zur Rast ein.

Am Beginn unserer Tour ist es die Pfarrkirche von **Rabenstein**, die zu einem Stopp zwingt, bevor wir überhaupt einen Schritt gegangen sind. Also hinein, nicht nur aufgrund ihrer gotischen Wandmalereien, sondern weil dort am 5. August 1905 der gebürtige Rabensteiner und unvergessene österreichische Kardinal DDr. Franz König getauft wurde.

Mystische Ruine Rabenstein

Beim Feuerwehrhaus zweigt der Weg zur **Ruine Rabenstein** (20 Min.) ab – ein Erlebnisfest! Die geheimnisvollen Mauerreste stammen aus dem 12. Jahrhundert, als ein gewisser Wilhelm von Raminstein das Pielachtal entdeckte und eine Wehranlage errichtete. Die gut zugänglichen, aber manchmal abschüssigen Baufragmente lassen die einstige Pracht erahnen, als noch Ritter, Edelfrauen und Minnesänger das Singen und Sagen hatten. Die Festung steht angeblich an einem mystischen Ort, wo sich die Druiden der Keltenzeit getroffen haben. Jedenfalls leiten manche

In der einstigen Burg Rabenstein sollen sich der Sage nach keltische Druiden getroffen haben.

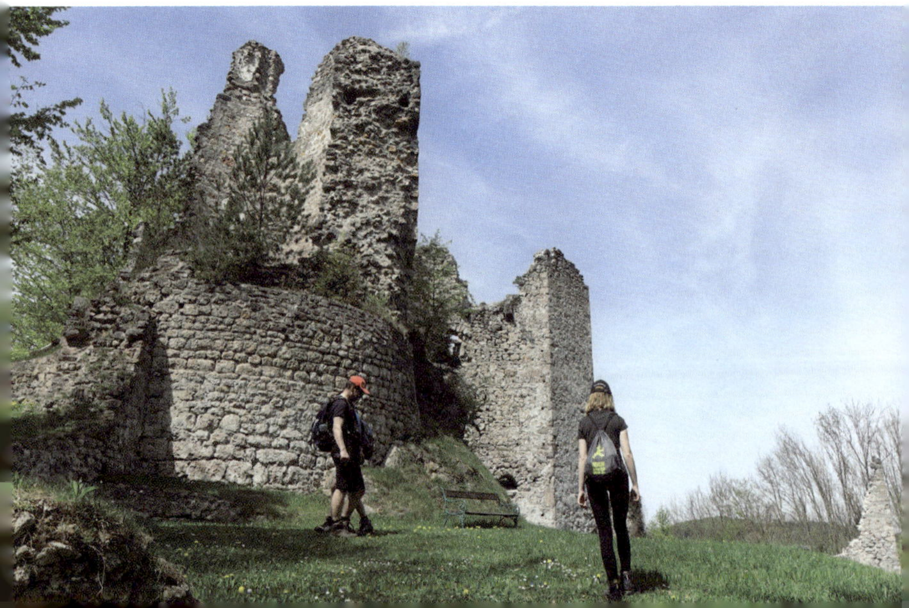

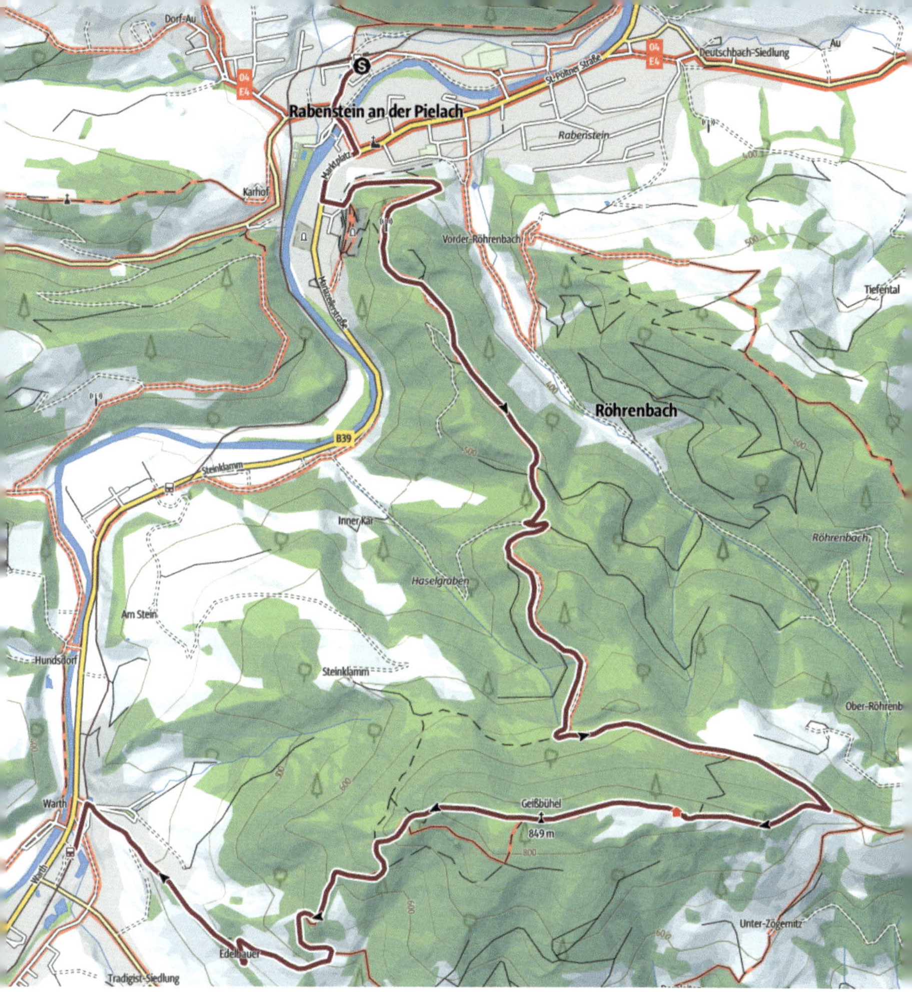

Forscher den Namen Geißbühel vom keltischen „geis“ ab, womit ein Ort bezeichnet wurde, der nicht von jedem oder nicht zu jeder Zeit betreten werden durfte.

Schnoartbäume bei der Josef-Franz-Hütte

Von der Ruine bis zum Ostrücken des Geißbühels führt eine breite Forststraße. Bei einem Gedenkkreuz verlassen wir nach einer Stunde den Wald und betreten eine der für das Pielachtal so typischen, lieblichen Lichtungen. Mit einem „Grias eich aufm Gois-

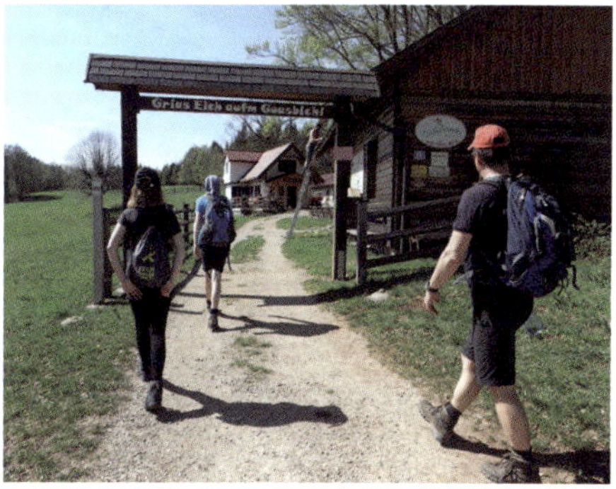

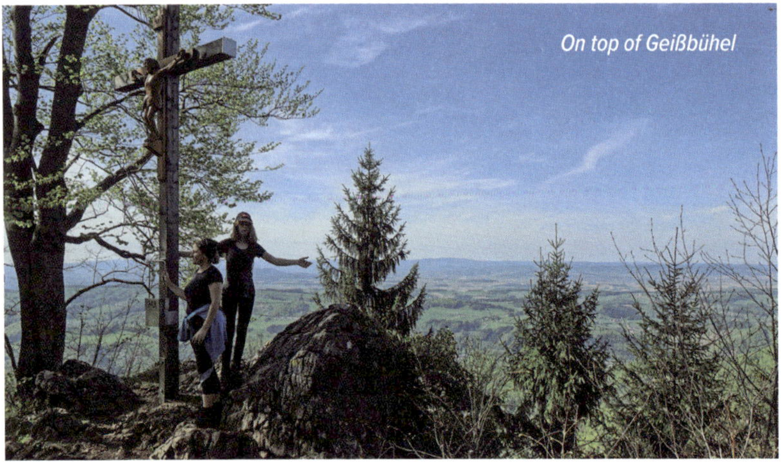

bichl“ wird man auf der **Josef-Franz-Hütte** empfangen. Nein, kein Schreibfehler, sie ist NICHT nach unserem Kaiser benannt, sondern nach den Herren Josef Pirgmaier und Franz Kögel, die sich bei der Errichtung der Hütte hervortaten.
Die Hütte steht malerisch auf der Geißbühel-Bergwiese, die eine botanische Rarität darstellt. Es handelt sich um eine Magerwiese, auf der auch sog. Schnoartbäume oder Schneitelbäume (meist Eschen) wachsen. Ihre besondere Form verdanken sie dem hierorts traditionellen „Schneiteln“ (Dirnltalerisch: „Schnoaten“),

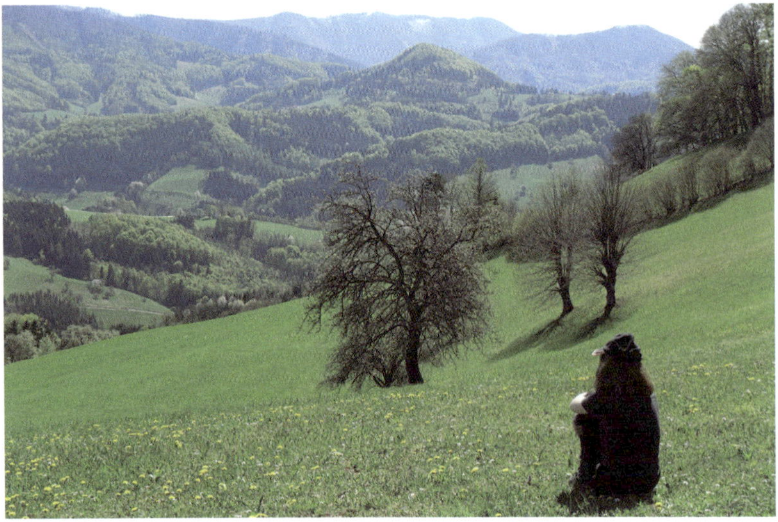

Einfach nur dasitzen und in die Landschaft schau'n. Was will man mehr?

HÖHENPROFIL

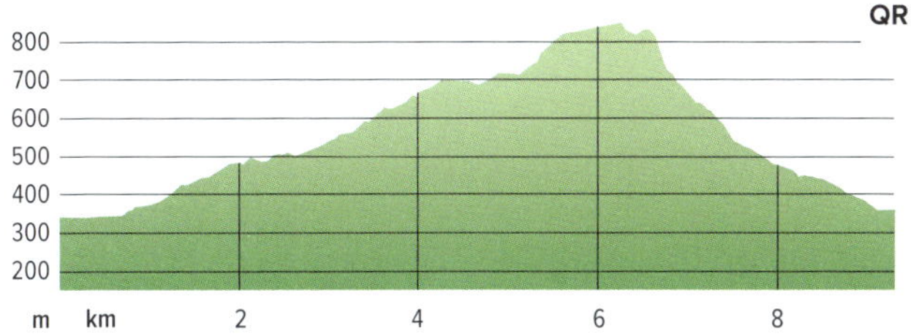

QR Link Tour 56

ANSPRUCH	STRECKE	DAUER	AUFSTIEG	ABSTIEG	HÖHENLAGE	EINKEHR
LEICHT	9,0	3-4 Std.	550 m	500 m	846 m / 340 m	JA

dem Schnitt nach bestimmten Regeln. Die Bäume werden so getrimmt, dass sie eine kleine Baumkrone und einen dicken Stamm mit kurzen, blätterreichen Ästen entwickeln. Diese dienten als Viehfutter in Zeiten der Futterknappheit. Auch heute noch ist das Vieh über diese Tradition froh – besonders in den heißen Sommermonaten.

Der Abstieg gestaltet sich zuerst etwas steiler, dann flacher, schließlich führt eine Forststraße zum **Gehöft Edelbauer**. Der sog. **Dirndlweg** führt zum schon ganz nahen **Bahnhof Steinschal-Tradigist**, wo stündlich ein Zug Richtung Rabenstein abfährt.

3-4 Stunden / 9 km / 550 Hm / leicht

Eignung für Kinder: ab 11

CHARAKTER: *leichte Tour; Vorsicht bei der Ruine, wo manche Wege schmal und abschüssig sind – Kleinkinder am besten an der Hand nehmen*
STARTPUNKT: *Hst. Rabenstein (mit öffentlichen Verkehrsmitteln zu erreichen)*
ZIELPUNKT: *Hst. Steinschaler-Tradigst (mit öffentlichen Verkehrsmitteln zu erreichen)*
ROUTE: *Rabenstein (344 m) – Ruine Rabenstein – Geißbühel (849 m, Josef-Franz-Hütte) – Bahnhof Steinschal-Tradigist*
ATTRAKTIONEN: *Taufkirche des ehemaligen Kardinals Franz König in Rabenstein, Ruine Rabenstein, Josef-Franz-Hütte am Geißbühel, Schnoartbäume auf der Geißbühel-Bergwiese*
EINKEHRTIPP: *Josef-Franz-Hütte (https://josef-franz-huette.naturfreunde.at/), Wildkräuterhotel Steinschalerhof (www.steinschaler.at)*

ÖTSCHER-TRILOGIE
Annäherung an den Vaterberg

Man liebt ihn, man verehrt ihn, man bewundert ihn: den „Vaterberg“, wie der „Ötscher“ übersetzt heißt. Ein Titel, den der 1893 m hohe, das südwestliche Niederösterreich beherrschende Berg wohl aufgrund seiner majestätischen Gestalt erhielt. Sein Wesen beschränkt sich jedoch nicht nur auf seinen imposanten Gipfelaufbau, zu seiner sprichwörtlichen Natur gehören auch die ihn umlaufenden, canyonartigen Gräben, Flüsse, Wasserfälle, Höhlen und eine überaus facettenreiche Tier- und Pflanzenwelt. Um den Ötscher und den ihn umgebenden Naturpark in seiner ganzen Pracht zu erfassen zu können, stellen wir drei Touren vor, die das Faszinosum dieses Bergmassivs erfahrbar machen.

ÖTSCHER-TRILOGIE 1
57 Vordere Tormäuer – Hochbärneck

IM GRAND CANYON

Als „Prolog“ unserer Annäherung an den Vaterberg sei der Aufstieg zum Hochbärneck angeraten, einem äußerst panoramareichen Bergbalkon über den Vorderen Tormäuern, von dem sich der Ötscher und seine Gräben bestens überblicken lassen. Zugleich lernen wir die wildromantische Nordseite des Berges kennen, nämlich den Trefflingfall, die Schlucht der Vorderen Tormäuer und die smaragdgrüne Erlauf.

Über den Trefflingfall in die Vorderen Tormäuer

Den Rucksack geschultert beim **Gasthaus Trefflingtalerhaus** (Zufahrt bzw. Wanderung von Puchenstuben über die Trefflingtalerstraße). Schon nach wenigen Minuten fällt der Weg in die Tiefe. Das Rauschen des Trefflingbachs wird lauter, gerät zum Dröhnen. Ausgelassen beginnt der Bach zu spielen,

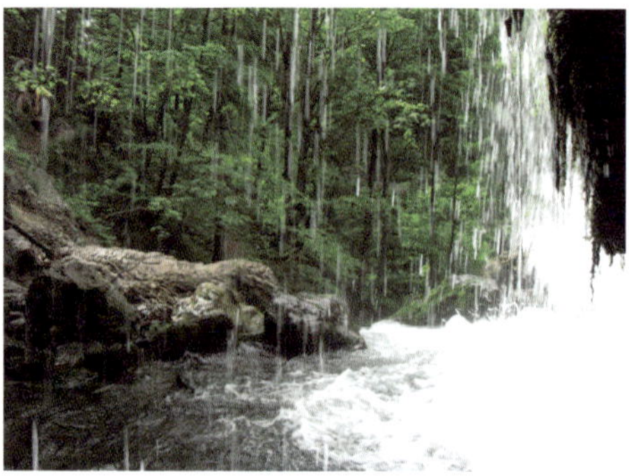

sich in sprühenden Kaskaden tosend in den Abgrund zu werfen, durch Kolke und Kessel zu tanzen, im Kreise herumzuwirbeln, um sich am Ende übermütig in die Fluten der ruhig dahinziehenden Erlauf zu stürzen. Metallstege und Brücken führen sicher durch diesen Nebenarm des sog. „Grand Canyons" des Vaterbergs. Manchmal kommen wir dem **Trefflingfall** so nahe, dass leichter Sprühregen unser Gesicht benetzt oder wir sogar hinter das herabströmende, ohrenbetäubend rauschende Nass kriechen können. Sobald beim **Toreck** der quirlige Trefflingbach auf die ruhige Erlauf trifft, hat man die Talsohle der **Vorderen Tormäuer** erreicht: Rhythmuswechsel.

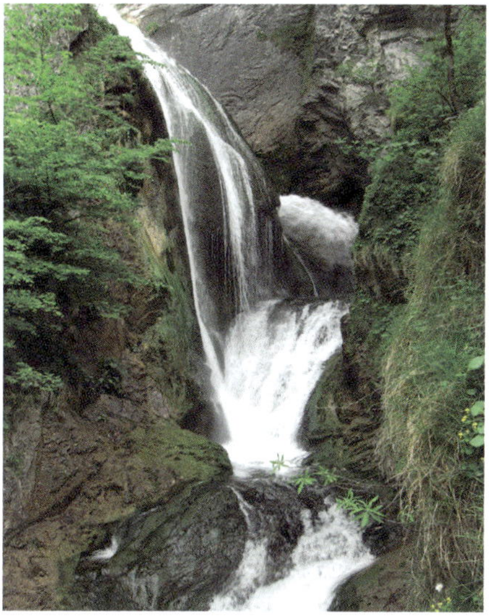

Die Wasserfontänen des Trefflingfalls

Der Erlauf nach ...

Ruhig und gemächlich fließt die breite Erlauf durch die schroffen Felsabstürze und Gesteinsverwerfungen der Vorderen Tormäuer. Besonders im Frühjahr und nach

Die smaragdgrüne Erlauf fließt gemächlich durch die Vorderen Tormäuer.

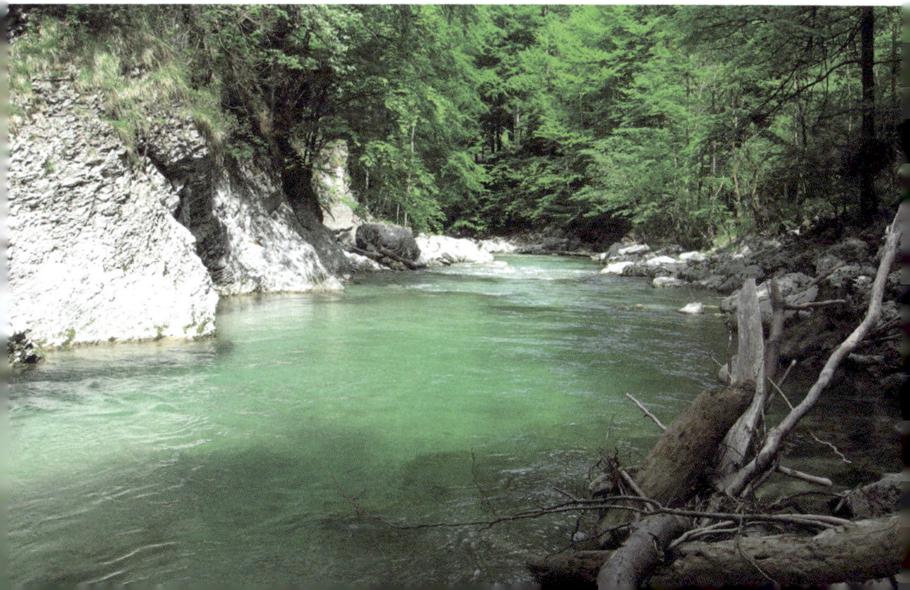

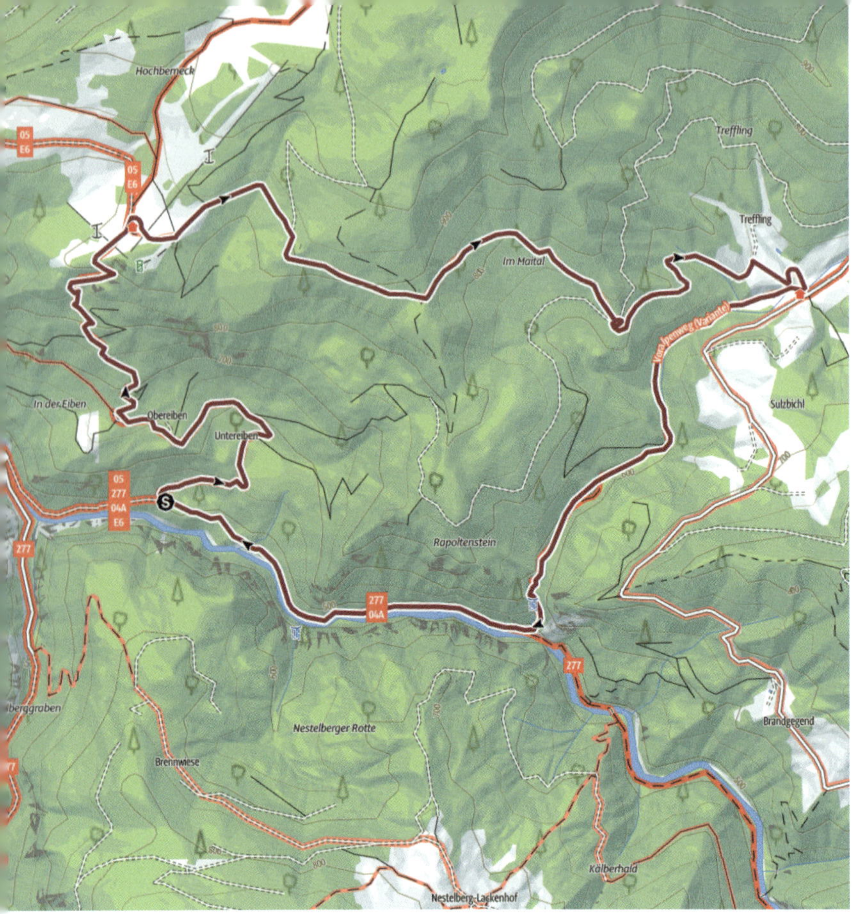

stärkeren Regenfällen mäandert der Fluss eindrucksvoll durch die Schlucht. Den kristallklaren Arterien dieses Gewässers (und des Ötscherbaches) sind die tief eingeschnittenen Talschluchten der Tormäuer und Ötschergräben, die vielen Wasserfälle und Klammen und nicht zuletzt die geheimnisvollen Höhlen zu verdanken.

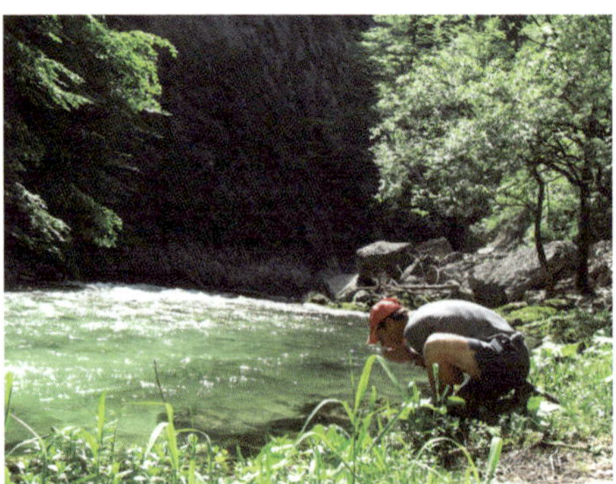

Gemächlich begleiten wir den Fluss (Weg 277), vertiefen uns in sein mal helleres, mal dunkleres Grün. Romantisch führt der Steig am Ufer entlang, duckt sich unter Felsdächern hindurch oder folgt hautnah der kristallklaren, smaragdgrünen Erlauf. Wie eine vom Wind bewegte Wassergardine fällt der **Hundsbachfall** am gegen-

HÖHENPROFIL

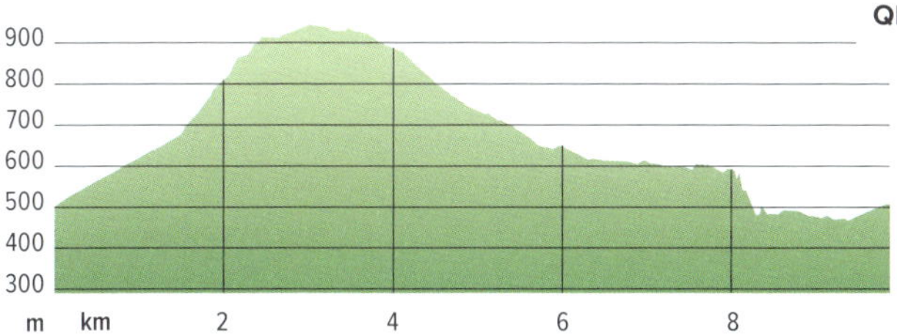

QR Link Tour 57

ANSPRUCH	STRECKE	DAUER	AUFSTIEG	ABSTIEG	HÖHENLAGE	EINKEHR
★ LEICHT	10,0	3:30	800 m	800 m	942 m – 468 m	JA

überliegenden Ufer über eine Steilwand in den Fluss. Bald passieren wir die ehemalige **Eibenmühle**. Vielleicht finden wir in der Umgebung ja einen netten Badeplatz. Ja, sie macht uns staunen, jene wildromantische Canyon-Landschaft mit ihren schäumenden Wassern, einladenden Badebuchten und steil aufragenden Wänden.

... aufs Hochbärneck

Sobald wir auf eine Forststraße treffen, verlassen wir das Erlauf-Ufer und folgen der Straße (Weg 277) nach rechts. Mit jedem nun bewältigten Höhenmeter wächst auch der Ötscher mit. Nach zwei Gehöften in der **Unter**- und **Obereiben** verlassen

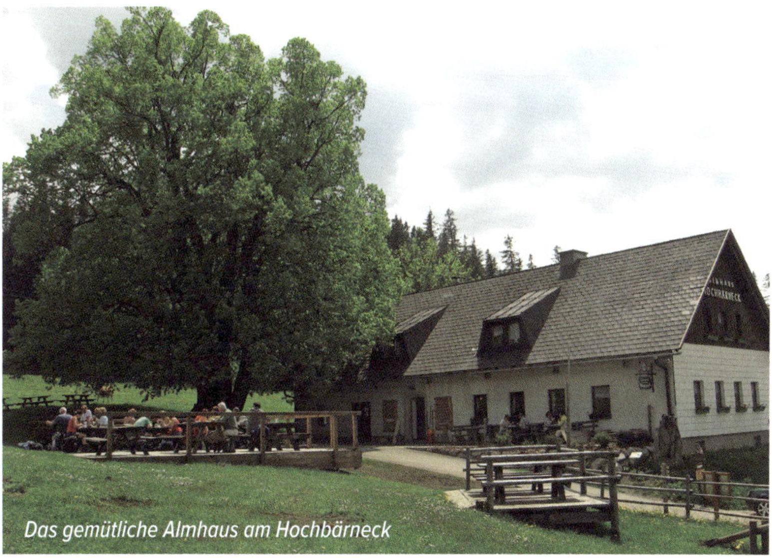

Das gemütliche Almhaus am Hochbärneck

wir den Güterweg und wandern durch Wald weiter bergan. Das gemütliche Almhaus am **Hochbärneck** bietet Übernachtungsmöglichkeiten, einen Kinderspielplatz, eine alte Holzknechthütte und bodenständige Hausmannskost. Während ringsum Tiere auf saftigen Wiesen weiden, tun wir uns am reich gedeckten Tisch auf der Wiese vor der Hütte gütlich. Bergurlaub vom Feinsten!

Danach: Unbedingt zum **Gipfel** mit dem **Aussichtsturm**, von dem sich unser Vaterberg und seine Gräben in ihrer ganzen Pracht überblicken lassen! Der Rückweg zum Ausgangspunkt führt auf blau markiertem Weg in östlicher Richtung über eine Forststraße und – weiterhin beobachtet vom Vaterberg – sanft bergab über den **Talbauer** zum Ausgangspunkt zurück.

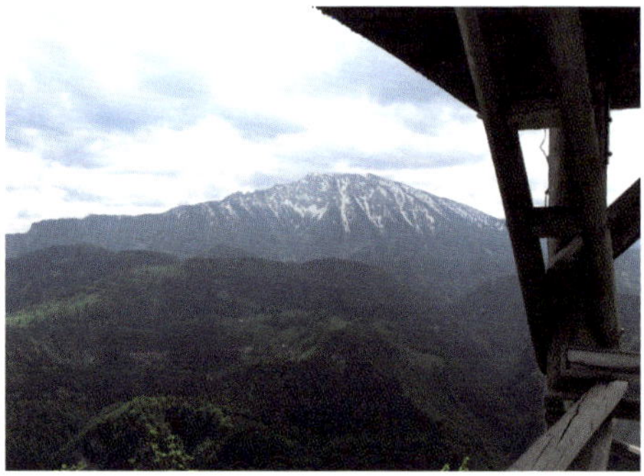

Vom Aussichtsturm des Hochbärnecks sieht man den Ötscher.

3 ½ Stunden / 10 km / 800 Hm / leicht

Eignung für Kinder: ab 12

CHARAKTER: *abwechslungsreiche Tour mit zahlreichen Highlights. Die Steiganlage entlang des Trefflingfalls ist bestens gesichert, sodass sie auch mit Kindern bedenkenlos begangen werden kann. Die Erlauf eignet sich im Sommer auch vorzüglich zum Planschen*

START- UND ZIELPUNKT: *Gasthaus Trefflingtalerhaus (Erlebnisdorf Sulzbichl, hierher auch von Puchenstuben auf der Trefflingtalerstraße, 45 Min., mit öffentlichen Verkehrsmitteln zu erreichen)*

ROUTE: *Gasthaus Trefflingtalerhaus (612 m) – Trefflingfall – Toreck (484 m) – Eibenmühle – Unter-, Obereiben – Hochbärneck Hütte (916 m, Gipfel: 954 m) – Talbauer – Trefflingtalerhaus*

ATTRAKTIONEN: *wildromantische Landschaft, Trefflingfall, Flusspromenade entlang der Erlauf, Vordere Tormäuer, Hochbärneck (Aussichtswarte, Almhaus, Kinderspielplatz, alte Holzknechthütte), Planschmöglichkeiten in der Erlauf*

EINKEHRMÖGLICHKEITEN: *Gasthaus Trefflingtalerhaus (www.trefflingtalerhaus.at), Almhaus Hochbärneck (https://hochbaerneck.com)*

ÖTSCHER-TRILOGIE 2

58 Hintere Tormäuer

EIN FEST FÜR AUGEN, OHREN UND GEMÜT

Die Begehung der Hinteren Tormäuer gehört zu den großartigsten Schluchtenwanderungen der nordöstlichen Alpen! Ein Fest für die Augen, die Ohren und das Gemüt! Gemeinsam mit der Anfahrt per Mariazellerbahn ergibt das einen traumhaften Wandertag für die ganze Familie!

Anreise mit der Mariazellerbahn

Schon die Anfahrt per Mariazellerbahn ist ein Erlebnis für sich. Mit dieser historischen Schmalspurbahn lassen sich nicht nur beeindruckende Perspektiven auf Ötscher & Co. genießen, auch die wichtigsten Ausgangspunkte rund um den Vaterberg sind damit locker und erlebnisreich zu erreichen (siehe auch Infoblock).
Wir steigen in **Gösing** aus. Von dort leitet uns der Wegweiser nach Erlaufboden um das Alpenhotel herum und auf einem Waldwegerl bergab. Dieser stellenweise doch recht steile Abstieg ist auch schon der anstrengendste Teil der gesamten Tour. Nach 30 Minuten erreichen wir am Talboden den **Angerbach** und eine Forststraße. Auf dieser wenden wir uns nach rechts und wandern zum Eingang in den Naturpark Tormäuer.

Durch die Hinteren Tormäuer

Nun halten wir uns an den Wegweiser zur Erlaufklause (4 Std.). Schon der Anfang beeindruckt: Nah am Ufer des quirligen Flusses wandern wir auf engem Steig dahin und lassen uns von den ersten lieblichen Ansichten der Schlucht bezaubern.

Durch die bizarr-schöne Canyon-Landschaft der Hinteren Tormäuer

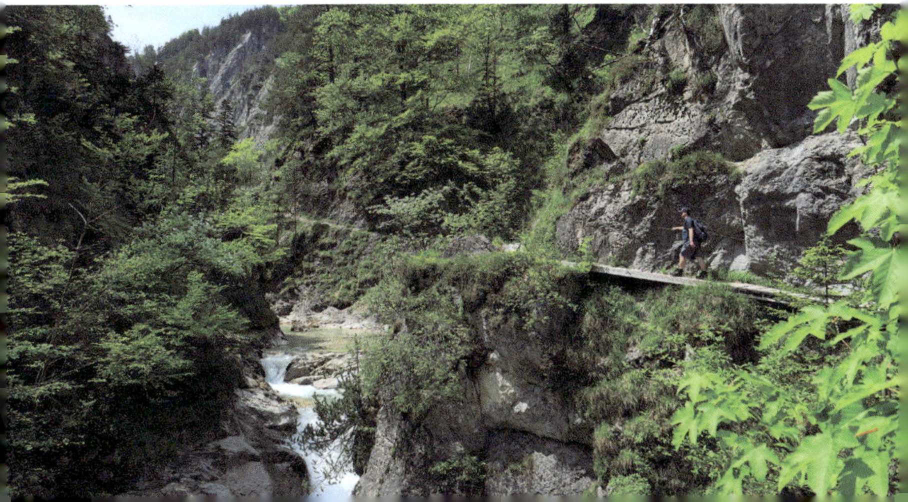

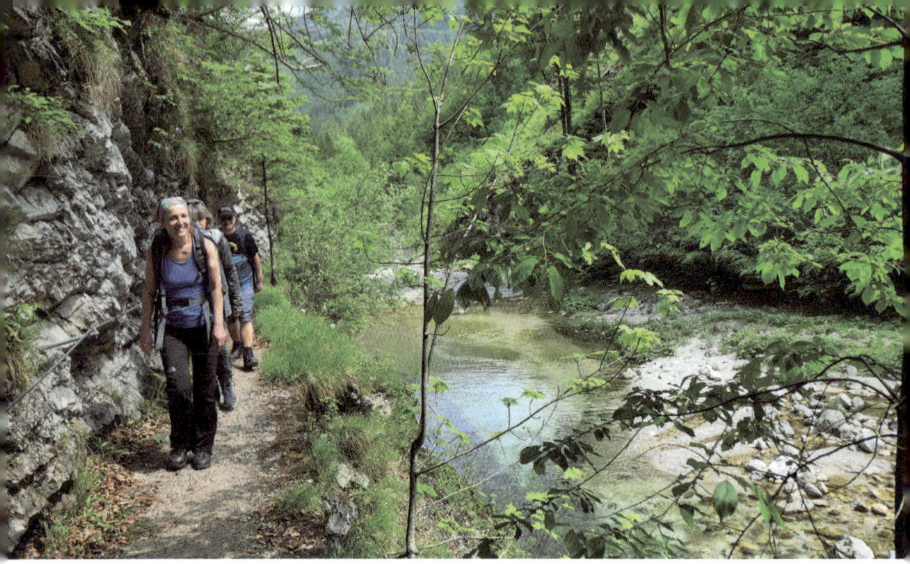

Schmale, in den Hang geschlagene Steige helfen uns über steile Abgründe und Schotterhänge.

Die wilde, bizarr-schöne Canyon-Landschaft der Erlauf bildet mit ihren gestuften Dolomitwänden eine zauberhaft harmonische Einheit aus Fels und Nass. Kaum zu glauben, dass der Graben nichts anderes als ein Werk des Wassers ist, das sich über Jahrtausende seinen Weg durch den felsigen Untergrund des Ötschers gefräst hat.

Schmale, in den Hang geschlagene Steige und hölzerne, mitunter recht luftige Hangstege helfen uns über steile Abgründe und Schotterhänge. Aber Vorsicht: Bei aller landschaftlicher Schönheit sollte man auch auf den Weg achten, der manchmal äußerst abschüssig, steinig und wurzelig ist. Wer also mit lauffreudigen Kindern unterwegs ist, sollte besondere Obacht walten lassen. Aber auch für Erwachsene gilt: Begeher der Hinteren Tormäuer sollten trittsicher und gut beschuht sein.

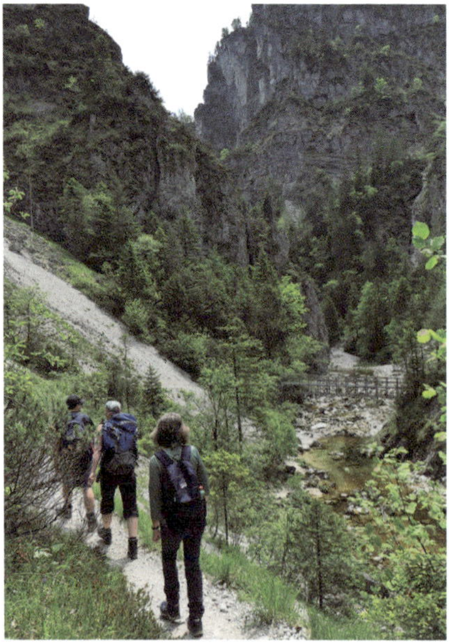

Weiter begleiten wir den Fluss bis zu kleinen Wasserfällen und leicht erreichbaren, seichten Buchten, die zu erfrischenden Bädern im

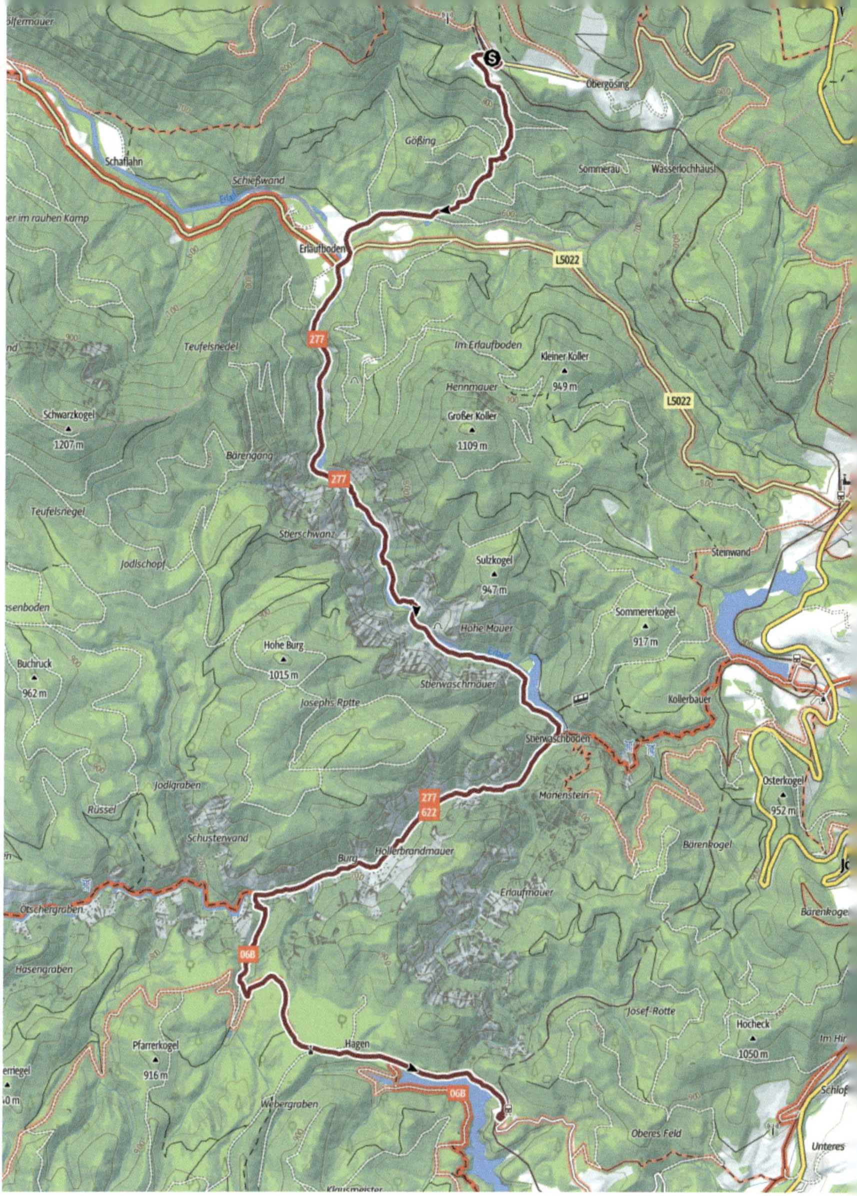

glasklaren Gewässer einladen. Und was es sonst noch alles zu sehen, zu hören und fühlen gibt! Abgesehen von der artenreichen Alpen- und Felsflora, sind es besonders die Gämsen, die den Weg von den Höhen des Ötschers bis zum Talgrund wagen.

Weiter am Weg: Manchmal verengt sich der Graben zu einer engen, felsigen Klamm, durch die wir staunend wandern. Kaum glaubt man, die schönste Stelle passiert zu haben, folgt eine noch beeindruckendere – so wie jener Wasserfall, den wir auf

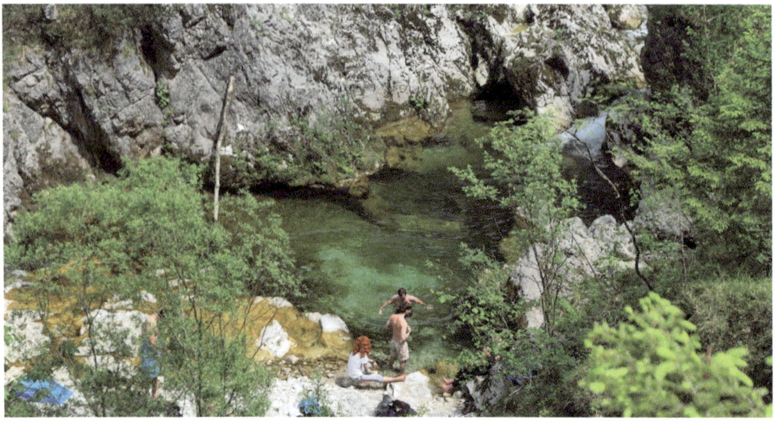

Baden in der Erlauf – ein besonderes Vergnügen!

einem Steg überqueren. Nach einigen kleinen Wäldchen und schottrigen Hängen erreichen wir den **Stausee Stierwaschboden**, kurz danach das **Stromkraftwerk Wienerbruck** unterhalb der Dolomitabbrüche der Stierwaschmäuer.

Durch die Ötschergräben zum Erlaufstausee

Hier wechseln wir in die **Ötschergräben**, die der Ötscherbach in den Felsen gemeißelt hat. Es bleibt beeindruckend, wenn wir auf Stegen und über Brücken durch eine klammartige Schlucht wandern. Die grandiose Felskulisse aus hohen, tief eingeschnittenen Dolomitwänden zieht uns in ihren Bann, und auch der Ötscherbach weiß mit seinen „Wasserspielen", Tümpeln und Seitenbächen, seiner

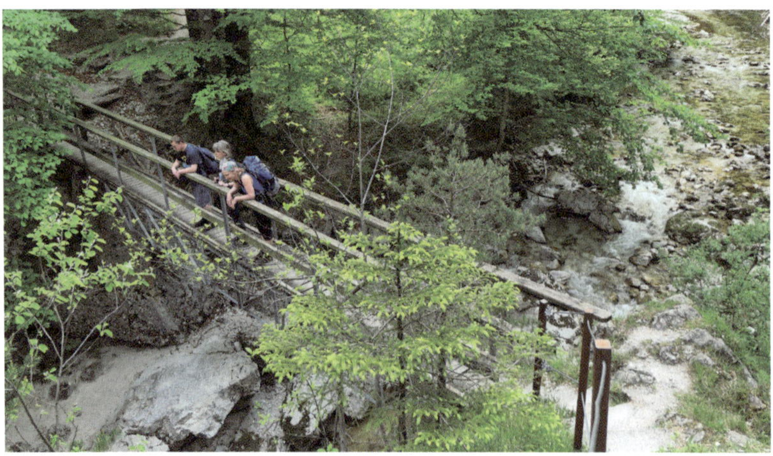

Vor dem Ötscherhias (siehe Bild rechts) geht es auf einer Brücke über den Ötscherbach.

HÖHENPROFIL

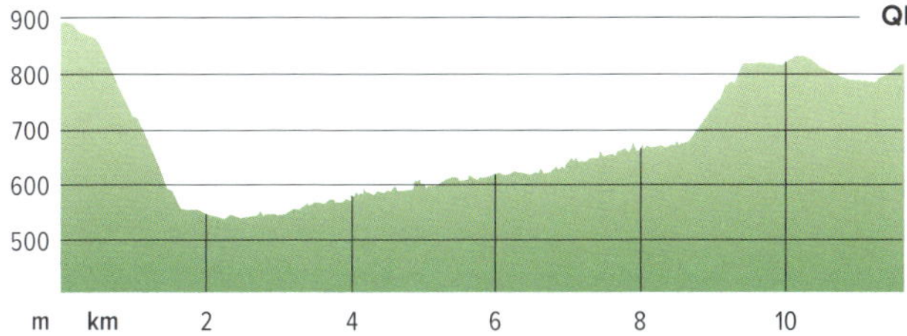

QR Link Tour 58

★★ ANSPRUCH	STRECKE	DAUER	AUFSTIEG	ABSTIEG	HÖHENLAGE	EINKEHR
MITTEL	11,5	4:30	400 m	400 m	893 m / 539 m	JA

sich ständig ändernden Farbe und Stimme zu begeistern. Rund vier Stunden haben wir zur **Jausenstation Ötscherhias** gebraucht, die sich dicht an einen bewaldeten Schluchthang des Ötscherbaches schmiegt.

Zum Finale: Wir verlassen die Ötschergräben und steigen hinter der Jausenstation auf einem kurvigen Waldweg bergauf, wobei wir dem Mühlbach an einem nachgebauten Mühlrad vorbei folgen. Ein kleiner Wasserfall noch, ehe wir nach einem Schranken den Naturpark verlassen, die **Forstverwaltung Hagengut** passieren und über den **Erlaufstausee** hinweg zum **Bahnhof Erlaufklause** gelangen. Hier besteigen wir die Mariazellerbahn, die im Sommer im Stundentakt unterwegs ist.

4 ½ Stunden / 11,5 km / 400 Hm / mittel

Eignung für Kinder: ab 10

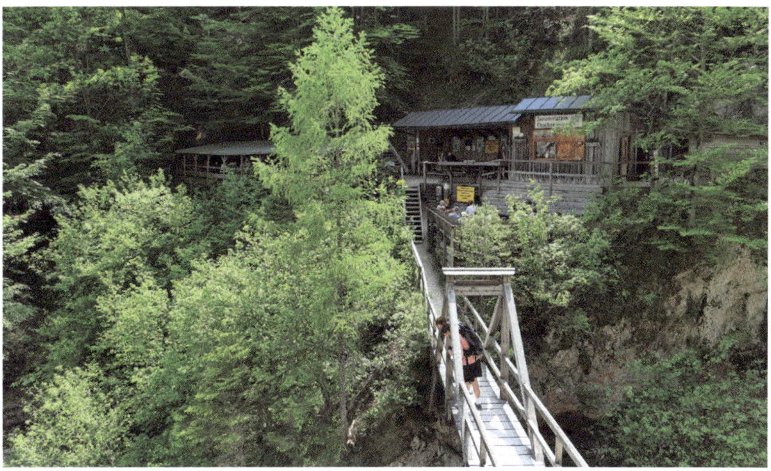

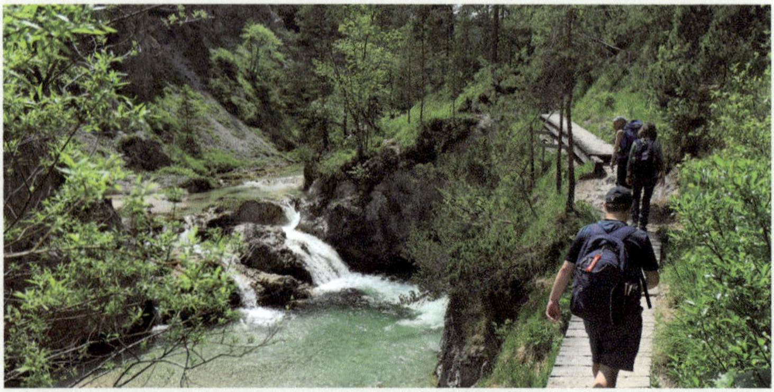

CHARAKTER: *Großteils einfache Wege; jedoch muss auf schmalen Steigen sowie bei abschüssigen Passagen Trittsicherheit bewiesen werden; Achtung, wenn Kinder dabei sind! Wer mit der Mariazellerbahn an- und abreist, erlebt ein weiteres grandioses Highlight!*
START- UND ZIELPUNKT: *Bahnhof Gösing an der Mariazellerbahn*
ROUTE: *Bahnhof Gösing (891 m) – Erlaufboden – Naturpark-Eingang (595 m) – Hintere Tormäuer – Stausee Stierwaschboden (670 m) – Kraftwerk Wienerbruck – Ötschergräben – Ötscherhias (744 m) – Naturpark-Ausgang (833 m) – Bahnhof Erlaufklause (815 m)*
ATTRAKTIONEN: *Naturkostbarkeiten und Landschaft der Hinteren Tormäuer und der Ötschergräben; Buchten in der Erlauf, die zum Baden einladen, Jausenstation Ötscherhias*
EINKEHRMÖGLICHKEIT: *Ötscherhias (www.oetscherhias.at)*
WEITERFÜHRENDE INFOS: *www.naturpark-oetscher.at, mariazellerbahn.at*

Mariazellerbahn

Die Schmalspurbahn führt seit dem Jahr 1907 von St. Pölten quer durch das Traisen- und Pielachtal bis zum Wallfahrtsort Mariazell. Ab Laubenbachmühle beginnt auch die landschaftlich besonders reizvolle Bergstrecke, die mehrere spektakuläre Höhepunkte aufweist, wie den Anstieg zwischen Laubenbachmühle und Puchenstuben und den beeindruckenden Blick auf den Ötscher und seine Nachbarn. Am Weg auch etliche Viadukte, Brücken und Tunnels. In der Wandersaison verkehrt der Zug im Stundentakt, sodass mit diesem bequem an- und abgereist werden kann.
www.mariazellerbahn.at

ÖTSCHER-TRILOGIE 3

59 Ötschergräben – Ötscher

ÜBER DEN RAUEN KAMM AUF DEN GIPFEL

Nun dem Höchsten des Mostviertels aufs Haupt gestiegen. Von Lackenhof kein Problem, von der anderen, der rauen Seite, ein herausforderndes Bergabenteuer. Der Raue Kamm – ein Spalier von Felstürmen, die es zu um- und erklettern gilt – zählt sicher zu den schönsten Gratwanderungen Niederösterreichs. Das Sahnehäubchen der Tour ist aber die Genusspromenade durch die beeindruckenden Ötschergräben.

Ein Hinweis vorweg: Die folgend beschriebene zweitägige „Königsetappe" durch die Ötschergräben über den felsigen Rauen Kamm bis zum Gipfel des Vaterberges und wieder ins Tal ist nur trainierten und erfahrenen Bergwanderern zumutbar, schließlich sind bei dieser klassischen Bergtour etwa 7 bis 8 Stunden Gehzeit, Kletterstellen bis I+ und eine Höhendifferenz von etwa 1.300 Metern zu bewältigen. Aber keine Angst: Die Schmankerln dieser Etappe, nämlich die Ötschergräben, der Mira- und der Schleierfall lassen sich auch in kleinen Häppchen auskosten.

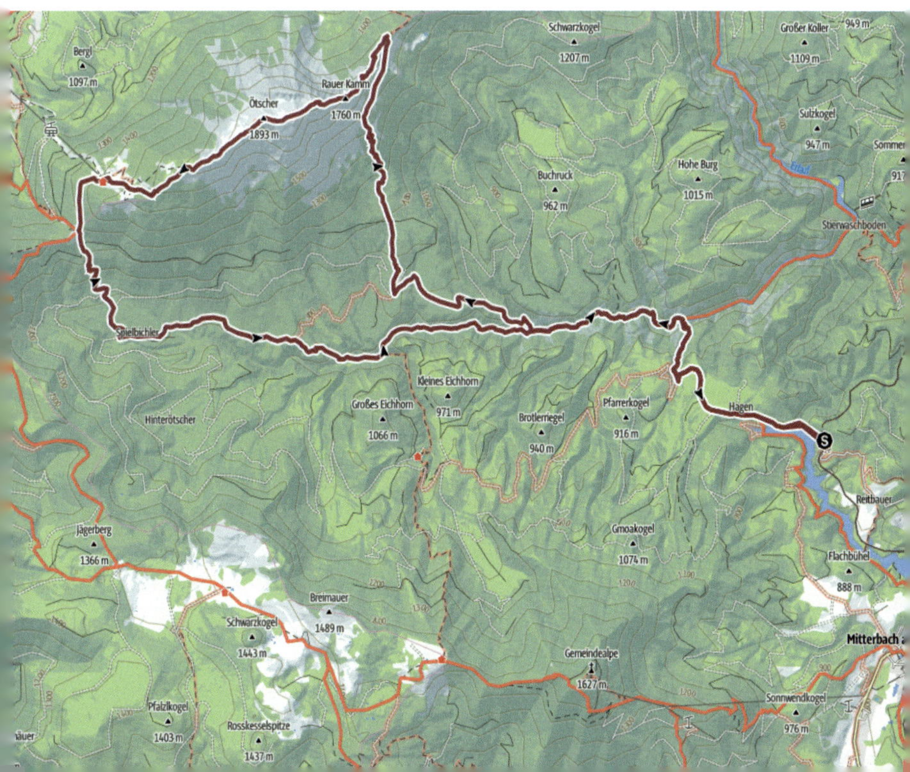

Vom Ötscherhias durch die Hinteren Ötschergräben

Die Raststation **Ötscherhias** im Herzen der Ötschergräben – der Ausgangspunkt der Königsetappe – ist ein wahres „Muaßt a hin!", klebt sie doch urig an einer steilen Felsflanke über dem rauschenden Ötscherbach. Der Hias lässt sich von Wienerbruck durch die Lassinggräben in 1 ½ Stunden oder, auch sehr lohnend, von der **Erlaufklause** am Erlauf-Stausee (Bhf. Mariazeller-Bahn) in einer ¾ Stunde erreichen.

Die Begehung der **Hinteren Ötschergräben** mit ihren bizarren Dolomitwänden gehört zu den großartigsten Schluchtenwanderungen der nordöstlichen Alpen! Alpine Steiganlagen zwängen sich unter steil aufragenden Schluchtwänden durch enge Felsdurchlässe, begleiten immer wieder den glasklaren Bach bis zu mächtigen Wasserfällen, die schäumend auf uns herabzufallen scheinen, und wir passieren auch kleine Buchten, die zu erfrischenden Bädern im smaragdgrünen, geleeartig dahinfließenden Gewässer einladen – ein Labsal, gerade an sommerheißen Tagen!

Aber der Reihe nach: Vom Ötscherhias ist der 80 m hohe **Mirafall** schnell erreicht – ein traumhafter Ausflug auch für Kinder! Ein Stück weiter zweigen Gipfelaspiranten beim sogenannten **Moißensteg** rechts zum **Jägerherz** ab, während Canyon-Freunde, die dem **Schleierfall** zustreben, geradeaus weitermarschieren. Der Besuch des über eine 50 m hohe Wand herabstürzenden Wasserspiels zahlt sich auf jeden Fall aus, zumal auch der **Gasthof Vorderötscher** schnell erreicht ist.

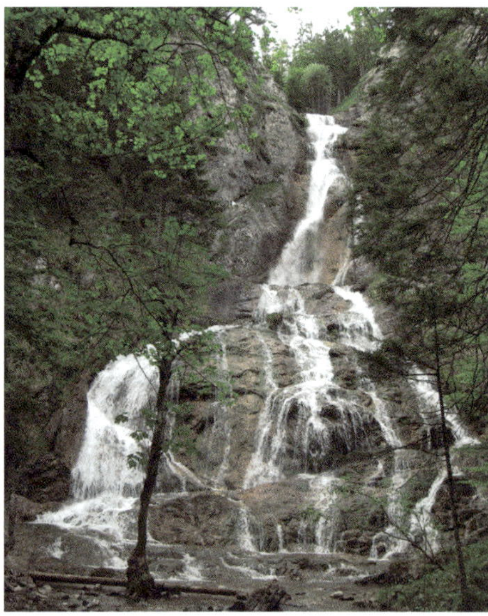

Die Wassergirlanden des Mirafalls

Über die Mariazeller Himmelsleiter auf den Gipfel

Wir „Vatersucher" haben aber nur mehr den Gipfel im Sinn! Vom Jägerherz geht es durch Fichten-, später durch Buchenwälder zum „**Geldloch**" hinauf, einer Höhle direkt unter den Ötscherwänden. Rucksack abgelegt, Stirnlampe hervorgeholt und dem Väterchen ins Maul g'schaut! Die kalte Luft, die aus der einst bedeutenden, in den letzten Jahren aber abgeschmolzenen Eishöhle steigt, führt trittsichere Höhlenforscher durch den steil abwärts führenden Eingang bis zum „Eisdom“, wo sich im Frühjahr fantastische Eisformationen bewundern lassen. Totenstill ist es in dieser ewigen Dunkelheit und geheimnisvoll ... Nun aber hinaus, wir haben noch einen weiten Weg vor uns! Das **Taubenloch**, eine weitere begehbare Höhle, lassen wir – diesmal – links liegen.

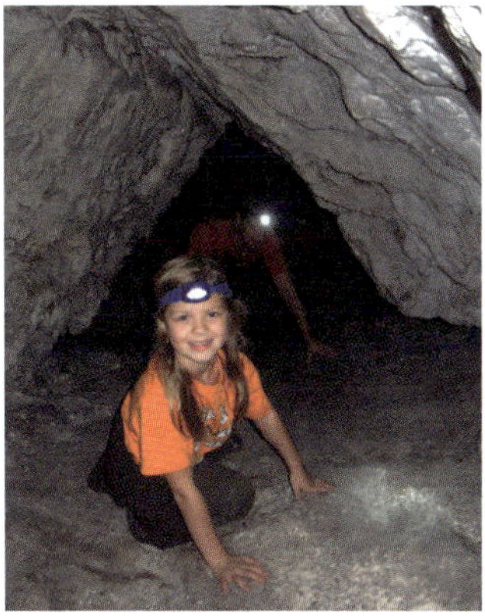

Zuletzt steil auf die Grathöhe zur ersten Sprosse der „Mariazeller Himmelsleiter“, wie der **Raue Kamm** auch bezeichnet wird. Dieser bekannteste, aber auch berüchtigtste Aufstieg auf den Ötscher führt über felsige Zähne, Schrofen und Türme, die es manchmal in leichter Kletterei (I+) zu umturnen gilt. Obgleich sich mitunter schwindelerregende Tiefblicke eröffnen und man stellenweise doch Hand anlegen muss, sollte der Raue Kamm einem halbwegs erfahrenen Bergfex keine Schwierigkeiten bereiten – im Gegenteil: Es macht Spaß, dem Vaterberg über die bucklige Nase aufs Haupt zu steigen und so eine weitere Facette seines Wesens kennenzulernen. Der Ausstieg erfolgt beim 1.860 m hohen Vorgipfel, von wo wir gemütlich über das breite Gipfelplateau bis zum **Gipfelkreuz** auf 1.893 m wandern. Von hier ist das **Ötscherschutzhaus** in einer Stunde erreicht. Wem der Weiterweg zu beschwerlich ist, kann hier übernachten und am nächsten Tag absteigen.

Am Rauen Kamm muss stellenweise Hand angelegt werden.

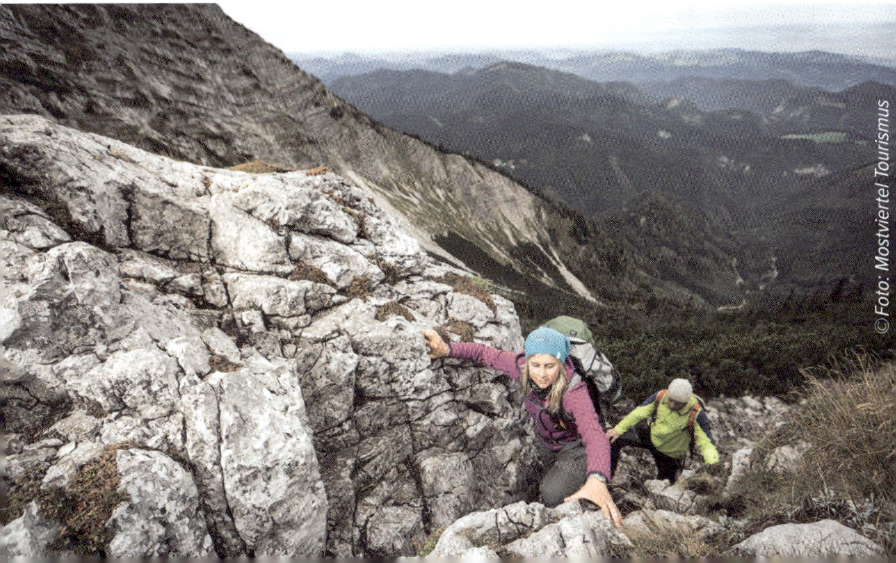

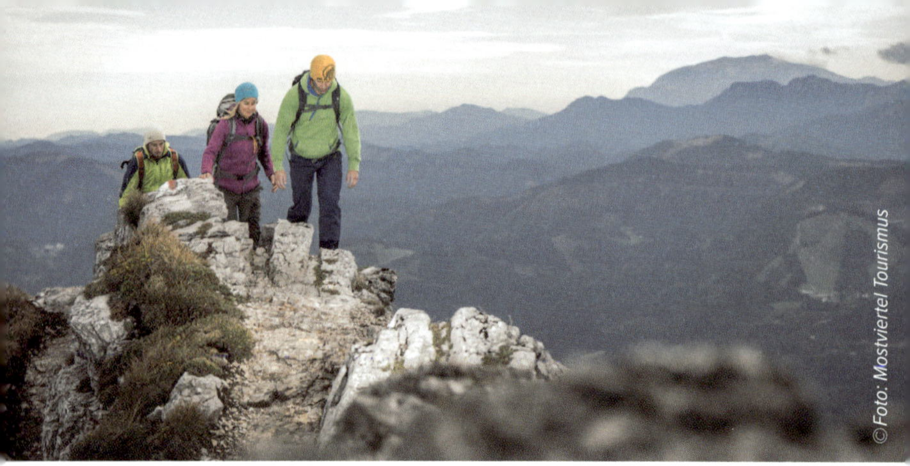

An einem der letzten „Zähne" des Rauen Kamms.

Abstiegsvarianten

Für den Abstieg empfehlen sich mehrere Varianten: Am einfachsten per Lift bzw. pedes Richtung **Lackenhof** hinunter (1 ½ Std.). Oder über den **Riffelsattel** wieder in die **Ötschergräben**. Durch die Gräben geht es sehr eindrucksvoll und abwechslungsreich auf der sog. **Ötscherstraße** über den **Spielbichler** und den Ötscherbach entlang am Schleierfall vorbei zum **Jägerherz** und auf bekanntem Weg retour zur **Erlaufklause** (5 Std.) – eine zweite, wunderschöne Tagestour ...

CHARAKTER: *Diese wohl herausforderndste Tour in diesem Buch verlangt alpine Erfahrung, Trittsicherheit, Kondition, Orientierungsvermögen und Klettervermögen bis 1+. Obligatorisch: perfektes Alpinequipment, genügend Wasser und Notausrüstung. Bei Nässe oder Schneelage unbedingt meiden, die Tour eignet sich nicht für Kinder*

START- UND ZIELPUNKT: *Bahnhof Erlaufklause (Mariazellerbahn)*

AUFSTIEG: *Bahnhof Erlaufklause (833 m) – Ötscherhias (744 m) – Ötschergräben – Jägerherz (926 m) – Geldloch – Rauer Kamm – Großer Ötscher (1.893 m) – Ötscherschutzhaus (1.416 m)*

7 ½ Stunden / 14 km / 1.600 Hm im Aufstieg / schwer

Eignung für Jugendliche: ab 16

ABSTIEG: *Ötscherschutzhaus – Riffelsattel (1.283 m) – Ötscherstraße – Spielbichler – Ötschergräben – Schleierfall – Jägerherz (926 m) – Ötscherhias (744 m) – Bahnhof Erlaufklause*

5 Stunden / 13 km / 1.100 Hm im Abstieg / schwer

Eignung für Jugendliche: ab 16

HÖHENPROFIL

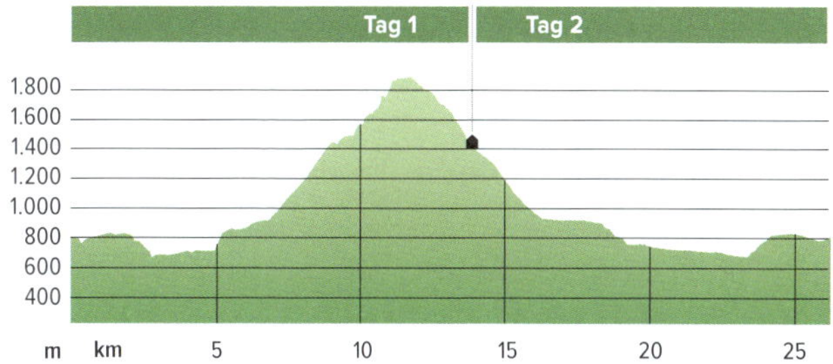

QR Link Tour 59

★★★ ANSPRUCH	STRECKE	DAUER	AUFSTIEG	ABSTIEG	HÖHENLAGE	EINKEHR
SCHWER	27,0	ca. 12 Std	1.600 m	1.600 m	1.892 m / 677 m	JA

ATTRAKTIONEN: *Ötschergräben, Mirafall, Geldloch, Kletterei auf dem Rauen Kamm, Ötscherschutzhaus. Ötscherhias*

EINKEHRMÖGLICHKEIT: *Ötscherhias (www.oetscherhias.at), Ötscherschutzhaus (www.mostviertel.at/alle-lokale/a-oetscher-schutzhaus, Übernachtungsmöglichkeit)*

Ötscher

„Fudschijama Niederösterreichs", „Vaterberg", „Hohe Majestät" – vielfältig sind die Titel, die man dieser wirklich imposanten Berggestalt gegeben hat. Wen wundert's also, dass der Ötscher einst als Sitz von Göttern, Geistern und Hexen galt und sich zahllose Sagen und Mythen um ihn ranken. Der Ötscher wurde um 1000 in den Quellen des Klosters Mondsee als „Othzan", slawisch „ocàn" = „Vaterberg", erwähnt. Die erste nachgewiesene Besteigung erfolgte 1574 durch den Botaniker Karl Clusius. 1591 ließ Kaiser Rudolf II. Erkundigungen nach Goldadern vornehmen. Berühmt ist auch der Naturpark Ötscher-Tormäuer, den die Schluchten der Erlauf (Tormäuer) und des Ötscherbachs (Ötschergräben) begrenzen.

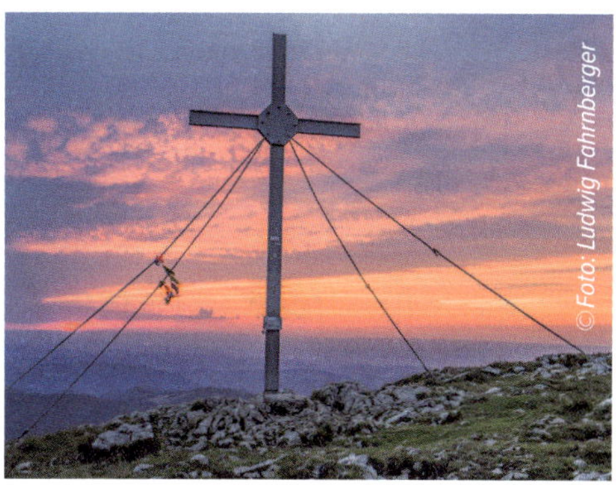

©Foto: Ludwig Fahrnberger

60 Dürrenstein

EXPEDITION DURCH EIN WILDNISPARADIES

Der mächtige, an allen Seiten in steile Fels- und Waldflanken abbrechende Kalkstock des „dürren Steins“ ergibt mit seinen Nebengipfeln ein Gebirge für sich. Weite zerfurchte Karrenplateaus, tiefe Schluchten, Dolinenmulden und grüne Bergseen bestimmen im Wildnisgebiet Dürrenstein das Landschaftsbild und liefern den Stoff für eine wahre Mostviertel-Expedition.

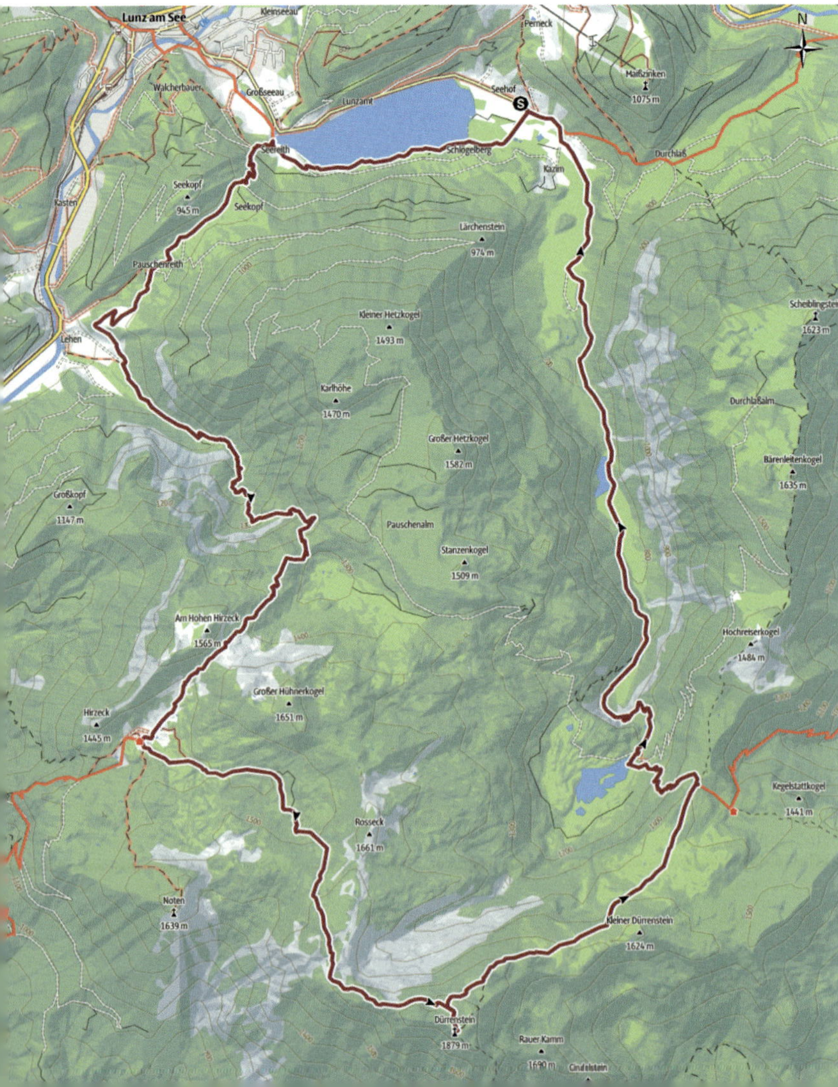

Einsam, lang, herausfordernd – eine Gipfelbesteigung des Dürrensteins ist kein Spaziergang, sondern eine nicht zu unterschätzende Alpintour. Wer den Berg ohne Hast, aber umso reicher an Eindrücken besteigen und dabei die schönsten Winkel kennenlernen will, wählt die Route über die Ybbstaler Hütte im Aufstieg und über Ober- und Mittersee im Abstieg. Der Weg hält absolute Highlights für Natur- und Momentesucher bereit: uralte Wälder, die einmalig karstige Hochfläche mit ihren tiefen Dolinenmulden, die zerfurchten Karrenbildungen im weißen Dachsteinkalk, eine reichhaltige Flora, die wohltuende Einsamkeit und nicht zuletzt die gemütliche Ybbstaler Hütte.

Tag 1: Lunzer See – Ybbstalerhütte

Ausgangspunkt ist der **Lunzer See**, dem „Meer der Lunzer" und einzigem natürlichen See Niederösterreichs. Von hier aus peilen wir den steilen Weg zum **Seekopf-Sattel** an. Schon die Durchquerung des Lechnergrabens mit seinem urigen Waldbestand und seiner subalpinen Flora ist ein Erlebnis für sich. Beim Sattel zwischen **Hirzeck** und **Sonnwendmauer** gelangen wir zur Doline des **Grünlochs**. Apropos: In dieser Felskluft, die als Kältepol Österreichs gilt, wurde am 19. Februar 1932 eine Temperatur von –52,6 °C gemessen – die tiefste je in Mitteleuropa gemessene Temperatur. Tatsächlich spürt man es selbst im Sommer kalt aus der Doline strömen. Nun geht es weiterhin steil über den Nordostrücken des Hirzecks, abwärts in die Dolinenmulde der **Wiesenalm** und jenseits zur erhöht stehenden **Ybbstalerhütte**. Pause, Einkehr oder gar Nachtruhe! Ein sehr familienfreundliches Ambiente und die besondere Kochkunst der Hüttenwirtin sollten als Argumente für einen gemütlichen Hüttenabend genügen.

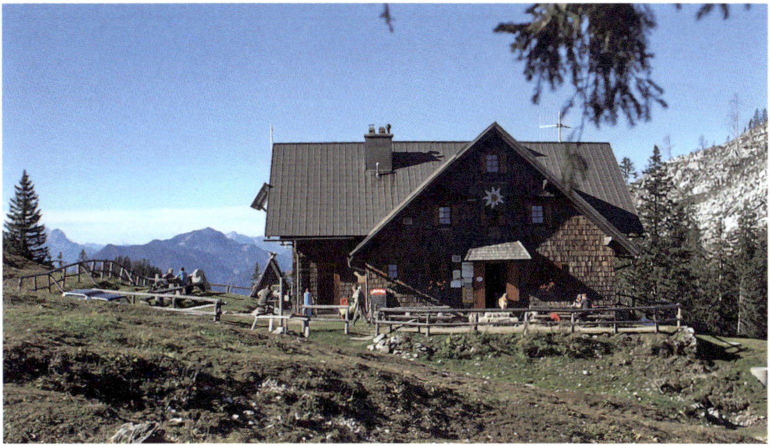

Übernachtung in der familienfreundlichen Ybbstalerhütte

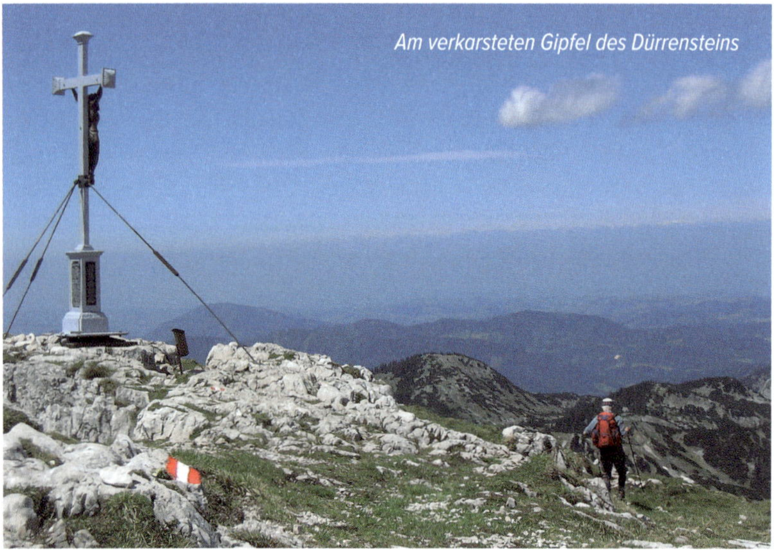

Am verkarsteten Gipfel des Dürrensteins

Tag 2: Dürrenstein – Seetal

Gut ausgeschlafen und gesättigt schultern wir die Rucksäcke und steuern über das stark verkarstete, mit Krummholz und Hochstaudenflora bewachsene Hochplateau den Gipfelkamm an. Nach nur zwei Stunden haben wir auch schon den **Gipfel des Dürrensteins** und zugleich höchsten Punkt unserer Expedition erreicht! Zur Gratulation winken Ötscher, Hochschwab und Gesäuse herüber.

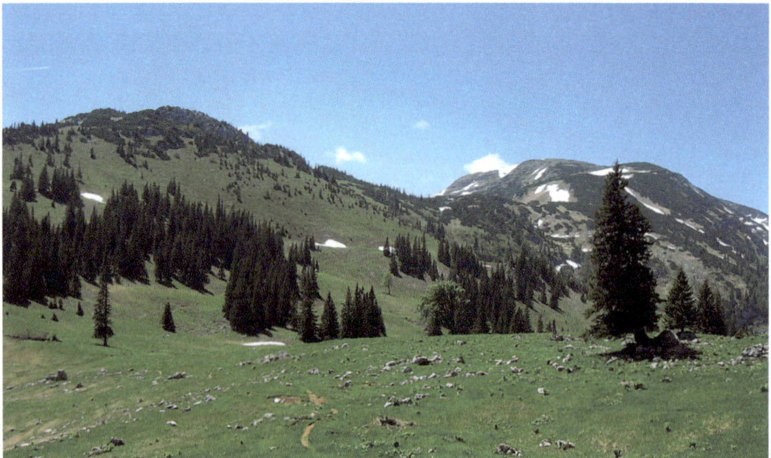

Die Herrnalm ist ein durch seine vielgestaltige Flora besonders reizvoller Alpengarten.

HÖHENPROFIL

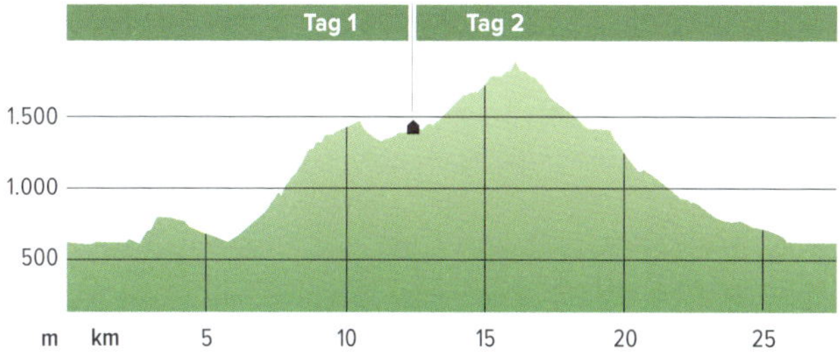

QR Link
Tour 60

★★★ ANSPRUCH	STRECKE	DAUER	AUFSTIEG	ABSTIEG	HÖHENLAGE	EINKEHR
SCHWER	27,5	9-10 Std	1.570 m	1.557 m	1.875 m / 608 m	JA

Abstieg! Zurück unter dem **Kleinen Dürrenstein** abwärts zur Wiesenschulter der **Herrnalm**, ein durch seine vielgestaltige Flora besonders reizvoller Alpengarten. Vom **Lehardikreuz** steil abwärts ins verborgene Paradies des Seetals. Zuerst der malerisch gelegene, von Mooren und Schwingrasen umgebene **Obersee**. Hören! Schauen! Staunen! Vor uns liegt ein kristallklarer, smaragdgrüner See, in seiner Mitte eine kleine Insel mit Fichtenbewuchs. Eine faszinierende, unter Naturschutz stehende Besonderheit ist der sog. Schwingrasen an den südlichen und westlichen Ufern des Obersees: Hier schwimmt Torfmoos in dicken Matten auf dem Wasser, auf denen wiederum einige seltene Pflanzen wie Wollgras und der fleischfressende Sonnentau wachsen.

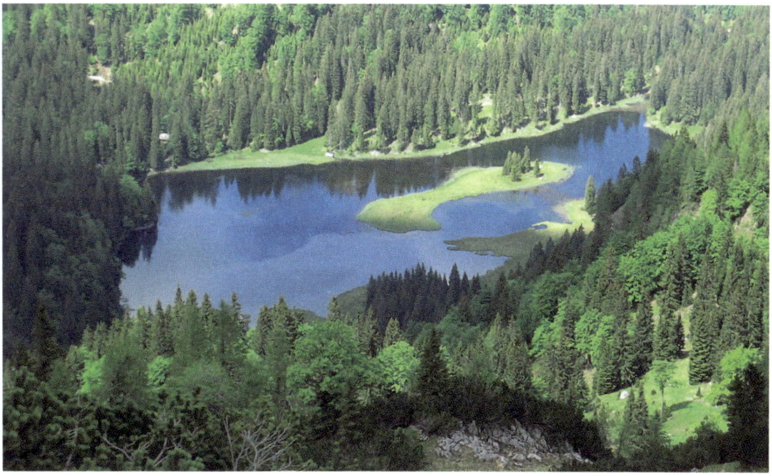

Der naturgeschützte Obersee mit seinem Schwingrasen und Torfmoos

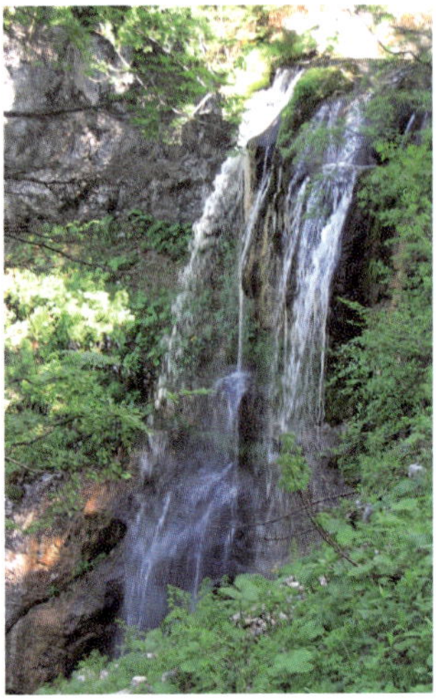

Der Ludwigfall im Seetal

Lauter wird es, wenn wir am „Brüllenden Stier", einem unterirdischen Wasserfall vorbeikommen, dessen Getöse tatsächlich an einen gereizten Bullen erinnert. Wenig später der etwa 70 Meter hohe **Ludwigfall**, dessen rhythmisches Tremolo ebenfalls zur Hintergrundmelodie des Seetals gehört. Am **Mittersee** wird es wieder still. Dieser See ist nur 2–3 Meter tief und bekannt für seine frostige Temperaturen um die 7 °C, was auf die starke Durchströmung mit Quellwasser zurückzuführen ist. Stille. Von der Wasserwelt her ist kaum ein Laut zu vernehmen, allein das Landemanöver einiger Enten wirbelt Wasser und Ruhe auf.

Das Finale führt direkt am Seebach entlang zum **Lunzer See**, dessen Wellenklang nur an windigen Tagen zu vernehmen ist, wenn das Meer der Lunzer gegen das Ufer schwappt oder Fische nach Beute springen, ansonsten liegt es spiegelglatt und dunkelgrün da …

Insgesamt: 9–10 Stunden / 27,5 km / 1.570 Hm / schwer

Eignung für Jugendliche: ab 15

CHARAKTER: *an beiden Tagen sehr lange Touren auf alpinen Wegen, die Ausdauer, Trittsicherheit und Orientierungsmögen verlangen*

START UND ZIELPUNKT: *Lunzer See in Lunz (mit öffentlichen Verkehrsmitteln zu erreichen)*

ROUTE:

Tag 1: *Lunzer See (613 m) – Lechnergraben – Ybbstalerhütte (1.344 m)*

4–5 Stunden / 12,5 km / Aufstieg: 1.040 m / Abstieg: 300 m

Tag 2: *Ybbstaler Hütte – Dürrenstein (1.878 m) – Herrnalm (1.410 m) – Obersee (1.114 m) – Ludwigsfall – Mittersee – Lunzer See*

5 Stunden / 15 km / Aufstieg: 530 m / Abstieg: 1.257 m

ATTRAKTIONEN: *Lunzer See, Grünloch, Dolinen, Karstlandschaft rund um den Dürrenstein, Ober- und Mittersee, Almen, äußerst vielfältige Fauna und Flora*

EINKEHRMÖGLICHKEIT: *Ybbstalerhütte (https://ybbstalerhuette.info)*

LUCHSTRAIL

Durch Österreichs wilde Mitte

Auf dem Luchs Trail erleben Sie Wildnis und Almen und entdecken kostbare Natur. Sie erwandern unverwechselbare Landschaftsjuwele und eine beeindruckende Artenvielfalt.

Der Weitwanderweg führt durch die Reviere mehrerer Luchse und internationale Schutzgebiete. Er beginnt im Waldnationalpark Kalkalpen, lotst über die Haller Mauern in den Nationalpark Gesäuse und weiter durch das Wildnisgebiet Dürrenstein nach Lunz am See. In dieser Landschaft treffen Sie auf die letzten Urwaldflächen der Nördlichen Kalkalpen und viele seltene und stark bedrohte Tier- und Pflanzenarten.

11 erlebnisreiche, herausfordernde Tagesetappen werden ausführlich beschrieben und ergänzt durch:

Gehzeiten, Höhenangaben, Distanz und Charakteristik
Informationen zu Einkehr und Unterkünften
Höhenprofile und informative Kartenausschnitte für jede Tour
Profunde Informationen zu Fauna, Flora und Geologie

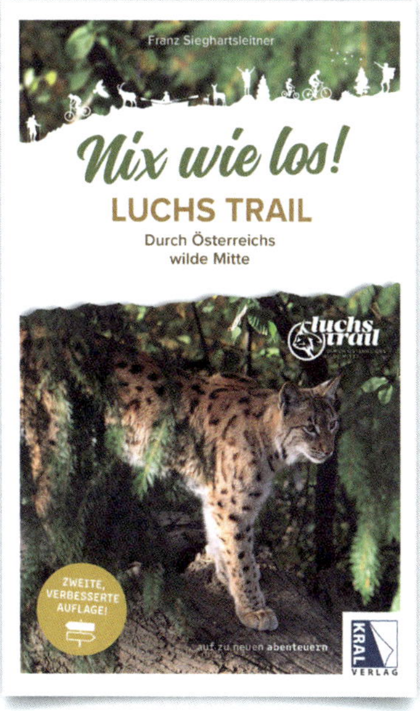

Franz Sieghartsleitner
144 Seiten; mit zahlreichen Abbildungen, Karten und Höhenprofilen
21 cm x 13 cm, Hardcover
ISBN: 978-3-99103-199-4

WEITERE BÜCHER VON THOMAS RAMBAUSKE IM KRAL-VERLAG

45 Wienerwald-Abenteuer

Stille, schrille, skurrile Naturerlebnisse für Familien und Genießer

Outdoor-Erlebnisse das ganze Jahr für jedes Alter und jeden Fitnessgrad. Für alle Geschmäcker ist etwas dabei:
Unbekannte Gipfel, Höhlen, Ruinen und Burgen, Touren auf Dichterspuren, Weltwanderweg in 12 Etappen, Geocache-Schatzsuchen, Winter- oder Nachtwanderungen, Kletter(steig)-touren, Hirschbrunft, Hüttennacht.
Suchen Sie das passende Ziel für Ihr Bedürfnis. Das Erlebnis beginnt direkt vor der eigenen Haustür, nämlich im riesigen Adventure-Terrain des Wienerwalds. Sie werden staunen, was die Natur alles zu bieten hat. Ohne großes Budget und lange Anreise.

Ausführliche Informationen zu jeder Tour:

Gehzeit, Höhenunterschied, Distanz
Übersichtliche Karten und GPX-Tracks
Informationen über Attraktionen und Einkehrmöglichkeiten

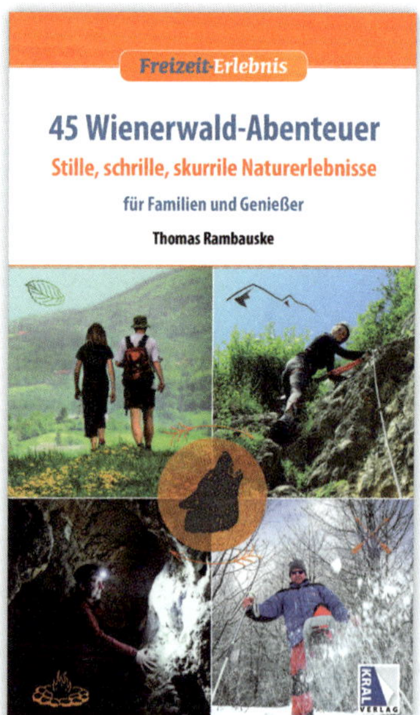

Thomas Rambauske
200 Seiten; mit zahlreichen Abbildungen, Karten und Höhenprofilen
21 cm x 13 cm, Hardcover
ISBN: 978-3-99024-747-1